管理学
——理论与实务

赵丽芬 编著

立信会计出版社
LIXIN ACCOUNTING PUBLISHING HOUSE

图书在版编目(CIP)数据

管理学:理论与实务 / 赵丽芬编著. —上海:立信会
计出版社,2016.4
ISBN 978-7-5429-4982-0

Ⅰ.①管… Ⅱ.①赵… Ⅲ.①管理学 Ⅳ.①C93

中国版本图书馆 CIP 数据核字(2016)第 074575 号

策划编辑　　方士华
责任编辑　　方士华
封面设计　　南房间

管理学——理论与实务

出版发行	立信会计出版社		
地　　址	上海市中山西路 2230 号	邮政编码	200235
电　　话	(021)64411389	传　　真	(021)64411325
网　　址	www.lixinaph.com	电子邮箱	lixinaph2019@126.com
网上书店	http://lixin.jd.com		http://lxkjcbs.tmall.com
经　　销	各地新华书店		

印　　刷	浙江临安曙光印务有限公司		
开　　本	787 毫米×1092 毫米	1/16	
印　　张	19	插　　页	1
字　　数	458 千字		
版　　次	2016 年 4 月第 1 版		
印　　次	2019 年 7 月第 2 次		
印　　数	3101—4200		
书　　号	ISBN 978-7-5429-4982-0/C		
定　　价	36.00 元		

前　言

20世纪80年代以来，全球化趋势日益增强。全球化与快速发展的互联网、大数据紧密结合，不仅对传统业态形成了强烈冲击，而且对人们的思维方式、工作与生活方式产生了深刻影响，向传统管理学假设提出了严峻挑战。

管理大师彼得·德鲁克在他的跨世纪代表作《21世纪的管理挑战》(1999)中指出，管理学研究真正始于20世纪30年代，自那时起，大多数学者、作家、管理实践者都认同两套关于管理事实的假设。第一套假设构成管理原则的基础，包括管理是企业管理；企业应该具有或必须具有一种恰当的组织形式；企业应该采取一种管理人的恰当方式。第二套假设奠定了管理实践的基础，包括技术和最终用户是一成不变和已知的；管理的范围是由法律决定的；管理是对内部的管理；按国家边界划分的经济体是企业和管理依托的"生态环境"。然而，在全球化、互联网和大数据时代，传统假设的前提已经发生了根本变化，无论是对复杂的管理现象进行解释，还是对管理实践进行有效的指导，都亟待管理创新。正是在这一背景下，众多专家、学者和实业界人士在前人的基础上，紧跟时代前进的脚步，突破传统假设的局限，深入研究和探索在经济社会发展中管理面对的新挑战、新问题，创建了一系列新的管理理论和管理方法，有力地促进了管理学学科的发展。

本书的编写，以对国内外大量相关研究成果进行系统梳理和分析为基础，同时也融入本人20多年管理学研究和教学的一些体会和感悟。其间，国内外专家学者精湛的理论和独到的观点，给予我极大的启发，在此向他们致以崇高的敬意。同时，也衷心感谢中央财经大学的各位同仁和我授过课的各届学生，在各种研讨和互动中，他们饱满的激情和独特的见解，给予我莫大的鼓励、支持和帮助。

由于本人水平和能力有限，书中难免存在一些不足甚至缺陷，敬请本书的广大使用者批评指正，不吝赐教。

最后，我要特别感谢立信会计出版社的领导和编辑，与他们合作多年，非常愉快。他们对工作的认真、执着和敬业，让我十分感动，也是在他们的充分理解和大力支持下，我才能够用比较充分的时间完成本书的编写并得以出版。

赵丽芬

2016年3月1日于北京

目　　录

第一篇　导　　论

第二篇　计　划　职　能

第三篇　组 织 职 能

第四篇　领　导　职　能

第五篇　控　制　职　能

第六篇　国际比较与管理创新

第一篇

导论

第一章

管理与管理学基础

第二章

组织环境

第一章

管理与管理学基础

【学习目标】

1. 理解管理的涵义和管理职能。
2. 分析管理者层次、管理者技能及其在组织中扮演的角色。
3. 描述西方管理思想与管理理论的演进与发展过程。
4. 熟知管理学的学科性质与研究方法。

　　管理既是人类社会实践活动的产物，也是人类活动的重要组成部分。从古至今，人类所从事的管理活动由简单到复杂、由低级到高级，经历了漫长的演进与发展过程，而在此期间产生的各种管理意识与观点经过不断地提炼升华，逐步形成系统的管理思想和管理理论，构成了管理学学科体系。本章主要介绍管理的基础知识和管理理论的演进过程，分析管理学的学科性质与研究方法，为后面的学习奠定基础。

第一节　管理与管理者

一、管理的定义

　　管理（management）是指管理者根据组织所处的环境以及组织所掌握的资源状况，通过实施计划、组织、领导、控制等职能，协调他人的行动，实现组织目标的过程。简言之，管理就是指管理者协调和监督他人的活动，使之既有效率又有效果地完成工作。

　　根据该定义，我们可以从以下几方面领会管理的基本内涵：

　　① 管理活动以人为主体。管理是由人来进行的，而且管理也涉及人，管理活动中既然有管理者，就必然有被管理者（可将之理解为定义中的"他人"）。现代管理的对象涉及组织中的人力资源、物力资源、财力资源以及信息资源与技术资源。不管是对人和物的管理，还是对财务、信息、技术以及环境的管理，人都是管理活动的主体。在这里，我们说"管理活动以人为主体"，除了强调人在管理中的主体地位外，还试图阐释另一层意义，即管理者与被管理者之间关系的神秘变化。传统意义的管理通常被理解为"管人"，即管理者在管理活动全过程中处于主体地位，对被管理者发号施令，实施监督和控制，然而在今天的管理中情况却发生了巨大变化，主要体现在被管理者从完全被动的从属地位向主动参与的角色转变。这是因为，当今社会，随着现代信息技术的采用和劳动者素质的提高，知识型员工越来越成为组织的主要成员，因此，协调成为现代管理的核心，授权、自主管理和民主决策是现代管理的重要特征，管理不再是"管人"，而是激励人、协调人，作为管理主体的人，不仅限于有管理职

位的管理者,也包括大量没有管理职位的技术型、专家型组织成员甚至一般员工,他们在很大程度上参与管理过程乃至参与制定决策。这样,今天的管理者职责主要是通过激励、沟通、指导、解决冲突等手段,协调组织内外的资源,实现组织目标。

② 管理与环境息息相关。现代组织作为开放的系统,其运行无时无刻不与不断变化的环境相关联,在这些环境中既有组织外部环境,也有组织内部环境,既有组织完全不能控制的环境,也有组织能够适度控制的环境。动态的环境具有复杂性和不确定性特征,是影响现代组织运行的重要因素。因此,组织的管理者不仅不能无视各种环境的存在,而且必须学会有效管理环境,以确保组织目标的顺利实现,在此期间,管理者进行管理的方式也会发生相应变化。

③ 管理过程体现为四项相互关联连续进行的活动。在组织中,为实现组织目标而进行的各项活动如战略规划、目标确定、资源配置、人员协调与激励、行为监督与指导等,都是通过计划、组织、领导、控制等四项职能体现出来并得以实现的。管理的这四项职能相互关联、连续进行,构成了管理工作的全过程,因此,管理体现为连续不断的循环往复过程。

④ 管理活动服务于实现组织目标。任何组织都有自己的使命、愿景和目标,而管理实质上就是实现组织目标的手段,从这个意义上讲,管理本身没有自己独立的目标,其使命就是促进组织目标的实现。对于管理和组织目标之间的这层关系,美国著名管理大师彼得·德鲁克(Peter Drucker,1909—2005 年)在《21 世纪的管理挑战》中作了精辟阐释:管理的目标是充分发挥和利用每个人的优势与知识;管理是帮助组织产生成效的特殊工具、特殊功能、特殊手段;管理存在的目的是帮助组织取得成效,它的出发点应该是预期的成效,它的责任是协调组织的资源取得这些成效。它是帮助组织在组织外部取得成效的工具[1]。

⑤ 管理无处不在。管理是一个具有普遍意义的范畴,大到一个地球,一个地区,一个国家,小到一个学校,一个家庭,无不需要管理,所以说,管理无处不在,无时不有,如图 1-1 所示。从理论和实践两个方面看,管理可以分为宏观管理和微观管理两类,不同范围、不同领域的管理各具特色,即使同为企业管理,不同性质、不同规模的企业也各有其不同的管理秘诀,体现为不同的管理模式,管理是所有组织所特有的独具特色的工具。本书遵循国内外业已明确的学科专业定位与惯例,除一般意义的理论分析外,仍以最具微观管理代表性的企业管理为研究重点。

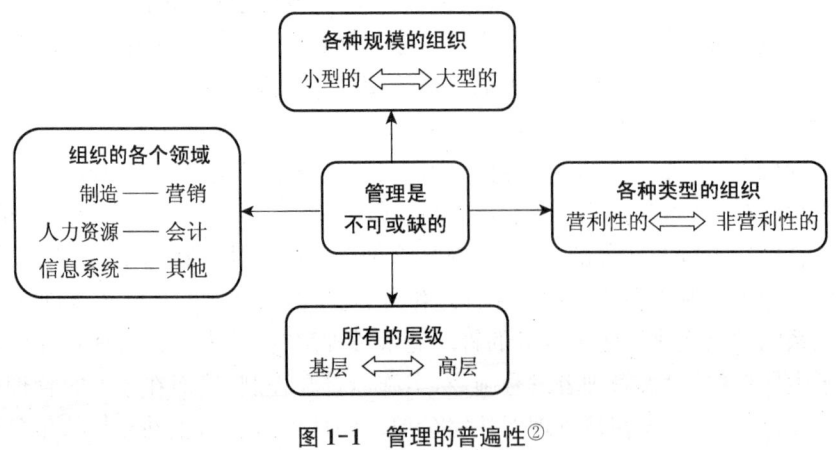

图 1-1   管理的普遍性[2]

① ［美］彼得·德鲁克:《21 世纪的管理挑战》,机械工业出版社 2006 年版,第 19～35 页。
② ［美］斯蒂芬·P·罗宾斯、玛丽·库尔特:《管理学(第 11 版)》,中国人民大学出版社 2012 年版,第 17 页。

二、管理的职能

（一）管理职能及其变化

所谓管理职能（management functions），是指对管理的一般过程及其基本行为的理论概括。20世纪早期，法国工业家亨利·法约尔（Henri Fayol，1841—1925年）首次提出，所有的管理者都要执行五种管理职能，即计划、组织、指挥、协调和控制，经过长期理论探讨和实践检验，这些职能至今已被精简为四种，即计划、组织、领导和控制。随着经济社会的快速变革和信息化程度的提高，管理环境日新月异，管理行为千变万化，传统管理职能的内涵也在现有框架内不断扩展和深化，如表1-1所示。

表1-1　传统管理职能与当代管理职能的比较

管理职能	时期	管理职能的主要内容
计划	传统	预测，确定目标，预算，决策
	当代	环境分析与评价，战略管理，对环境实施管理
组织	传统	职务分析，任务划分，确定组织结构形式，适应性组织变革
	当代	虚拟组织与学习型组织，分权与授权，主动实施组织变革，组织文化建设
领导	传统	指挥，激励，协调，解决冲突
	当代	员工的个性化需求，沟通，激励创新，新型激励方式，团队建设
控制	传统	监督，成本控制，质量管理
	当代	价值链管理，非成本控制，责任控制，风险管理，控制中的道德风险防范

1. 计划

计划（planning）是管理的首要职能。计划职能的本来意义是指根据组织的使命和愿景，科学分析和预测环境及其变化趋势，确定组织目标，并为实现组织目标制定相应的战略与策略。传统的管理者执行计划职能，着重于预测、设定目标，制定实现这些目标的战略，整合和协调各种活动，计划执行的标志性特征是自上而下。今天，计划职能的首要任务则是基于为顾客创造价值这个战略目标，通过系统分析与评估外部环境，实施战略管理，计划的制订与执行体现出自上而下与自下而上有机结合的特征。计划职能的内涵发生以上变化的深层根源在于，当今社会变化无常的外部环境对组织的影响比以往更加广泛而又深刻，组织及其所有成员只有发现机会、制定科学的具有前瞻性的战略、打造并保持竞争优势，才可能在激烈的竞争中获得生存和发展。

2. 组织

组织（organizing）职能的本来意义是指根据实现组织目标的需要，对组织资源包括人力资源、物力资源、财力资源、信息资源和技术资源等进行分配与协调。传统的管理者执行组织职能着重于围绕组织既定目标进行任务分解和部门划分、选择集权还是分权、建立适当的组织机构，并确定组织的管理层次与管理幅度、招聘管理者与一般员工，并明确规定不同岗位的职责，明确要完成什么任务、谁来完成这些任务、这些任务将如何组合，以及谁向谁汇报工作、决策将在哪里作出，等等。今天，组织职能的首要任务则是分析采用什么样的组织结构形式更能适应环境变化的要求，在组织成员中怎样授权，怎样进行组织设计，怎样领导组织变革,怎样进行组织文化建设。组织职能的内涵发生以上变化的深层根源在于,当今经济社会发展中急剧变化的环境,对传统的组织形式及权力体系提出了严峻挑战。

3. 领导

领导(leading)职能的本来意义是指通过激励、沟通等,激发人们的主动性和积极性,产生卓越绩效。传统的管理者执行领导职能着重于利用激励、指导、沟通和解决冲突等手段,协调组织成员的意志,指挥其行动,使之努力实现组织目标。今天,领导职能的首要任务则是建立团队与学习型组织,激发创新,调动组织成员的工作积极性和创造性,使之愿意主动运用自己掌握的知识和经验向组织贡献他们的激情和创意。领导职能的内涵发生以上变化的深层根源在于,当今社会创新驱动组织发展,占员工绝大多数的知识型劳动者既是创新的主体,又是创新知识与技术的应用者,他们比传统的体力劳动者拥有更复杂、更高层次的需求,也更具有创造力,是组织的宝贵资源。

4. 控 制

控制(controlling)职能的本来意义是指按照既定的计划配置、使用组织资源,使组织成员的行动与组织的期望以及实现组织目标相一致,以确保组织目标顺利实现。传统的管理者执行控制职能着重于依据组织目标确定工作标准,进而按照该标准对组织中的各项活动情况进行监督检查,一旦发现或预见到可能出现超出允许范围的偏差,则及时采取措施,予以纠正,保证组织活动的开展有利于组织目标的实现,其重点是控制手段的选择和经济成本的控制。今天,控制职能的首要任务则是非成本因素控制以及控制手段的道德分析与评估。控制职能的内涵发生以上变化的深层根源在于,在信息技术高度发达的社会中,非经济因素对组织的影响更加广泛和深远,而且知识型员工具有更强的自我控制能力和维护自身权益特别是个人隐私的意识,传统控制理念和手段遇到前所未有的来自法律与道德方面的挑战。

(二)管理职能之间的关系

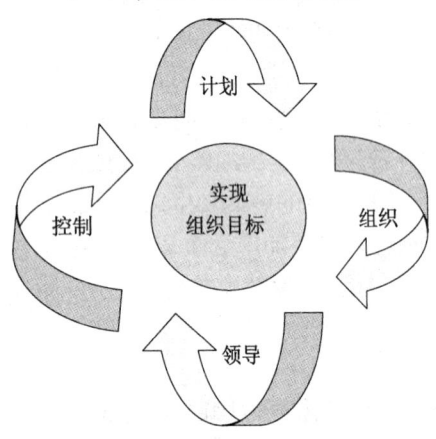

计划、组织、领导、控制等四项管理职能之间相互联系,相互依存,相互影响,构成了循环往复的管理过程,如图1-2所示。从理论上分析,四项管理职能的执行按照这样一个逻辑顺序,即先执行计划职能,然后再依次执行组织职能、领导职能和控制职能。这是因为,建立一个组织,首先需要明确组织使命和目标,制定组织战略,然后着手建立组织机构、进行权力分配和人员配备,并通过指导、指挥来协调组织成员的行动,并在活动中对组织工作的各个环节乃至组织全局进行控制,确保组织目标顺利实现,可见,管理是通过执行以上四项职能来实施的,正是它们之间的相互关联,使管理工作体现为一个个连续不断、循环往复的过程。然而,在现实中,计划职能、组织职能、领导职能和控制职能在周而复始的循环中,其关系并不完全是线性的,而是时常出现职能之间的相互交叉与渗透。例如,计划为控制提供了依据,执行控制职能离不开计划,其间也需要进行协调和沟通,而执行组织职能,也可能需要修订或完善计划以及解决冲突等。

图1-2　管理过程与四项职能之间的关系

三、管理者层次与技能

(一)管理者层次

在一个组织中,管理者是指从事管理活动的人,其主要职责是执行计划、组织、领导和控制职能,所肩负的责任和使命是协调各种关系,监督组织成员行为,充分利用组织资源,促进组织目标的实现。德鲁克在《卓有成效的管理者》一书中明确指出,管理者泛指那些必须在工作中运用自己的职位和知识,作出影响整体行为和成果的决策的知识工作者、经理人员和专业人员[①]。组织中的管理者因需要承担的职责及其在管理体系中所处的位置不同,可以分为三个层次。

1. 高层管理者

高层管理者(top-level managers)在组织管理体系中处于顶端,其主要职责是统领全局,为组织发展指明方向,制定组织的重大决策,并负责全面管理,他们常常因此被称为战略管理者和组织的高级执行者,其重点关注的是组织的生存、成长和总体有效性。在现实中,公司的董事长、首席执行官、总裁和副总裁,以及大学的校长、副校长等都属于高层管理者。

2. 中层管理者

中层管理者(middle-level managers)在组织管理体系中处于高层管理者和基层管理者之间,其主要职责是将战略管理者制定的总目标和计划转化为具体目标和行动,他们直接负责或协助管理基层管理者及其工作,既要对有关信息上传下达,又要进行日常管理,发挥承上启下的作用,所以常常被称为战术管理者。在现实中,大公司的项目经理、地区经理、分公司经理,以及大学里的职能部门负责人和学院院长等都属于中层管理者。

3. 基层管理者

基层管理者(frontline managers)在组织管理体系中处于中层管理者之下、作业人员之上,其主要职责是实施中层管理者制定的具体计划,管理作业人员及其工作。基层管理者是监督组织运行的低层管理者,因此常常被称为运营管理者或一线管理者、监督者。在现实中,制造型企业的工段长、餐饮服务业的领班、大学里职能部门的科长以及学院办公室主任或系主任(教研室主任)等都属于基层管理者。

综上所述,在组织运行中,不同的管理者因所处的层级不同,各自履行着不同的管理职责。其实,处于不同层级的管理者,在执行各项管理职能上也存在一定的差异,具体体现在:高层管理者以把握组织发展大局为己任,所以其工作侧重于执行计划职能,通过理性分析和准确判断组织面临的环境及其变化趋势,确定组织发展的目标与战略;中层管理者和基层管理者的主要职责在于贯彻落实上一级管理者的工作指令,对下一级管理者和组织成员提供业务指导和帮助,所以其工作侧重于执行领导职能和控制职能。

(二)管理者技能

美国著名管理学者罗伯特·卡尔兹(Robert L. Karz)和其他研究人员研究发现,管理者需要掌握几种关键技能,包括概念技能、人际关系技能、技术性技能和政治技能等。

1. 概念技能

概念技能(conceptual skills)是指人们对事物进行洞察、分析、判断、抽象思考和概念化

---

① 〔美〕彼得·德鲁克:《卓有成效的管理者》,机械工业出版社2007年版,第8页。

的能力。管理者掌握了这种技能,才可能准确分析和判断组织面临的环境,从复杂的动态变化中快速判别各种因素之间的关系及其相互影响,从而抓住问题的实质与关键,作出正确决策,使组织获得发展,或避免损失。概念技能对把握组织全局的高层管理者而言,是一项重要技能。

2. 人际关系技能

人际关系技能(interpersonal skills)是指人们与其他个体或群体进行沟通、联络及处理各种人际关系的能力。管理者掌握了这种技能,才可能知道如何更好地与其他个体和群体进行有效的沟通,激发其热情,获得其信任,并进行良好合作,依靠他人实现组织目标。这种技能对任何组织层次的管理者都具有同等重要的意义。

3. 技术性技能

技术性技能(technical skills)在一般意义上是指人们在某个专业领域掌握的特定技能,包括专业知识、专门技术、专业方法和技巧等。组织中处于任何层级的管理者,都需要在不同程度上掌握与其工作相关的技术性技能。对高层管理者而言,技术性技能通常是指他们对所在行业的认识,以及对组织运作流程和产品的整体把握;对中层和基层管理者来说,技术性技能则是指在他们工作的领域内所要具备的专业知识——财务、人力资源、市场营销、计算机系统、制造、信息技术等[①]。由于基层管理者所从事的管理工作着重于对组织成员进行具体的业务指导或提供技术帮助,所以,技术性技能对基层管理者比对中高层管理者具有更重要的意义。正因为如此,在实践中,越是拥有卓越技术性技能的员工,越容易被晋升为基层管理者。

4. 政治技能

政治技能(political skills)又称行政技能,是指建立权力基础并构建合适的社会关系的能力。卡尔兹等人认为,组织是人们争夺资源的政治舞台,那些拥有并了解如何运用政治技能的管理者可以为其所在的团队争取更多资源,鉴于此,他们提出,管理者除以上三种关键技能外,还应具备另一项技能,即政治技能[②]。这是卡尔兹的一大新发现。

四、管理者角色及其有效性

(一)管理者角色

在组织中,管理者角色(managerial roles)是指人们对管理者完成某项特定工作所需要的特定行为的预期设定,它往往通过管理者按照人们的预期在实践中展示的具体行为或表现得以体现。因此,当我们从管理者角色的视角对管理者工作进行描述时,实质上是在考察扮演管理者角色的那个人所承担的期望和责任,而不是考察某个具体的管理者。

1. 德鲁克的"管理者角色"论

德鲁克在《管理实践》中最先提出了"管理者角色"概念,并指出,管理是一种有多重目的的机制,管理者在组织中主要扮演三种角色。

(1)管理整个企业/组织。为了谋求组织的生存与发展,管理者要管理整个企业或整个组织,为此,他必须明确组织要做什么、怎样做和为谁做,其关键是确定组织目标。德鲁克认

---

① [美]斯蒂芬·P·罗宾斯:《管理学原理与实践》,机械工业出版社 2014 年版,第 11 页。
② [美]斯蒂芬·P·罗宾斯:《管理学原理与实践》,机械工业出版社 2014 年版,第 11 页。

为,真正的困难不在于需要确立什么目标,而在于如何确定目标,唯一的方法是制定衡量标准。他指出,无论什么企业,无论什么经济条件,无论企业的规模或发展阶段如何,都存在八个关键领域:市场地位、创新、实物和金融资源、利润、生产率、管理人员的表现和培养、工人的表现和态度、公共责任感。

（2）管理管理者及其工作。在组织中,管理者本身既要管理(协调、激励、监督)其他人,同时也受到其他管理者的管理,这是组织有效运行的重要保证,正如德鲁克所指出的,"只有各级管理者都置于某种力量的管理之下,才能保证其行为符合组织要求,不出偏差",为此,他提出了管理管理者的两项要求:一是将各个管理人员的视线导向企业目标,实行目标管理和自我控制,并根据管理人员的成就和对企业所作的贡献来衡量其绩效;二是确定管理人员合适的工作结构,把管理人员的注意力吸引到工作上来,即每个层次的管理者都要确定本层次必须创造的业绩和贡献,强调协作和集体的作用,而不同层次的目标也应相互平衡,服务于企业总目标。

（3）管理工人及其作业工作。传统意义上的管理主要是对工人及其作业工作进行管理,迄今这种管理仍有意义,所不同的是,随着知识型员工占劳动者比例的不断提高,今天对工人及其作业工作的管理不仅方法不断创新,而且人际关系日益成为管理的重心。

2. 明茨伯格的"管理者角色"论

美国著名管理研究者亨利·明茨伯格(Henry Mintzberg)继德鲁克之后,又提出了管理者扮演的10种角色。这10种角色内容不同,但密切相关,分别涵盖在人际关系、信息传递、制定决策等三大类角色中,如表1-2所示。

表 1-2　管理者 10 种角色[①]

管理者角色	标志性活动
人际关系角色	
挂名首脑	履行法律性或象征性和礼仪性义务,如签署文件、接待外部来访者等
领导者	激励、指挥组织成员,配置人力资源,进行沟通,解决冲突等
联络者	从事有外部人员参加的重要仪式或活动,维持和扩大组织与外界的联系等
信息传递角色	
监听者	通过媒体、报告或私人谈话等,跟踪了解组织内外有价值的信息
传播者	通过适当的渠道,向组织内部相关人员发布自己掌握的有关信息
发言人	代表组织向外部发布本组织的有关计划、政策、行动或结果
制定决策角色	
企业家	在动态的环境中积极寻找新机会,制定新战略,主动推动变革
危机驾驭者	当组织面临危机时,积极面对,果断采取应对措施
资源分配者	对组织资源进行预算、调度、安排和调整
谈判者	代表组织与外界(有时也可能在组织内部)有关各方进行谈判

明茨伯格完成了一个深入研究管理者工作的项目,其在进行总结时指出,"从根本上说,管理就是影响行动。管理是帮助企业和单位将事情完成,即意味着采取行动",基于明茨伯格的深度观察,管理者应从三个方面来实现这一点:一是对行动直接进行管理,如合同谈判、项目管理等;二是对执行任务的人进行管理,如对其进行激励,建立团队,提升企业文化等;

---

① 根据国内外各种管理学教材相关内容整理。

三是对能推动人们执行任务的信息进行管理,如使用预算、目标、任务委派等①。

以上分析表明,无论在什么样的组织中,管理者执行管理职能、履行管理职责,都是通过扮演各种角色来实现的,当然,基于管理层次和职责分工的差异,不同层级的管理者扮演角色的侧重点有所不同,不仅如此,随着环境的变化,同一层级的管理者所扮演的角色也会不断调整和改变。"传统意义上,高层管理者的作用是通过制定战略和控制资源确定总体方向。今天,更多高层管理者被要求成为公司真正的领导者,而不仅仅是战略规划师,他们必须能够创建和描绘一个更为广阔的企业目标,一个人们能认可并有热情去实现的目标。传统意义上,中层管理者的角色是作为高层管理者和基层管理者之间桥梁的控制者。今天,中层管理者负责将公司总目标分解成各业务部门目标,将下属各业务部门计划集中起来供高层整体参考;作为内部沟通的'枢纽',向下解释和传达高层管理者的意图,向上反映和综合一线信息。由于中层管理者更接近日常经营、客户、基层管理者和雇员,所以,更了解问题,有很多富有创意的想法,所以,优秀的中层管理者,拥有使公司持续运转的执行能力和解决实际问题的能力。传统意义上,基层管理者接受上一级的指导和控制,以确保其成功实施支持公司的战略行动。今天,其作用扩大了,越来越被要求具备创新和创造性,为实现公司成长和新业务发展而进行管理。"②

(二) 管理者的有效性

1. 有效性的涵义

在管理的定义中我们已经了解到,管理的目的是帮助组织取得成效,因此,追求管理的有效性是管理者的职责所在。在这里,成效即组织绩效,它全面反映了组织所取得的成果与为取得这些成果而投入的资源之间的转化关系,主要通过效率和效果体现出来。效率即投入与产出之比,体现资源的利用情况,当投入资源给定时,则产出越多,效率越高;当产出既定时,则投入资源越少,效率越高。对组织而言,资源常常是稀缺的,所以,管理者会追求"正确地做事",即以尽可能少的资源投入获得尽可能多的产出,力争通过最少的投入,最大限度地利用组织的人力、财力、物力资源,实现组织目标。效果涉及的是组织活动目标与结果的问题,管理者会努力"做正确的事",即制定正确的决策并成功地予以实施。所谓效果好,就是保证"做正确的事",所从事的活动有助于组织达成目标;效果差,就是没保证"做正确的事",未能实现组织目标。

可见,效率是关于做事的方式,效果是关于做事的结果,效率和效果这两个概念既相互联系,又存在差异,如图 1-3 所示。

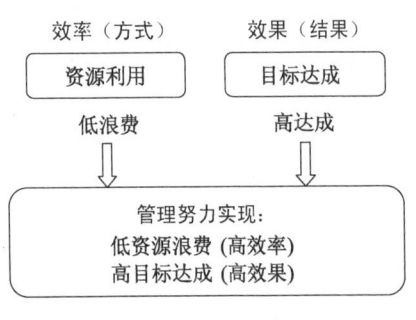

图 1-3　管理的效率和效果③

2. 提高管理有效性的方法

从理论上讲,管理应当是有效的,既有效率又有效果。然而,现实中的大多数管理者却很难达到预期成效,他们或者不能达到既有效率又有效果,或者为追求其中的一个而牺牲掉另外一个,处于

①　[美]斯蒂芬·P·罗宾斯:《管理学原理与实践》,机械工业出版社 2014 年版,第 10 页。
②　[美]托马斯·贝特曼、斯科特·斯内尔:《管理学》,中国人民大学出版社 2014 年版,第 9 页。
③　[美]斯蒂芬·P·罗宾斯、玛丽·库尔特:《管理学(第 11 版)》,中国人民大学出版社 2012 年版,第 9 页。

有效果但效率低,或效率高但效果差的状态。鉴于此,德鲁克在《有效的管理者》中详尽分析了导致这一问题的深层原因,包括:管理者的大部分时间属于被别人占有的被动时间,他个人能够自由支配的主动时间在不断减少;管理者常常处于一种被迫忙于规定职责之外的日常作业状态,其工作效率受到影响;管理者及其工作所提供的贡献只有得到最主要人物的承认和应用时才能是有效的;管理者处于组织范围之内,对外部的认识有限。基于此,德鲁克针对提高管理者的工作有效性提供了具有重要指导意义的方法,即提高管理者的行为水平、成果水平与满足水平,并提出管理者要养成六种心理习惯[①]:

(1)学会管理时间。时间是一种特殊资源,其典型特征是供给永远短缺,根本无法贮存,没有替代品。因此,管理者要提高工作有效性,必须珍惜时间,学会管理时间,做到:分辨出根本不必要做的事情,取消那些纯粹浪费时间而无助于取得成果的事;能让别人做的事要授权给别人来提高效率;尽量控制并避免因为自己而浪费别人的时间。

(2)以贡献为宗旨。贡献是有效性的关键,是有效管理者的宗旨。以贡献为宗旨,将使管理者重视组织整体的绩效,并跨越其专业、技术及其所属部门的局限,把注意力转向外界,即产生成果的地方。贡献通常包括直接的成果、价值的再发现与实现、未来的人才培养与发展等三个方面。管理者应根据其个性、职位及组织需要,对这三个方面的重要性排列出先后顺序。无论如何,当管理者以贡献为宗旨,为贡献而工作,为贡献而与别人交往时,其人际关系就会有生产性,进而产生有效的人际关系,因为以贡献为宗旨给有效的人际关系提供了四个保证条件,如意见沟通、集体合作、自我发展、培养他人。

(3)用人之长。管理者的任务在于通过利用每个人之特长,使组织整体行为产生乘数效应。有效的管理者为了取得成效,使组织整体行为产生乘数效应,必须用人所长,避人所短,不仅要善于用同事和领导所长,还要善于用自己所长,做到:正确设计职位,绝不设计常人所不能完成的工作;对职位要求严格,使人的长处得到充分发挥,但职位的内涵要广,使任何有利于工作的特长都能产生巨大成果;知人所长,容人之短。

(4)集中精力用于主要工作。有效的管理者要知道集中自己乃至组织成员的时间和精力,按工作的轻重缓急,分而治之,以产生高效率。在千头万绪的工作中,要学会集中精力,强迫自己设立优先次序,并坚定地按照优先次序作出决定,确定工作主次的原则是:着重未来而不是过去;着重机遇而不是难题;有自己的方向而不随波逐流;确立远大目标,注重产生的效果,而不求简单和保险。

(5)制定有效决策。管理者即决策者,有效的管理得益于有效的管理者决策。管理者特别是高层管理者常常运用自己的职权与知识,作出对整个组织具有重大战略指导意义的有效决策。决策时他们首先着眼于最高层次的概念性认识,然后思考其决策要解决什么问题,进而针对问题确定决策所依循的原则。要作出有效决策,必须把握好以下要点:认清问题的性质,并通过制定决策建立规章或原则来解决问题;明确所要解决问题的具体规范;认真思考并能完善解决问题的方法,然后再考虑必要的让步、妥协、改动等事项,保证决策能被接受;在进行决策时应考虑可行的执行办法;在执行决策的过程中注意收集"反馈",以检验决策的正确性与有效性。

(6)听取不同意见。"兼听则明",作为决策者,如果管理者善于听取不同意见,则可以充分激发人们的想象力,得到多种可供选择的方案,使决策更加科学、客观。

---

① 根据[美]彼得·德鲁克:《有效的管理者》,机械工业出版社2009年版中相关内容整理。

第二节　管理理论的演进

管理理论来源于管理实践，是对管理经验的梳理、提炼与升华。管理活动与人类的产生与发展过程相伴相随，可以说，人类社会产生与发展的历史，就是管理实践和管理理论不断演进的历史。早期的管理思想与管理理论是现代管理理论研究的前提与基础，系统回顾管理理论的演进过程，我们可以依据管理的历史发展脉络，更好地理解当今的管理，预测管理的未来发展。本节的主要内容就是系统回顾传统管理理论，分析、探讨当代的管理理论及其前沿。

一、西方早期管理思想

系统的管理理论最先产生于西方国家，其发展经历了一个从萌芽观念到形成管理思想再到管理理论的漫长过程，因此，了解早期的管理思想对我们掌握管理理论的发展脉络具有重要意义。

西方早期管理思想产生于18世纪中叶产业革命以后，在此之前它们基本处于一种萌芽状态，仅仅以观念的形式存在于人类的管理实践之中。18世纪中叶的产业革命，将管理实践和管理思想推到了一个新的历史发展阶段。随着手工业生产向机器生产转变、以手工业为基础的资本主义工场向采用机器的资本主义工厂制度过渡，一些前所未有的管理实践问题逐步涌现，引起一些产业界人士和经济学研究者的关注和兴趣，于是，产生了一系列早期管理思想，其代表人物主要是亚当·斯密、查尔斯·巴贝奇和罗伯特·欧文。

（一）亚当·斯密及其劳动分工观点

亚当·斯密（Adam Smith，1723—1790年），英国古典政治经济学家，早期管理先驱之一。他在其1776出版的代表作《国民财富的性质和原因的研究》中，系统阐释了分工对提高劳动生产率以及增加国民财富的重要意义，指出，无论是组织还是社会，都能从分工中获得经济利益，劳动分工能够提高劳动生产率，具体说来：

（1）分工使每一个劳动者仅专门从事一种简单操作，从而有利于增进其工作技能和灵巧性，提高劳动熟练程度。

（2）分工使劳动者不必从一种工作向另一种工作转换，从而可以减少甚至避免为工作转换而浪费的时间。

（3）分工使劳动进一步简化，从而使劳动者的注意力集中到一种特定对象上，这有利于发现比较简便的工作方法，促进工具改革和新机器的发明。

亚当·斯密的劳动分工观点，适应了当时经济社会发展对迅速扩大劳动分工，推进工业革命的客观要求，大大推动了工作专业化的普及，其深远影响一直延伸到今天。

（二）巴贝奇及其管理思想

查尔斯·巴贝奇（Charles Babbage，1792—1871年），英国剑桥大学教授、数学家和机械学家，是富有现代气息的管理先驱，他潜心于研究生产效率，提出以下管理思想和主张。

1. 劳动分工观点

巴贝奇在对英国、法国工厂的管理问题进行深入了解和研究后，出版了《机器与制造业经济学》（1832年）一书，对专业化分工、机器与工具使用、时间研究、批量生产等作了充分的论述,其中特别值得关注的是,他进一步重申了劳动分工对提高劳动生产率的重要意义,并对劳动分工之所以能够提高生产率的奥秘作出了比亚当·斯密更全面、更细致的阐释,即劳动分工节省了学习所需要的时间;节省了学习期间所耗费的材料;节省了从一道工序转到下一道工序所需要的时间;经常从事某一工作,肌肉能够得到锻炼,不易引起疲劳;重复同一操作,技术熟练,工作速度较快;注意力集中于单一作业,便于改进工具和机器。

2."工资加利润分享"的主张

巴贝奇十分强调生产中人的作用,认为管理层和员工之间关系和谐对双方都是有利的,于是设计了"工资加利润分享"计划,主张工人除按照工作性质获得固定工资外,还应按照生产效率及其所作的贡献分得工厂利润的一部分。实施该计划,可以把每个工人的利益与其所创造的利润以及工厂的发展直接挂钩,从而使每个工人都更加关心浪费和管理不善等问题;有助于激励工人,提高其技术与品德;可以促进每个部门改进工作。在劳资关系上,该计划使工人与雇主的利益一致起来,有助于消除两者之间的隔阂,共谋企业发展。此外,巴贝奇还主张实行激励性建议制度,即鼓励工人提出改进生产的建议,雇主应针对有益的建议按其对提高生产效率的贡献给予奖励。

(三)欧文及其"人本主义"管理思想

罗伯特·欧文(Robert Qwen,1771—1858年),英国工业家、改革家和空想社会主义代表人物。他最早注意到组织内部人力资源的重要性,提出在工厂管理中要重视人的因素,工人应受到尊重和获得尊严,主张工厂应致力于对人力资源的开发和投资,从而开辟了人际关系和行为管理理论的先河,因此被称为"现代人事管理之父"。欧文不仅提出了"人本主义"管理思想,而且在实践中进行了一系列尝试性改革。例如,改善工人的劳动条件;将工人每天的劳动时间限制在10个半小时;提高童工的年龄,禁止雇佣10岁以下童工;提供免费饭餐、改善工人住宿条件等。改革实践印证了欧文的管理思想和主张,总结出一系列对工人和工厂所有者双方都有利的方法与制度,即重视人的因素和尊重人的地位,可以使工厂获得更多利润,而工厂用于改善工人劳动条件和待遇方面的投资,最终会从产出的增加上得到回报。

以上早期管理思想,散见于西方学者们的研究中,并未形成完整的管理理论,在实践中,也未能产生巨大的推动力使依靠个人经验的传统管理摆脱小生产方式。尽管如此,我们还是不能否认其对传统管理实践发挥的重要指导和促进作用,特别是它们为管理理论体系的产生和发展奠定了重要基础。

二、西方古典管理理论

19世纪末20世纪初,面对企业生产效率严重低下的问题,一些管理者和相关研究人员,深入思考,苦心寻找能够医疗此症的"神丹妙药"。于是,在20世纪二三十年代,拉开了西方管理学研究的序幕,产生了一系列"重点强调理性,以及使组织和工人变得尽可能有效率"[①]的西方古典管理理论,其代表人物主要有弗雷德里克·W·泰罗、亨利·法约尔和马克斯·韦伯。

---

① 〔美〕斯蒂芬·P·罗宾斯、玛丽·库尔特:《管理学(第11版)》,中国人民大学出版社2012年版,第27页。

（一）科学管理理论

弗雷德里克·W·泰罗（Frederick W. Taylor，1856—1915年），美国人，1878年受雇于米德维尔钢铁公司，先后当过学徒、技师、总工程师等。在此期间，他细心地发现工厂运行中普遍存在"磨洋工"、浪费、产量低等现象，以及工资低、决策杂乱无章、没有确定最佳作业方式等管理问题。于是，这位职业生涯从工厂开始的"科学管理之父"，用大半生的时间潜心研究一线管理即作业管理问题，他以工时研究为切入点，探寻改进操作工人工作效率与效果的路径，创造了著名的科学管理理论，其要点如下：

（1）科学确定完成各项工作所需要的时间，为每项工作的每一组成要素开发一种科学的方法，以代替陈旧的经验方法。

（2）科学挑选、培训和教导工人，让"最合适的人"从事其最适合的工作。

（3）采用标准化的工具作业。

（4）实行富有激励性的差异计件工资制。

（5）在管理者和工人之间进行明确的职责划分，管理者承担自己比工人更胜任的制订计划、工作安排等职责。

泰罗的科学管理理论在实践中得到广泛应用，美国许多组织证明其效率因采用泰罗的管理方法而显著提高。当然，泰罗的理论也遭到一些批评，认为该理论忽略了那些与工作相关的社会和心理因素，单纯强调用金钱激励工人。

（二）组织管理理论

亨利·法约尔，20世纪早期最有影响力的管理思想家之一，西方管理理论在法国的杰出代表。他长期潜心于整个组织的管理研究，创建了组织管理理论，为现代组织管理理论的产生和发展奠定了重要基础。

1. 管理的五项职能

法约尔认为，管理是不同于经营的一个特定概念，管理实践是不同于会计、财务、生产、分配和其他典型商业职能的一种活动，管理活动涵盖计划、组织、协调、指挥、控制等五项带有普遍性的职能，这些职能分配于领导者与整个组织成员之间，既不是一种独有的特权，也不是企业领导者或经理的个人责任。

法约尔提出的五项管理职能，形成了一个完整的管理过程，如图1-4所示，他也因此被称为管理过程学派的创始人，其"职能观"得到广泛认可和应用，是当今管理四项职能的真正来源。

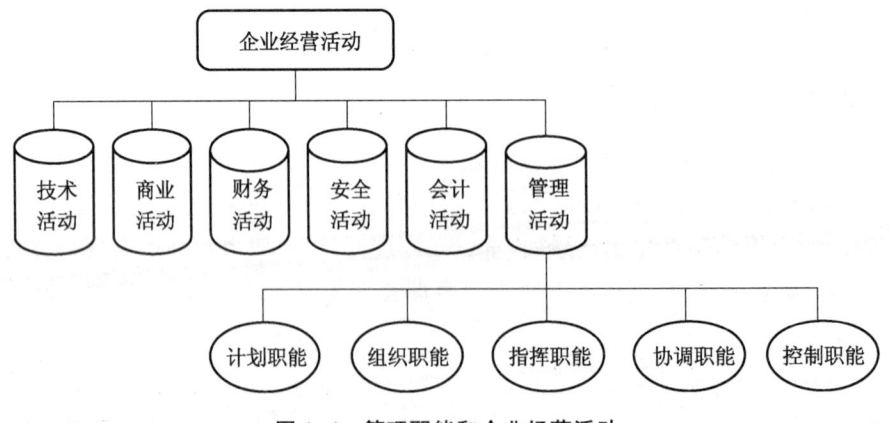

图1-4　管理职能和企业经营活动

2. 管理的 14 条原则

法约尔认为,管理普遍存在于所有人类的努力之中,是所有政府、企业、家庭都要从事的活动,并提出了具有普遍应用价值、适用于所有组织环境的 14 条管理原则,如表 1-3 所示。这些原则对当今的管理实践仍然具有重要指导意义。

表 1-3　法约尔的 14 条管理原则

1. 分工原则。技术工作和管理活动都要把工作分成特定任务,并分配责任到具体的个人。
2. 权力与责任原则。权责对等,即权力与责任是相互依存、互为因果的,有权力必有责任。
3. 纪律原则。明确期望并惩罚违法行为。做到:协议明确而公正、领导者以身作则、奖惩执行合理。
4. 统一指挥原则。一名员工只能服从一个上级的指挥,只接受其命令,并向其汇报工作。
5. 统一方向原则。每项具有共同目标的活动,只能有一个领导者和一项计划,并沿同一方向进行。
6. 个人利益服从整体利益原则。当两者发生冲突时,前者要服从后者,领导者要率先垂范。
7. 报酬原则。企业要对员工支付报酬,特别是对工作业绩和工作效率优良者要给予奖励。
8. 集权与分权原则。给下属足够的权力以便于其很好地完成任务,但经理人员要保留最后的决定权。
9. 等级链与跳板原则。为保证命令统一与行动一致,信息沟通应保持在等级链内进行。为避免信息延迟、实现迅速可靠的横向联系,在保证维护统一指挥的前提下,有必要建立"跳板"。
10. 秩序原则。组织中要保证工作和资源的秩序,无论是人还是物都要做到各有其位,各在其位。
11. 公平原则。管理者要坚持公平的纪律和命令,对下属要一视同仁,以确保员工的责任感。
12. 人员稳定原则。管理者要提高员工的忠诚度,鼓励员工稳定在自己的岗位上。
13. 首创精神。主管人员自身要勇于创新,同时还要培养下属人员的创新意识和创新能力。
14. 团结精神。坚持统一指挥原则,加强沟通交流,促进员工和管理层之间利益的统一。

（三）理想的行政管理体制理论

马克斯·韦伯(Max Weber, 1864—1920 年),德国著名社会学家,一般行政管理理论创建人。韦伯的研究与法约尔一样也是集中在组织管理问题上,但他强调组织要取得效率和成功,应当建立一套官僚体制,在这种严密、合理、形同机器似的社会组织中,权力建立在合理合法的基础上,组织效率和成功不再需要依赖某个特定的人,而是依赖遵循理性规则和公正的方法。他设计的理想的行政管理体制——官僚制,富有创造性,其基本特征如下。

1. 职能分工明确

根据专业化的观点,对组织的全部活动进行职能分工,并按照职能分工确定管理职位,详细规定各个职位的权力和职责范围。

2. 等级制度明确

根据等级原则,将组织中的各种职位链接起来,明确规定每一职位的权利与义务,形成一个金字塔式的等级服从关系,即指挥链。

3. 统一执行严格制定的法规规章

建立严格的规章制度,将组织中各项业务的运行都纳入到相关法规和规章体系中,并要求组织中的所有成员都必须接受统一的规章制度约束,不论职务高低。

4. 管理人员按照统一标准聘用

组织按照统一标准聘用管理人员,并对受聘人员发放固定薪金,保证其获得应得利益,但组织也有权随时解聘他们。

5. 理性规范组织中的各种关系

按照理性原则建立和规范组织中的各种关系,不掺杂感情等人格化的因素,以确保组织客观、合理地判断是非,决定问题。建立这样的体制,有利于提高效率,减少摩擦,维持组织中和谐的工作关系,使组织中的每一个成员都能以主人公的态度忘我工作。

6. 组织成员按照职务技术要求公开招聘

鉴于职能分工的需要,占据某项职务的人员必须具有相应的技术能力。因此,组织成员均由组织按照职务技术要求公开招聘。

韦伯认为,官僚制比以往其他管理体制都具有明显的优越性,包括准确性、迅捷性、明确性、简单性、连续性、严肃性、同一性、严密的服从关系、防止摩擦、人力和物力的节约等,它可以支持大型组织生存所必需的日常运行,而且官僚职位消除了管理者的主观判断,培养其专业技能。如果真正建立起适当的规则和控制,官僚机构应当能够公正地对待所有的人,包括客户和员工。正是这些优越性,保证了官僚体制能够像一架机器那样灵活运转,这也正是直到今天仍有许多组织还在推行官僚制的原因所在,证明它确实是有效的。当然,官僚制也有其局限性,并非适合于所有的组织。

以上分析表明,相对而言,泰罗的科学管理更适用于车间管理或作业管理,而法约尔和韦伯的研究更关注组织整体以及如何使整个组织更有效率。以他们为代表的古典管理理论,反映了古典管理理论的基本特点,虽然具有一定局限性,但适应了当时经济社会发展的现实需求,为其后管理理论的发展提供了一个基本框架,其深远影响甚至延续至今,如表 1-4 所示。

表 1-4　古典管理理论综述与评述

概要	古典管理理论研究主要有两个方向:一是以泰罗为代表的科学管理研究,关注组织内的个体人员及其工作,研究如何提高其生产率的问题;二是以法约尔和韦伯为代表的组织管理和行政管理研究,关注整个组织及其工作,探讨提高整个组织效率和效果的方法。可见,古典管理理论研究的核心是劳动生产率,试图用科学的工作方法和刺激性的工资制度来提高生产率,因此对组织结构的构建以及工作程序的标准化、机械化和自动化高度重视
贡献	古典管理理论为当时的管理实践提供了重要指导,也为后来管理理论的发展奠定了科学基础,其突出贡献是明确定了管理的基本职能和管理过程,使管理成为科学研究的有效对象,以至于今天的管理理念和实践可以直接追溯到传统的古典管理理论
局限	古典管理理论把组织当成一个封闭的存在进行研究,未充分考虑环境变化对组织的影响,因此它适用于稳定的静态的组织;所提出的普遍原则并不适应于所有的组织;它把人视为一种机械工具,或是组织机构上一颗标准的"螺丝钉",忽视了人及其内在的复杂需求,因此未能深入分析和真正解决当时组织中存在的尖锐的矛盾特别是劳资关系紧张问题

三、西方现代管理理论

古典管理理论研究的局限性为后人留下了进一步探索的空间。第二次世界大战结束后,现代科学技术日新月异,生产力水平和生产社会化程度迅速提高,市场竞争日益加剧。环境的激烈变化,带来了一系列用传统管理理论和方法难以解释和回答的新问题,从而进一步激发了人们对管理的研究热情,20 世纪 50 年代至 80 年代初,管理学界的标志性变化体现在两个方面:一是产生了行为科学和管理科学等代表性理论;二是涌现出一大批管理学派,形成了举世瞩目的管理学"热带丛林"现象。

(一)行为科学理论

1. 行为科学理论的研究基础

追根溯源,行为科学研究的前期基础是人际关系理论。1927 年,美国著名管理学家乔治·埃尔顿·梅奥(George Elton Mayol,1880—1949 年)应邀参加了始于 1924 年但中途遇到困难的霍桑试验。梅奥和他的同事们通过 1927—1936 年的长期实验和深入研究,针对有关工作行为的传统假设与其所观察到的行为之间存在的"神秘"不相符作出了独到的解释,进而系统阐释了"以人为本"的管理思想,后被称为人际关系理论,其基本观点是:①人的行为与态度密切相关。②人是"社会人",有关系需求,个体行为与群体密切相关,群体因素会显著影响个体行为。③群体工作标准决定个体工人的产出,在影响工人产出的诸多因素中,群体标准、群体态度以及工作安全的影响力要大于金钱。④企业是一个复杂的社会系统,企业提出有关技术要求和经济报酬应基于对人的关心,相应地,企业必须发展一种新的领导方式,通过提高工人的满足程度来激发其工作积极性,从而提高劳动生产率。企业领导者必须在效率的逻辑和工人感情的非逻辑之间维持一种平衡,与工人有效沟通对成功管理非常重要。⑤在企业中,正式组织与非正式组织是相互依存的,非正式组织对生产率有很大影响。这些结论提示人们在对组织进行管理时,应重视人的心理和行为因素。第二次世界大战结束后,很多专家学者循着人际关系理论的轨迹,进一步研究探讨组织中人与人之间的关系问题,到 20 世纪 50 年代初期,人际关系学发展为行为科学理论。

2. 行为科学理论

行为科学理论是跨学科研究的成果,它综合运用社会学、人类学、心理学等学科的相关知识与方法,研究人在组织中的行为以及这些行为产生的原因,试图通过对个体、群体和组织过程复杂本质的理解,找出促进员工有效性的管理路径。行为科学理论研究主要集中在两个领域:一是研究人的心理、需要、动机、行为之间的关系、生产中的人际关系以及环境等与生产率的关系,比较有代表性的理论包括美国行为心理学家亚伯拉罕·马斯洛(Abraham Maslow)的"需要层次论",美国著名心理学家、行为科学家维克托·弗鲁姆(Victor H. Vroom)的"期望理论",道格拉斯·麦格雷戈(Douglas McGregor)的人性假设理论(X—Y理论),威廉·大内(William Ouchi)的"Z 理论",美国著名管理学家、心理学家弗雷德里克·赫茨伯格(Frederick Herzberg)的"激励—保健理论",以及亚当斯的"公平理论"和斯金纳的"强化理论";二是研究领导作风、领导风格、领导效果以及领导环境等问题,有代表性的理论包括:美国现代行为科学家伦西斯·利克特(Rensis Likert)的"参与领导方式理论",美国行为学家罗伯特·布莱克(Robert R. Blake)和简·穆顿(Jane S. Mouton)的"管理方格理论",以及美国著名心理学家、管理专家弗雷德·菲德勒(Fred E. Fiedler)的"权变理论"。

行为科学理论的主要特点是:探索和遵循人类行为规律,提倡善于用人,进行人力资源开发;强调个人目标与组织目标的一致性,要从个人因素和组织因素两方面着手调动人的积极性,在组织目标中包含更多个人目标,不仅改进工作外部条件,更要改进工作设计,从工作本身满足人的需要;主张在企业中关注人的尊严,实行民主参与管理和员工的自主自治。

行为科学理论进一步丰富和发展了管理理论,它的产生标志着管理学作为一门科学的研究领域和发展空间的显著拓展。其重大贡献是改变了管理者的理念,引导他们改变对工人在企业中所处地位的看法,促使其在管理中更多地关心人的因素,更关注对人的理解,把员工看成组织的重要资源而不是工具,并通过满足人们的心理需求来改善管理。该理论对今天的管理实践仍然具有重要影响。

(二)管理科学理论

第二次世界大战结束后,与行为科学理论平行发展起来的还有管理科学理论,其代表人物是美国管理学家伯法(Elwood Spencer Buffa，1923—)。伯法强调运用数学模型和计算机技术来进行管理决策，提高经济效率，其代表作是 1975 年出版的《现代生产管理》。管理科学理论认为，管理就是用数学模型与程序来表示计划、组织、控制、决策等合乎逻辑的程序，求出最优的解答，以达到系统所追求的目标，其主要特点如下。

1. 运用现代科学方法分析复杂的决策因素

在研究方法上，管理科学大量采用第二次世界大战期间用于解决军事问题的定量方法、先进的数学方法、电子计算机技术以及系统论、信息论、控制论等现代科学技术和方法，试图将管理中与决策有关的各种复杂因素全部数量化，运用数学模型对管理中的人、财、物及信息等资源进行系统的定量分析，寻求达成组织目标最有效的工作方法或最优决策方案。

2. 以解决企业生产与业务管理问题为核心

在研究范围上，管理科学研究覆盖整个组织的所有活动，但其重点是解决企业中的生产与业务管理问题。在实践中，管理科学理论常常被用于企业的生产与业务决策，其应用价值在于减少决策风险，提高决策质量。之所以能产生这样的效应是因为，凡采用管理科学的定量方法进行决策的企业，必须以充足的事实为依据，根据事物的内在联系，对所获得的与生产和业务相关的大量资料与数据进行系统分析、计算和严密的逻辑思考，严格遵循一套决策程序和决策模型作出决策，以减少决策的个人意见成分，提高生产与业务决策的质量与科学性。

管理科学理论的主要贡献是开发了复杂的定量分析技术，将数学模型和程序应用于企业决策和解决管理中的复杂问题，使决策过程成为了建立和运用数量模型的过程，进而使管理研究从以往的定性描述跨入定量分析预测阶段，开拓了管理学研究的新领域。人们据此认为，管理学因为管理科学理论而成为一门"真正的科学"。在实践中，企业管理人员为了寻求解决问题和进行决策的最佳方案，常常制定用于管理决策的数学模式与程序的系统，并将之通过电子计算机应用于组织管理，充分体现了管理科学理论与定量分析方法的直接贡献。当然，也有人指出管理科学理论具有一定局限性，如未能充分解释或预测组织中人们的行为等。

（三）管理理论的丛林

第二次世界大战结束后，管理实践中出现的一系列新挑战、新问题，吸引了一些欧美管理学、经济学、数学乃至心理学、社会学的专家学者，他们从各自不同的学科视角，采用不同的方法研究现代管理问题，管理学界观点纷呈，百家争鸣，学派林立，形成了孔茨形象比喻的"管理理论丛林"。在这些学派中，除了以行为科学理论和管理科学理论为代表的行为科学学派与管理科学学派外，以下学派比较有代表性。

1. 社会系统学派

该学派的创始人切斯特·巴纳德(Chester I. Barnard，1886—1961 年)，是美国著名的管理学家。巴纳德在 1927—1948 年任美国新泽西贝尔电话公司总经理期间，基于其自身最高管理者的经验，并结合社会学和系统论对组织管理问题进行了深入研究，创立了综合性的社会系统学派。1938 年巴纳德的代表作《经理的职能》正式出版，标志着社会系统理论的正式确立，书中全面、系统地阐释了以巴纳德为创始人的社会系统学派的观点，即组织是一个协调的系统，经理人员有明确的职能与权威，对组织理论研究作出了杰出贡献。

（1）组织是一个协调的系统。社会系统理论以协作系统为核心，阐述组织内部的平衡及其对外部条件的适应。其主要观点是：第一，社会的各级组织都是由相互进行协作的各个人组成的一个协作系统，而这个系统能否生存则取决于以下三个因素：协作的效果，即能否顺利完成协作目标；协作的效率，即在达到目标的过程中是否使协作的成员损失最小而心理满足较高；协作目标与协作环境相适应的程度。第二，正式组织的协作系统有三个要素：协作的意愿即每一位成员都自觉自愿为实现组织目标作贡献；共同的目标；信息的联系即组织内部有一个能彼此沟通的信息联系系统。非正式组织与正式组织互相创造条件，并在某些方面产生积极影响。第三，经理人员是协作系统因素中的关键因素，是相互联系的中心，并对协作进行有效协调。只有这样，才能取得组织的内部平衡，并使这种协作系统适应于外部条件，实现组织正常运转和顺利发展。

（2）经理人员有明确的职能与权威。其主要包括：建立和维持一个信息联系的系统；招募和选拔能最好地作出贡献、能协调地进行工作的人员，并使之协调地、有效率地进行工作；规定组织的目标；授权；决策。

2. 决策理论学派

该学派的主要代表人物是美国管理学家和心理学家、1978 年诺贝尔经济学奖获得者赫伯特·西蒙（Herbert A. Simon, 1916—2001 年）。西蒙发展了巴纳德的社会系统理论特别是决策理论，并吸收借鉴了行为科学、系统论、运筹学、计算机程序等学科知识与方法，对经济组织内的决策程序进行了开创性研究，于 1960 年先后出版了《组织》《管理决策新科学》等著作，对决策理论研究作出了突出贡献。

西蒙认为，管理就是决策，决策贯穿于管理的全过程，决策程序就是全部的管理过程，组织就是由作为决策者的个人所组成的系统。因此，管理必须要研究科学的决策方法，并采用一套制定决策的科学方法及合理的决策程序。基于此，决策理论学派的主要观点是：①决策不是瞬间就能完成的活动，而是一个复杂的动态过程，该过程应包括若干步骤，其中的每一步骤都含有丰富的内容，而且各步骤之间还可能相互交错，反复进行；②决策依其性质可分为程序化决策和非程序化决策，但这种划分并不是严格的或一成不变的，随着人们认识的深化，许多非程序化决策也可能会转化为程序化决策；③建立制定决策的人—机系统是现代组织设计的基本任务。这是因为组织原本是一个由决策者个人所组成的系统，一旦这样的组织引入自动化技术、广泛应用计算机，则其管理工作和组织结构自然会受到这些现代技术的重大影响，不但程序化决策的自动化程度越来越高，甚至许多非程序化决策也逐步进入程序化决策的领域，组织因此而变成为由人与计算机共同组成的结合体，建立制定决策的人—机系统，推进企业决策的重大改革，势在必行。

3. 系统管理学派

该学派兴盛于 20 世纪 60 年代前后，代表人物是美国管理学家卡斯特（F. E. Kast）和罗森茨韦克（J. E. Rosenzweig）。他们将系统论和控制论应用于企业管理领域，出版了《系统理论和管理》《组织与管理：系统与权变的方法》等著作，形成了系统管理理论。

该学派认为，以系统的观点考察各种管理职能，分析企业的组织结构和模式，考察和管理企业，有助于使各系统和有关部门的相互联系网络更加清楚，提高企业效率，最优地实现企业总目标。该学派的理论要点包括：组织是由人们建立起来的、相互联系并且共同工作着的要素所构成的系统，这一人造的开放系统同外部环境之间存在着动态的相互作用，并具有内部和外部的信息反馈网络，能不断自行调节，以适应环境和本身的需要；企业的组织结构是一个完整的系统,同时也是一个管理信息系统。

4. 权变理论学派

该学派产生于 20 世纪 70 年代,代表人物是弗莱德·菲德勒(Fred Fiedler)和琼·伍德沃德(Joan Woodward)。权变管理理论(Contingency Theory of Management)力图揭示组织的各子系统内部和各子系统之间的相互联系,以及组织与其所处环境之间的联系,并确定各种变数的关系类型和结构类型。

权变学派认为,组织及其成员的行为是复杂而且不断变化的,组织内外环境及其变化会影响组织活动,而组织所处环境的复杂性更加大了有效管理的困难程度,因此,管理方式或方法应根据不同情况而随机应变,不存在普遍适用的最好的管理理论和方法。他们主张,在大量调查研究的基础上,对组织情况进行分类,建立模式,根据不同具体条件,选择适当的组织结构、领导方式及管理模式和方法;建立模式时需考虑的主要因素包括:组织规模、工艺技术的模糊性和复杂性、管理者位置的高低及其位置权力、下级个人之间的差别、环境的不确定程度等。

可见,权变学派把组织看成是社会系统中的一个分系统,强调企业与环境的一致性,以及组织各方面的活动对外部环境的适应性,注重研究在变化的条件下和特定的环境中企业应如何行动的问题,并据研究成果提出最适应特定环境的管理方案、管理模式和方法;把环境对管理的作用具体化,使管理理论与管理实践更紧密地联系起来。在这里,实现了古典管理理论与行为科学理论的有机结合,提出了一套既重视应用科学管理理论与方法,同时又重视发挥人的主观能动性的科学的管理行为准则和工作程序。

5. 案例学派

该学派主要代表人物是美国管理学家欧内斯特·戴尔(Ernest Dale)和彼得·德鲁克。戴尔的代表作有《伟大的组织者》和《管理:理论和实践》,德鲁克的代表作有《管理实践》《管理:任务、责任和实践》《有效的管理者》和《21 世纪的管理挑战》等。

案例学派认为,无论是古典管理理论还是行为科学理论,都不能完全适应企业发展的需要,主张有关企业管理的科学要从企业管理的实际出发,以成功的大企业组织管理者为对象,通过案例研究其成功经验及其解决特殊问题的方法,对其中具有共性的要素进行系统化和理论化,并据此为企业管理人员提供在相同或相似的情况下进行有效管理的对策建议。

6. 社会技术系统学派

该学派的创立者是英国塔维斯特克人际关系研究所的特里斯特(E. L. Trist)等人,他们认为,技术系统对社会系统有强烈影响,管理绩效以及组织绩效,不仅取决于人们的行为态度及其相互影响,而且取决于人们工作的技术环境。因此,要解决管理问题不能只分析社会协作系统,还必须研究技术系统(机器和方法)对社会以及对个人心理的影响。该学派主张,在社会系统和技术系统之间建立协调关系,确保社会系统与技术系统相互协调,是管理人员的任务之一,一旦发现两者不协调,就要及时对技术系统作出某些变革。该学派对管理学发展的重大贡献在于,首次从组织是一个社会系统和技术系统有机结合体的视角来研究组织及其管理问题。

7. 管理程序学派

该学派的开山鼻祖是法约尔,当代最著名的代表人物是美国著名管理学家哈罗德·孔茨(Harold Koontz, 1908—1984 年),其代表作是与西里尔·奥唐奈合著的《管理学》,在这部经典效应的教材中提出了影响深远的"职能观"。孔茨和奥唐奈在深入研究了法约尔的计划、组织、指挥、协调和控制等五项管理职能的基础上，将管理职能确定为计划、组织、人事、指挥和控制等五项，他们认为，管理是一种程序和许多相互关联着的职能，可以将各种职能逐一进行分析，归纳出若干指导性原则，以便更好地提高组织效力，达到组织目标，他们认为协调是管理的本质，是五项职能有效综合运用的结果。可见，这一理论是在法约尔的一般管理理论基础上发展而来的。孔茨正是利用这些管理职能对管理理论进行分析、研究和阐述，最终创建了管理程序学派。

管理过程学派致力于研究和说明"管理人员做些什么和如何做好这些工作"，侧重说明管理工作实务，其主要特点是将管理理论同管理人员所执行的管理职能即管理人员所从事的工作联系起来，强调管理职能的共同性，认为任何组织无论其性质多么不同，所处的环境差异多大，管理人员履行的基本管理职能都是相同的，管理活动过程就是管理职能逐步展开和实现的过程。因此，管理过程学派把管理的职能作为研究的对象，他们先把管理的工作划分为若干职能，然后对这些职能进行研究，阐明每项职能的性质、特点和重要性，论述实现这些职能的原则和方法。该学派对管理学的重要贡献是提供了一个分析研究管理的思想框架，为构建管理学学科体系奠定了基础，许多管理学教科书框架都是按照该学派的理论架构搭建的。

四、西方当代管理理论

20世纪八九十年代以来，科技进步日新月异，市场竞争不断加剧，管理实践中又出现了一些新的问题和挑战，进一步引发了管理研究热潮，涌现出一系列新的管理理论和方法。它们既反映了当今西方经济社会中管理发展的现状与趋势，又对其复杂的管理实践发挥着重要指导作用。具有代表性的西方当代管理理论有：迈克尔·波特的竞争战略理论、彼得·圣吉的学习型组织理论、迈克·哈默的企业再造理论以及尼尔·瑞克曼的合作竞争理论等。

（一）竞争战略理论

迈克尔·波特（Michael E. Porter，1947—），美国哈佛大学教授，著名战略学家、管理学家。在其代表作《竞争战略》中，波特详尽阐述了竞争战略思想，创建了著名的企业竞争战略理论，并因此被尊称为"竞争战略之父"。

波特经过充分的研究论证，明确提出，如果公司能够建立和保持竞争优势，就可以获得超过平均水平的盈利性，而建立竞争优势的一个重要步骤就是进行产业分析，五种竞争力模型是分析产业环境结构化的重要方法。他认为，在任何产业中，都存在着五种竞争力量左右着竞争规则，它们共同决定产业的吸引力和盈利性。在第二章以及后续各章的相关部分，我们会介绍波特提出的五种竞争力模型、企业发展的三种基本战略以及实现这些战略的价值链分析方法。

（二）学习型组织理论

彼得·圣吉（Peter Senge，1947—），美国麻省理工大学斯隆管理学院资深教授，当代最杰出的新管理大师之一。他将系统动力学与组织学习、创建原理、认知科学、群体深度对话与模拟演练游戏融合在一起，创建了学习型组织理论，被誉为"学习型组织之父"，其代表作《第五项修炼——学习型组织的艺术和任务》（1990）及《变革之舞——学习型组织持续发展面临的挑战》，在全球影响广泛。

1. 学习型组织的五项修炼

圣吉在《第五项修炼——学习型组织的艺术和任务》中，倡导组织学习，并提出了建立学习型组织所需要的五项修炼——自我超越、改变心智模式、建立共同愿景、团队学习以及系统思考。这五项修炼实际上是改善个人与组织的思维模式，使组织朝向学习型组织迈进的五项技术。它们构成为一个整体，相互作用，相辅相成[①]。

2. 变革与重建学习型组织[②]

在《变革之舞——学习型组织持续发展面临的挑战》中，圣吉以生态学的观点，阐述了组织实际推动深度变革、创建和重建学习型组织时更需要务实的五项修炼基础原因，进而为企业在新的环境下实施全方位深度变革提供了全新思路和全新理念——企业应对变化、创造未来的唯一持久的竞争优势是学习型组织及其互动共享的学习系统。

（1）影响变革的两种因素。圣吉认为，变革就是促进变革过程和抑制变革过程之间的相互作用。要使变革、创新活动保持增长的势头，必须不断激发促进发展的因素，如强化个人成果，把变革和创新活动与个人努力、个人成就和利益紧密结合起来；建立一个有责任心的员工组成的彼此联系、互相帮助的网络；不断改善企业业绩。与此同时，还要找出抑制发展的因素并设法克服其带来的负面影响。

（2）成功的重大变革活动的特点。圣吉认为，深层变革要求投入时间、精力和各种资源，而成功的重大变革活动具有以下特点：与实际的工作目标和过程紧密相连；与不断改善企业业绩紧密相连；实现目标的行动决策人的积极参与；在行动与反思间保持平衡，边咨询，边实验；给人们充分的时间进行思考和反思，不强迫他们匆忙作出决定；旨在提高人们系统思考和解决问题的能力；把重点放在提高学习能力特别是组织整体的学习能力上。

（3）学习型组织持续发展面临挑战。圣吉认为，学习型组织的持续发展，面临十大挑战，如表1-5所示，而且他针对各种挑战及其特点，提出了灵活的应对策略。

表 1-5　学习型组织持续发展面临的十大挑战

变革开始启动，挑战便接踵而至：
1. "干这样的事我们没时间"。参与变革的人对自己的时间无法控制。
2. "我们得不到帮助"。革新小组缺乏有力的指导、支持和帮助。
3. "这种事与实际工作无关"。怀疑变革与实际工作是否休戚相关。
4. "他们光说不干"。支持变革的人认为管理层的行为与所主张的价值观念不相符。
当变革取得初期成功时，继续保持发展势头的挑战便出现了：
5. "这种事是——"。变革小组成员间缺乏信任，怕暴露矛盾、怕受到伤害和怕被认为不称职。
6. "这种做法行不通"。对进步作出负面评估。
7. "我们做得对"，"他们不理解我们"。变革小组与组织系统的其他成员处于相互误解中。
当变革得到广泛信任，并与组织内部基础结构和做法相抵触时，再设计和再思考的挑战就出来了：
8. "这事由谁负责？"变革小组希望得到更大自主权，但经理担心这会导致混乱、内部分裂乃至冲突。
9. "我们总是在原地踏步"。知识无法在各组织间传播，体制中的人们难以相互借鉴成功经验。
10. "我们要走向何方？""我们的目的是什么？"这是对组织战略和目标的挑战。

（三）流程再造理论

米歇尔·哈默（Michael Hammer），美国麻省理工学院的教授，"流程再造"理论的首创

---

① 文琪：《一次读完28本管理学经典》，中国商业出版社2005版。
② ［美］彼得·圣吉等：《变革之舞——学习型组织持续发展面临的挑战》，东方出版社2002年版。

者之一。哈默等人强调要采用激烈的手段,对企业的生产工艺流程、管理组织系统进行重组、再建,彻底改变美国企业的现行管理方法与生产方法,期望能在成本、品质、服务以及绩效等方面得到显著的决定性改善。这是一种适应当时客观环境的管理变革与创新的最新构想。

1. "流程再造"的核心内容

(1)以顾客为中心。强调以"顾客第一"为出发点,重新思考关键的业务流程,无论是企业管理组织的设计,还是管理人员、管理程序的安排,都要遵循"一切为了顾客,而不是为了任务"的理念。

(2)以员工为中心。充分体现以人为本的理念,紧紧围绕企业中的"人"来开展,试图把员工个人发展目标与企业目标紧密结合起来,以增强企业凝聚力,促进员工自我管理、自我发展。

(3)以效率和效益为中心。企业活力最终体现为效率和效益,企业的所有经济行为都是围绕提高效率和效益进行的,管理变革与创新的最终结果也以效率和效益为标志。按照流程再造工程设计,"三个中心"构成整个业务流程的核心,所有业务流程都紧紧围绕这三个中心进行。在"三个中心"中,虽然效率和效益是企业的最终目标,但流程再造工程强调,这一目标要通过"过程"即业务流程的改造来实现。其关键在于,"以顾客为中心"和"以员工为中心"追求的是顾客满意度和员工自我价值实现,降低成本和提高效率与效益并非这一思路的目的,而是这一过程带来的结果。可见,流程再造注重的是过程的实现,而不是结果,追求的不是短期利润的最大化,而是企业可持续发展的能力。

2. 流程再造理论的影响与贡献

20 世纪 90 年代,知识经济迅猛发展,全球化趋势显著增强,顾客需求千变万化,市场竞争异常激烈。面对迅速变化的企业经营环境,按照传统分工理论设计的组织形式难以适应,于是,"流程再造"理论应运而生,它主张以信息化和知识化为基础,以市场为导向,以具有创造性的合作关系为纽带,以大幅度提高效率和效益为核心,对企业工作程序进行关键性的重新设计和根本性的变革创新,建立能够充分体现个人价值和团队精神的团队式组织,并层层扩大这种组织,直到整个企业都按照新的原则构建起来,最终形成新型的企业组织的创新过程。这种构想所体现的经营管理思想从根本上不同于工业化时代的规模模式和质量模式,它一经提出,就引起美国企业界乃至欧洲和日本的广泛关注与响应,众多企业纷纷按照"流程再造"的思路实施变革,管理变革与创新浪潮风起云涌。

(四)合作竞争理论①

该理论由美国的尼尔·瑞克曼(Neil Rackham)等人创建,人们普遍认为,这是继波特之后的又一种全新的经营战略理论。瑞克曼在其代表作《合作竞争大未来》中提出,管理人员不要总是期盼抢到更多蛋糕,而应与自己的竞争对手建立合作关系,将蛋糕做得更大,即合作竞争大未来。这种伙伴关系的建立,可以在缩减供应商数目的同时,保证产品质量和价格优惠,使供应商和企业在各自的市场上具有长期竞争优势。

瑞克曼认为,实施这种新型伙伴关系的策略,将逐渐改变企业的经营方式,而建立伙伴关系无疑是一种高风险的策略,所以,选择合适的对象共结伙伴关系,是建立伙伴关系战略

---

① 〔美〕尼尔·瑞克曼:《合作竞争大未来》,经济科学出版社 1998 年版。

的重要基础,必须遵循以下四个最基本、最重要的准则:努力创造贡献的潜能;共有的价值;尽量创造有利于伙伴关系的环境;与供应商的目标一致。建立成功的伙伴关系需要注意贡献、亲密和远景等三个基本因素。

瑞克曼等提出,供应商除了可以与客户结成伙伴关系以保持竞争优势外,还可以与其他供应商即竞争对手结成伙伴关系。这既是提高效率与规模经济效应的需要,也是寻求新的市场价值,更好地满足客户需求的需要。为了与其他供应商进行强有力的合作,需要注意的是:为双方合作发展制定有吸引力的共同目标;扩大共同的利益基础;以客户利益为中心明确界定彼此的角色;在伙伴关系中维持平衡。

通过对西方管理思想与管理理论演进过程的回顾,我们发现,任何管理思想和管理理论的产生与和发展,都与经济社会环境密切相关。不论在什么时代,不管在哪个国家,随着经济社会环境的变化,有关组织及其运行的各种假设和解释都会相应发生变化,并产生相应的管理思想、管理理论与方法。这些管理思想、理论与方法,来源于实践,经过系统化和升华后又反过来指导管理实践,既接受实践的检验,也在实践中得到进一步修正与完善,在此期间,管理理论体系逐渐建立起来,其内涵不断丰富和发展。

第三节　管理学的性质与方法

一、管理学的学科性质

管理学是一门综合运用现代社会科学、自然科学和技术科学的理论与方法,系统研究现代社会条件下管理活动的基本规律和一般方法的综合性学科。

作为一门学科的基本思想和体系,管理学从社会生活的各个领域、各个方面以及各种不同类型组织的管理实践中,概括和抽象出对各门具体的或专门的管理学科都具有普遍指导意义的管理思想和原理,涵盖管理理论、管理原则、管理方法、管理制度等内容,1955 年管理学鼻祖、美国著名管理学家孔茨和奥唐奈合作出版《管理学原理》(Management Principle),是管理学科正式形成的重要标志①。

二、管理学科的特点

(一) 一般性

管理学是基于不同的人类管理实践活动,概括和抽象出对各门具体的或专门的管理学科都具有普遍指导意义的管理思想和共性原理,所以,它属于基础理论学科,具有一般性特征,是其他管理学科如"工业企业管理""市场管理""旅游管理"和"行政管理"以及"宏观经济管理"的共同理论基础。

(二) 交叉性

管理活动是一种复杂活动,深受自然因素以及政治、法律、社会、心理等社会因素的影响,因此,要研究与探讨管理活动的基本规律与一般方法,不仅要全面考察组织内外部各种错综复杂的因素及其影响,还要利用经济学、心理学、社会学、生理学、仿真学、运筹学以及数

---

① 孔茨和奥唐奈合作的《管理学原理》在 1976 年出版第六版时更名为《管理学》(Management)。

学、系统工程、信息论、控制论、电子计算机等学科的相关理论和方法,对管理活动进行定性描述与定量分析,这样才能创造出科学的管理理论与方法。从管理学与其他学科的相互关系的紧密性就可以断定,它是一门具有很强的交叉性的学科。

（三）历史性

管理学是人类社会历史实践活动的产物。在漫长的管理实践演进中,人们连续不断地对前人的管理经验、管理思想和管理理论与方法进行收集、梳理和系统总结,并代代相传,持续创新和发展,每一代前人对管理经验的理论概括与积累,都为后来的管理学理论体系的构建与完善奠定了坚实的科学基础。

（四）实践性

管理学是一门实践性很强的应用性学科。首先,作为一门科学,管理学适应管理实践的需要产生和发展,它来源于实践,是人类长期从事的管理实践活动及其经验的科学总结、提炼和升华,是管理实践活动在理论上的高度抽象与概括,在管理学的学科知识体系中蕴涵着人类长期的社会实践经验。其次,管理学对管理实践具有重要指导作用,为管理者有效从事管理活动提供必要的理论、原则和方法。管理学科体系随着管理实践活动在深度和广度上的不断扩展,日益丰富和完善。管理理论与管理实践的有机结合,使管理学这门学科拥有旺盛的生命力和广阔的发展空间。

三、管理学的研究方法

（一）历史法

管理学研究依据管理实践和管理思想的演进过程描述和分析管理历史,注重从一定的历史背景中探讨管理学中的某一理论和某一规律,通过考察其发生发展的历史条件,把握其来龙去脉,揭示其实质。

（二）逻辑法

管理学研究注重通过概念、判断、推理等思维方式,研究管理活动的发展规律,从纯粹、抽象的形态上揭示管理的实质。

（三）比较法

管理学研究注重通过横向比较,研究不同国家、不同社会制度、不同文化条件下的管理思想、管理理论和方法及其效果,寻找管理的共同规律。

（四）案例法

管理学研究注重通过典型案例的分析,总结出具有指导意义的一般性规律。在应用案例分析法的同时,管理学研究也大量采用试验方法,注重在一定约束条件下,经过反复试验,有目的地揭示管理规律。

（五）跨学科法

管理学研究借鉴其他相关学科的理论和方法,注重管理学科与这些学科之间的密切关联,力求在对各学科进行比较研究并有一个整体把握的基础上,形成具有一般意义的管理理论与方法。

本 章 小 结

管理是管理者根据组织所处的环境和组织所掌握的资源状况,通过实施计划、组织、领导、控制等职能协调他人的活动,实现组织目标的过程。管理具有计划、组织、领导、控制等职能。

管理者是从事管理活动的人,分为三个层次:高层管理者、中层管理者和基层管理者。管理者通过扮演各种角色执行管理职能。管理者无论职位高低,都必须在管理上力求有效,但现实中受多种因素影响,使他们难以达到有效性。管理者要更好地履行管理职能,需要掌握必要的技能,包括:概念性技能、人际关系技能、技术性技能和政治技能。

西方管理理论的演进经历了以下历程:西方管理思想(以亚当·斯密的劳动分工观点为代表);古典管理理论(代表人物有泰罗、法约尔和韦伯等);西方现代管理理论(以行为科学和管理科学理论以及"管理理论的丛林"为代表);西方当代管理理论(以企业竞争战略理论、学习型组织理论、流程再造理论和合作竞争理论等为代表)。

管理学是一门系统研究管理活动的基本规律和一般方法的综合性科学,具有一般性、交叉性、历史性、实践性等特征。管理学研究主要采用历史法、逻辑法、比较法、案例法、跨学科法等方法。

思 考 题

1. 如何理解管理的涵义?
2. 与传统管理职能相比较,当代管理职能发生了哪些变化? 为什么?
3. 管理者应具有哪些技能? 他们主要扮演哪些角色?
4. 管理者应怎样提高管理的有效性?
5. 西方管理理论的发展经历了怎样的演进过程?
6. 怎样认识管理学的学科性质?

第二章

组织环境

【学习目标】

1. 了解组织环境的构成。
2. 熟悉组织环境的评估方法。
3. 理解组织如何对环境进行管理。
4. 分析当今组织环境的变化及其对管理产生的影响。

在全球化背景下,对一个组织而言,开放是一个新常态。随着组织开放度的不断加大,组织运行常常处于复杂多变的环境之中,不可避免地受到诸多环境因素的影响。管理者只有了解环境,准确分析与评估环境,并学会管理环境,才可能使组织与不断变化的环境之间处于一种适当的关系状态,确保组织得以生存,获得可持续发展。本章主要描述组织环境的构成,介绍评估环境的主要方法,分析管理者实施环境管理的情形,阐述全球化以及责任竞争时代的到来给管理带来的机遇与挑战。

第一节 组织环境的构成与评估

一、组织环境的构成

简言之,能够对组织活动产生影响的所有因素都是组织环境。因这些因素的来源及其对组织产生影响的路径不同,可将之大体概括为外部环境和内部环境。

（一）外部环境

外部环境是指处于组织外部但能够对组织绩效产生影响的因素和力量,具有变动性和不可控性等基本特征。根据外部环境对组织活动的影响程度,又可进一步将之细分为一般环境和特殊环境。

1. 一般环境

一般环境也称宏观环境,是指对社会中的各类组织都会产生影响的因素和力量,主要包括外部环境中那些最具有普遍性、能影响到组织战略决策的部分。对企业而言,一般环境由政治法律环境、社会文化环境、经济环境、技术环境等构成。在全球化背景下,这些环境均与全球化进程及其发展态势密切相关,并在不同程度上受其影响。一般环境与企业的关系如图 2-1 所示。

（1）政治法律环境。一个国家发展战略的制定或调整,在很大程度上影响企业经营,例

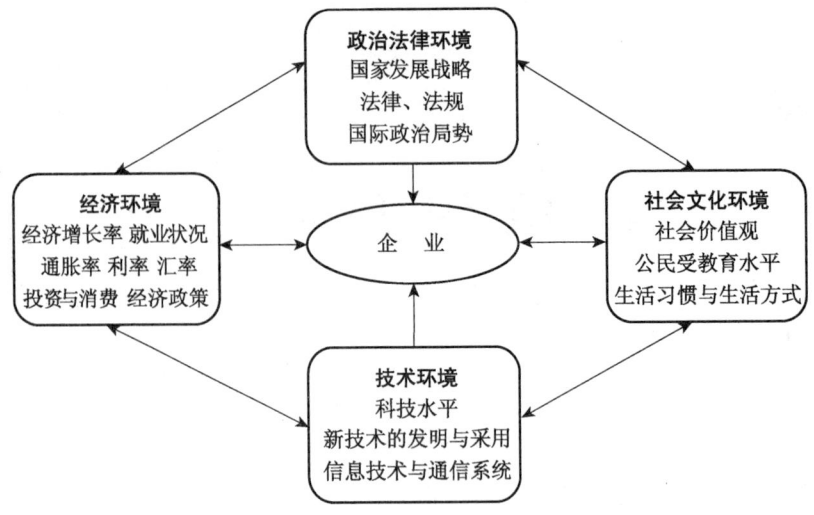

图 2-1　一般环境与企业的关系

如,中国当前大力推进"一带一路"战略和"供给侧"改革,既为创新能力强、具有竞争实力的企业创造了新的发展机遇,同时也使产能过剩、管理落后的企业面临严峻挑战。法律法规是市场经济条件下政府管理企业的重要手段之一,它既约束企业行为,规范其经营,以维护市场秩序和消费者的合法权益,同时也为合法经营的企业提供保护,维护企业的正当利益。在开放的条件下,跨国经营企业不可避免地受到国际法、国际局势及其变化趋势,以及相关国家的政治稳定性及其发展战略等一系列国际性因素的影响。

（2）经济环境。一个国家的经济发展水平、经济增长速度、经济结构、投资和消费水平、就业状况、通货膨胀率、利率、股市行情、汇率以及宏观经济政策等,都是影响企业经营的重要因素。在开放的条件下,跨国经营企业在很大程度上会受到全球经济波动、国际市场行情、相关国家经济政策调整等因素的影响。例如,2008 年以来的全球金融危机,导致全球经济复苏乏力,贸易保护主义抬头,致使我国一些外向型企业发展受到制约,甚至重创。

（3）技术环境。技术是将资源转化为产品和服务的方法与手段。一个国家的科技发明、工业创新、新技术应用、信息技术与通信系统建设水平等是影响企业竞争力的重要因素。近年来,信息产业和信息技术迅猛发展,互联网快速渗透到商业领域,在虚拟空间与实体经济的激烈交战中,有些企业抓住机遇,通过技术应用于创新,搭上"互联网＋"的时代快车,浴火重生,如虎添翼,迅猛发展,有些企业则因技术落后,理念陈旧,陷入困境,难逃被淘汰的厄运。

（4）社会文化环境。社会文化是指一个社会或一个国家人们共有的价值观、生活方式、传统习俗和宗教信仰等,这些因素不仅影响消费者心理和消费习惯,决定着社会对企业的期望、对企业所提供的产品与服务的评价,而且也影响着人们对其所从事的工作及其所在组织的看法。在开放的条件下,跨国企业能否适应相关国家的文化环境,在很大程度上决定其经营成败。

2. 特殊环境

特殊环境也称竞争环境或任务环境,指对企业经营活动直接产生影响的产业或行业环境因素和力量,具有模糊、不确定和长期性等特征。正因为特殊环境直接影响企业经营活动,因此企业对这些环境因素和力量最为关注,常常利用五种竞争力模型(如图2-2所示)对其进行分析,亦即研判企业面临的产业或行业内竞争形势。

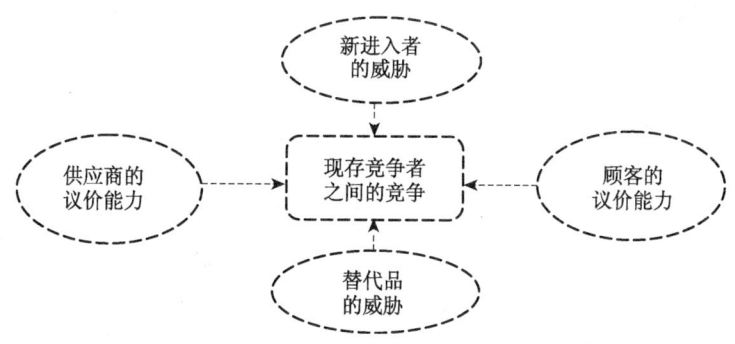

图 2-2 波特的五种基本竞争力模型

五种竞争力模型是分析产业环境结构化的重要方法,其创建人是美国哈佛大学教授迈克尔·波特。他在其代表作《竞争战略》中明确提出,在任何产业中,都有五种竞争力量左右着竞争规则,即:现有竞争者的威胁、新进入者的威胁、替代品的威胁、供应商的议价能力和顾客的议价能力。这五种基本的竞争力量之间相互影响,相互制约,构成了行业中的竞争结构,而且各种力量的状况及其综合强度,决定着行业竞争的激烈程度,也决定着产业的吸引力和盈利性以及企业保持高收益的能力。鉴于此,人们常常把这五种基本力量作为企业竞争环境因素,而将产业分析视为企业建立竞争优势的一个重要步骤。

(1)现有竞争者之间的竞争。决定现有竞争者之间竞争激烈程度的因素主要有:行业内企业数量和力量对比、行业发展速度、产品差异化程度与用户的转换成本、固定成本和库存成本、行业内生产能力的增加幅度、退出障碍等。

(2)新进入者的威胁。新进入者即潜在竞争对手。决定新进入者威胁强度的主要有两方面因素:一是进入障碍,包括规模经济、品牌忠诚度、产品差异优势、资本规模、销售渠道、转换成本、与规模经济无关的固有成本优势等;二是现有企业的反击强度。如果现有企业资源条件充足,或现有企业所处的产业退出壁垒较高,或产业增长速度缓慢,吸收新进入者能力有限,则现有企业会对新进入者展开强烈反击。

(3)替代品的威胁。替代品指与本行业的产品具有相同或相似功能的产品,它可能以其某一方面或某些方面的竞争优势给行业内的所有企业带来冲击和竞争压力。决定替代品威胁强度的因素主要有:替代品与现有产品的相对价值/价格比、用户转向替代品的转换成本及其使用替代品的欲望等。

(4)供应商的议价能力。决定供应商议价能力的主要因素有:供应商所在行业的集中度、本行业对供应商的重要性、前向一体化的可能性、供应商的产品对本行业的重要性、产品差异化程度、转换成本、供应商产品的可替代程度。

(5)顾客的议价能力。决定顾客议价能力的主要因素有:顾客的集中度、顾客从卖方购买的产品占其成本的比重、顾客选择后向一体化的可能性、顾客从卖方购买产品的标准化程度和转换成本、顾客掌握信息的程度。

(二)内部环境

内部环境是指影响企业生存与发展的所有相关内部因素和力量,包括企业内部的资源以及组织所具有的各种能力。

1. 企业资源

企业资源是形成企业能力的基础,既包括有形资源,也包括无形资源。

(1) 有形资源。有形资源主要是指人力资源、物力资源和财力资源等,属于显性资源,其基本特征是:可以从市场上直接购买,可以直接用货币度量,可以直接转化为货币。在企业的有形资源中,人力资源是现代企业的重要战略资源,具有创造价值、稀缺、难以模仿和有组织等特征,主要包括一般员工和管理人员向组织提供的知识结构、技能、决策能力、奉献精神,以及企业的团队使命感及其工作能力、组织整体的敏感度等;物力资源是企业从事生产活动的基础,主要包括企业拥有的土地、厂房、机器设备、运输工具、办公设施以及原材料、产品、库存商品等实物资源;财力资源主要是指可用于企业生产或投资的资金来源,以现金和有价证券等反映的财力资源包括:未分配利润、股票发行、贷款、租赁、调整应收和应付款项、出售资产等。

(2) 无形资源。无形资源是隐性资源,主要是指企业的商誉、技术资源、企业文化资源等。与有形资源相比,无形资源对企业具有同样重要的价值,它也可以为企业带来效益,其基本特征是:不能从市场上直接购买,不能用货币直接度量,不能直接转化为货币。在企业的无形资源中,商誉处于非常重要的地位。商誉即企业的社会声誉,是基于顾客信任、管理卓越、生产效率高或其他特殊优势而形成的企业形象,涵盖着企业生产经营能力、商业道德等,具有复杂性、长期性、依附性、经济性等特征,它能给企业带来超过正常收益水平的获益能力。技术资源是企业以专利、商标和专有技术所有权等形式掌握的重要无形资产,具有先进、独创、独占和不容易被转移等特征。文化资源是企业在其发展中经过长期的积累而形成的,是所有组织成员共享并共同遵守的基本信念和认知,是企业的价值观、行为准则和经营哲学等精神因素及其在制度、礼仪、模范人物等方面的外在体现,它对统一人们的意志和行为、增强组织凝聚力具有不可替代的作用。

2. 企业能力

企业能力是指企业协调资源并发挥其作用的能力。企业正是基于对企业资源的有机组合,才形成其与众不同的独特能力。在这里,企业能力主要包括研究与开发能力、生产管理能力和营销能力。

(1) 研究与开发能力。研究与开发能力简称研发能力。研究与开发(research & development,缩写 R&D)是各种研究机构和企业为获得科学技术新知识,创造性运用科学技术新知识,或实质性改进技术、产品和服务而持续进行的有明确目标的、系统的创新活动。当前,研发已成为企业持续创新和保持竞争优势的重要举措。多年来,美国长期占据全球第一研发投入大国的位置,政府对基础研究的支持为发展高技术产业积累了大量原始创新成果储备,而军事及航天技术发展,雷达、计算技术等开拓性研究,也成为 20 世纪 70 年代以后高技术发展的技术之源,持续的科技创新确保了美国领先的产业竞争优势;美国企业大量投资于研发,在不断开发更高级的新产品或服务,提高产品质量,降低成本的同时,也为消费者创造了更大价值,获得消费者认可,企业的竞争优势持续增强。

(2) 生产管理能力。企业从投入各种资源进而使之转化为产品或服务并为顾客带来价值和效用的所有生产活动,都是在管理下进行的。企业的生产管理功能及相应决策领域具体包括生产过程、生产能力、库存、人力和质量等,如表 2-1 所示。

表 2-1 企业的生产管理能力[①]

功 能	主 要 内 容
生产过程	生产过程决策涉及实际生产系统的设计,具体内容包括:对技术设施的选择,工艺流程分析,设施布局,生产线的平衡,工艺控制及运输分析
生产能力	生产能力决策确定企业的最佳产出水平,具体内容包括:预测、设施计划、综合计划、生产计划、生产能力计划及排队分析
库 存	库存决策涉及对原材料、在制品及产成品存量的管理,具体内容包括:订货内容、时间和数量以及物料搬运
人 力	人力决策涉及对熟练和非熟练工人、职员及管理者的管理,具体内容包括:岗位设计、工作考核、丰富工作内容、工作标准及激励方法
质 量	质量管理的目的在于生产高质量的产品与服务,具体决策内容包括:质量控制、抽样检查、测试、质量保证及成本控制

(3)营销能力。企业的营销能力具体体现为产品竞争能力、销售活动能力和市场决策能力。其中,产品竞争能力涵盖企业当前销售各种产品的市场地位、收益性、成长性、竞争性和结构性等。分析产品竞争能力,可以为改进产品组合和开发新产品指明方向;销售活动能力体现为销售组织、销售绩效和促销活动。在产品竞争能力分析的基础上,以重点发展产品和销路不畅的产品为对象进行销售组织、销售绩效和促销活动分析,有助于判断企业销售活动能力、存在的问题及其成因,为制定战略决策提供依据;市场决策能力体现为企业当前实施的经营方针和经营战略。以产品竞争、销售活动、新产品开发能力分析为依据,对照现行经营方针战略的实施情况进行市场决策能力分析,有利于发现企业市场决策的不当之处,评估企业领导者的市场决策能力,探讨企业应采取的中长期经营战略,以提高企业领导者的决策能力和水平,促进企业持续成长与发展。

3. 企业核心竞争力

从广义上讲,核心竞争力也是企业所具有的能力之一,之所以将之单列出来,是因为核心竞争力是不同于企业其他能力的一种特殊能力,对企业生存与发展具有战略意义。所谓核心竞争力,是一种能使某一企业相对于竞争对手更具特色、更持久地拥有竞争优势的能力,应从以下几个方面理解核心竞争力的内涵[②]:

(1)核心竞争力不是某种产品和功能,而是某种技能或知识集合,它们常常掌握在一群人手中,只有通过组织协调,这群人的技能或知识集合才能发挥作用,因此,竞争者难以模仿。

(2)核心竞争力不仅是产品生产技能的协调和技术集成,而且涉及组织和价值的传递,它植根于整个组织系统,是长期积累的多种技术、知识、文化与企业整个组织体系建立在系统学习经验基础之上的有机综合体,通过企业的整个组织系统和文化价值传递发挥作用,具有路径依赖性和持久竞争性,因此,即使竞争对手挖走几个技术骨干,也不能复制出这种能力。

---

① 雷银生:《企业战略管理教程》,清华大学出版社 2006 年版,第 66 页。
② 雷银生:《企业战略管理教程》,清华大学出版社 2006 年版,第 72~73 页。

（3）核心竞争力并不等同于"核心产品"。核心产品虽然在一定程度上代表企业的核心竞争力，但它可能会因为消费者需求变化而不再受到人们的欢迎，此时，具有核心竞争力的企业会根据市场需求的变化迅速采取行动，在不改变企业核心竞争力的情况下生产出差异化产品，满足消费者需求。

（4）判断某些能力能否成为企业的核心竞争力，主要依据以下标准：第一，是否有价值？重要而且宝贵的能力才是有价值的。需要考量的是，企业拥有这种能力，能否在为顾客创造特定的可感知的价值中，为自身谋取利益，得到市场回报。第二，是否稀缺？普遍存在且易于购买到的能力显然难以构成竞争优势。第三，是否难以模仿？能够轻易模仿的能力，不会成为企业的核心竞争力。然而，难以模仿也只能是相对的。因为一旦企业形成或拥有了某种能够带来竞争优势的能力，其竞争对手可能会想方设法通过仿制或学习来获得，如果该企业没有建立起必要的屏障，就难以确保自己独特的能力不被别人模仿。第四，是否不可替代？容易被替代的能力不可能为企业带来持久的竞争优势。第五，是否在一定范围内具有共享性？企业核心竞争力应当是在一定范围内具有共享性的能力，以适应企业的需要，支撑其他产品或业务发展，而不应当仅能支撑一种特定产品或业务。

当今世界，竞争日益激烈，众多管理者比以往任何时候都更加关注培育、发展和运用企业的核心竞争力，这是因为，企业一旦建立起自己的核心竞争力，不仅可以使现有业务产生超额利润，而且可以通过该种能力的延伸运用使相关或新创业务取得溢出效益；企业还可以从已有业务领域中衍生出许多以特定核心竞争力为中心的技术、产品和行业，从而为企业成功进入多个经营领域参与竞争并获得有利的竞争地位奠定坚实基础。

二、分析组织环境的重要意义

（一）提高决策科学性的需要

组织的生存与发展，在很大程度上取决于科学、正确的决策，而要提高组织决策质量，必须客观、准确地分析组织环境，预测其变化趋势。科学、正确的决策总是建立在客观、准确的环境分析基础上的，通过环境分析，组织可以把握现在，预知未来，知己知彼，正确判断环境对自己是机会还是威胁，以此为重要参考和依据而制定的组织决策，更趋合理和客观，更具有科学性和前瞻性。

（二）提高决策有效性的需要

通过环境分析，组织较全面地掌握了宏观环境及其变化趋势，也对市场机会与竞争态势有了基本准确的研判，据此及时作出果断决策，抓住机遇，快速应变，使决策更具有效率和时效性。

（三）增强决策相对稳定性的需要

在环境分析基础上作出的组织决策，常常以较准确的宏观环境变化及市场发展趋势判断为前提，并且未雨绸缪，一般都内含着针对可能发生的变化而提前作出的应变方案，从而增强了决策的相对稳定性，避免决策经常变化及其带来的决策失去权威性、增加成本等问题。

三、组织环境的评估

（一）组织环境的不确定性

开放的组织运行在动态的环境之中，各种环境因素相互作用并通过其不确定性影响组织运行,导致组织常常面临不同的环境。因此,有效的管理者不仅要了解组织面临的当前环境及其变化趋势,更重要的是要正确评估这些环境可能对组织产生的影响,以便充分利用有利环境发展自己,尽量减少或避免不利环境对组织产生的负面影响。

环境的"不确定性是由于环境变化和环境复杂性所导致的不同预测性,是影响组织决策的驱动力量"[①]也就是说,环境的不确定性是指组织环境的变化程度和复杂程度[②],这两个维度是影响管理者行为及其管理绩效的重要因素,是管理者评估环境的重点。其中,组织环境的变化程度是指环境的变化速度及其变化的可预测程度。如果组织环境的构成要素经常变动,就可称之为动态环境,如果变化很小,则可称之为稳态环境,如果组织环境变化不可预测,则该环境就是管理者必须应对的不确定环境,如果可以预测甚至能够精确预测,该环境就不是管理者必须应对的不确定环境;组织环境的复杂程度是指环境构成要素的类别与数量,以及要求组织对这些构成要素的了解程度。构成组织环境的要素类别和数量越多,要求组织所拥有的与这些要素相关的知识越广,则组织环境的复杂程度越高,不确定性也越强;反之,则复杂程度越低,不确定性也越低。

(二)组织环境的评估方法

根据组织环境的变化程度和复杂程度这两个维度,可以将组织环境划分为四种不确定性情形,即低不确定性、较低不确定性、较高不确定性和高不确定性,形成组织环境的不确定性矩阵,如图 2-3 所示。

		变化程度	
		稳定	动态
复杂程度	简单	**单元 1** 稳定的、可预测的环境; 环境的构成要素较少; 各要素在某种程度上相似并基本保持不变; 很少要求对这些要素的深刻理解。	**单元 3** 动态的、不可预测的环境; 环境的构成要素较少; 各要素在某种程度上相似,但会不断变化; 很少要求对这些要素的深刻理解。
	复杂	**单元 2** 稳定的、可预测的环境; 环境的构成要素较多; 各要素间彼此不同但单个要素基本保持不变; 要求对这些要素的深刻了解。	**单元 4** 动态的、不可预测的环境; 环境的构成要素较多; 各要素间彼此不同且不断变化; 要求对这些要素的深刻了解。

图 2-3　组织环境的不确定性矩阵

图解:矩阵中的四个单元,代表组织环境的四种不确定性情形,每一个单元代表一种环境,由环境的变化程度和复杂程度的不同焦点构成,其中:单元 1 代表简单、稳定的"低不确定性"环境;单元 2 代表复杂、稳定的"较低不确定性"环境;单元 3 代表简单、动态的"较高不确定性"环境;单元 4 代表复杂、动态的"高不确定性"环境。

显然,单元 1 的环境不确定性水平最低,管理者在这种环境下对组织成效的影响力最大;单元 4 的环境不确定性水平最高,管理者在这种环境下对组织成效的影响力最小。由于不确定性会对组织绩效产生一定威胁,管理者会尽可能将不确定性降到最低,如果

---

① [美]里基·W·格里芬:《管理学(第九版)》,中国市场出版社 2008 年版,第 66 页。

② [美]罗宾斯·P·斯蒂芬、玛丽·库尔特:《管理学(第 11 版)》,中国人民大学出版社 2012 年版,第 47 页。

可以选择,可能绝大多数管理者都愿意在单元1的环境下运行。然而,在现实中,管理者们很难完全控制这种选择,因为实践中的组织环境远比理论分析复杂得多,特别是在当前形势下,管理者面临的环境比以往任何时候都更为动态化,其不确定性日益增强,并在更大程度上影响组织绩效。正因为如此,当今的管理者也更加重视对环境的评估,不断增强自身管理环境的技能,力求把这种不确定性及其可能给企业带来的负面影响降到最低。

第二节　管理环境

虽然在组织运行中,来自组织内外的各种因素和力量会或强或弱地约束管理者决策及其行为,甚至对其构成压力,制约其选择,但管理者面对这些条件约束,并不是完全无能为力的。所谓管理环境,是指管理者通过利用、影响、引导、控制甚至改变这些制约因素,为组织的生存与发展赢得机会和空间,也就是对环境实施管理,这是当代管理者应具备的一项重要技能。

一、管理外部环境

不同的管理者可能对外部环境及其影响有不同的认识,持有不同的态度,这决定了他们管理外部环境的方式差异,即或者是被动反应的,或者是主动灵活的。

(一) 消极的心态与被动反应式管理

如果管理者对外部环境抱有消极心态,常常认为面对强大的外部环境因素和力量对组织的制约,自己是无能为力的,当外部环境可能甚至已经影响到组织运行时,他们也只能被动反应,通过对环境的了解和预测,使组织更好地顺应和服从外部环境。

(二) 积极的心态与主动灵活式管理

大多数管理者对外部环境抱有积极心态,他们承认外部环境因素和力量对组织具有制约作用,但坚信自己具有管理环境的能动作用,因此会积极主动地采取措施引导、影响甚至控制外部环境,力求使环境朝着有利于组织的方向发展和变化。实践证明,积极主动地将外部环境管理列入其工作范围的管理者,如果能够根据外部环境的具体差异,采取适当灵活的管理措施,则可能有效地实施外部环境管理。

1. 利用或控制外部环境

当消费者需求改变、供应商动摇、竞争对手调整战略、公众媒体关注等微观环境变化时,企业常常会选择利用或控制环境策略,致力于减少具体环境的不利影响,改善甚至直接影响一般环境。例如,一些竞争性强、需求变化大的企业,会加大广告宣传投资力度,影响顾客的审美观,提高产品的竞争力,确立和巩固企业与新老顾客间的良好关系;还有一些企业通过收购、兼并、联盟、签订供销合同以及聘用外部董事与企业顾问人员等,谋求与其他组织建立正式的、有益的外部联系,或者通过公共关系,强化企业在公众中的良好形象。

2. 改变环境或创造新环境

当某一竞争十分激烈的行业趋于饱和时,在其中经营多年的一些企业可能会另辟蹊径,选择改变环境或创造新环境策略。例如,改变经营领域,或开展多种经营,也有些企业可能转业改行。

3. 适应外部环境

如果外部环境对企业生产经营活动影响大、制约作用强，而企业对这些环境因素和力量又确实无能为力，则企业会选择适应和服从外部环境的策略，在环境中给自己适当定位，适时根据环境变化调整企业经营范围（或领域）和经营战略，求得生存和发展。

二、管理内部环境

管理者管理内部环境，也很复杂，他们既要有效管理人、财、物等有形资源，通过整合与优化资源配置，提高其利用率，也要不断增强企业生产能力、营销能力和研发能力，打造核心竞争力。此外，管理者还要管理好组织的商誉、技术资源、组织文化等无形资源，这是组织的软环境。当今经济社会背景下，组织文化管理日益成为组织软环境管理的重中之重。

组织文化由组织中相对持久和稳定的特征构成，深刻影响着组织运行以及组织成员的意识和行为。它是一把"双刃剑"，其影响既可能是正面的、积极的，也可能是负面的、消极的。管理者管理组织文化，努力建设组织文化，其目的在于以强有力的组织文化凝心聚力，促进组织可持续发展。

组织文化具有相对稳定性，但也具有可塑性和可变性，也就是说它并不是一成不变的，应当与时俱进，为此需要适时进行组织文化变革，而是否推行组织文化变革，正是管理者管理组织文化的关键所在。在进行这种选择与决策时，需要管理者进行理性思考，准确把握一系列相关问题，如表 2-4 所示。

表 2-4　管理组织文化应关注的问题

1. 如果现有组织文化不再支持组织的使命，管理者应采取怎样的态度？如何处理文化继承性与革新性的关系？
2. 组织文化变革在什么情况下会遇到强大阻力？促进组织文化变革的有利条件是什么？怎样创造这样的有利条件？
3. 如果组织已具备或基本具备推行组织变革的条件，那么管理当局应采取怎样的措施和步骤来实施组织文化变革？
4. 组织文化变革与其他变革方案之间关系如何？
5. 如果发生并购行为，组织文化将发生怎样的变化？是否需要对不同的组织文化进行整合？如果需要，怎样进行有效的整合？

三、环境的变化及其对管理的影响

进入 21 世纪以来，组织环境变得更复杂，更具有不确定性，更难以预期。不断增强的全球化趋势、互联网和大数据的广泛应用、劳动者的知识化、企业社会责任的强化、文化的多样性等，带来了组织环境的巨大变化，而这些变化势必深刻影响管理者的管理理念和管理方式等，如图 2-4 所示。新环境、新变化、新问题，既为组织创造了难得的发展机遇，也使组织面临空前严峻的挑战，变革与创新对组织的生存和发展具有更重要的价值和意义。在本章的后两节，我们将着重讨论全球化和企业社会责任及其对管理和管理者的影响。

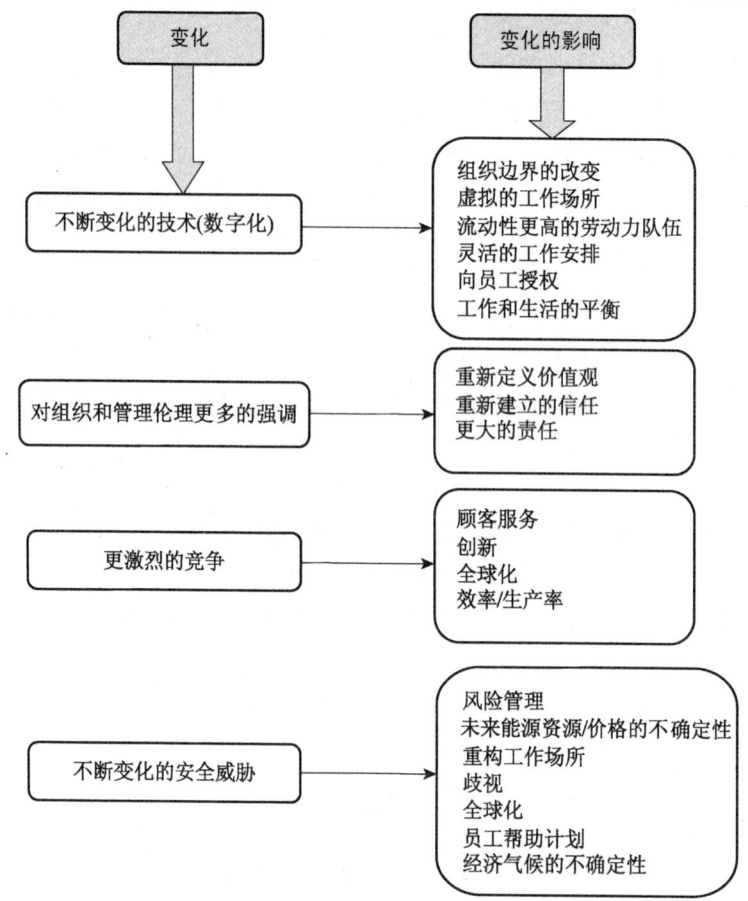

图 2-4　管理者面对的变化①

第三节　全球化与管理

一、全球化的内涵

（一）全球化的概念

所谓全球化，是指人类不断跨越空间障碍和制度、文化等社会障碍，在全球范围内实现充分沟通（物质的和信息的）和达成更多共识与共同行动的过程②。

全球化在 20 世纪 80 年代成为世界经济主流，进入 21 世纪以来，科技进步日新月异，信息产业快速发展，互联网和大数据进一步得到广泛应用，世界市场不断扩大，显著推进了全球化进程。在此期间，各国、各地区之间，不仅在经济、文化上往来密切，甚至在政治、军事上的沟通与交流也日益频繁，特别值得欣慰的是基于"地球是人类共有家园"的可持续发展理念更加深入人心，保护生态环境，珍惜不可再生资源，已在全球更大的空间范围内达成共识。

---

① ［美］斯蒂芬·P·罗宾斯、玛丽·库尔特：《管理学（第 11 版）》，中国人民大学出版社 2012 年版，第 14 页。
② 胡元梓、薛晓源：《全球化与中国》，中央翻译出版社 1998 年版，第 2～3 页。

（二）全球化的特点

1. 参与主体多元化

全球化是一个从经济领域逐步向文化、教育等多个领域、多个层面扩展的过程，其参与主体呈现出日益多元化的趋势，其中既有不同的国际组织、不同的民族国家，也有很多共同体、企业乃至个人。正是由于参与主体的多元化，使国家与国家之间、地区与地区之间关联日益紧密，彼此相互依存，你中有我，我中有你，边界变得越来越模糊。

2. 多样化与一体化并存

经济全球化是全球化的重要组成部分。随着经济全球化向纵深发展，进一步扩展了跨国经营和跨国并购的空间范围，加快了产品与服务市场以及资本和知识等生产要素的一体化进程，促进了全球市场的形成和全球经济一体化发展。虽然在全球化在不断促进一体化，但它并没有影响到多样化的存在，从某个角度看，甚至可以说它进一步强化了多样化。经济全球化在推进全球经济一体化的同时，也促进了各国之间的文化交流和文化传播。在彼此交流中，越来越多的参与主体了解了与自己生活习惯、思维方式完全不同的别国文化，意识到学习和借鉴这些文化、不断丰富本国文化的重要性。不仅如此，他们在与其他文化的比照中也拓宽了视野，根据其他参与者的情况来确定自己的身份，从而进一步强化了他们的自我认同意识，基于"民族的就是世界的"理念，他们更深入地认识到本国文化的独到之处，并尽力在国际舞台上加以展示，使其特色进一步巩固和强化，各国都从这个角度弘扬自己的民族文化，促进了多元文化的发展。此外，经济全球化带来物质的多样性和丰富性，也为落后地区发展自己的文化提供了可能。正是由于经济与科技的发达，人类的相互交往从来没有像今天这样频繁，许多偏僻地区的少数民族文化得到开发与发展。由此看来，一体化与多样化并存也许是全球化的"新常态"。

3. 始终有矛盾冲突相伴

全球化是一个新事物、新趋势，既对传统经济社会文化以及与之相适应的全球格局形成了猛烈冲击，也会因为国际分工体系的不断调整和资源在全球的不断流动，影响各个参与主体的利益，于是，新旧事物、新旧理念之间以及多个参与主体之间的矛盾乃至冲突难以避免，甚至始终有各种矛盾冲突相伴，例如，全球化与本土化的冲突、全球市场与民族国家以及国内共同体之间的冲突、不同民族之间的冲突、不同文化之间的冲突、共同体与个人之间的冲突等。

二、全球化带来的组织环境变化

全球化趋势的不断增强，使组织环境变得更加动荡，更加复杂，管理者们常常感叹自己面临的是一个"脆弱的世界"，并因此比以往任何时候都更加关注国际环境和国际事务，对其变化与波动反应也更加敏感。具体说来，全球化带来的组织环境变化主要体现在以下几个方面。

（一）市场更加广阔

全球化使各国之间的关系越来越密切，相互依存度越来越高，国界变得越来越模糊，因此，企业面对的是越来越广阔的全球市场，消费者、竞争者、合作者越来越多元化。要求跨国经营的企业，大力推进管理变革与创新，积极参与竞争，有效开展合作，不断增强自身实力和特色，以站稳脚跟，赢得市场份额并占有一席之地。

（二）竞争更加激烈

发达国家与发展中国家对资源和市场的竞争空前激烈，西方国家贸易保护主义呈日益增强的态势，国际化经营企业开拓国际市场的阻力加大。同时，不同国家和地区以及国际上不同利益集团的纷争，加剧了国际局势的动荡和不安，其变化趋势变得更加复杂和难以预测，加大了企业对外投资或开展国际化经营决策的难度，从而更加谨慎。

（三）劳动者构成更加多元化

在相同的组织环境中一起工作的人越来越多元化，组织成员不仅在年龄、性别、宗教、身体状况等方面有着各种不同的群体特性，而且可能属于不同的文化或亚文化群体。劳动者构成的多元化，要求组织的管理者必须了解和熟悉多种文化差异，并掌握跨文化管理技能。

三、全球化背景下的管理

与全球化相适应，国际化经营企业必然要实施国际化管理、多元化员工管理、全球战略管理等。在此背景下，管理者需要树立新的管理理念，培养并扩展管理技能，立足于全球背景执行各种管理职能。

（一）树立全球观念

在开放的国际环境下，要有效开展国际化经营，实施国际化管理，管理者要有开阔的国际视野和国际性思维，要有坚定的全球化观念和全球经营管理理念，如下面分析中的"全球中心论"，并将之贯穿于国际化管理过程的始终。

在全球化浪潮中，不同的管理者对如何开展全球性业务会持有不同的看法，美国管理学家罗宾斯（Stephen P. Robbins）将之概括为三种典型的观念，即民族中心论、多国中心论和全球中心论[①]。

1. 民族中心论

民族中心论是一种狭隘的观念，认为母国（公司总部所在国）的工作方式和惯例是最好的。持该种观点的管理者会认为，外国国民不会像本国国民那样具备制定最优经营决策的技能、专业技术以及知识或经验，因此不放心让外国雇员掌握关键的决策权和技术。

2. 多国中心论

多国中心论认为东道国（组织在母国之外经营业务的国家）的管理人员熟知经营业务的最佳工作方式和惯例。持这种观点的管理者会认为，国外的每一个营运单位都是不同的，也是难以了解的，因此他们可能给予这些国外机构独立经营的权力，并由外国雇员掌握决策权。

3. 全球中心论

全球中心论的核心是在世界范围内选用最佳工作方式和最优秀的人才。持这种观点的管理者会认为，无论是在母国的组织总部，还是在各国的工作机构，具有全球观念都非常重要，主张突破国界限制来寻找最佳的工作方式和最优秀的人才，以实现用全球观来考虑重大问题和决策。以上三种观念的主要内容及其优越性和局限性，如表 2-5 所示。

---

① ［美］斯蒂芬·P·罗宾斯：《管理学（第 7 版）》，中国人民大学出版社 2004 年版，第 91～93 页。

表 2-5 三种典型的管理者全球观念及其主要内容

观念	民族中心论	多国中心论	全球中心论
取向	母国取向	东道国取向	全球取向
优点	• 结构比较简单 • 控制比较严密	• 广泛了解外部市场 • 东道国政府更多的支持 • 鼓舞当地管理者士气	• 熟悉全球事物的动力 • 当地目标和全球目标的平衡
缺点	• 管理比较无效 • 缺乏灵活性 • 社会和政治力量强烈反对	• 重复性工作 • 低效率 • 因过于关注当地传统而难以实现全球目标	• 很难实现 • 管理者必须具备当地知识和全球知识

（二）学会在全球化背景下执行计划职能

在全球化背景下开展国际经营,管理者必须深刻了解宏观环境因素和竞争因素,在评估、预测并充分理解环境的基础上,制定科学的国际经营战略。

1. 了解新的政治法律环境

管理者不仅要关注相关国家和地区的政治局势是否稳定、政府更迭是否频繁以及是否存在遭受恐怖袭击的危险,还要广泛了解其法律、法规体系以及全球性的有关国际法律、法规和国际协定。

2. 熟悉新的经济环境

管理者不仅要熟悉相关国家和地区的经济体制,还要了解其经济发展战略、经济发展水平、经济增长速度、经济结构与产业状况,以及财政政策与货币政策、产业政策、收入分配政策等经济政策和汇率、通货膨胀的变化,也要密切关注全球经济发展态势等。

3. 熟悉新的市场环境

管理者要充分利用大数据时代的相关技术与信息,力争全方位了解目标市场的行情、竞争对手的情况以及全球市场波动等。

（三）学会在全球化背景下执行组织职能

当组织确定了国际化经营战略与目标后,管理者要做好相关组织结构设计工作,明确各种关系,合理配置资源。在组织结构设计中,要根据所在国家的特点和员工情况,建立适当的组织形式,特别是借助互联网平台,加强虚拟组织建设与管理。在人力资源管理中,无论是选人还是用人,都要树立全球观念。

（四）学会在全球化背景下执行领导职能

在全球化背景下开展国际经营,管理者必须对所在国的社会文化环境进行深入研究并深刻了解,准确把握民族文化对雇员与工作相关的价值观、价值取向的影响,并在自己的管理方式中体现出对当地特有文化的认可、尊重与宽容。即使在本国开展国际化经营管理活动,管理者在多元文化的组织环境中,也要善于与不同文化背景的人进行沟通与合作,适应他们的不同偏好和工作方式。

（五）学会在全球化背景下执行控制职能

在全球化背景下开展国际经营，管理控制的效果在很大程度上受到空间上分隔、时区及文化差异等因素的影响。管理者需要客观、灵活地掌握控制的方式方法、控制时间、控制原则以及控制内容，在控制中避免文化冲突与道德风险，使管理既有效率又有效果。

第四节　社会责任与管理

一、企业社会责任的内涵

长期以来，国内外众多专家学者和组织对企业社会责任（Corporate Social Responsibility，简称 CSR）的内涵，进行了不同界定。综合各家所长，我们将企业社会责任划分为基本社会责任和高层次社会责任。

（一）基本社会责任

基本社会责任是指企业作为社会的微观经济主体应当承担的对业主或股东应尽的经济义务，以及由法律或者合同规定的义务，包括为股东追求利润、遵纪守法、照章纳税等。

（二）高层次的社会责任

高层次社会责任是从企业与社会相互关联的角度界定的，是指企业要以担当社会责任的方式做事，关注其行为对周围环境所产生的短期影响和长期影响，要考虑相关者利益，对员工、社会和环境负责。可见，高层次的企业社会责任，既高于企业对业主或股东应尽的经济义务，也高于那些由法律或者合同规定的企业义务，是我们要关注的真正意义的企业社会责任。

企业社会责任的内涵如图 2-5 所示。

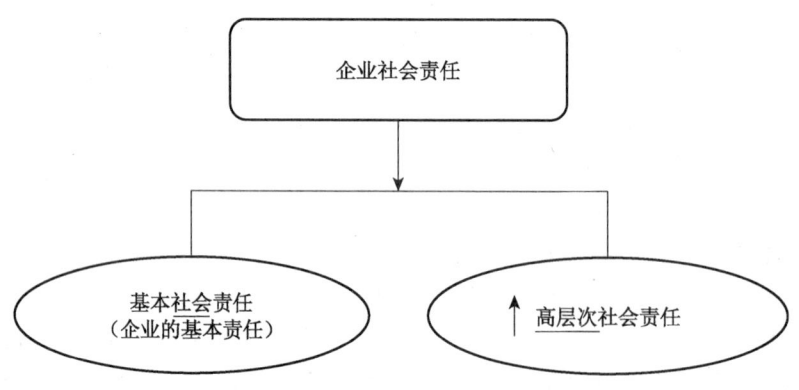

图 2-5　企业社会责任的内涵

二、企业社会责任带来的组织环境变化

（一）承担社会责任是整个社会对企业的期望和要求

20 世纪七八十年代，随着经济全球化趋势的不断增强，跨国公司对全球经济社会发展的影响力与日俱增。与此同时，全球贫富差距进一步拉大，环境污染和生态失衡现象日益严重，引起整个社会对污染治理、生态保护特别是企业对社会的贡献等强烈呼吁。在此背景

下,很多企业采取捐助、宣传赞助、员工志愿者等形式,保护和改善环境,促进社区和经济发展,支持社会公益事业,实现其对社会责任的承诺,企业社会责任大潮汹涌澎湃,成为推动社会改革和企业发展的重要力量。企业社会责任守则运动,就是全球化背景下企业社会责任运动的最主要的一种操作形式①。虽然这一阶段的企业尚把承担社会责任当成一种义务,但大多数管理者已经逐步意识到,不承担社会责任将把企业导入困境。

（二）全球进入责任竞争时代

20 世纪 90 年代尤其是进入 21 世纪以来,经济全球化趋势进一步增强,新一轮国际竞争日益加剧,企业社会责任运动通过跨国公司的供应链逐步扩展到发展中国家。管理者们更清晰地意识到,社会责任是一把"双刃剑",它既可能是企业进入新的国际市场的"敲门砖",也可能成为其参与国际竞争的障碍,于是,一些大型跨国公司便开始自我调整,将环境、社会公正、劳工权益、公司治理等因素引入公司经营决策过程,把承担社会责任提升到战略的高度来对待,谋求借此在新一轮竞争中处于优势地位,许多优秀企业逐渐成为承担社会责任的楷模,同时,还有一些组织也在不断推进企业社会责任运动向纵深发展,掀起了社会责任全球化新浪潮,标志着全球进入责任竞争时代。可以说,正是企业本身的上述自我调整,推动了企业社会责任走向主流,使企业社会责任的发展呈现出覆盖面越来越广、内容越来越丰富的态势。

三、管理社会责任

上述分析表明,在责任竞争时代,企业之所以要承担社会责任,既是适应社会对企业的期望和要求,也是企业为了谋求自身发展而进行的适应性调整与战略选择。为此,企业作为承担社会责任的主体,要善于管理社会责任,大力推进管理创新,找准自身优势与解决社会问题的契合点,培育自身的责任竞争力。有学者提出②,可以从组织的最高层开始,在绩效评估和奖励体系中体现可持续发展概念的应用:包括作为组织与所有利益相关者进行沟通的一个框架;作为计划和战略的一种指导;作为评估和提高竞争力的一种工具。具体有以下几个可选择的途径。

（一）树立责任观念,在战略制定与实施中体现社会责任担当

企业要深化对社会责任的理解和认识,强化责任理念,把承担社会责任纳入企业战略规划,并融入企业文化之中,使之主流化,追求人的全面发展,通过对员工负责,对消费者负责,树立品牌,提升企业核心竞争力。一旦企业价值观与社会责任战略真正融为一体,企业必将在履行社会责任的过程中更好更快地发展。

（二）营造组织氛围,建立承担社会责任的有效机制

企业承担社会责任,达成共识很重要。为此,企业可以以社会责任为主题,组织员工进行广泛交流和深入讨论,使之认识到承担社会责任对增强企业竞争优势的重要意义,在此期间,强化组织成员对企业社会责任及相关问题的兴趣和认同。除了在企业内部营造浓厚的承担社会责任氛围外,企业还应当建立健全承担社会责任的有效机制,例如,社会责任审计制度,通过自评体系测评审查企业本身承担社会责任情况,正式、彻底地分析企业社会责任

---

① 参阅佚名文,《经济全球化与企业社会责任运动》,http:www.cerds.org/csr/articleview。

② ［美］托马斯·贝特曼、斯科特·斯内尔:《管理学》,中国人民大学出版社 2014 年版,第 95 页。

绩效的有效性。此外,企业还应当允许和宽容内部检举者存在,通过这些员工向能够采取实际行动的人或组织反映企业做错的事情,至少可以帮助企业避免一些有害行为的发生,督促企业承担社会责任。

(三)管理者率先垂范,引领企业承担社会责任

企业承担社会责任的关键在于执行力。管理者尤其是企业高层管理者不仅要坚持企业社会责任理念,而且必须公开、坚定地承诺愿意承担企业社会责任,在行动上发挥一贯的领导作用,以身作则,以上率下,带头践行企业社会责任理念,以自己的言行向所有员工、消费者、供应商乃至社区昭示本企业对社会责任的高度重视。

(四)做优秀企业公民,积极采取外部行动承担社会责任

企业可以采取一系列行动,在社会上作优秀企业公民,具体措施包括:①进行公益事业宣传。通过提供资金、非现金捐助或其他企业资源,促进公众对某项社会公益事业的了解和关心,或支持为某项社会公益事业而举行的募捐活动、志愿者招募等;②开展企业社会营销,支持行为改善运动;③策划或实施某种行为改善运动,以利于改善公共卫生、安全、环境或社区福利;④采取慈善行为,对公益事业做出直接贡献。企业以现金拨款、捐款的形式,直接捐助某个慈善机构或某项公益事业,或提供非现金服务,如实行企业社会休假制度,给员工提供一段不需要工作的时间,用于从事有意义的社会公益事业;⑤开展社区志愿者活动。支持和鼓励企业的员工、零售合作伙伴或特许经营成员,志愿奉献自己的时间和才能,支持当地社区组织和公益事业。

(五)实施绿色管理,主动承担企业社会责任

严峻的资源紧缺、环境恶化形势,强烈呼唤企业承担社会责任。企业管理者应坚持可持续发展的"绿色"理念,主动实施绿色管理,要保持对资源、环境的高度敏感性,寻求各种方法保护资源环境,按照经济、社会、资源、环境协调发展的主方向,在资源利用上,要尽量减少对不可再生性资源的消耗,充分利用先进的科技进步成果,循环使用,厉行节约,同时通过研究与开发,寻找可替代资源。同时,要善待生态环境,积极采取措施防治污染,减少排放。唯有如此,企业的发展才能是可持续的。

(六)灵活机动,适应企业社会责任的全球多样性

在全球化背景下,国际化经营的企业与越来越多的国际企业进行商务往来,而这些国际企业可能会因其各自所在国家的政治、经济、法律和文化环境的差异,持有不同的社会责任理念和认知,所以,国际化经营企业必须充分意识到社会责任在全球具有的多样性,在国际化经营中,针对各种不同情况,因地制宜、因时制宜,灵活机动地确定并实施自己的社会责任战略,有效承担企业社会责任。

(七)评估社会责任

将控制的概念引入社会责任,是确保组织承担社会责任的努力产生预期效果的有效手段。企业要想很好地推进和检验自身承担社会责任的情况,可以通过以下途径:①承诺采用并遵守非官方机构国际标准化组织(ISO)制定的标准 ISO 14000(环境管理),力争把组织行为对环境的负面影响降至最低程度,而且致力于持续改进组织的环保绩效;②主动评估本组织在法律和伦理上可疑行为的态度;③要求员工阅读企业伦理原则和伦理规则,并签署统一遵照执行的声明。

本 章 小 结

组织环境指对组织活动产生影响的所有因素和力量,包括外部环境和内部环境。

环境是通过其不确定性对组织和管理者产生影响的。评估环境的关键在于正确把握其不确定性,而环境的不确定性程度取决于环境的变化程度和环境的复杂程度这两个维度。

面对组织内外存在的各种环境,管理者并不是完全无能为力的,他们应学会对环境实施管理,即通过影响、引导、控制或改变环境因素,拓展组织发展的空间。

进入21世纪以来,随着全球化趋势的不断增强,迎来了责任竞争时代,当代管理面临着新的发展机遇和空前严峻的挑战,要求管理者必须适应环境的新变化,调整组织战略,实施管理创新。

思 考 题

1. 组织的外部环境包括哪些因素?
2. 什么是组织的内部环境?
3. 怎样利用不确定性矩阵评估组织环境?
4. 管理者能够有效管理环境吗?
5. 如果你是一位当代管理者,你是否能够大体描述组织当前面临怎样的环境?

本 篇 案 例

【案例背景信息】①

升任公司总裁后的思考

郭宁最近被一家生产机电产品的公司聘为总裁。在他就任此职位的前一天晚上,他回忆起自己在该公司工作20多年的情况。

郭宁在大学里学的是工业管理专业,大学毕业后就到该公司工作,最初担任液压装配部门的助理监督。刚开始时他每天手忙脚乱,经过努力学习和监督长的帮助,最后胜任了此项工作。经过半年多的努力,他已有能力担任液压装配部的监督长工作。可是,当时公司没有提升他为监督长,而是直接提升他为装配部经理,负责包括液压装配在内的四个装配单位的领导工作。

在他担任助理监督时,主要关心的是每天的作业管理,技术性很强。他担任装配部经理后,要求自己不仅要关心当天装配工作状况,还要作出此后数周乃至数月的规划,同时还要完成许多报告和参与很多会议,因而没有时间去从事技术工作。在他担任装配部经理后不久,就发现原有的装配工作手册已经过时,于是他花了整整1年时间去修订工作手册。由于该公司的生产工艺频繁发生变化,工作手册也不得不经常修订,郭宁对此都完成得很出色。

---

① 资料来源:百度文库。

几年后,他将工作手册交给助手,自己将更多的时间用于规划工作和帮助他的下属工作得更好,花更多的时间去参加会议、批阅报告和完成自己向上级的工作汇报。

在他担任装配部经理6年之后,公司负责规划工作的副总裁辞职,郭宁便主动申请担任这一职务。在同时与另外5名竞争者较量之后,郭宁被正式提升为规划工作副总裁。他自信拥有担任这一职务的能力,但由于此职务工作的复杂性,仍给刚到任的他带来不少麻烦。经过努力,他逐渐适应了新职位,并取得了很好的成绩。之后,他又被提升为负责生产工作的副总裁,这一职位通常是由该公司资历最深、辈分最高的副总裁担任的。

现在,郭宁又被提升为公司的总裁。他知道,一个当上公司最高主管的人应该相信自己有处理可能出现的任何情况的才能,但他也明白自己尚未达到这样的水平。想到自己明天就要上任了,今后数月的情况会是怎么样? 他不免为此而担忧。

【案例分析问题】

(1)你认为郭宁当上公司总裁后,他的管理责任与过去相比有了哪些变化? 他应当如何去适应这些变化?

(2)你认为郭宁要成功地胜任公司总裁的工作,哪些管理技能是最重要的? 你觉得他具有这些技能吗? 试加以分析。

(3)如果你是郭宁,你认为当上公司总裁后自己应该补上哪些欠缺,才能使公司取得更好的绩效?

第二篇

计划职能

第三章

计划基础

第四章

战略管理

第三章

计 划 基 础

【学习目标】

1. 了解计划的概念与特点。
2. 熟悉各种类型的计划。
3. 描述计划过程。
4. 领会科学预测的内涵。
5. 分析决策过程。

计划是管理的首要职能,在四项管理职能中占据主导位置。在组织中,管理者无论处于哪一个层次,无论在哪一个部门履职,都要制订计划,进行决策,并执行计划与决策。本章主要介绍计划的概念、类型以及计划的影响因素,分析计划过程、计划的前提——科学预测,以及决策的原则和有效决策的条件等。

第一节 计划的概念与分类

一、计划的概念

从一定意义上讲,计划是指为确保实现组织目标而制定的行动纲领,是对整个组织、组织内部不同部门和不同成员在未来一定时期内将达成的目标以及实现目标的路径的策划与安排,包括明确的、书面化的使命和目标说明,以及战略、政策和预算书等。从另一层意义上讲,计划又指一类特定行为,包括分析、制定和调整各种组织目标,以及为实现这些目标设计各种可行方案等一系列相互关联的活动或行动。

一个完整的计划应能够清晰描述以下内容(简称5W1H):

(1) What?做什么?告知人们需要什么行动(目标和内容)。

(2) Why?为什么?告知人们为何需要采取这项行动。

(3) Who?谁去做?告知人们谁对这项行动负责。

(4) Where?何地做?告知人们应当在什么地方采取这项行动。

(5) When?何时做?告知人们应当在什么时候采取这项行动。

(6) How?怎样做?告知人们应当如何行动的方式和手段。

二、计划的特点

(一)主导性

在四项管理职能中,计划具有主导性,是组织运行的先导,影响到整个组织及其运作的全过程,而执行组织、领导和控制等三项职能则是为了促进计划的实现,因此,计划成为执行这三项职能的重要依据。完备的计划一旦付诸行动,就会显现其强烈的渗透性,实践中的管理者常常是紧紧围绕预先制定的计划目标,建立组织结构,明确任务和权责,进行人员配备,激励并协调员工有效工作,监督与指导组织和个人,使组织保持方向一致,步调一致,行进在完成计划和实现组织既定目标的道路上,如图 3-1 所示。

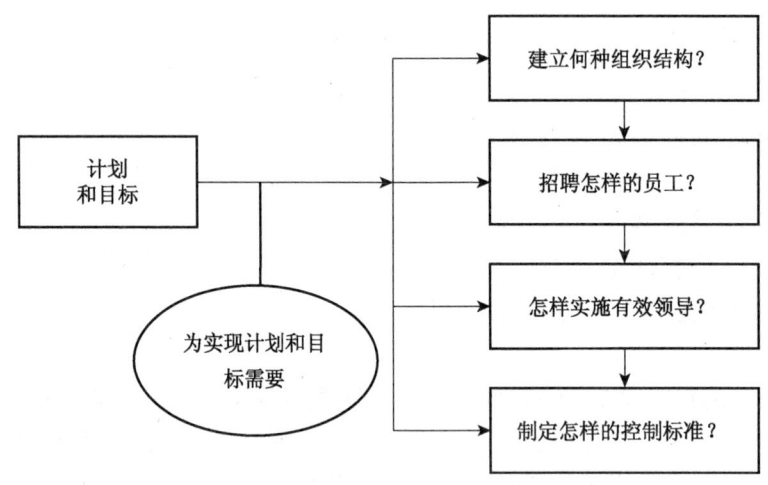

图 3-1　计划对其他管理职能的影响

（二）前瞻性

计划是在科学预测的基础上对组织未来的安排,是为实现组织目标提供的有关未来行动方案的建议说明,完备的计划一定要有前瞻性。当今世界,经济全球化趋势不断增强,市场更加变幻莫测,组织经营环境更加复杂和不确定。要在这种环境下谋求生存与发展,组织的管理者制定战略计划必须立足于当下,着眼于未来,审慎思考、客观评价复杂多变的环境因素,对未来的发展机会或潜在威胁以及可能的风险进行超前分析与评估,从而使组织的计划与目标更加清晰明确,管理决策更加科学,防范风险和应变能力得以增强。

（三）普遍性

计划贯穿于管理的始终,不管是过去还是现在乃至未来,不管组织具有怎样的属性,计划都是不可或缺的。在现代经济社会中,制定并实施科学、严密和灵活的计划对组织而言具有比以往更加重要的意义。在组织内部,计划普遍存在于组织内的各层次和各部门中,每一个管理者都要制定并执行计划,只是不同的管理者会因其所处层级的差异而参与不同的计划管理活动。例如,高层管理者要制定事关组织全局与未来的战略计划,中层管理者要确定承上启下的施政计划,基层管理者要落实具体的作业计划。然而,在现实中这种边界正在逐渐变得模糊,"在复杂的组织中,计划往往更加动态和灵活。整个组织的管理人员可能参与制定战略计划,并贡献关键要素。此外,在实践中,无论高层领导者是否意识到这一点,基层管理者都有可能作出一些决定来完善计划。[①]"

----

① ［美］托马斯·贝特曼、斯科特·斯内尔：《管理学》,中国人民大学 2014 年版,第 107 页。

（四）经济性

组织制定并执行计划,旨在使组织的各种资源都得到合理而优化的配置,保证整个组织有序、有效运行,力求以最少的消耗实现组织的预定目标,既"做正确的事",又"正确地做事",体现出计划的经济性特征。

三、计划的分类

计划可以依据不同的标准划分为不同的类型。

（一）按时间跨度分类

计划按时间跨度可以分为长期计划、短期计划和中期计划。

1. 长期计划

长期计划指 5 年以上的计划,是一种带有纲领性的"目标"计划,其内容比较概括,一般只含有粗略的大目标,而没有细节性措施。制订长期计划,是组织提高战略管理水平的重要手段之一。在充分评估环境的基础上制订长期计划,有助于组织统筹各种经营决策和多个项目,优化资源配置,提高有限资源利用率,科学制定战略决策。经营环境越是不确定,组织越是关注长期计划,越是聚焦于核心战略问题。制订计划的时间跨度越长,不确定性越大,因此,长期计划在实施过程中,难免需要随着环境的变化进行相应调整。

2. 短期计划

短期计划指 1 年以内的计划,主要是针对一段较短时间作出的工作安排,或对短期内能够完成的具体工作的计划。短期计划比较务实,其内容一般都包括明确规定的量化目标以及实现这些目标的具体措施,因此,具有较强的可操作性,对保证整个组织活动和管理系统有条不紊地运行具有重要作用。

3. 中期计划

中期计划是一种"发展"计划,它介于长期计划和短期计划之间,是连接长期计划和短期计划的纽带,一方面使长期计划具体化,另一方面又指导短期计划。正是由于中期计划对计划期间的任务、目标以及重大措施可作出具体安排,所以它能够更好地搞好资源和各种条件的综合平衡,确保长期计划任务的顺利完成。由于中期计划时间跨度较短,不确定因素少,所以一般比较稳定。

以上三种计划不可分割,相辅相成。组织应当立足当前,着眼未来,建立合理的计划体系,其中既包括明确的战略指向计划,又含有若干具体的数字化计划,既作长规划,又作中计划和短安排,促进长期计划、短期计划和中期计划的有机结合。

（二）按作用范围分类

计划按作用范围可以分为综合计划和专项计划。

1. 综合计划

综合计划是涉及一个组织或系统的所有工作的整体计划,其特点是"全",即全面。当然,组织的综合计划在注重全面的同时,也有主次之分,讲求综合平衡,以保证计划的各个方面相互协调,切实得到贯彻执行。

2. 专项计划

专项计划是为实施某项具体任务或为解决某个问题而专门制定的计划,其特点是"专",而且任务明确、措施具体可行、时间安排合理、职责清晰、有始有终。组织在制定专项计划时,不仅要考虑任务或问题本身,而且要通盘考虑与完成该任务或解决这一问题相关的主要影响因素甚至所有影响因素。

(三)按层次分类

计划按层次可以分为战略计划和战术计划。

1. 战略计划

战略计划是有关组织活动总体目标和战略方案的计划,它确定组织的长期发展方向、总体发展思路和资源配置策略,明确组织要做什么事以及为什么做,其目的是确保组织"做正确的事"。

战略计划具有以下基本特征:时间跨度长,涉及范围广;内容抽象、概括,着重于设立目标;计划方案往往是一次性的;计划的前提条件和计划执行的结果具有较大不确定性。高层管理者既是战略计划的制订者,也对战略计划的执行负责,因此,需要全面认识组织的发展现状,如业务流程特征、组织结构特征、群体行为特征等,还必须具有对环境进行系统认识和分析的能力,以及较强的风险意识、创新意识和创新能力,能够在不确定的环境中为组织找准未来发展方向和行动目标。

2. 战术计划

战术计划是有关组织活动具体如何进行的计划,主要用来规定组织目标如何实现的具体实施方案和细节,要解决的是在明确的战略目标指引下具体的活动安排以及有关资源安排的策略,它通常是短期的作业计划,就是要规定需要由什么人、在什么地方和什么时候、通过什么方法去做,要求精确性和效率,旨在追求"正确地做事"。

组织的战略目标和战略计划是中层和基层管理者制订计划的基础和依据。目标和计划在从战略向战术和运作层次转移的过程中,内容会变得越来越具体、越来越明确、越来越有可操作性,时间跨度越来越短,覆盖范围越来越窄。这些正是战术计划的基本特征。此外,战术计划的制订依据比较明确,其任务主要是规定在已知的条件下如何实现根据企业总体目标分解而提出的具体行动目标,其风险程度远低于战略计划。为此,组织的有关管理人员应掌握一定的作业计划方法,特别是各种优化方法,如线性规划、动态规划等。

(四)按明确性分类

计划按明确性可以分为指导计划和具体计划。

1. 指导计划

指导计划只规定某些一般性的方向,而且主要是组织发展方向,指出行动的重点,但不限定在具体目标上,也不规定特定的行动方案,具有一定的灵活性。

2. 具体计划

具体计划规定有明确的目标和实现目标的行动方案。正因为具体计划要求的明确性和可预见条件并不一定都能够满足,所以,在组织环境具有不确定的情况下,就要求制定具有一定灵活性的计划。

四、影响计划有效性的主要因素

(一)管理者层次

计划的有效性首先与管理者层次密切相关。一般情况下,组织中的管理者会因其所处层级的差异而参与不同的计划管理活动。在大多数组织中,高层管理者参与的计划活动是制定战略计划,而中层管理者和基层管理者的计划活动,则主要是以高层管理者制定的战略计划为依据,进一步制定和实施战术计划或作业计划。鉴于此,计划的质量、类型的选择、执行的效果等,在很大程度上取决于不同层级管理者的思维方式、视野、专业知识以及综合素质等。

(二)环境的不确定性

组织计划的弹性和时间跨度的长短等,与环境是否具有不确定性密切相关。如果组织所处的环境是复杂的、不确定的,就应当制定并执行指导性的、计划期限短的计划,不确定性越大,越不需要精确计划。只有这样,当影响组织生存与发展的因素或力量发生迅速或重大变化时,组织才能灵活调整,积极应对,确保组织绩效。

(三)组织的生命周期

组织计划的时间长度和明确性,与组织的生命周期密切相关。所谓组织生命周期,是指组织从形成开始,经过成长、成熟阶段最后走向衰退的时间历程。在组织生命周期的不同阶段,计划的时间长度和明确性具有显著差异,如图3-2所示。当组织处于形成阶段时,所设定的目标具有尝试性,资源获取具有很大不确定性,组织运行需要具有很强的灵活性,因此,该阶段适宜采用指导性计划,以便管理者根据需要随时进行调整;当组织进入成长阶段后,其目标更加明确,资源获取的不确定性明显减弱,获得更多公众认可,因此,组织可以采用更加明确、具体、时间跨度小的计划;进入成熟阶段的组织,环境变得更加可以预测,不确定性降低,因此,适宜采用具体的、时间跨度大的计划;最后,从成熟期进入衰退阶段的组织,需要重新考虑组织目标及其地位,对组织资源进行重新分配,因此,适宜采用短期的指导性计划。

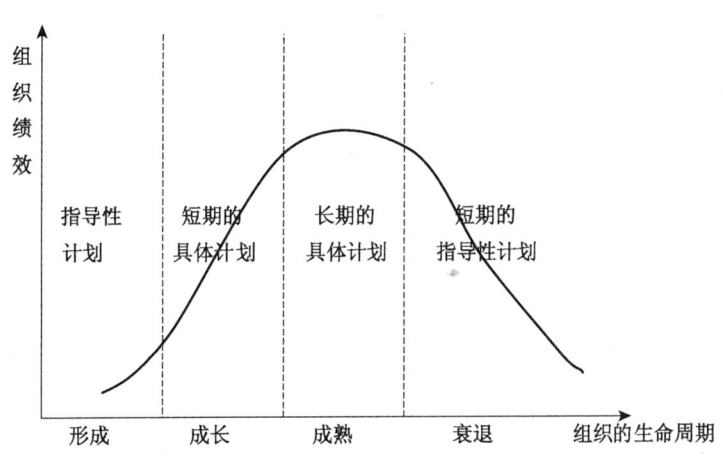

图3-2　组织生命周期与计划类型

第二节　计　划　过　程

计划由制定到实施,需要经历一个动态的、系统的复杂过程,其中所包括的各个步骤之间相互关联,相互支撑,如图3-3所示。

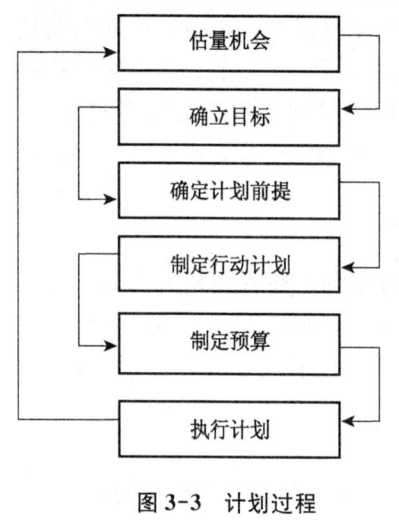

图3-3　计划过程

一、估量机会

估量机会是计划过程的开端,旨在通过分析和研究环境,发现机会,为计划的制订提供依据。其主要内容包括:对未来可能出现的机会进行初步分析和研究,比较组织自身的优势和不利条件,明确组织目前所处的地位及面临的不确定因素,预测和展望未来可能取得的成果。

二、确立目标

确定目标是组织制订计划的首要步骤。目标就是组织期望达成的成果,明确的目标描绘了组织未来的前景,可以为组织及其各个部门和组织成员指明方向,并为衡量工作绩效提供依据。在实施目标管理的组织中,目标实际上是一个包括各层次目标在内的相互关联的网络体系。

三、确定计划前提

所谓前提,是指在实现组织目标的过程中所有可能的假设情况,也就是关于计划环境的假设条件。组织只有充分、深刻、清晰地认识前提条件,才有可能制定出科学、合理的计划并保证其得到有效执行,做到"未雨绸缪"。计划前提的确定依靠预测,科学的预测,可以使未来环境少一些不确定性,还能够为最好地利用可能出现的环境的管理决策规定范围。当然,确定计划的前提是充分考虑未来环境的高度复杂性,只选择那些对计划的制订与执行具有关键性和最有影响的预期环境因素。

四、制订行动计划

实现一个组织目标可能有很多路径。制订行动计划,就是从实现组织目标的需要出发,拟订各种可行的行动计划,每一个行动计划都由一系列必要步骤组成,组织对它们进行评估后,最终确定一个或几个较优的计划。

五、制定预算

预算是一种用数字表示预期结果的报告书,是一种特殊的计划形式,也称"数字化的计划"。编制预算的目的在于使计划的指标体系更加明确,使组织更容易监督和控制计划执行情况。预算作为一种定量的计划,具有较强的硬约束性,一个正式的预算能够表明允许一个管理者在每个行动计划上支配的资金数额。

六、执行计划

计划制定出来后即付诸实践,完美的计划只有得到很好地执行,才能产生预期效果,实现预期目标,因此在这一步骤中,计划执行得力,决策果断,完成任务有保证,更为关键和重要。当然,管理者在执行既定计划的过程中,会面临一些考验和挑战,因为组织环境是在不断变化的,甚至有些变化出乎预料,管理者必须密切跟踪计划执行的进度和成效,保持对各种环境变化及其带来问题的敏感性和判断力,及时作出是否调整行动方案的决策。

第三节　计划的前提——科学预测

一、科学预测的概念与意义

预测是指对某一事物的发展方向与动态事先进行推测和估计。科学预测就是应用科学的理论和方法,对客观事物的发展过程及其变化趋势进行推测和估计。"预则立",任何组织要谋求成功,都必须首先进行预测,并以此作为制订计划和决策的依据。可以说,对组织而言,预测是计划与决策的前提和基础,具有重要意义。

(一)科学预测有助于提高计划与决策的准确性和可预见性

科学预测对客观事物发展过程及其变化趋势的推测与估计,建立在科学理论与科学方法的基础上,为制订计划和决策而提供的数据和资料客观、不带偏见,从而帮助管理者着眼于未来,提高管理的预见性,充分合理地利用各种资源和有利机会,制定出准确并有很大把握实现的计划与决策。

(二)科学预测有助于避免计划与决策的片面性和局限性

科学预测注重全面分析和估计组织内外环境及其内在联系,全面考虑事物发展可能出现的各种情况,据此为管理者制订计划和决策提供科学依据,有利于避免计划与决策的片面性和局限性。不仅如此,这"两个全面"也帮助管理者不断增强客观条件突发非正常情况时的应对能力,或者把损失减少到最低程度的应变能力。

(三)科学预测有助于提高控制效果

科学预测所提供的先进理念与科学方法,有助于培养管理者及时发现问题、及时解决问题的能力,帮助他们较早地发现工作中哪些方面缺乏必要的控制或者失去了控制,以便尽快采取措施,及时改进与加强,确保组织以及组织成员运行在完成计划任务、实现组织目标的轨道上。

二、科学预测的分类

从影响组织运行的外部环境因素分析,科学预测主要包括经济预测、社会预测和科技预测等。

(一)经济预测

经济预测是指应用科学的理论和方法,遵循客观经济规律,对各种经济现象、经济过程及其发展前景进行推测和展望。从宏观层面上看,经济预测既预测经济增长率、国民收入、国际收支等变动情况,也推测财政、税收、信贷、价格等因素的变动对社会生产和市场供求关系的影响等,宏观经济预测主要是为制定国民经济与社会发展长期规划、年度经济计划以及宏观经济政策调整等提供依据。此外,经济预测还可以按照不同的产业和行业分别进行,属于中观预测,主要为政府主管部门决策服务。相应地,一些工业企业、农业企业、商业企业等对其经营的产品和服务的相关预测,如市场需求预测、原材料价格预测等,则属于微观层面的经济预测,主要服务于企业的相关决策。

（二）社会预测

社会预测是指应用科学的理论和方法,对各种社会现象及其发展趋势进行推测和设想。社会预测的目的主要在于控制和利用社会的发展趋势,预防社会发展中的不良后果,其内容主要涉及社会制度与结构、社会发展模式、社会人口结构及其生活方式、社会道德与教育以及社会福利与公益事业等。

（三）科技预测

科技预测是指应用科学的理论和方法,根据科技发展水平和社会实际需要,对科技发展趋势、技术发明与创造、重大科技成果转化及其对经济社会产生的影响进行估计、推测与判断,其目的在于掌握科技发展与变化的客观规律,促使先进科技成果更广泛地应用于生产和生活,更好地服务于经济社会发展和人类进步。当今世界,国际竞争加剧,谁能抢占科技制高点,谁就能够在未来竞争中把握主动权,因此,西方发达国家以及发展中国家,都不断加大对科技研发的投入,高度重视科技预测,以抢占先机,先发制人。

三、科学预测的方法

科学预测方法大体上可以分为定性预测法和定量预测法,组织在制定战略计划时常常将两者结合起来,以提高预测的准确性和科学性。

（一）定性预测法

定性预测法是最传统的预测方法,至今仍被广泛采用,特别是在缺乏或难以获得精确数据的场合,或者缺乏可靠数据来处理定量模型时,人们会采用定性预测方法。这种方法主要是以个人的知识、经验及预感为基础,对未来的事情进行推理和判断,给出一些趋势性的结论。典型的定性预测方法如下:

1. 头脑风暴法

这是一种"通过面对面的智力碰撞产生思想火花"的预测方法。其基本过程是:组织者召开专家会议,但先不宣布会议目的,他只是要求与会人员围绕某一方面的问题进行讨论,并鼓励参会的每一个人广开思路,各抒己见,畅所欲言,但不允许对别人的意见评头品足。讨论期间,组织者只作倾听者,不发表任何倾向性意见。在讨论结束后,组织者对各种意见进行归纳、整理和分析,形成几种可行方案,供决策者参考。

2. 专家调查法

这是一种"以背对背的形式集思广益"的预测方法。其基本过程是:组织者请一组专家背靠背地各自提出自己的预测意见,然后由他对不同的意见进行收集、整理和综合;接着进行第二轮意见征集,组织者将整理和综合后的上一轮意见再反馈给每一位专家,让他们有机会了解和比较其他人的不同意见,并再次提出自己的意见,当然,他们可以坚持自己的意见,并进一步陈述理由,之后组织者第二次收集、整理意见;接着开始第三轮征求意见,组织者再次将整理和综合后的上一轮意见反馈给每一位专家,专家们可能同意其他人的意见,也可能继续坚持自己的意见,还可能受其他人意见启发又提出了新的意见……如此反复几轮之后,基本上可以产生比较令人满意的预测结果。专家调查法比较适合于资料不全的长期社会发展和科技预测。与头脑风暴法相比,"背对背"的专家调查法的优越性在于,可以有效避免专家们在面对面讨论时容易产生的附和权威人士意见或大多数人意见的"随大流"弊端,既保证了专家们独立发表独到见解,又可以集思广益,综合各家之长。

（二）定量预测法

定量预测法是指运用一个或一组数学模型对某些重要变量的未来状况进行推测和估计的预测方法。在某些领域，当有足够的准确数据支持预测模型时，定量预测技术可以得到令人满意的结果。迄今比较常用的定量分析方法包括：时间序列分析模型和回归模型等。在互联网与科技进步快速发展的信息社会，定量预测方法得到更广阔的作用空间。

第四节　决　　策

一、决策的概念与分类

（一）决策的概念

决策就是根据拟实现的目标或拟解决的问题，从若干个备选方案中选出比较满意的方案，并付诸实施的过程。这一简单的概念清晰地给出了理解决策的几个要点：

（1）决策是有依据的。决策的依据或者是要实现的一定目标，或者是要解决一个问题，为了决策而决策，是没有意义的。

（2）决策的对象是一系列可行的实施方案。实现一定目标或解决一个问题，可以有多种方案。管理者只有在充分了解并比较分析各种备选方案所涉及的相关问题后，才可能做出有效、合理的选择，这表明，决策过程所要完成的任务是在诸多可行方案中择优，或选出满意的方案。

（3）决策是一个过程。决策不是瞬间完成的一个行为，而是一个深思熟虑、自觉选择与判断的过程，所作出的决策应当是符合逻辑判断的结果。

（二）决策的分类

按照不同的标准，可以将决策分为不同的类型。

1. 按照决策的重复程度分类

（1）程序型决策。这是一种例行的、重复性的决策，一般为战术性决策。由于这种决策的先行条件比较固定，影响因素也易于控制，所以，进行决策只需依靠固定的程序，在计算机广为普及的今天，甚至可以按照事先编好的程序交由电脑处理。

（2）非程序型决策。这是一种对特殊的、非常规性的新问题的决策，多为战略决策。这种决策由于受许多目前不能控制的不确定因素的影响，所以无法依靠一种固定不变的程序来解决。因此，作为战略决策制定者的高层管理者，既要树立全局的观点，长远、全面地考虑问题，又要具有丰富的管理经验、果敢的决断能力以及敢担风险的魄力。

2. 按照决策的性质分类

（1）确定型决策。这是一种比较简单的决策，因为每一种备选方案都只有一个确定的结果，只要对各个方案的结果进行比较，就很容易作出满意的选择，由于具有确切的客观依据，因而决策的结果也往往比较明确。

（2）风险决策。这是一种随机决策，往往带有一定风险，是在对备选方案的可行性、实现的可能程度，以及所付出的代价和未来事件能否发生都不十分清楚、也不能肯定的情况下作出的。界定风险型决策的标准是：决策目标明确；有两个以上备选方案；每个方案实施后存在两种以上不以决策者意志为转移的可能的自然状态；能够计算出各个方案在各种自然状态下的损益值;各种自然状态可能出现的概率可以估计。

(3)非确定型决策。这是一种在各种方案所出现的结果都不能确定,而且不能估计各种自然状态可能出现的概率的情况下作出的决策,所以风险最大。

3. 按照决策的主体分类

组织中的决策者,既可能是单独个体,也可能是由很多个体组成的群体,所以,按照决策行为主体可将决策分为个体决策和群体决策。两种决策各有其优缺点,并分别适应于不同的情况。

(1)个体决策。个体决策的突出特点是速度快、效率高,但其质量可能会受到决策者个人的思维方式、知识结构、经验及视野等因素的影响,不能保证是决策是高质量的。个人决策比较适合于简单的、次要的和不需要达成一致的决策。

(2)群体决策。群体决策更适宜于复杂的、重要的和需要有关人员广泛接受的决策,其优势体现在:更多更完整的信息和知识;更多的备选方案;从更广泛的角度评价和论证方案;决策富有创造性,质量更高;对决策的接受程度更高。群体决策的局限性体现在:决策比较耗时,决策过程比个体决策更长,成本更高,时效性低;在"小团体意识"的作用下,群体成员承受着避免争论的压力,导致"群体思维"现象,可能通过的是妥协的决策;如果群体中存在"一言堂"的强势领导,则可能影响决策质量。

二、决策过程

决策是一个复杂过程,包括一系列密切相关的环节和步骤,如图 3-4 所示。

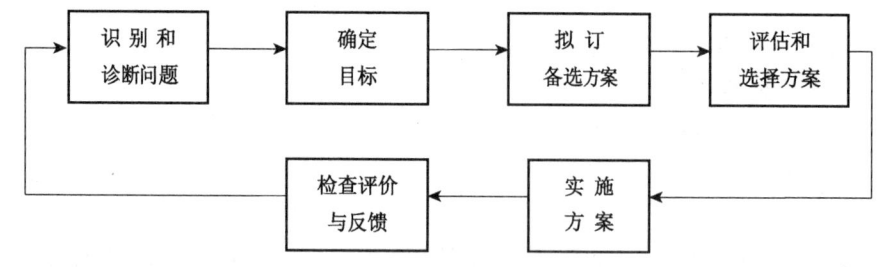

图 3-4　决策过程

(一)识别和诊断问题

决策过程从识别和确认存在的问题开始。在这里,所谓问题,是指理想状况与实际状况之间的差距。存在的问题可能纷繁复杂,通过不同的表象展现在管理着面前,例如,业绩指标下降、计划没能完成、竞争威胁加剧等。导致这些问题产生的原因可能多种多样,要求决策者要通过深入的调查研究,全面、系统地收集环境信息,经过缜密思考,仔细剖析,进行彻底诊断,抓住问题的关键,找准问题的要害,这是对症下药地解决问题的重要前奏。

(二)确定目标

发现问题后,就要解决问题,要明确问题将解决到什么程度,即确定目标。决策目标既是评价和选择决策方案时依据的标准,也是衡量决策行动是否达到预期结果的尺度,因此,确定目标要明确、具体,能够分清主次;要规定目标的约束条件,有时间要求;目标要量化。

(三)拟订备选方案

备选方案是指为解决某一问题而设计的可供决策者选择的多个可行方案,一般要有两个以上。所有备选方案至少应满足以下两项要求：第一，应具有自己的层次关系，体现落实决策总目标的各种次级目标及实现这些目标的途径；第二，应具有可行性和合理性，体现目标实现过程中的主要约束条件及其可控和不可控程度。为便于决策者选择，所提出的备选方案应尽可能全面详尽，也要有所创新。

（四）评估和选择方案

这一步骤的主要工作是根据目标要求评估所拟定的各种备选方案的利弊，将其中令人满意的方案确定下来。选定最后的方案是决策过程的关键，因此必须把握好以下原则：①必须能够在较高程度上实现预定目标，这是决策的合理性标准。一项决策行动的结果越接近预定的决策目标，越表明决策的合理性高；②力图以尽可能小的代价换取尽可能大的效果，从而实现最好的决策效益，这是决策的经济性标准，它通常体现为实施方案所需要付出的代价和可能带来的效果的比值，即费用效果比或成本收益比。决策效果代表一个决策方案实施后可能带来的价值，决策费用是决策实施中、实施后不得不付出的代价或失去的价值，这一比值提示人们决策不能不计成本。此外，合理的决策还要妥善处理好正面效果与负面效果、效果与风险的关系，要通过慎重的衡量和评价，考察一项决策是否合理，避免产生决策的不良后果。

（五）实施方案

决策方案一经选定就要付诸实践。有效实施方案是决策的一个重要步骤。制订的方案质量再高，如果没有得到很好地实施，也不能说决策是成功的。在方案的实施环节，提高执行力是取得预期决策效果的重要保障。

（六）检查评价与反馈

执行方案的过程，在检验既定方案的质量及其合理性的同时，也受到多种因素的影响。所以，在此期间，管理者要不断跟踪检查，及时发现偏差，准确判断其成因，以便采取有效措施予以纠正。具体说来，方案没有得到很好的执行，可能出于多方面的原因，它可能是工作人员态度不认真等人为因素造成的，也可能是环境变化等客观因素造成的，还可能是原有方案不够完善造成的。如果是第一种情况，管理者就要追究相关人员的责任；如果是第二种情况，就要适当调整方案；如果是第三种情况，则可能要修订方案。

三、决策方法

在管理理论和管理实践的发展中，特别是随着科学技术的进步及其成果转化，管理决策的方法也日益多样化，总体上可以分为定性决策法和定量决策法。

（一）定性决策法

定性决策法是指充分发挥专家集体的智慧、能力和经验，在调查研究和系统分析的基础上，根据所掌握的资料和了解的情况进行决策。定性决策法灵活简便，费用开支小，有利于调动专家的积极性，提高其创造能力，特别适用于进行非规范化的综合决策。当然，由于定性决策是基于个人主观感觉和认识而作出的，缺乏严格论证，有时难免会因参加者的知识类型或经验限制而使决策意见有很大的倾向性。具体说来，常用的定性决策法有以下几种。

1. 征询法

征询法是指被征询意见者事先不接触、事后接触的决策方法。其操作过程是：将被征询意见者编入一个小组，但他们彼此之间互不相知，即使见了面，也不面对面讨论问题。于是，在这种互不接触、互无影响的情况下，被征询意见者分别以书面形式提问题、提建议或回答所提出的问题。然后,组织者对每个被征询意见者的书面材料进行汇总,并将汇总结果公布于众,但不公布这些问题、建议或答案的提出者是谁。这样做显然有利于组织在决策中集思广益,因为它可以使每个被征询意见者都能在"讨论"中毫无顾虑地独立发表意见,从而使"讨论"更加充分。

2. 哥顿法

哥顿法也称提喻法,是一种以召开会议的形式请专家提出完成工作任务或实现目标的方案的方法。然而,这种会议又是一种特殊的会议,因为只有会议主持人知道要完成什么工作,目标是什么,与会者对此全然不知。其操作过程是:会议主持人在会议开始时转弯抹角地提出与完成工作相似的问题,于是与会专家们开始讨论。当主持人认为讨论比较充分、已经产生了一些方案时,再把真正要解决的问题的具体内容提出来,使讨论进一步深化和扩展,以谋求形成更有新意的方案。显然,这种方法有助于专家们在不受到完成特定工作或目标的思维方式束缚的情况下,打开思路,充分讨论,形成具有创新意义的方案,所以人们也把这种方法看成为一种特殊的头脑风暴法。

3. 方案前提分析法

方案前提分析法,其出发点是每个方案都有几个前提假设作为依据,方案是否正确可行,关键在于其假设前提是否成立。因此,方案前提分析法着重于让与会者只讨论分析方案的前提能否成立,而不涉及决策方案的内容。

（二）定量决策法

定量决策法是指应用数学模型甚至借助电子计算机进行决策。大数据时代的到来,使定量决策法在组织中得到更广泛的应用。与定性决策法相比,定量决策法具有显著的优越性,即提高决策的准确性、时效性和可靠性。

典型的定量决策法有损益平衡点法、量本利分析法和决策树法。

1. 损益平衡点法

当有几种不同方案可以用于生产某产品时,企业常常通过分析比较产品产量与成本的关系来进行决策,如图 3-5 所示。

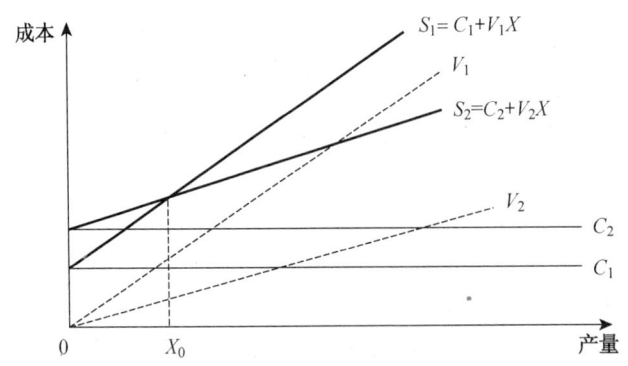

图 3-5　损益平衡点分析法示意图

图解:假定只有两种备选方案,即方案 1 和方案 2;S_1 和 S_2 分别代表两个方案的总成本;C_1 和 C_2 分别代表两个方案的固定成本;V_1 和 V_2 分别代表两个方案的单位变动成本;X 代表产品产量,X_0 代表临界产量。

当 $X = X_0$ 时,$S_1 = S_2$,即 $C_1 + V_1 X_0 = C_2 + V_2 X_0$,由此整理可得:

$$X_0 = \frac{C_2 - C_1}{V_1 - V_2}$$　　　　　　　　　　（3.1 式）

当产品产量 $X < X_0$ 时,方案 1 的总成本 S_1 低于方案 2 的总成本 S_2,应采用方案 1;当产品产量 $X > X_0$ 时,方案 1 的总成本 S_1 高于方案 2 的总成本 S_2,应选用方案 2。

2. 量本利分析法

量本利分析法是一种通过揭示产销量、成本(包括固定成本和变动成本)、价格与利润之间的内在规律性联系,进行决策分析的方法。量、本、利的基本关系表达式为:利润＝销售收入－成本,如图 3-6 所示。

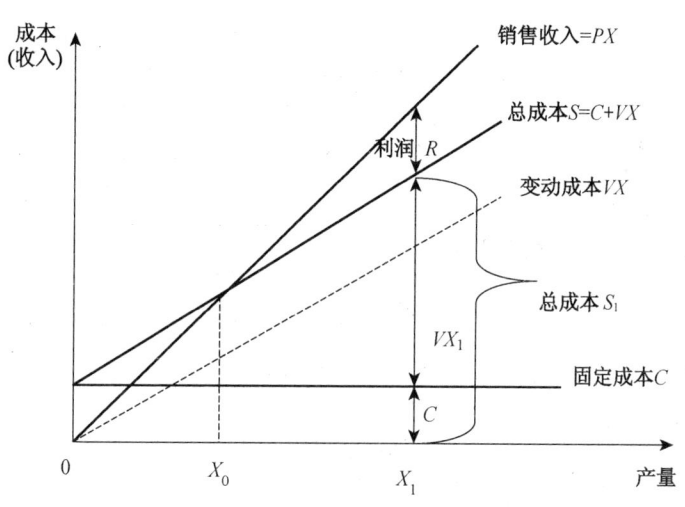

图 3-6　量本利分析法示意图

图解:P 代表单位产品的价格;R 代表目标利润。

当产量为 X_0 时,不存在利润,销售收入＝成本,即:

$$PX_0 = C + VX_0 \tag{3.2 式}$$

由此可以推出:

$$X_0 = \frac{C}{P-V} \tag{3.3 式}$$

即当不存在利润,盈亏平衡时:

$$保本点产销量 = \frac{固定成本}{产品单价 - 单位变动成本}$$

当产量为 X_1 时,利润＝销售收入－成本,即:

$$R = PX_1 - (C + VX_1) \tag{3.4 式}$$

由此可以推出:

$$X_1 = \frac{C+R}{P-V} \tag{3.5 式}$$

即当存在目标利润时,实现目标利润的产销量计算公式为:

$$保利点产销量 = \frac{固定成本 + 目标利润}{产品单价 - 单位变动成本}$$

3. 决策树法

为了更方便地评价各种备选方案的可能结果,人们设计了决策树,如图 3-7 所示。这是一棵按照主要决策的制定顺序把结果集中起来,进而形成有若干分枝的树,它由决策点、方案枝、状态结点和概率枝构成。决策树法就是通过在这一树形图上进行分析计算,选择决策方案的方法,其优越性在于简单明了,易于比较,有助于决策者快速确定决策顺序。

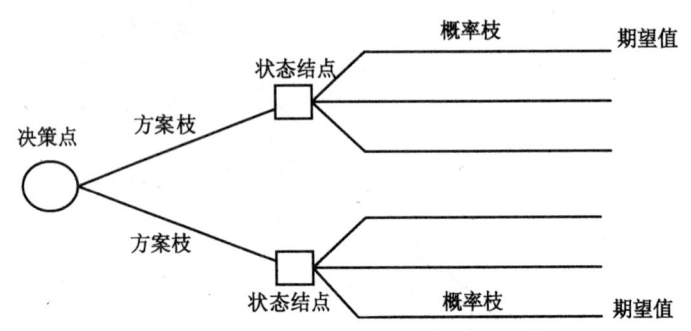

图 3-7　决策树图形

图解:图左端的圆圈"○"表示决策点;

　　　从决策点引出的直线"—"为方案枝,有几个备选方案就引出几条直线,就有几条方案枝,即每一条方案枝都代表一种备选方案,在方案枝上注明备选方案;每个方案都达到一个状态结点,用方框"□"表示,在框内或其上方注明所计算出的每个方案的期望值;

　　　从状态结点引出的直线"—"为概率枝,可能存在几种自然状态就引出几条直线,在概率枝上注明自然状态的内容及其出现的概率,进而计算出该方案在该自然状态下的期望值。

本 章 小 结

计划职能是管理的首要职能。计划是指对组织以及组织内部不同部门和不同成员在未来一定时期内的目标以及实现目标的途径的策划与安排。根据不同标准可以将计划分为不同类型。计划对组织具有重要意义。

计划的制订过程包括一系列相互关联的环节,即估量机会,确立目标,确定计划前提,制定行动计划,判定预算,执行计划。

预测是指事先对某一事物的发展方向和动态进行科学推测和估计。决策是从若干个可供选择的方案中选择一个满意方案的过程。决策过程也包括几个相互关联的重要步骤,即发现和诊断问题,确定目标,拟定可行方案,评价和确定方案,执行方案,检查评价和反馈。主要的决策方法有定性决策法和定量决策法。

思 考 题

1. 什么是计划? 计划具有哪些特点?

2. 在现代市场经济条件下,为什么计划对企业仍然很重要?

3. 你能够准确区分不同类型的计划吗?

4. 计划的编制过程主要包括哪些环节？

5. 你同意"预测是计划的前提"的说法吗？为什么？

6. 决策可分为哪些类型？

7. 常用的决策方法有哪些？

第四章

战略管理

【学习目标】

1. 了解战略管理的内涵及其重要意义。
2. 分析战略管理过程。
3. 熟悉战略计划工具。
4. 描述组织战略的类型。
5. 领会企业国际化经营战略管理。

战略管理的思想萌芽于第二次世界大战结束后,在 20 世纪 80 年代以后快速发展成为一门新兴学科。当时的历史背景是国际竞争日益加剧,跨国公司迅速发展,一些有效的管理者通过精心设计的战略走向成功,传统管理理论面临新的挑战,于是,美国的管理学家潜心于研究战略管理对提高组织绩效的影响,试图为企业寻找一条在激烈竞争中取得优势的发展路径,从一个全新的视角提出了竞争优势理论和合作竞争理论。本章在介绍战略管理概念及其意义的基础上,主要分析战略管理过程与战略计划工具,以及不同类型的组织战略和国际化经营战略管理等。

第一节　战略管理的内涵

一、战略管理的概念及其特征

(一) 战略管理的概念

战略管理,顾名思义,是将战略与管理合而为一,它决定组织的长期绩效。战略是关于组织将如何经营、如何在竞争中获得成功以及如何吸引和满足顾客以实现组织目标的各种方案[①],而战略管理则是一组管理决策和行动,是指管理者为了企业长期的生存和发展,在充分分析企业外部环境和内部条件的基础上,确定和选择达到目标的有效战略,并将战略付诸实施和对战略实施过程进行控制和评价的一个动态管理过程。也可以说,战略管理就是制定、实施和评价使组织能够达到其目标的、跨功能决策的艺术与科学,它致力于对市场营销、财务会计、生产作业、研究与开发及计算机信息系统进行综合管理,以实现企业的成功[②]。作为一种崭新的管理思想和管理方式,战略管理几乎涵盖了计划、组织、领导、控制等

---

① ［美］罗宾斯·P·斯蒂芬、玛丽·库尔特:《管理学(第 11 版)》,中国人民大学出版社 2012 年版,第 220 页。
② 喻世友、祁军主编:《哈佛商学院 MBA 全球总经理学(上)》,中山大学出版社 2002 年版,第 123～124 页。

所有的基本管理职能,涉及企业的发展方向、经营内容以及基本方式等至关重要的问题。在实施战略管理的组织中,各个部门、各个层次的管理者都参与战略目标和计划的形成与实施过程,战略规划成为一项进行中的活动,鼓励所有管理者既从战略角度思考长期的、外部的问题,也思考短期的战术和运作问题。

(二)战略管理的基本特征

1. 整体性

战略是对企业未来发展的总体规划或蓝图。制定发展战略时一般都把企业作为一个整体,统筹考虑企业资源、能力、专长与非专长以及外部环境的相互匹配,战略一旦制定,将制约和指导着企业经营管理的一切具体活动。为实现既定战略,企业也要从总体上考虑内部资源和专长与非专长的配置,注重总体最优的资源配置。可见,战略管理是综合企业内外部环境的结果,具有鲜明的整体性特征。

2. 层次性

企业战略根据企业不同的管理层次,一般可分为公司战略、经营战略和职能战略,这些战略不仅在内容和性质上有所差异,而且各有明显的具体特征。有效的战略管理应当能够把整个企业战略有效地组织起来,按照战略的层次划分自上而下或自下而上地整合各级战略。所谓自上而下即从高级向低级进行整合,是指根据公司级战略整合经营级战略,根据经营级战略整合职能级战略,再根据职能级战略整合其所涉及的要素;所谓自下而上即从低级向高级进行整合,是指先根据职能级战略整合所涉及的要素,形成职能级战略系统,再将职能级战略整合成经营级战略,最后将经营级战略整合成公司级战略。可见,不同层次的战略之间是相互关联、相互影响的。一方面,低层次战略和高层次战略之间是相互支持的。公司战略支配经营战略,经营战略支配职能战略。也就是说,经营级战略隶属并支撑公司战略,职能战略隶属并支撑经营战略。公司级战略在执行过程中需要分解为若干经营级战略,经营级战略分解为若干职能级战略,而且公司级战略的成功需要以经营级战略的成功为前提,经营级战略的成功需要以职能级战略的成功为前提,这表明低一级战略的成功是实现高一级战略的手段。另一方面,低层次战略和高层次战略之间也可能是相互矛盾、相互冲突的。例如,经营级战略和职能级战略之间就可能出现矛盾,而解决这些矛盾需要对立的统一,目的是要保证各层次战略的协调,保证总体战略的实施。

3. 目的性

从广义上讲,企业战略包括企业的宗旨、目标及政策。从狭义上看,企业战略是企业实现其宗旨和长期目标的一种比较宽泛和基本的计划与方法。无论怎样理解,企业战略都隐含着一个强烈的目标驱动,即获得高于平均水平的利润率。然而,在当代社会,或者是出于对来自社会要求与压力的考虑,或者是出于自身的高度自觉,企业战略管理目标除了包括企业规模和利润增长目标、企业所有者权益目标与客户利益目标外,更加关注社会效益目标(如对社区、环境以及公众的贡献或服务),承担社会责任已成为当代企业战略管理的重要内容之一。

4. 自组织性

在现代管理中,企业常常聘请专家参与其战略制定过程,发挥其指导和辅助作用,而真正实施战略管理的主体还是企业高层管理者,他们是企业战略的最终决策者,控制和管理着企业战略,是企业战略的核心,这体现出战略管理具有自组织性。

5. 相对稳定性

对一个企业而言,其战略的执行及其成效的显现均需要较长时间,这决定了战略管理不能急于求成,也不能朝令夕改,应具有一定的稳定性。当然,企业管理是一个动态过程,在外部环境快速变化的情况下,指导企业发展的战略也需要是动态的、灵活的,能够随机应变,以适应企业抓住机遇赢得竞争优势。这说明战略的稳定性只能是相对的。

6. 相似性

企业是一个复杂的系统,具有系统的相似性,这种相似性指的是系统具有同构和同态的性质,体现在系统的结构和功能、存在方式、演化过程具有共同性,是一种有差异的共性。每个企业作为一个相对独立的系统,虽然各自的自身条件和面临的环境不尽相同,战略管理也各有不同的具体内容,但它们的战略维度、结构、功能却是相似的,表现出一定的分形结构,体现出多样性的统一。正因为战略具有的相似性,使不同企业之间的战略管理经验可以相互借鉴、相互学习,当然这也增强了企业保持竞争优势的难度。

7. 开放性

战略是企业内外部环境的综合体,管理者要随着环境的变化确定是否调整或改变战略,正是因为战略系统不断与外界进行物质、信息、能量的交换,决定了战略管理具有开放性特征。

二、战略管理的意义

从传统的职能化管理走向战略管理,是现代企业管理的一次重大飞跃。对当代企业而言,战略管理具有更加重要的意义,因为它能够给企业带来机会,规避风险,提高绩效。

(一)战略管理有利于企业在市场竞争中理性定位

战略管理将企业成长与发展放在动态的不确定的环境中,以未来环境变化趋势为基础制定管理决策,促使管理者以系统的、综合性思维方式去分析环境,评价企业自身的优势与劣势,识别机会和开发竞争的优势。这表明,企业战略的制定过程,实际上就是知己知彼的过程。实施战略管理的企业,通过对自己、竞争对手以及环境的缜密评估,能够帮充分认识、理性定位自己在市场竞争中的位置,避免盲目从事。

(二)战略管理有利于增强企业的应变能力

战略管理以预测和评估环境为起点,企业可以提前把握环境变化的基本趋势,并提前制定应对预案。当外部环境剧烈变化时,企业能够从容调整其战略或实施新的战略,采取一系列战略决策和行动,主动应对环境的不确定性,保证企业朝着既定的目标前进,从而避免在纷纭复杂的变化面前束手无策。

(三)战略管理有利于提高企业绩效水平

组织目标的实现,最终依赖于组织内的各种力量形成合力,战略管理恰恰具有凝心聚力的功能,实施正式的战略管理体系,可以提高公司经营业绩和效益。这是因为,企业战略目标本身就是动员全体员工的巨大精神力量;企业战略的制定和实施,使各级管理人员学会了在适应市场的过程中有效动员和分配各种管理资源,不断提高战略管理技能;战略计划可以为企业提供特定目标,使组织中的管理人员具有一致愿景。

第二节　战略管理过程与战略计划工具

一、战略管理过程

战略管理是一个对组织未来发展方向制定和实施决策的动态管理过程,一个规范、全面的战略管理过程一般包括四个相互关联的阶段,即确定使命、目标和愿景;战略分析;战略选择与评价;战略实施与控制,如图 4-1 所示。

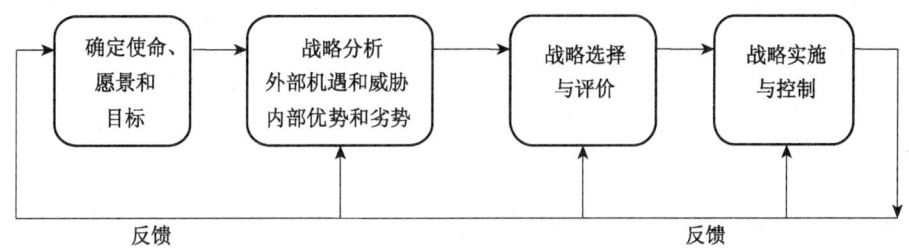

图 4-1　战略管理过程

（一）确定使命、愿景与目标

使命是组织在经济社会发展中所应担当的角色和承担的责任,它清晰、简洁地表达了一个组织的基本目的,描述了组织做什么、为谁做、基本的产品和服务以及自身目标等。企业的使命一般体现为企业哲学和企业宗旨。企业哲学是指企业为其经营活动所确立的价值观、态度、信念和行为准则,是企业在其经营过程及社会活动中发挥何种作用以及如何发挥作用的抽象反应。企业宗旨是企业现在和将来应从事什么样的事业活动,以及应成为什么性质的企业或组织类型。企业在制定战略之前,必须先确定企业使命。这是因为确定企业使命的过程,常常从总体上引起企业发展方向、发展道路的改变,使企业发生战略性变化;确定企业使命也是制定企业战略愿景和目标的前提,是进行战略选择的依据和配置资源的基础。

战略愿景指向未来,它提供了组织前进的方向,描绘了组织的最终目标。有效的愿景宣言激励组织成员,它们提供了整个组织共同努力来实现的有价值的目标。战略目标来自组织的使命和愿景[①]。

（二）战略分析

制定战略之前首先要进行战略分析,即对组织的战略环境进行分析、评价,并预测这些环境的未来发展趋势及其可能对组织产生的影响和影响方向。成功的战略管理以准确全面的宏观环境和竞争环境分析以及内部环境分析为基础。正如在前一章所介绍的,战略环境分析包括外部环境分析和内部环境分析。外部环境分析是战略管理过程中的一个关键步骤,旨在适时寻找和发现有利于组织发展的机会及组织可能面临的威胁,以便在制定和选择战略时能够利用外部环境提供的机会,避开对组织的威胁因素。通过分析内部环境,可以获得关于组织具有哪些具体资源和能力的重要信息,旨在发现组织所具备的优势或弱

---

① ［美］托马斯·贝特曼、斯科特·斯内尔:《管理学》,中国人民大学出版社 2014 年版,第 109 页。

点,以便在制定和选择战略时扬长避短,有效利用自身的各种资源,发挥组织优势和核心竞争力。

(三)战略选择与评价

战略选择与评价过程实质上是战略决策过程,该阶段的主要工作有三项:其一,拟订多种可供选择的战略方案;其二,利用适当的战略评价方法对拟定的战略方案进行评价;其三,最终选择出满意的可供执行的战略。管理者一般要制定的主要战略有公司战略、经营战略和职能战略,但对一个跨行业经营的企业而言,其战略选择则更复杂一些,管理者至少要解决两个基本战略问题:一是企业的经营范围或经营领域,即规定企业从事生产经营活动的行业,明确企业性质和所从事的事业,确定企业以什么样的产品或服务来满足哪一类顾客的需求;二是企业在某一特定经营领域的竞争优势,即要确定企业提供的产品或服务,以及要以什么为基础取得超越竞争对手的优势。不管是哪一种企业,在战略选择与评价过程中,企业的宗旨都被具体化为战略目标。

(四)战略实施与控制

战略一经制定,就进入实施阶段,这是一个将战略思想转变为战略行动的过程,它几乎包含了计划、组织、领导、控制等四项管理活动。战略方案付诸行动,理想的状态是组织活动始终朝着既定战略目标与方向循序渐进。然而,成功的战略制定并不能保证成功的战略实施,因此,在战略实施过程中,控制必不可少。

1. 战略实施

现阶段的许多组织在战略实施过程中,越来越多地鼓励积极参与,呈现出各层次管理者都参与战略制定和实施过程的发展趋势,当然,高层管理者仍然是战略实施的总指挥,但他们常常把责任和权力更多地分配给组织中的其他人。

战略实施是一个系统工程,一般包括四个相关的步骤:

① 定义战略任务和宣传动员。首先,将企业的总体战略方案从空间和时间上进行分解,形成企业各层次、各子系统的具体战略或政策,在企业各部门之间分配资源,制定职能战略和计划。其次,用简明的语言,明确组织内各特定业务领域必须做什么来创造或保持竞争优势,这样做的目的在于让组织成员明白自己可以为整个组织贡献什么。同时,企业广泛开展宣传发动工作,提高组织成员对战略的认同度。

② 评估组织实施战略目标的能力。即组织成员及团队分析组织中的哪些因素会有助于组织战略的有效实施,哪些具体问题将妨碍有效实施组织战略,并将评估结果上报高层管理者供其参考。

③ 制定具体可操作的实施计划。管理层须告知相关人员,组织的管理风格将有哪些改变,关键任务中需要什么样的技能和人才,什么样的结构、措施、信息和奖励可能支持所需要的行为。

④ 实施计划。有力的领导和有效的沟通对确保战略的顺利实施至关重要,应注重使战略实施的影响因素与战略相匹配:一是领导风格与战略相匹配,即挑选合适的高层管理者来贯彻既定的战略方案,使领导者素质及能力与所执行的战略相匹配;二是组织结构、资源分配与战略相匹配,即调整企业组织结构,使之能够适应所采取的战略,有利于根据战略需要合理配置资源,为战略实施提供有利环境和保障;三是企业文化与战略相匹配。实施新战略常常要求对现有组织进行重大变革,而变革总会遇到阻力,因此,要注重对变革的领导与管

理,培育支持战略实施的企业文化和激励系统,以克服变革阻力①。

2. 战略控制

战略控制是战略管理过程中的一个重要环节,而且贯穿于战略实施的全过程。为了实现既定的战略目标,必须对战略实施过程进行控制。这是因为当今时代"变是唯一不变的真理",组织所面临的内外部因素都在快速而剧烈地变化着,即使既定战略考虑得很全面、很周密,面对瞬息万变的经营环境,也难免要进行调整和改变。鉴于此,对正在实施的战略进行适时、客观、高效的控制,无疑是企业顺利实现既定战略目标的重要保证,它可以帮助管理者及时发现问题,及时决定纠正哪些偏差,及时采取相应的组织行动,防患于未然。当然,在战略实施过程中,如果组织外部环境或内部环境发生巨大变化,也可能要对原有战略目标或方案进行相应调整,甚至可能要重新分析和评估环境,制定新的战略方案,于是组织开始进入新一轮的战略管理过程。

战略控制是战略管理过程的最后一个步骤。为此,组织常常会建立战略控制系统,以支持管理者评估组织战略过程,一旦发现存在差异,就采取措施予以纠正。该控制系统有两个目标:效率和灵活性,它既鼓励与计划相一致的有效行动,同时也允许为适应变化而采取的灵活行动。为有效实施战略控制,组织必须制定绩效指标(一个信息系统)和特定机制来监控战略的进展。

传统的战略控制活动主要包括三项基本内容:一是考察组织战略的内在基础;二是将预期结果与实际结果进行比较;三是采取纠偏措施以保证行动与计划相一致。实践经验证明,组织在实施战略控制时应避免出现以下问题②:

(1)亡羊才补牢,即控制时机不当。企业战略出现危机往往都有一段"潜伏期",在潜伏期的早期阶段,管理者大都有所察觉,但不易引起重视。由于未能及时进行战略绩效评价和及时发现问题所在,未能及时采取相应的纠正措施,当企业外部或内部出现"诱因"时,战略危机总爆发就在所难免。因此,战略绩效评价活动应持续进行,而不应仅限于特定时期的期末或发生问题之时。当环境变得越来越复杂、市场变化越来越快时,战略绩效评价频率也要相应提高。

(2)见树不见林,即控制指标片面。战略控制系统大多包括监督和控制职能部门的财务支出预算。预算与控制的目标效率和灵活性常常是矛盾的。组织在进行战略绩效评价时,容易片面强调短期财务指标。这些指标固然重要,但由于绝大多数财务指标都是为年度目标而不是为长期目标制定的,而有些战略需要经过几年甚至更长时间才能实施完毕,其实施结果可能在数年后方才显现,因此,这种做法有时不仅难以做到公正、客观、准确地评价,反而在客观上"弱化"了战略目标,极易误导组织战略的实施。此外,组织在进行战略绩效评价时,容易忽视质量指标。很多数量指标会因使用的会计方法不同而得出不同的结果,因此,质量指标在战略控制中就显得非常重要。组织在确定战略绩效指标时,不仅要长短结合,而且要质量与数量相互统一,真正做到"见树又见林"。

(3)远离数字化,即控制手段落后。目前,多数企业尚未将战略绩效评价作为一个动态过程进行管理,而是控制报告完成后就意味着战略绩效评价活动的结束。企业尚未形成相

---

① 喻世友、祁军主编:《哈佛商学院 MBA 全球总经理学(上)》,中山大学出版社 2002 年版,第 147～150 页。
② 喻世友、祁军主编:《哈佛商学院 MBA 全球总经理学(上)》,中山大学出版社 2002 年版,第 151～153 页。

对稳定的控制机制和动态的控制体系。远离数字化的落后的绩效评价手段在企业中还被普遍采用。随着大数据时代的到来,人们获取和处理信息的能力大大增强,企业适应时代变化,更新战略绩效评价手段,是大势所趋。企业既要善于运用互联网获取最新信息,作为战略绩效评价的基础,也应善于利用计算机协助管理者进行综合性的、统一性的、分析性的和经济性的战略绩效评价活动。数字化及其带来的客观信息与直觉相结合,可使战略绩效评价更加准确。

二、战略计划工具

战略计划工具有很多,其中比较常用的有 SWOT 分析法和 7S 要素模型。

（一）SWOT 分析法

SWOT 分析法是指综合分析组织内部的优势和劣势以及组织外部的机会和威胁,据此发现组织能够开发的市场区隔,并提出组织可行战略的分析方法。SWOT 是该分析方法的英文缩写,其中,S 是指企业内部的优势(strengths);W 是指企业内部的劣势（weakness）;O 是指企业外部环境中的机会(opportunities);T 是指企业外部环境中的威胁（threats）。

任何组织相对于竞争对手,其内部都可能拥有独特的优势,也可能有其不如竞争对手的劣势。分析一个组织的优劣势,既可以就其资金、产品或市场等进行单方面衡量,也可以综合评价其内部的各个方面。当组织选定一些因素进行评价打分并加权计算后,其结果就能大体显示出组织内部的优势和劣势,组织可以据此制定扬长避短的相应战略。

组织外部环境大部分是组织不能完全控制的,而且其中既有有利于组织发展、可能给组织带来某种机会的环境,也有不利于组织发展、可能给组织带来一定威胁的环境。从理论上分析,宏观环境对所有组织的影响是一样的,有利的环境对所有组织都有利,不利的环境也不仅仅威胁到某一个组织,但由于不同组织面临的一般环境以及各个组织的内部优劣势有很大差异,使得同样的外部环境可能对一些组织很有利,是其难得的发展机遇,而对另一些组织则不一定有利,甚至可能给其带来一定威胁。这样,组织必须要在与竞争对手进行比较之后才能客观、准确地判断外部环境对自己究竟是机会还是威胁,如果组织要应对这些环境,还要紧密结合自身的内部情况,判断组织究竟具有哪些优势和劣势。

SWOT 分析是一种能够帮助管理者进行以上判断,进而确认组织应当开发的战略区隔的简便方法,如图 4-2 所示。

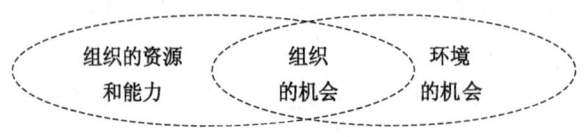

组织的资源 组织 环境
和能力 的机会 的机会

图 4-2　识别组织的机会

根据 SWOT 分析的结果,管理者还要对组织当前的使命和目标进行重新评估,如果它们具有现实性,就不需要作出进一步的调整,管理者便可以进行正确的战略选择了。组织战略如果建立在 SWOT 分析的基础上,将有利于充分利用组织优势,抓住机会,规避劣势,主动应对潜在威胁,弥补或纠正组织最主要的劣势。

（二）7S 要素模型

实施战略管理,必须进行战略思维。所谓战略思维,是指组织制定和实施战略以及进行战略调整,均以一个企业及其所属行业、竞争对手和长短期经营环境进行综合分析为重要前提。美国著名经营管理大师汤姆·彼得斯(Tom Peters)认为,随着顾客需求、政府法令及国际贸易环境的改变,公司的战略方针理应随之改变,不仅如此,战略必须紧密地融入到组织之中,这种融合是成功实施既定战略目标的重要保证。彼得斯的这些观点通过他与罗伯特·沃特曼(Robert H. Waterman)合著的《追求卓越》[①]一书中所创立的 7S 要素模型体现出来,如图 4-3 所示,其重要贡献在于为通盘考虑公司事务,诊断公司问题,制定和执行相应战略提供了一个研究框架。

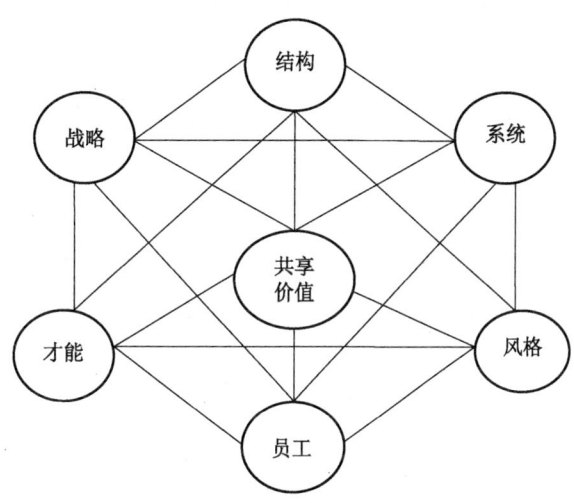

图 4-3　7S 要素模型

图解:图 4-3 展示了组织战略实施相关因素的多样性和相互关联性,其典型特征是"没有起始点或隐含的等级关系",表明企业在战略实施过程中,既要考虑战略、结构和系统等"硬因素",也要考虑风格、人员、才能和共享价值等"软因素"。只有这些因素相互适应和匹配时,企业才能成功实施战略;反之,当这些因素相互不融合时,战略实施将不能获得成功。

具体说来,影响战略实施的 7S 要素包括:

(1)战略(strategy)。组织要更好地达到目标,首先需要有独特的战略以及与之相匹配的策略,在组织运行中,它体现为旨在获得超过竞争对手的持续优势的一系列密切相关的活动。

(2)结构(structure)。有效的战略管理,要求组织不断创新,所建立的组织结构应当具有适应性、灵活性,能保证组织的高效运行。

(3)系统(systeias)。战略的实施,要求组织的日常工作按照系统化的程序、规则和制度进行,有适应战略要求的清晰的工作流程。

(4)风格(style)。管理风格主要体现为组织中的各级管理人员在管理工作上所花费的时间和精力,及其采用的代表性的行为方式。例如,实行民主管理还是专制管理。

(5)员工(staff)。人是企业中最重要的战略资源,在当代企业中知识型员工是企业的宝贵财富。企业战略的实施,应以人为本,在尊重人、关心人的同时,注重培养人,不断增加人力资源开发投资,高度重视员工素质的提高,打造一支忠诚于企业、业务精干、富有创新精

---

① 〔美〕彼得斯、沃特曼:《追求卓越》,中信出版社 2009 年版。

神和能力的稳定的员工队伍。

（6）共享的价值（shared values）。共享的价值是指使企业保持协调一致的具有指导性的观念、价值和愿望，即企业哲学或企业文化。一旦这种共享的价值得到员工认同，在企业中达成共识，将极大地增强组织的凝聚力。

（7）才能（skills）。才能是企业作为一个整体所具有的特殊能力，企业具有这种能力，就可能把事情做好，形成强有力的竞争力。在这里，才能还包括对企业管理者能力的要求，即知识经济和全球化背景下的管理者尤其是中高层管理者，必须具有与时代要求相适应的卓越的管理专长和高超的管理艺术，这是有效实施战略管理的重要条件。

第三节　组织战略的类型

一、公司战略

公司战略是组织中具有总体性的最高层战略，是组织的战略总纲，也是组织最高管理层指导和控制组织一切行为的最高行动纲领，它决定组织的方向，以及每一个事业部将在公司战略中扮演的角色。

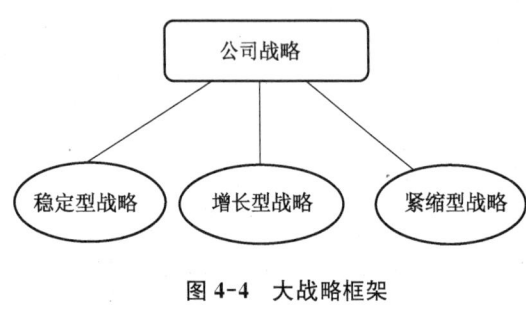

图 4-4　大战略框架

公司战略着眼于组织从事经营事业的选择和资源配置，通常用大战略框架进行描述，其中涵盖了稳定型战略、增长型战略和紧缩型战略，如图 4-4 所示。

（一）稳定型战略

稳定型战略是组织基于内外环境的约束，在战略规划期内使其资源分配和经营状况基本保持在目前状态和水平上的战略，属于内涵型经营战略。稳定型战略的优越性在于保持企业战略的稳定性，避免在内部资源配置和调整方面的重大变动。这种战略一般适用于以下条件：组织处于较稳定的外部环境中，所面临的竞争挑战和发展机会都相对较少；虽然市场需求以较大幅度增长或外部环境提供了较多发展机遇，但组织自身资源不足。

具体说来，稳定型战略可分为无变化战略、维持利润战略、暂停战略、谨慎实施战略。

1. 无变化战略

由于组织过去经营非常成功，在内外环境没有发生显著变化，或者组织并不存在重大经营问题或隐患时，组织常常会采取这种战略，保持组织的战略目标、战略方向、战略规划基本不变。

2. 维持利润战略

这是一种以牺牲组织未来发展来维持目前利润的战略。组织一般会在经济不景气时采用这种战略，旨在渡过暂时性难关，维持已有的经营状况和效益。

3. 暂停战略

当组织经过一段时间的快速发展之后，可能因遇到一些问题而出现效率下降，此时组织可能采取暂停战略,以降低发展速度,重新配置资源,调整结构,为未来发展做准备。

4. 谨慎实施战略

当影响组织的某一环境要素难以预测时,组织可能会有意降低相关战略方案的实施速度,步步为营,根据情况变化实施或调整战略规划。

（二）增长型战略

增长型战略是一种使组织在现有战略的基础上向更高一级目标发展的战略。在组织战略选择中,增长型战略处于优先地位,它以发展为核心内容,引导组织不断开发新产品,开拓新市场,采用新的生产方式和管理方式等,以扩大组织产销规模,提升竞争地位,增强竞争力。

具体说来,增长型战略可分为专业化战略、多元化战略和一体化战略。

1. 专业化战略

专业化战略是指在单一的行业中集中生产单一产品或服务的增长战略,即选择一个或几个小市场目标,实行专业化生产和销售,集中力量,力争在这些小市场上占有较大份额,因此又称集中战略。采用这种战略的组织,其扩张速度随行业发展阶段不同而有所不同,即在行业成长期,其扩张速度就更快些;当行业进入成熟期后,其扩张速度就可能放慢些。此外,组织的扩张速度还与组织采用的市场营销策略密切相关,如策略正确而有效,其速度可能会加快,反之,则放缓。

2. 多元化战略

多元化战略是指组织为占领更多市场或开拓新市场,或者为规避单一经营风险而选择进入新领域的战略。其特点是组织经营业务超出一个行业的范围,在多个行业中谋求发展。根据组织现有业务领域与新业务领域之间的关联程度不同,多元化战略可细分为水平多样化战略、同心多样化战略和复合多样化战略。其中,水平多样化战略是指组织以现有用户为出发点,向其提供新的、与原有业务不相关的产品或服务的战略。同心多样化战略是指以组织现有设备和技术能力为基础,发展与现有产品或服务不同的新产品或新业务的战略。复合多样化战略是指通过合并、收购、合资以及自我发展,使组织增加与现有业务具有显著差异的新产品或新业务的战略。据此,我们还可以将多元化战略分为相关多元化战略和非相关多元化战略。相关多元化战略是指组织在与原有核心业务相关的范围内开展新业务,将其一项业务所获得的优势应用于另一项业务的战略,如海尔从电冰箱起步,发展到拥有空调、洗衣机、彩电、热水器等更多产品的全球品牌公司,其每一项业务都在家电行业内,并与它提供的产品和服务及吸引的顾客紧密关联。非相关多元化战略是将业务扩展到非相关的行业的战略,这通常是为降低行业内由于市场波动所带来的风险而作出的选择,如春兰集团的多元化从摩托车、卡车扩展到高能动力镍氢电池、投资贸易等多个领域,以掌握产业核心技术为战略核心,追求协同效应。

可见,多元化战略的适用条件是:组织在原有生产范围、原有行业中发展机会不多,而在其他行业中有更多发展机会。

3. 一体化战略

一体化战略是指组织充分利用自身业务在生产、技术和市场等方面的优势,沿着其业务的生产经营链条的纵向或横向,不断通过扩大其业务经营的深度和广度来扩大经营规模,提高其收入和利润水平,使组织发展壮大的战略。一体化战略可分为纵向一体化战略和横向一体化战略,其中,纵向一体化战略是指组织在业务链上沿着向前和向后两个可能的方向延伸、扩展其现有经营业务的战略;横向一体化战略是指组织通过购买与自己有竞争关系的组织或与之联合及兼并来扩大经营规模,获得更大利润的战略。

(三)紧缩型战略

紧缩型战略是指组织缩小和减少经营规模或产量,或者谋求从已有的行业或经营领域中退出或部分退出的战略。组织一般会在以下条件下采取紧缩性战略:企业现有的经营状况、资源条件及发展前景不能应对外部环境的变化,难以为组织带来满意的收益,甚至组织的生存与发展受到威胁。

具体说来,紧缩型战略可分为转向战略、放弃战略、依附战略和破产或清算战略。

1. 转向战略

转向战略是指组织在发现现有经营领域的市场吸引力微弱、失去发展活力趋向衰退,组织市场占有率受到侵袭,经营活动发生困难时,或发现了更好的发展领域和机会时,而作出的从原有领域脱身,转移阵地、另辟蹊径的收缩性战略。此时,组织可能采取的措施是在原有经营领域内减少投资、压缩支出、降低费用、削减人员等,旨在逐步收回资金和抽出资源,以发展新的经营领域,在新的事业中找到出路,推动组织更快发展。

2. 放弃战略

放弃战略常常是组织在采取转向战略无效的情况下而采取的战略,即卖掉其下属的某个战略经营单位(如子公司或某一部门),或将组织的一个主要部门转让、出卖或停止经营,其目的是切除经营累赘,收回资金,集中资源,以加强其他部门的经营实力,或者利用获得的资源发展新的事业领域,或者用来改善企业的经营素质,抓住更好的发展机会。

3. 依附战略

依附战略是组织处于困境又期望维持自身生存时,为了谋求生存而作出的战略选择,通常的做法是寻找"救星",争取成为客户(一般是大客户)的依附者。

4. 破产或清算战略

破产或清算战略是指组织在受到全面威胁、濒临破产时根据《破产法》的规定而作出的战略选择,通常的做法是将组织资产转让、出卖,或者停止全部经营业务来结束组织的生命。

二、经营战略

(一)经营战略的内涵

经营战略又称业务战略、经营单位战略或事业部战略,是指组织为建立并加强其市场竞争地位而采取的主要行动,它侧重于确定各种事业所经营的产品、市场和地区的范围,并对应追求的长期竞争优势进行选择。

在只有一条业务线的小型组织和没有实行多元化的大型组织中,其经营战略通常与公司战略相重合,而在开展多项事业的组织中,则每一分部都有自己的战略,这些战略定义了该分部服务的顾客以及应该提供的产品和服务。当一个组织有多种不同业务,每一种业务又相对独立而且都有自己的战略时,人们一般将之称为战略事业单位。

（二）有效的经营竞争战略

从战略构成要素的视角考察，竞争优势与资源配置通常是经营单位战略中最重要的组成部分。因此，要开发有效的经营竞争战略，首先必须理解竞争优势这个战略管理的关键词。

简言之，竞争优势就是使组织有别具一格和与众不同的特色，它来自组织的核心能力。核心能力可以是一种组织能力，有了这种能力，组织就能做到其竞争对手做不到的事情，或者能比竞争对手做得更好。当然，组织也可以凭借其具有竞争对手所没有的某种资源带来竞争优势，但由于竞争领域不存在绝对进入障碍，而且任何组织都难以建立可持续的竞争优势，因此，要建立和保持竞争优势，必须制定有效的竞争战略，所选择的战略要与组织的竞争优势和产业特征相匹配。

波特认为，在任何行业中都存在五种基本的竞争力量，即现有竞争者的威胁、新进入者的威胁、替代品的威胁、供应商的议价能力、顾客的议价能力等。管理者在评估上述五种力量并明确了存在的机会和可能的威胁后，就要选择适当的竞争战略。波特强调，管理者一定要学会选择能给组织带来竞争优势的战略，而竞争优势要么来自比竞争对手的成本更低，要么是与竞争对手形成显著差异，他们可以根据组织的优势、核心能力以及竞争对手的劣势，在成本领先战略、差异化战略、聚焦战略这三种通用的组织发展战略中选择其一。

1. 成本领先战略

成本领先战略是组织在保证产品或服务质量不低于竞争对手的前提下，试图成为产业最低成本生产商的战略，旨在寻求广阔市场。

2. 差异化战略

差异化战略是组织试图在顾客重视的基本价值方面创造与众不同的战略，其关键在于寻求提供有别于竞争对手的产品或服务属性，且得到顾客的广泛认同，并因此而创造超出差异化所增加的成本的价格溢价，其目的同样是寻求广阔市场。

3. 聚焦战略

聚焦战略是组织寻求在狭窄的产业市场区隔上追求成本优势或差别化优势的战略，这是一种以开发狭窄的市场区隔为目标的战略，因此又称目标市场集中战略。在这里，市场区隔的划分依据既可以是产品品种、最终消费者类型，也可以是分销渠道或消费者的地理分布。与前两种战略不同的是，采用这种战略不是试图寻求广阔市场，而是选择产业中特定的市场区隔或顾客群作为服务对象。

三、职能战略

职能战略是为了贯彻实施和支持公司战略与经营战略而在组织特定的职能管理领域制定的战略，因此又称职能部门战略。具体说来，职能战略就是生产、销售、财务、人力资源、研发等部门为保证公司战略和经营战略所追求的竞争优势而制定的长期规划，主要包括三五年内在产品质量、降低成本、新产品开发等方面拟达到的目标。职能战略通常经过负责业务战略的高层管理者批准和支持后，由各职能部门管理者组织实施，在此期间，高层战略决策者会检查职能战略的实施情况，以确保每个职能部门的运行与组织经营战略保持一致。

具体说来,职能战略可分为营销战略、人力资源战略、财务战略、生产战略和研发战略。

1. 营销战略

营销战略侧重于解决企业在市场营销活动中如何满足不同顾客需求的问题,是配合企业的整体战略、经营战略确定企业开展市场营销活动的战略,其基本任务是在适当的时机将适当数量的适当产品或服务投放于适当的市场,使企业获利,同时满足顾客需求。

2. 人力资源战略

人力资源战略是使人力资源管理与企业战略相互配合、相互支持的重要手段,关系到企业最根本、最长远的竞争能力的战略。在企业外部环境日益复杂多变、内部员工需求日益多样化的背景下,人力资源战略成为决定企业生存与发展的重要战略之一。

3. 财务战略

财务战略是指财务决策者在特定环境下,根据企业整体战略和既定目标,在充分考虑企业长期发展中各环境因素变化对财务活动影响的基础上,预先制定的企业未来较长时期财务管理的整体目标,以及实现这一目标的总体战略。在市场经济条件下,企业财务战略目标主要包括企业利润最大化目标和企业价值最大化目标。相应地,企业财务战略类型又分为筹资战略、投资战略和利润分配战略。

4. 生产战略

生产战略是企业根据所选定的目标市场和产品特点构建其生产系统时所应遵循的指导思想,以及在这一指导思想下的一系列决策,其主要作用是在生产领域内取得某种竞争优势以支持企业经营战略。生产战略作为一系列决策的效果,是关于生产系统如何成为企业立足于市场并获得竞争优势的战略性计划;作为一系列决策的过程,它为实现生产系统在企业中的有效性规定了明确的内容、程序、原则和模式。

5. 研发战略

研发战略所考虑的问题是企业的远景规划及方向,主要包括:创新型战略,即开发新产品、新服务或新的生产技术,通过技术创新谋求市场占有率上的领导地位;保护型战略,即改进现有产品和生产技术,维持企业现有技术地位和现状;追赶型战略,即紧密追随在创新型企业后面采用新技术,推出比创新型企业性价比更好的产品;混合型战略,即综合应用上述三种研发战略,达到在获利的基础上减少风险的目的。在当今这个创新的时代,研发战略对组织保持竞争优势至关重要。

以上分析的公司战略、经营战略和职能战略,共同构成了组织战略体系,它们各自作为战略管理过程的一部分,相互作用,密切相关。每一层次的战略都构成下一层次的战略环境,而低一层次的战略为上一层次目标的实现提供重要保障和支持。所以,组织要取得成功,必须将三种战略有机结合起来。公司战略要得到贯彻实施,必须将其分解为更具体、更具有可操作性的职能战略,在这两者之间的是经营战略。在战略管理中,处于不同层级的管理者履行着不同的职责:高层管理者通常要对公司战略负责,中层管理者通常要对经营战略负责,基层管理者通常要对职能战略负责。没有战略管理过程对战略、计划、决策和行动的指导,管理者很难设计出有效的战略。表4-1展示了以上三种战略的特点。

表 4-1　三种战略的特点①

战略层次 特点	公司 战略	经营 战略	职能 战略
◆ 类型	概念性的	混合的	作业性的
◆ 定义	非具体的	混合的	具体的
◆ 可度量性	价值判断	半定量化	定量化
◆ 频度	周期的或突发的	周期的或突发的	周期的
◆ 可调整性	低	中等	高
◆ 与当前活动的关系	革新的	混合的	补充性的
◆ 风险性	高	中等	低
◆ 预期收益	大	中	小
◆ 成本	大	中	小
◆ 时间	长期	中期	短期
◆ 灵活性	大	中等	小
◆ 资源充沛度	部分供给	部分供给	全部供给
◆ 协调性	大	中等	小

第四节　战略管理前沿

一、国际化经营战略

经济全球化趋势的增强和国内外竞争的加剧,促使很多组织把整合国际资源、抢占国际市场作为战略选择,国际化经营成为组织发展战略的重要组成部分。

（一）国际化经营战略的内涵与特征

国际化经营战略是指组织为谋求在国际环境中长期生存与发展而制定的长远总体规划和行动方针,包含组织经营领域的确定、评估组织经营领域的优势、确定国际化进程与期望目标等。

由于国际化经营可能跨越更广阔的空间,面临更复杂的环境,竞争对手更加多元,信息管理难度更大,因此,管理者执行计划、组织、领导和控制职能以及实施战略管理,在很大程度上不同于国内经营,国际化经营战略与国内经营战略相比具有以下特征:①以国际化经营为目标规划其全球性经营活动;②在国际化经营前提下合理配置企业资源;③运用全球化观点规范各相关组织和职能部门的行为;④以提高全球效率为核心,实现规模经济,降低成本。

（二）国际化经营战略的主要影响因素

组织制定或调整国际化经营战略,均要以国际化经营环境因素分析与评价为基础,这种战略分析与评价主要涉及:①对母国环境的分析与评价,即研究本国政府有关对外投资或出

---

① 杨希怀等:《企业战略管理》,高等教育出版社 2004 年版,第 29 页。

口的态度及其相应政策的变化。②对东道国环境的分析与评价,即研究在东道国经营的所有环境因素,如政治法律环境,主要包括东道国的政治体制、行政体制结构与效率、东道国政府对经济的干预程度及其对外国企业的态度、政治稳定性等;经济环境,主要包括东道国的经济体制、经济发展水平、经济增长率、国际收支状况、科技水平等;地理和人文社会环境,主要包括东道国的地理环境、人口总量规模、国民受教育水平、宗教信仰与风俗习惯等。③对国与国之间关系的分析与评价,主要研究国际环境,包括母国与东道国之间以及东道国与其他国家之间的关系状况,东道国涉外法律、法规等本国环境与东道国环境之间以及各东道国环境之间的相互影响和相互作用。④对全球环境的分析与评价,即研究关税、非关税壁垒和国际贸易支付方式等国际贸易体制,全球市场的变化及其对相关国家和地区的影响,以及国际公约和国际惯例等。

（三）国际竞争战略选择

1. 产品战略

对国际化经营企业而言,产品战略在其国际竞争战略中占有重要地位。该战略要解决的核心问题是明确企业生产什么产品。如果企业选择了产品标准化战略,就意味着它将开发一种适合所有市场的标准化产品,并在全世界范围内以同样的方式生产和销售,旨在通过生产标准化产品及建立一个强大的世界分销网络等,获得规模经济效益。企业也可以选择产品差异化战略,即根据各个目标市场的不同特点和具体要求,相应开发、生产差异化的产品,以满足不同市场的需求,保持自己的竞争优势。

2. 公共关系战略

公共关系本来只是国际化经营企业国际市场营销组合中的一个组成部分,作为一种促销手段,用于改善企业在公众心目中的形象。然而,随着国际化经营的深化和广化,国际化经营企业与东道国政府、企业和社会各阶层,以及先期进入东道国的其他国际化经营企业之间不断发生冲突,促使其越来越重视公共关系,甚至将之提升到战略管理的位置上。于是,这些企业在进入国外市场时,更加注重与东道国政府、社会公众以及东道国当地竞争者建立和发展长期、稳定、友好关系,常常通过捐赠、赞助或公共媒体等形式,树立企业的良好形象,提升企业的竞争地位。

二、合作竞争理论

随着全球化趋势的不断增强,经济一体化快速发展,世界市场趋于形成,商业竞争日益激烈。越来越多的专家学者和业界人士认为,在这种情况下,企业几乎不可能单枪匹马地闯荡商海,它们必须走出孤立交易的圈子,进入相互联合的王国,获取竞争优势,未来的企业将以合作而非单纯的竞争为依据,合作竞争将成为企业的长期发展战略。在这一背景下,美国尼尔·瑞克曼(Neil Rackham)等人联合提出的合作竞争理论应运而生[①]。

瑞克曼等人通过对国际形势的分析,结合自身丰富的经验,在 1995 年出版了《合作竞争大未来》一书,系统阐述了合作竞争理论,为管理者提出了全新的经营战略。他们建议企业不要总是期盼抢到更多的蛋糕,而要致力于将蛋糕做得更大,即合作竞争大未来,为此,企业要与自己的竞争对手建立合作关系。这一战略一经提出,得到很多跨国公司高层管理者的

---

① ［美］尼尔·瑞克曼等:《合作竞争大未来》,经济管理出版社 1998 年版。

高度认同,并在实际中加以运用。瑞克曼等人对管理领域的突出贡献在于将实践中的新问题、新观念和新案例,引入到理论中来,并对其进行深入探讨。

(一)一种新的合作方法——伙伴关系

瑞克曼等认为,真正的企业变革是指不同组织之间加强团结合作、用合作创造价值的方法来促进企业的发展。公司要寻求出新的合作方法,协助企业取得前所未有的获利能力与竞争力。这种新关系被称为"伙伴关系"。

建立伙伴关系的优越性在于,能够带来更高的生产力和更低的成本,以及创造更好的、新的市场价值,实现企业和供应商的"双赢"。按照传统理论,企业在谋求提高生产力时,往往把注意力放在公司内部,采取削减费用、减少管理层次、重新设计流程、改善信息系统,例行事务的自动化等措施。其实,公司的大部分收益是用在对外采购上。鉴于此,有些公司开始大量缩减供应商数目,并以大额采购的优势强迫供应商大量削减成本。从表面上看,似乎这些措施取得了很好的效果,但实际上有些企业却因此而失去了供应商的忠诚与信赖,原料供给出现危机。伙伴关系的变革,能够使供应商和企业在各自的市场上具有长期竞争优势。

(二)造就成功伙伴关系的基本因素与原则

瑞克曼等强调,要想造就成功的伙伴关系,需要注意贡献、亲密和远景等三个基本因素,如表4-2所示。

表4-2 造就成功伙伴关系的基本因素

因素	内 容
贡献	用以描述伙伴之间能够创造出的具体有效的成果。成功的伙伴关系可以提高生产能力,增加附加值,最重要的是改善双方的获利能力。从这个意义上讲,贡献是每一个成功伙伴关系"存在的理由"。成功伙伴关系的贡献中,有两个重要特征:一是为提高贡献,加强合作,伙伴关系双方都要对自身的某些操作流程或其他方面进行改革,以适应对方要求;二是要利用一切条件,争取把利润蛋糕做得更大,使双方可以公平地分享所增加的利润。在这一过程中,如果供应商和企业能够制定合理适当的分配比例,则会形成一种双赢的局面
亲密	亲密的伙伴关系有三个基本层面:互信、信息共享、伙伴团队本身。在一个成功的伙伴关系中,高度的相互信赖、重要策略信息的频繁交流、两者间强大而健全的团队,永远居于核心地位
远景	伙伴关系的导向系统,建立一个共享的远景,是所有成功伙伴关系的起点和基础。为伙伴关系创造远景的步骤是:对伙伴的潜能进行评估—发展伙伴前提—共建可行性评估小组—创造共享远景

显然,建立伙伴关系是一种高风险的策略,并不是所有企业都会与其供应商成为伙伴,而选择合适的对象共结伙伴关系,是建立伙伴关系策略的最基本的基础。选择合适的伙伴应坚持的最基本、最重要的原则是:努力创造贡献的潜能,共有的价值,尽量创造有利于伙伴关系的环境,与供应商的目标一致。

从供应商的角度考察,基于效率与规模经济、新市场价值以及客户需求等多种原因,供应商不仅要与客户结成伙伴关系,以保持竞争优势,还应与其他供应商即自己的竞争对手结成伙伴关系。

三、国际竞争与合作战略的实施——国际战略联盟

20世纪后期,西方国家跨国公司之间竞争日益加剧,它们纷纷以竞争者的逻辑推理为基础构筑自己的战略体系,力争以成本领先、产品差异化和市场集中化的优势在国际竞争中取得成功。同时,越来越多的国际化经营企业意识到,在新的形势下,一味地竞争难以赢得胜利,于是,它们开始尝试与东道国、第三国企业之间在高新技术研究与开发、互补性产业以及全新领域从技术、资金、渠道、产业链等方面寻求合作,谋求共同利益,国际竞争与合作战略引起国际化经营企业的广泛重视。20世纪80年代以后直至今天,国际战略联盟日益成为跨国经营企业实施国际竞争与合作战略的主要形式。

(一)国际战略联盟的内涵

所谓国际战略联盟,是指两个或两个以上潜在或实际竞争企业之间,为了某一共同的特定目标而形成的合作协议。竞争对手之间建立国际战略联盟主要基于以下动因:①促进国际市场开发。开展国际化经营,企业首先盯准的目标就是国外市场,建立国际战略联盟显然可以通过跨国合作,快速开拓国际市场。②分担研发成本与风险。技术领先是抢占国际竞争制高点的关键,为此,国际化经营企业无不努力加大技术研发的投入。然而,重大技术研发需要支付高额成本,而且风险很大,一家企业难以独立承担。建立国际战略联盟,其参与主体共同支付技术研发费用,共同承担开发风险,最后共享技术开发成果,显然可以减轻企业负担。③实现优势互补。建立国际战略联盟,各参与主体的技能及资产等优势互补,进而形成任何单独一方都难以拥有和开发出来的综合技能和资产。④有利于竞争。传统竞争理念是你输我赢,你死我活,一个企业的最终胜出是建立在另一个企业或多家竞争对手失败或消失基础上的。国际战略联盟的建立,从根本上改变了传统竞争方式和市场通行的竞争规则,企业要获得自身的生存和发展,需要与竞争对手合作,靠合作来竞争。其奥秘在于当竞争双方都无法消灭对方时,通过建立战略联盟,变对手为朋友,为竞争而合作,会使竞争双方在合作中共同获利,使企业处于有利的竞争地位。

(二)国际战略联盟的主要形式和分类

1. 国际战略联盟的主要形式

国际战略联盟因产品特点、行业性质、竞争程度、企业目标和自身优势等因素的不同,形式多种多样,主要包括:

(1)契约型协议。战略联盟各方共同投入资金和力量,进行联合研发、生产及营销,具体方式有许可证、交叉许可证和交叉营销等。

(2)国际联合。这是一种为解决技术与研发带来的高额成本和巨大风险而建立的战略联盟形式。

(3)股权参与。这是一种非正式的工作关系,即战略联盟各方仍以各自独立的实体开展经营活动,但其中的企业在其他企业中占有少数股权,谋求利用上下游产业链的资源与市场优势。

(4)合资经营。这是现阶段被普遍采用的战略联盟形式,即两家或两家以上企业在共同出资、共担风险和共享利润原则基础上建立独立企业。

2. 国际战略联盟的分类

按照联盟企业之间的产品关系,可以将国际战略联盟分为以下类型:

（1）水平战略联盟。这种联盟的组建者可能是同一市场上的合作伙伴或潜在竞争对手。该联盟最重视研发，同时也允许公司改善经济规模，降低或共担风险，加速新技术扩散，减少进入市场障碍，甚至在某些情况下进入对方市场范围，增加选择机会。企业通过建立这种联盟进行合作，可以提高产品竞争力，改进质量，对消费者需求更快地反应。

（2）垂直战略联盟。这种联盟的组建者是处于同一行业的生产、分配过程中不同阶段的经营公司。企业通过建立这种联盟进行合作，既能够减少或防止非对称信息的不利影响，消除供应的不确定性，又可以减少资源依赖以及由于产品价格的市场波动所造成的损失。显然，这种合作可以取代垂直一体化。

（3）混合战略联盟。这种联盟的组建者是处于不同行业的企业，其动因不尽一致，是水平战略联盟与垂直战略联盟动因的混合物，战略联盟各方为实现既定协议的有关目标而进行合作。

（三）建立国际战略联盟的原则

参与国际战略联盟的企业管理者，各自抱有不同的目标和期望，在战略联盟建立及相关决策中难免产生不同看法和意见。为保证联盟内部的有效协调，建立国际战略联盟应坚持以下原则。

1. 选择合适的联盟伙伴

合伙人是否合适，关系到联盟的生存与发展，所以，选择合适的合作伙伴是建立战略联盟的关键因素。适当的合作伙伴必须能够有助于企业实现其战略目标，双方有一致的结盟动机，都有良好的企业信誉。合伙人要想成为联盟的真正成员，还必须具有经得起时间考验的某种专长或优势。如果联盟各方都不具备优势或优势不明显，甚至具有明显的弱点，但又都想借助于对方发展自己，那么这样的联盟很难逃避失败的命运。

2. 规范战略联盟的管理

联盟建立伊始，就应该对各方的责任、义务、权利以及联盟伙伴之间的关系明确地加以界定。根据联盟的特点，构建专门的联盟管理机构或者类似的权责机构，借以在联盟内部建立明确的从属关系和有效的协调机制，从而建立起有效的战略联盟管理系统，并制定联盟系统的运行规则，同时确立提升联盟关系的价值准则。

3. 尊重和协调双方的文化差异

不同的战略伙伴具有不同的文化背景和法律背景，如果不能很好地处理彼此之间在企业文化和法律方面的差异，将阻碍双方的合作。所以，战略联盟各方必须尊重这种差异，特别是尊重对方的核心文化，使双方的关系保持必要的弹性。当这种差异威胁到联盟的正常运行时，要及时加以协调，以免因此导致联盟关系的破裂。

4. 坚持竞争中的合作

建立联盟不过是一种手段，其最终目的是通过合作或联盟关系来增强企业的竞争能力，实现自己的经营目标。因此，联盟各方彼此平等并相互信任是必要的，但绝不是无原则地迁就对方或向对方提供一切。在联盟中，企业不应忽视合作中的竞争因素，过于草率地把核心技术和独特技能让给对方，只能使自己的竞争力下降。因此，战略联盟应该是竞争性合作。

（四）国际战略联盟的发展趋势

当今世界，随着全球化趋势的进一步增强以及互联网的快速发展与广泛应用，各国之间的竞争更加激烈，相互合作日益深化，国际战略联盟在创新中呈现出强劲的发展态势。

1. 知识型联盟不断涌现

在新一轮国际竞争中，技术创新成为决定经营成败的关键因素。然而，日新月异的科技进步，进一步增加了现代技术的综合性和复杂性，技术研发的难度不断加大。于是，以技术研发成果共享为特征的知识型联盟不断涌现，从战略上保持技术创新能力和技术领先地位成为战略联盟各方追求的首要目标。

2. 竞争型联盟谋求强强合作

全球市场竞争的加剧和技术创新步伐的加快，带来了合作伙伴实力对比关系的新变化，战略联盟的组建者主要是实力较强的大型企业，而且战略联盟各方在协议之外以及企业活动整体态势上仍保持竞争关系，仅在联盟领域内进行合作。

3. 战略联盟向立体网络化发展

在激烈的全球竞争中，国际战略联盟日益形成错综复杂的联盟网络，联盟各方围绕具有主导影响力的联盟中心，根据各自的核心专长及其所处研发或生产经营的不同阶段，逐步形成了空间距离不等、关系纵横交错的立体网络。这种立体网络化的国际战略联盟，其目标指向聚焦于知识创造，其主要特征是分享信息，能力互补，提高战略柔性。与互联网时代相适应，立体网络化的战略联盟伙伴不再仅限于跨国公司，也包括了研究机构、大学以及其他联盟。

4. "软约束"的虚拟联盟方兴未艾

在不断推进的国际战略联盟发展中，一些跨国公司开始采用虚拟的形式组建战略联盟。在这种战略联盟中，联盟各方产品和服务的协调主要依靠对股权、合作协议等具有法律效力的契约形成"软约束"，联盟的维系则主要依靠对行业法律法规的塑造、对知识产权的控制以及对产品或技术标准的掌握。

本 章 小 结

战略管理决定组织的长期绩效，是企业高层管理者为了企业长期的生存和发展，在充分分析企业外部环境和内部条件的基础上，确定和选择达到目标的有效战略，并将战略付诸实施和对战略实施过程进行控制和评价的动态管理过程。战略管理具有整体性、层次性、开放性、目的性、稳定性、自组织性等特征，其全过程要经历确定使命、愿景与目标，战略分析，战略选择与评价以及战略实施与控制阶段。SWOT 分析是战略管理的重要方法，7S 要素模型为通盘考虑公司事务提供了一个基本框架。

国际化经营战略指企业为求得在国际环境中长期生存与发展而制定的长远总体规划。其特点是：以国际化经营为目标规划其全球性经营活动；在国际化经营前提下合理配置企业资源；运用全球化观点规范各相关企业和职能部门的行为。制定国际化经营战略主要分析的环境因素包括：对母国环境的分析、对东道国环境分析、对国与国之间关系的分析以及全球环境分析。企业开展国际竞争的战略包括：产品战略、公共关系战略。

合作竞争理论，为管理者提出了全新的经营战略：合作竞争大未来，企业要与自己的竞争对手建立合作关系。

国际战略联盟是实施合作竞争战略的重要形式，是指两个或两个以上潜在或实际的竞争企业之间，为了某一共同的特定目标所形成的合作协议。其主要形式包括：契约型协议、国际联合、股权参与、合资经营,以及水平战略联盟、垂直战略联盟、混合战略联盟。国际战略联盟的内部协调原则包括:选择合适的联盟伙伴,规范战略联盟的管理,尊重和协调双方的文化差异,坚持竞争中的合作。国际战略联盟的发展趋势是:知识联盟快速发展、竞争型联盟谋求强强合作、战略联盟向立体网络化发展、"软约束"的虚拟联盟方兴未艾。

思　考　题

1. 怎样理解战略管理?
2. 战略管理过程主要包括哪几个重要阶段?
3. 组织战略主要有哪些类型?
4. 合作竞争理论的主要内容是什么? 它具有什么指导意义?
5. 组织开展国际化经营的主要动机是什么?
6. 国际战略联盟的主要形式有哪些? 其发展趋势如何?

本 篇 案 例

【案例背景信息】①

把所有"鸡蛋"放在微波炉里

著名作家马克·吐温曾经说过:把所有的鸡蛋都装进一个篮子里,然后看好这个篮子。将这段话借用到企业经营上就是:选择一个有前景的行业,集中全部资源去发展,即实行专业化经营。英特尔公司总裁安迪·葛洛夫对此深表认同,他领导的英特尔公司一直坚守在微处理器行业,其产品的全球市场占有率高达90%。中国格兰仕公司董事长梁庆得也持有这种观点,把所有的"鸡蛋"都放在微波炉里,结果创造了中国微波炉第一品牌!

格兰仕公司是如何做到这一点的呢?

1. 以战略眼光选择微波炉行业

1991年,格兰仕公司选择微波炉作为发展的唯一行业,是具有战略眼光的,主要依据是:①20世纪60年代,微波炉行业在美国等发达国家兴起,至20世纪90年代进入普及期(1990年全世界微波炉产量为2 254万台),产品生产技术成熟;②微波炉在中国是曙光初现的行业,随着大家电的普及和居民生活水平的提高及对便利生活的追求,微波炉市场将是一个基数小、增长速度快、潜力巨大的市场;③1990年全国微波炉产量为100万台,进口量为几万台,虽有竞争,但并不激烈。

2. 大胆且成功的战略转移

尽管宏观状况有利,格兰仕公司决定进入与原服装行业毫无关系的微波炉行业还是需要魄力的。与多元化经营有很大不同,格兰仕公司走的是一条战略转移之路:1991—1993年,格兰仕公司一方面逐步关闭收入可观的羽绒服生产线,从服装行业撤出;另一方面,从日本、美国、意大利等国引进全套具有90年代先进水平的微波炉生产设备和技术,进入微波炉

---

① 资料来源:据百度文库提供的信息改编。

行业。1993年,格兰仕公司生产出1万台微波炉并正式投放市场。

3. 集中全部资源,夺得全国第一

格兰仕公司奉行专业化战略,没有采取"两面作战"的多元化方针,而是集中全部资源,朝认定的方向以规模化为重点发展单一的微波炉行业。对此,格兰仕公司副总经理俞晓昌先生说:"就格兰仕的实力而言,什么都干,就什么都完了,所以我们集中优势兵力于一点。"这是中小型企业经营战略的理想选择:在企业实力不强、内部资源不足的情况下,企业应优先选择单一行业甚至单一产品作为重点,集中优势夺得市场地位,进而成长为大企业。

1994年格兰仕公司微波炉产量为10万台,1995年达到20万台,国内市场占有率为25.1%;1996年产量上升为65万台,国内市场占有率为34.85%;1997年产量接近200万台,市场占有率为47.6%,高居全国国内外品牌榜首。

4. 高处足以胜寒

1997年10月18日,格兰仕公司宣布其13个品种的产品全面降价,降价幅度达29%~40%。其结果是格兰仕微波炉在国内市场占有率接近50%,占据国内市场的半壁江山,而外国品牌的市场占有率下降到40%左右,国内其他品牌的市场占有率则不到10%,行业元老上海的"飞跃""亚美"的市场占有率已跌至1%以下。

在市场占有率超过国际通用的垄断点41%的基础上,格兰仕公司并没有满足,而是继续扩大规模,并迅猛赢得微波炉世界冠军。

【案例分析问题】

(1) 格兰仕公司进行战略转移的依据是什么?

(2) 格兰仕公司是怎么样成为微波炉大王的?

(3) "把所有的鸡蛋都装进一个篮子里,然后看好这个篮子"这句话包含了怎样的管理思想?

第三篇

组织职能

第五章

组织基础

第六章

人力资源管理

第七章

组织文化与组织变革

第五章

组 织 基 础

【学习目标】
1. 理解组织的涵义。
2. 熟悉不同类型的组织。
3. 分析组织设计的内涵、原则与程序。
4. 理解组织纵向结构和横向结构设计。
5. 领会组织设计的新变化与挑战。

组织是一个协作系统,也是一个资源配置过程。组织一旦确定了自己的目标与发展战略,就要进行组织设计和资源配置。在全球化和互联网时代,无论是组织设计还是与其相适应的资源配置,都不断发生新的变化。本章将以阐释组织概念为基础,系统分析组织设计的内容、原则与程序,以及组织结构与组织关系,描述组织设计面临的新变化、新挑战。

第一节　组织的概念与分类

一、组织的概念

（一）组织的定义

组织首先是指两个及两个以上的人为了实现共同目标而组建的实体,它常常体现为在某些特定目标下形成的职位以及个人之间的关系网络结构,如企业、政府机构、医院、学校等,这是一种相对静态的维持结构,具有相对稳定性。除此之外,组织还有另一个定义,即人们为达到共同目标而进行的活动,它常常体现为组织结构建立起来之后为实现既定目标而开展的一系列活动,这些活动中包括组织面对环境变化,为提高效能而进行的适应性调整和变革,组织就是在这种运作、变革与创造中演进和发展的。

（二）组织的基本特征

不同的组织因其目标和发展的历史、路径及其所处环境的不同而各有特点,但不可否定的是,比较不同的组织后仍可发现它们具有很多共性,这就是组织的基本特征。

1. 组织是一个由人组成的有机整体

组织是由人组成的,而人是社会的人,具有多种生理和心理需要,随着人类的进化和发展,这些需要日益复杂和多样化,仅仅依靠独立的个体活动根本无法自我满足,于是人们开始以群体的形式活动。在由多个个体组成的群体活动中,需要协调不同人的行为,于是就会按照一定的关系建立特定的规则和秩序,使群体活动越来越正式并趋于稳定,进而导致了组织的出现。从组织的定义中可以发现,组织是一群人的集合,是对完成特定使命的人的系统性安排,组织中的所有成员为了完成共同的使命和目标,按照一定的方式相互协作,形成一个有机整体,从而产生"1+1＞2"的整体力量。

2. 组织存在的理由是完成一定的使命和目标

正如我们所知道的,社会中存在的任何组织都有其自身的基本使命和目标,组织就是适应这种使命和目标的需要而存在的,世上不存在没有任何使命和目标的无意义的组织。简言之,组织之所以存在,是为了实现社会需要但个体的人又无法完成的使命和目标。

3. 组织目标的实现得益于专业化分工和协调

要实现组织的既定目标,必须合理配置组织中的人力资源、物力资源、财力资源和信息技术资源,有序、有效地开展一系列作业活动。为此,组织需要进行最基本的专业化分工,把组织中的人们分配到具有不同功能和职责的部门与岗位上,形成相互联系的分工体系,专业化分工是提高工作效率的根本途径。然而,分工虽实现了所有人员各司其职,却可能带来本位主义、缺乏沟通、相互分离等问题。这样,协调就必不可少。对各种关系进行协调,是一种有效的机制,它可以使分工体系中的个人、群体和部门相互支撑,密切配合,确保组织目标的顺利实现。

二、组织的分类

组织可以按照不同的标准分为多种类型。

(一)依据组织的基本性质分为营利性组织和非营利性组织

1. 营利性组织

营利性组织是指从事生产和经营活动,以经济利益为目标的组织。这类组织主要履行经济职能,向社会提供各种产品和服务。营利性组织大量存在于现实社会中,如公司企业、商业银行、商场、酒店等。营利性组织尤其是企业是我们研究和考察的重点。

2. 非营利性组织

非营利性组织是指从事维持社会秩序、促进社会发展的活动,以社会利益为目标的组织,如政府机构、军队、学校和社团等。这类组织主要履行社会职能,提供各种公共与社会服务,是保证整个社会协调稳定、有序发展的重要力量。

(二)依据组织的形成方式分为正式组织和非正式组织

1. 正式组织

正式组织是指为了有效实现组织目标而明确规定组织成员之间职责范围和相互关系的一种结构,如企业、政府机构、学校等。制度和规范对这类组织中的成员具有正式约束力。

2. 非正式组织

非正式组织是指在一起共同工作或活动的人们自发形成的群体,其形成基础是共同的兴趣和爱好以及共同的利益和心理需要。在现实生活中,大量非正式组织存在于正式组织之中。例如,在一个企业中,一些志趣相投的成员会经常聚在一起,或交流情感,或切磋技艺,进而形成一个个非正式组织。非正式组织与正式组织之间既相互关联,又各有特点。一方面,非正式组织与正式组织紧密相连。在正式组织建立之前,往往要先经过非正式组织的酝酿,而正式组织的建立,又往往催生了非正式组织;另一方面,非正式组织与正式组织之间具有显著差异。非正式组织以共同情感为维系纽带,而正式组织则以共同目标为维系纽带。在所有正式组织中几乎都存在非正式组织,而非正式组织对正式组织的运行会产生一定的影响。正式组织的管理者应重视非正式组织的特殊作用,正确引导、充分发挥非正式组织的积极作用,促进正式组织健康发展和有效运行。我们重点研究的是正式组织,但偶尔也会涉及非正式组织。

第二节　组织设计的性质

一、组织设计的概念与原则

(一)组织设计的概念

组织设计实质上是实现组织目标的一种手段。所谓组织设计,是指以组织结构安排为核心的组织系统的整体设计工作,是组织的结构要素以及整个组织结构要素之间关系的综合,其根本目的是建立有利于管理的组织,有效实施战略规划,实现组织目标。

对组织设计概念的理解,应把握以下要点:

(1)组织设计是管理者进行组织选择的过程。管理者进行组织设计,需要根据不同环境情况选择组织设计方案,其结果直接影响组织成效。

(2)组织设计的任务取决于组织目标。稳定运行中的效率和动态适应中的创新是现代组织追求的目标,因此,为实现组织目标而进行的组织设计也相应承担两个具体任务:一是提供具有一定稳定性的组织设计,以保证组织的生产经营活动处于有秩序、可预见的受控状态,促进工作关系的改善和工作效率的提高;二是提供富有一定弹性的组织设计,以应对动态的外部环境,提高组织的灵活应变能力,促进其生产经营的创新和长远目标的实现。

(3)组织设计的核心是组织结构设计。组织设计涉及组织系统的方方面面,内容庞杂,其核心是组织结构设计,即在组织内部进行横向管理部门设置和纵向管理层次划分。这样,组织设计工作主要有两项内容:一是进行组织分化,即把任务划分为具体工作,分别由不同职位和部门来承担;二是组织整合,即各职位、各部门之间在明确分工的基础上,相互配合,协调运作。

(二)组织设计的原则

1. 劳动分工原则

劳动分工是组织设计的一项基本原则,是指组织为了提高劳动生产率,将一项工作划分为若干步骤,让每个人专门从事其中的某一个步骤,使不同员工特有的多样技能得到有效利用。虽然分工能够产生更高的生产率,但过度分工也可能带来工作厌倦、压力等问题,最终反而降低生产率,产生非经济性。为此,越来越多的企业在坚持一定分工的同时,也会通过扩大工作范围、增加工作内容以及工作轮换等方式,避免专业分工过细的弊端,提高生产率。

2. 部门化原则

部门划分是劳动分工的结果。传统理论主张通过专业分工将组织活动组合到部门中,以促进组织的协调,因此,部门化原则是与分工原则紧密相连的。通常部门的划分采用职能部门化、产品部门化、地区部门化、顾客部门化等方法。在大型组织中,以上几种方法常常被综合使用,而且近些年来出现了新的发展趋势。例如,高度重视顾客部门化,更广泛地采用突破传统部门界限的跨职能团队等。

3. 指挥链原则

指挥链是传统组织设计的基石,是指从组织高层延伸到基层的一条持续的职权线。在传统理论中,有三个概念与指挥链密切相关,即职权、职责和统一指挥。职权是指管理职务所固有的发布命令和期望命令得到执行的权力;职责是指完成任务的义务;统一指挥是指每个下属只对一个上级主管直接负责。在现代社会中,随着信息技术高度发达和组织越来越倾向于授权给员工,在组织设计中,指挥链概念的重要性相对降低,甚至常常被"突破"。

4. 管理幅度原则

所谓管理幅度,是指向一个管理者报告工作的人数,它在很大程度上决定着组织的管理层次和管理人员数目。在组织人员规模既定的情况下,管理幅度越宽,管理层次越少,需要的管理人员越少。传统理论认为,为便于管理者对下属实行严密控制和有效指挥,管理幅度宜窄不宜宽。在现代组织中,随着信息技术的广泛采用和员工素质的提高,为提高组织运行效率,宽幅度管理模式被越来越多地采取。其实,对管理幅度宽窄的把握并没有一个统一标准,应因时因地因人而异,如表5-1所示。

表 5-1　影响管理幅度的主要因素

(1) 管理者和下属的能力(能力越强,管理幅度越宽)。
(2) 下属的空间距离(分布越广,管理幅度越窄)。
(3) 管理者工作中非监督性工作的多少(非监督性工作越多,管理幅度越宽)。
(4) 互动要求的多少(互动要求越多,管理幅度越窄)。
(5) 程序化标准化的程度(程序化标准化的程度越高,管理幅度越宽)。
(6) 管理任务的相似性(相似性越低,管理幅度越窄)。
(7) 新问题出现的频率(频率越低,管理幅度越宽)。
(8) 管理者和下属的偏好。

5. 集权和分权原则

集权与分权反映组织决策权的集中程度和归属情况。集权是指组织内系统化地将决策权保持在高层管理者手中的一种状态,分权是指组织内系统化地将决策权授予中层和基层管理者的状态。显然,集权化的组织会将决策权尽可能保留在组织高层,而分权化的组织则将决策权尽可能沿着指挥链向下延伸。实际上,无论是集权还是分权都具有相对性,既没有绝对的集权,也没有绝对的分权,由于集权与分权的选择是否切合组织实际,关系到组织设计的效率,所以,组织的高层管理者会综合考虑各种相关因素,在集权与分权之间寻求平衡,例如,在环境相对稳定、决策影响较大、组织规模较大的情况下,选择集权,而在环境复杂、不确定性增强的情况下,则选择适当分权。传统观点主张决策权应尽可能集中在组织的高层,而在现代社会中,充分授权已经成为组织设计的必然趋势,很多组织特别是技术创新型组织,通常基于实现组织目标和提高效率的需要,尽可能将决策权下放到直接采取行动的相应管理层。

6. 正规化原则

正规化表示的是组织中各项工作标准化以及员工行为受规则和程序约束的程度。如果组织设计是高度正规化的,既表明其职位说明、工作程序和规则条例明确,要求员工以完全相同的方式处理同样的投入,并产生统一的产出,也表明员工工作行为基本上没有自主性。传统理论主张遵循高度正规化原则进行组织设计,但在现代管理实践中,很多组织都在确保实现组织目标的前提下,尽可能多地给予员工工作自主权。正规化程度不仅在不同组织之间具有很大区别,即使在同一组织内部,正规化程度也会因职务和岗位性质不同而存在差异。

二、组织设计的内容

组织设计内涵丰富,涉及组织结构设计、组织责权关系设计和组织制度设计等方面,具体包括以下内容。

(一)职务设计

这是组织设计的最基本单元,即根据技术要求和员工掌握的技能,对组织的各项任务进行不同组合,从而形成每个员工要负责完成的某类职务的特定任务。

(二)部门设计

这是组织结构设计的基础,即根据职务设计,按照专业化分工的要求,对分解后的相关性职务活动加以归并,从而形成横向的部门划分,各部门分别负责完成某类特定的任务。

(三)管理幅度和管理层次设计

管理幅度和管理层次设计决定组织的基本构架。在进行这种设计时,先要系统分析影响管理幅度和管理层次的相关因素,在此基础上确定适当的管理幅度,进而划分出纵向管理层次。合理的管理幅度和管理层次设计,是整个组织结构安排精干高效的重要保证。

(四)决策和执行系统设计

决策系统设计主要包括组织管理体制设计、高层组织权力结构设计与决策机制设计,以及各种咨询性或顾问性组织设计等。科学的决策系统设计,将为组织的统一指挥与领导提供强有力的制度保证。执行系统设计主要是明确规定不同职能部门的任务职责,为达成组织目标,执行组织决策,有效实施和开展各项活动提供保障。

(五)横向联系和控制系统设计

横向联系和控制系统设计,涉及设置协调机构、制定协调制度,明确协调方式和手段,建立相应监督与奖励机制等内容,旨在加强部门之间的横向联系,预防和及时纠正可能出现的各种偏差,确保组织整体目标的实现。

(六)行为规范设计

行为规范设计主要是为组织开展各项活动提供可供遵循的规章制度,包括制定各部门的活动目标、规则程序和工作标准等。

(七)变革与发展规划设计

变革与发展规划设计主要是为组织未来发展提供方向和指南,包括组织未来的发展战略和发展目标等。

可见,在上述七项设计内容中,职务设计、部门设计、管理幅度和管理层次设计属于组织结构设计范畴;决策与执行系统设计、横向联系和控制系统设计,属于组织责权关系设计范畴;行为规范设计和变革与发展规划设计,属于组织制度设计范畴。这些内容之间相互联系、相互影响、相互依存、相互支持,共同服务于组织目标的实现。

三、组织设计程序

组织设计服从并服务于组织目标,是实现组织目标的手段,因此,组织设计程序的第一步就是明确组织目标,然后再以此为基础实施组织分化和整合,使组织成为一个既有明确分工、又相互协调的有机整体。

(一)确定组织目标

确定组织目标是组织设计的根本出发点,即在综合分析组织外部环境和内部条件的基础上,合理确定组织的总体目标及各种具体的派生目标。

(二)确定业务内容

确定业务内容即围绕组织既定目标确定组织应开展的业务,并根据各项业务的性质将其分为产品开发、质量管理、市场研究、营销服务等类型,然后再明确各类活动的工作范围和工作量,并对业务流程进行总体设计。

(三)确定组织结构

确定组织结构即根据组织规模、技术特点和业务工作量等,选择确定组织部门的具体类型和组织结构的具体形式,并把性质相同或相近的业务分别划归适当的部门负责,形成部门化、层次化的组织结构。

(四)配备职务人员

配备职务人员即组织根据各部门业务性质和工作要求,挑选和配备合适的管理人员和工作人员,并明确其职务与职称。

(五)规定职责权限

规定职责权限即组织按照权责对等原则,根据做好业务工作的实际需要,授予各部门及其负责人相应权力。同时,也明确规定其对业务工作应承担的责任及其工作业绩评价标准。

(六)联为一体

联为一体即组织以部门划分为基础,明确规定各部门之间相互关系、相互沟通与协调的原则和方法,使组织实体真正联为一体,成为一个沟通顺畅、运作协调的管理系统,不断产生协同效应,提高组织绩效,实现组织目标。

第三节　组　织　结　构

一、组织结构的内涵及其影响因素

(一)组织结构的内涵

所谓组织结构,是指表现组织中各组成部分的排列顺序、空间位置、聚集状态、联系方式以及各要素之间相互关系的一种模式,它不仅影响着人、财、物、信息等各种资源的配置及其利用效率,也影响着组织文化氛围,因此,组织结构设计是组织设计的核心内容,对实现组织目标至关重要。

组织的构成包括三个基本要素:①复杂性,是指组织分化的程度,包括组织内的部门化和管理层次等;②正规性,是指组织依靠规章制度指挥和管理员工的程度;③集权度,是指组织中决策权所处的位置,即集权和分权的程度。

(二)影响组织结构设计的主要因素

不同的组织可能会采用不同的组织结构形式,即使同一组织的组织结构形式在不同时期也可能不尽相同。具体说来,组织结构设计主要受以下因素影响。

1. 环境

环境与组织结构设计密切相关。伯恩斯(Tom Burns)和斯托克(G. M. Stalker)在研究了苏格兰和英格兰的20家公司(主要是电子工业公司)后,首先区别了两种极端的环境形态——稳定的(保持相对不变)和不稳定的(不确定的以及快速变化),进而又研究了不同环境下的组织设计,发现这两类环境中的组织具有很大差异,把相应的组织设计界定为机械式组织和有机式组织,并在《革新的管理》(The Management of Innovation)一书中,阐述了机械式组织系统和有机式组织系统的主要特征(如图5-1所示),提供了一个根据组织外部环境不确定程度来设计组织结构的思路。他们认为,科层组织最适合处理那些能够预知的、大家熟悉的和常规的情况,而不太适合于处理许多现代工业部门(如电子工业部门)中迅速变化的技术和商业问题。

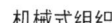

机械式组织	有机式组织
➢ 高度专门化	➢ 跨分工协作
➢ 僵化的部门划分	➢ 跨职能合作
➢ 指挥链明确	➢ 跨层级交流
➢ 管理幅度窄	➢ 管理幅度宽
➢ 集权	➢ 分权
➢ 高度正规化	➢ 低度正规化

图 5-1 机械式组织和有机式组织的特点

(1)机械式组织。一种稳定、刚性的组织结构形式。这种组织注重对业务进行高度劳动分工和职能划分,严格按照职务规范要求挑选工作人员,制定明确的程序、规则和标准对专业化工作进行严密的层次控制;提倡以标准化来实现稳定性和可预见性,规则、条例成为组织高效运行的润滑剂,将人的个性差异减少到最低限度。建立这种组织结构,旨在追求稳定运行中的效率。其适用条件是:环境相对稳定;任务明确且持久,决策可以程序化;技术相对统一而稳定;按常规活动,以效率为主要目标;企业规模相对较大。

(2)有机式组织。一种松散、灵活、具有高度适应性和弹性的结构形式。这种组织虽然也进行劳动分工和职能划分,但由于员工受过良好训练,而且承担非常规任务,常常被授权开展多种工作和处理多样问题,所以,员工们的工作并不是高度标准化的,其行为主要依靠职业标准和团队规范来指导,不需要过多的正式规则和直接监督;不设置永久的固定职位和职能界限严格的部门,成员之间可根据需要开展直接的横向及斜向沟通与协调;高技能的职业人员能对组织中出现的各种问题作出迅速反应,无需正规化和严密的管理控制。建立这种组织结构,旨在追求动态适应中的创新。其适用条件为:环境不确定性强;任务多样且多变,无法进行程序化决策;技术复杂多变;非常规活动多,需要较强的创新能力;企业规模相对较小。

其实,在现实中并不存在纯粹的机械式组织和有机式组织,它们只是分别代表两个极端,在此期间存在多种中间过渡状态,如果说一个组织是机械式的,可能是因为其刚性特征更明显,如果说一个组织是有机式的,则可能是因为其更有弹性。组织一般会依据其目标以及组织外部环境和内部条件,在机械式和有机式组织之间进行选择。传统企业常常处于相对稳定的环境中,大多采用机械式组织,而在全球竞争日趋激烈、组织环境的不确定性日益增强的情况下,组织结构设计已明显地由机械式向有机式转变。

2. 技术

技术是组织将投入转化为产出的重要手段,与组织结构设计密切相关。英国不列颠大学的琼·伍德沃德(Joan Woodward)在对南英格兰地区100家小型制造企业进行了调查和研究后,率先揭示了技术与组织设计之间的关系,成为从技术角度对组织进行分类的第一位学者。伍德沃德发现,不同的技术与不同的组织形式相对应。技术越复杂,管理层次越多;员工人数越多,管理幅度越大。随着技术复杂性的增强和连续过程技术的自动化,所需要的人工减少,但对工作人员的技能要求提高,管理幅度逐渐缩小。于是,伍德沃德得出以下结论:技术类型和组织结构之间存在明显的相关性;组织绩效与技术和结构之间的"适应度"密切相关。她认为,成功的企业是那些能够根据技术的要求采取合适的结构安排的企业;制造业的企业组织结构并不存在一种最佳的方式,单件生产和连续生产企业采用有机式结构最为有效,大批量生产企业则与机械式结构最相匹配。

继伍德沃德之后,有关技术与结构关系的研究又取得了新进展,其总体结论是:组织技术在常规化程度上有所不同,常规化的技术宜采用机械式结构,非常规化的技术宜采用有机式结构。在现实社会中,技术与组织设计的关系日益密切,越发成为组织设计的重要影响因素。例如,随着信息技术的快速发展,生产中大量使用机器人,这一变化一方面使组织所需员工的数量和规模减小,同时也要求组织采用更多包容、灵活的装置设计,甚至改变了组织定义工作的性质和传统组织成员之间的报告关系。

3. 战略

战略是影响组织结构设计的重要因素,组织结构设计服从组织战略,服务于实现组织目标。美国著名企业史学家、战略管理领域的奠基者之一艾尔弗雷德·钱德勒(Alfred Chandler, 1918—2007),率先对战略与组织结构设计的关系进行了研究,他通过对美国 100 家大公司长达 50 年的发展的分析,得出组织战略的变化导致了组织结构变化的结论,认为,在组织发展初期,产品线单一,战略简单,通常要求相对简单、松散的组织结构形式,此时,决策权集中在组织的高层,组织的复杂性、正规化程度较低,而集权化程度较高。当组织成长壮大后,生产趋于多元化,组织发展战略更加复杂,对协调手段的要求也日益提高,要求重新进行组织结构设计,采用相对复杂、严格的结构形式。例如,选择创新战略的组织,要求较高的灵活性和适应性,适宜采用有机式组织结构;选择低成本战略的组织,要求较高的稳定性和高效率,适宜采用机械式组织结构;选择模仿战略的组织,则可以同时采用机械式和有机式两种组织结构形式,既依托机械式组织结构实现严格控制,降低成本,也借助有机式组织结构,激发活力,寻求创新。

4. 组织规模

组织规模也是组织结构设计时必须考虑的重要影响因素之一。一般情况下,组织规模越大,工作越专业化,制度规范越完善,组织的复杂性和正规化程度也就越高,越倾向于构建机械式组织结构。然而,组织规模与组织结构之间的这种关系并不是线性的,当组织发展到一定程度时,其规模的进一步扩大对组织结构设计的影响强度会逐渐减弱。例如,对一个拥有 2 000 名员工的组织而言,已建立的相当机械式的组织结构并不会因为它再增加 500 名员工而发生重大变化。

5. 管理幅度和管理层次

管理幅度和管理层次是影响组织结构设计的重要管理因素。如前所述,管理幅度是指管理人员直接指挥和监督的下属数量,管理层次是指从最高层管理者到基层工作者的组织层次数目。管理幅度决定组织的横向结构,管理层次决定组织的纵向结构。当组织规模一定时,管理幅度越宽,管理层次越少;反之,管理幅度越窄,则管理层次越多。基于管理幅度和管理层次的这种关系,人们将组织结构简单地划分为高耸型组织结构和扁平型组织结构两种形态。

(1)高耸型组织结构。这是一种在组织最高层与作业层之间具有多级管理层次,每个层次的管理幅度均较窄的"高耸的"直式结构,这就意味着在作业人员数量一定的情况下,需要许多基层管理人员和中层管理人员。高耸型组织结构的优势在于:组织结构严谨周密,管理人员便于对下属实施严密控制;组织成员分工明确,职责分明;上下级之间垂直纵向关系清晰,等级森严,有利于实行统一指挥;组织具有高度稳定性。其劣势在于:管理层次多,各层次之间协调困难;管理人员多,管理费用高,管理的经济性降低;信息传递要经过各级管理人员逐层过滤,可能导致沟通不畅,甚至信息失真;民主化决策程度低,容易挫伤基层人员的工作积极性;决策迟缓,上下级沟通不充分,降低管理效率。传统的组织结构大都是高耸型的。

(2)扁平型组织结构。这是一种管理幅度大,管理层次少的"扁平的"横式结构。其优势在于:高层领导易于了解基层情况;节省管理费用开支;加快信息传递速度,减少信息失真;民主化决策程度高;促进基层管理人员快速成长。其劣势在于:管理人员管理和监督责任增加,负荷加重;同级之间的沟通联络面临新的困难;要求管理人员具有较高素质;在下属人员缺乏自觉和自律性的情况下,容易出现管理失控。

可见,高耸型结构与扁平型结构都不是十分完美的,而且各自适宜于不同的条件,如果条件适宜,则两者都可能成为有效的组织结构形式。近年来,随着环境不确定性的增强和信息技术的进步以及互联网的广泛采用,组织结构越来越趋向扁平化。

二、组织纵向结构设计——职权

组织纵向结构设计的核心是明确组织中的职权关系,既包括管理者与组织成员之间的关系,也包括管理职权即直线职权与参谋职权之间的关系,涉及职权、管理幅度、集权与分权和指挥链等问题。完善的纵向结构设计,可以为规范组织中的报告关系和职责提供一个基本框架,确保组织有效运转。

(一)职权

1. 职权的概念

所谓职权,是指决策、采取行动和指挥他人的权力。人们一旦掌握了这种权力,就可以直接或间接地通过他人的行动而进行有利于组织的活动。具体说来,职权首先是一种法定权,它来源于组织给予的职位,管理者拥有法定权后,就可以对其下属提出要求,发布命令,其下属有义务执行此命令。拥有法定权的管理者也相应拥有其所辖范围内对其下属进行奖惩的权力。此外,个人魅力和业务专长也是职权的重要来源。

巴纳德对职权的来源提出了独到见解,即职权是由于这种权力的行使得到组织成员的承认和接受而获得的。他认为,职权必须来自底层,并且以下属接受主管的命令为基础,命令必须被视为是可接受的。也就是说,一个管理者可以依靠职务而拥有很大职权,但却不能让所有人都服从其命令,只有当接受命令或指示的人把这种命令或指示作为具有权威性的命令或指示接受时,职权才真正存在。

2. 直线职权与参谋职权

(1)直线职权。直线职权决定组织中的正式指挥系统,用以表示组织中循着指挥链发生的上下级之间的职权关系,它赋予上级指挥下级的权力,形成一条从组织最高层一直延伸到最底层的指挥链。根据指挥链原则,为保证组织运作中的统一指挥,指挥命令和请示报告都必须沿着一条明确而又不间断的路线逐级传递,上级不能越级发布命令(但可越级检查),下级也不能越级请示报告(但可越级建议)。这样,链上每一个环节的管理者都有权指挥其下级工作,其下级相应接受该上级管理者的指挥,每个管理者都按照"直线"向上级报告工作,成为直线组织的一部分。在企业中,总裁、生产经理、销售经理等都属于直线管理者,拥有直线职权,即指挥权,对完成组织任务目标负有直接责任。我们经常看到的组织结构图,就是对直线职权的直观描述,它可以清晰地展示组织最高层和最低层之间的指挥链,即组织中每个管理者的职务、上下级之间的关系以及谁负责什么和谁向谁汇报工作等。

(2)参谋职权。参谋职权不同于直线职权,它具有顾问性或服务性。具有参谋职权的管理者可以担当为直线管理者提供专门技术的顾问,或提供服务,充当助手,但他们不能沿着指挥链发布命令。在企业中,人力资源部经理、研发部经理等都属于参谋管理者,拥有参谋职权,没有指挥权,对完成组织任务目标不负直接责任。

3. 直线机构与参谋机构

在一个组织中既然存在直线职权和参谋职权两种职权,就可能产生两种职能,即直线职能和参谋职能,其中,直线职能与完成组织任务目标直接关联,参谋职能则为之提供支持。相应地,在组织中就会设立执行这两种职能的机构,即直线机构和参谋机构,它们看似互相分离实则相互依存,在组织纵向结构设计中,应清晰界定这两个机构的职能,理清它们之间的关系,以避免拥有两种职权的管理者及执行两种职能的机构之间产生矛盾与摩擦。

(二)管理幅度

管理幅度即直接向管理者报告工作的下属人数,是组织纵向结构的重要特征。管理幅度是一个权变因素,处于不同组织层级的管理者,管理幅度各不相同,层级越高,管理幅度越窄。不仅如此,管理者的知识经验、下属的工作能力、任务的复杂程度等都是管理幅度的影响因素,较宽的管理幅度比较适合于以下条件:工作定义明确,不模糊;下级训练有素,能够获得信息;管理者能力强,应付自如;工作类似,有可比较的业绩衡量标准;下属更愿意有自主权,不希望被监督控制等。管理幅度直接影响组织纵向结构,如果组织规模不变,则管理幅度越窄,管理层次越多,组织结构越"高耸",而管理幅度越宽,管理层次越少,组织结构也越"扁平"。

(三)集权与分权

如前所述,集权与分权是组织纵向职权关系的集中体现,表明组织中决策权的集中与分散程度,展示职权分散程度上的差异。在组织纵向结构设计中,既不可能让职权绝对集中,也不可能将职权绝对分散,一般组织都处于一定程度的集权或分权状态。因为职权过度集中,可能使组织最高管理者负担过重,难以集中精力思考和处理组织的重大战略问题。同时,不利于发挥其他管理者的作用,降低决策速度和质量,甚至决策失误,影响组织的应变能力;职权过度分散,可能造成管理混乱,浪费资源,控制不力,难以形成统一意志和行动。

判断一个组织集权与分权的程度,常常依据以下标准:①不同类型决策的集中程度。在一个组织中,基层管理者能够自主决策的事情越多,参与决策的事情越重要,影响范围越广泛,说明该组织的分权程度越高。②整个决策过程的集中程度。在一个组织中,如果组织决策的所有步骤都有不同部门或人员参与,就说明该组织分权程度高。此外,确定的决策方案付诸行动之前,如果必须报请上级批准,则说明该组织集权程度较高,需请示的人越多,层级越高,越说明该组织的分权程度低。③下属决策受控的程度。如果组织制定出许多详尽的政策、程序、规则对成员决策行为施加前提影响,就说明该组织的分权程度低。另外,如果主管对下属工作监督和控制很严密,也说明该组织集权程度较高。

三、组织横向结构设计——部门化

当组织根据其事业发展和提高效率的需要,将相关活动组合在一起并为每个组合指派管理人员时,就是在进行组织横向结构设计,即部门化。从部门化的演进过程来考察,职能部门化、产品部门化、地区部门化和顾客部门化等是部门化的主要方法,在实践中,不同的组织常常根据其外部环境和内部条件及其变化,采用具体的部门化方法,并适时进行相应调整。当今社会中,综合采用两种甚至多种部门化方法是很多组织的选择。

（一）职能部门化

1. 职能部门化的定义

职能部门化是一种最传统、最常见的部门化方法,其主导思想是围绕组织必须完成的核心职能来集成业务活动,因此,划分职能部门坚持以下原则:①一般相似的职能组合在一起;②有联系的相关职能归并到一起;③合并不同的职能以利于协作;④分开有利害冲突的职能,以利于满负荷工作[①]。这样,在一个职能组织中,按照履行职能的不同划分部门后,每个部门都承担一种特定工作,如图5-2所示。

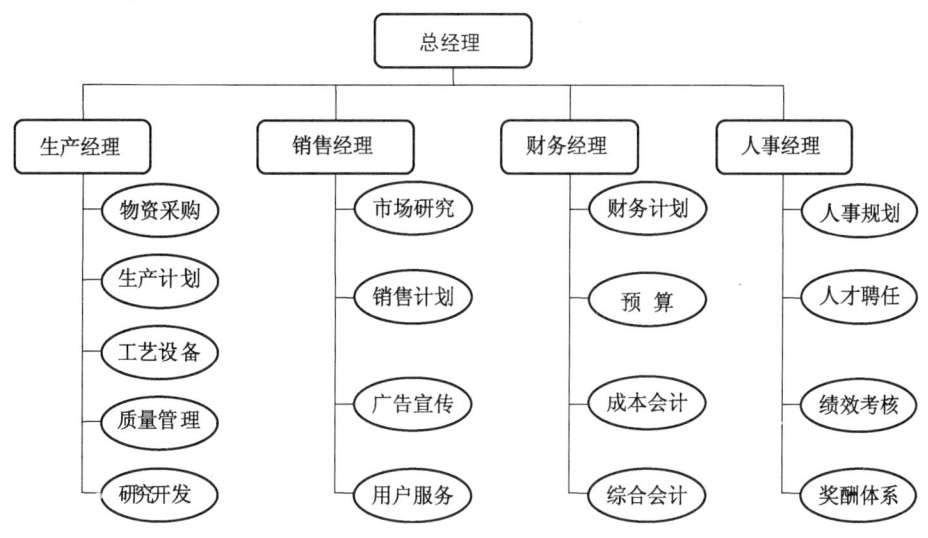

图5-2 职能部门化(职能型结构)

2. 对职能部门化方法的评价

（1）优越性。结构简单、直观,逻辑合理,使围绕公司必须从事的基本职能设立部门变得切实可行;促进了职能差异化,一个单独的专业部门为整个公司服务,可避免机构重叠;在专业化生产和工作中,员工技能和熟练程度不断提高,便于公司采用更先进的机器设备,建

---

① 王俊柳等:《管理学教程》,清华大学出版社2003年版,第128页。

立更大规模的工厂,提高规模经济性和组织效率;各职能部门经理职责更加专业化,使公司招募和培训管理者的工作变得简便易行,员工有更多机会接受专业化训练和深度技能开发;职能部门经理更专注于接受公司中与自身专业化职能相关的信息,使公司总经理更易于对之进行有效控制,决策和沟通渠道更简单且易于理解。

(2)局限性。总经理要负责各职能部门的协调、合作以及整体业绩,压力过于集中,在公司规模较大时可能降低组织的反应速度和决策速度;职能部门经理只拥有职能专业知识,对其他经营领域缺乏了解,不利于培养和锻炼通才型管理者;部门经理及其员工可能会产生本位主义,仅关心本部门而忽视公司的整体利益和整体需要,这可能导致他们对公司产品整体质量和顾客满意度的重视不够;跨职能沟通和协调减少,甚至遇到障碍,不同职能之间出现冲突在所难免;难以及时、有效监督责任和绩效。职能部门化比较适合相对简单、稳定的环境。在质量竞争加剧、顾客需求日益个性化的创新时代,其缺陷越发凸显。

(二)产品部门化

1. 产品部门化的定义

产品部门化是指按照公司不同的产品或服务类别创建部门,又称事业部组织,或"斯隆模型",是 20 世纪 50 年代由美国通用汽车公司和杜邦公司首创的,如图 5-3 所示。

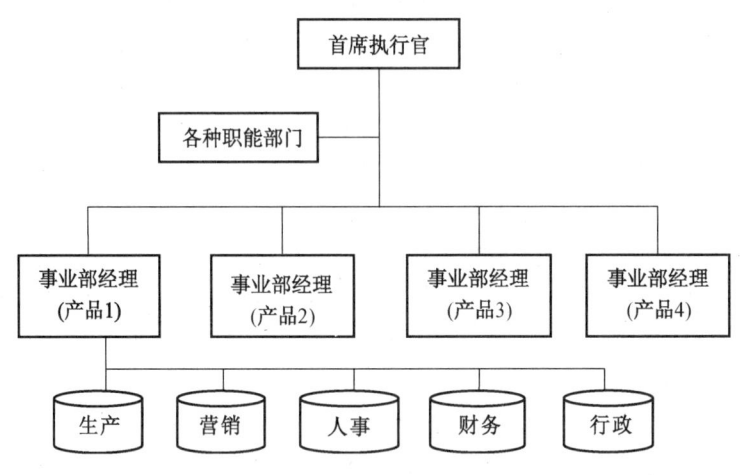

图 5-3　产品部门化(事业部制组织)

在这种组织类型中,政策集中化和经营分散化有机结合,"大权独揽,小权分散",总部设定总体指导方针,同时作为外部监督者,协调和控制各事业部的活动。各事业部是自治和相对独立的,事业部经理拥有充分的战略和运营决策权,可以按照自己认为合适的方式自由地指导所属事业部的活动,要对本事业部的全面绩效负责,对一种产品、产品族或服务的开发创新和市场运作负责,事业部的生产、销售和人事活动等都要向事业部经理汇报。这样,总部就是投资决策中心,而事业部就是利润中心,下属各生产单位则是成本中心。

2. 对产品部门化方法的评价

(1)优越性。事业部经理对一种产品或一种服务全面负责,使公司首席执行官可以摆脱日常运营具体事物的干扰,专心于战略问题的研究和规划,总部与事业部之间权责利关系明确,管理者更加独立和负责,有利于提高决策速度和效率;对单一产品或单一产品群业务活动的整合和协调更加方便,对其绩效评估更加客观,从而更强化了各部门对自身业务活动的责任;事业部经理在运营其自治单位的过程中,管理经验得到积累和丰富,个人责任感与独立性增强,得到尝试经营一个完善企业的充分机会,培养了他们的全局视野和多方面才能及全面管理能力,以及对变化的快速反应能力;员工紧紧围绕一种产品展开工作,对其工作如何融入更广泛的计划有了更清晰的认识,从而工作积极性得到提高。

（2）局限性。相关职能没有集中在总部,组织活动和资源重复配置,导致组织总成本上升,效率下降;分散决策可能减弱首席执行官对各事业部的控制权,甚至导致其失去对事业部某些决策的控制;跨产品线、跨事业部的协调工作变得更加困难;事业部经理只关注自己的产品或产品群组,而对组织的其他部分漠不关心;管理者虽然接近于通才,但可能缺乏深入的职能专业知识。

事业部制组织的适用条件是:公司经营产品品种多,产品之间工艺差别大,具备按经营领域或地域独立划分事业部的条件;各事业部之间相互依存,相互促进,相互关联,共促公司整体繁荣发达;公司能够利用内部市场和相关经济机制来管理各事业部门,尽力避免单纯使用行政手段;公司经营面临较为有利和稳定的外部环境;在公司内部,经理梯队的建设机制能够确保各事业部经理在生产经营活动中的充分自主性,以促其担当起自己的盈利责任;公司能够有效保持和控制事业部之间的适度竞争;对与分权和授权相关的所有问题的恰当管理,是这种结构有效的基础。目前国内外很多大型企业采用这种形式对业务或公司层活动进行分组。

（三）地区部门化

1. 地区部门化的定义

地区部门化是指在公司开展业务的地区,根据地理区域划分部门。在这种组织结构下,一个地理区域内的所有公司活动都是相对独立的,它们可能有自己的产品、销售甚至人事活动,并归一个经理主管,如图5-4所示。

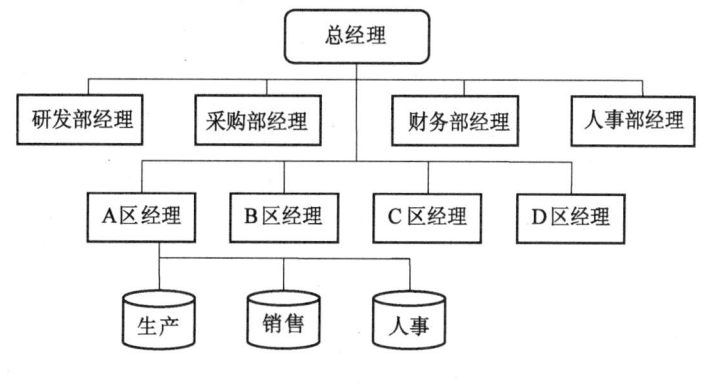

图5-4 地区部门化

2. 对地区部门化方法的评价

这种方法的优越性在于:由一个独立部门关注它所在地理区域内顾客的需求,可以对市场的反应更快、更完全,为顾客提供更周到的服务。其局限性在于:人力等资源重复配置,公司要雇用和培训具有生产、营销、人事等多方面管理才能的经理,导致整个公司开支增大。因此,在全球化趋势日益增强的背景下,一些公司出于节约开支的动机,尝试将不同区域的生产、销售和研发机构整合起来,建立在不同地理区域运作的中心化结构。

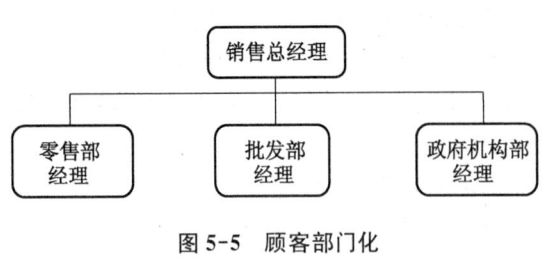

图 5-5　顾客部门化

顾客部门化是指根据具体顾客的不同需要组织业务的组织结构形式。当公司面对多个顾客群体，而且各顾客群体的需求又有明显差异时，公司常常会采用这种部门划分方法，其业务仅仅围绕同特定顾客或顾客群体的响应和互动来开展，如图 5-5 所示。

顾客部门化方法的优势在于：管理者可以持久、专注地对一个顾客或顾客群负责，从而为其提供更快捷、更满意的服务。其缺陷是：组建多个产品工厂、多支营销队伍，需要有一支庞大的管理队伍来整合不同部门的活动，而且资源重复配置，这将导致公司整体效率下降。

（五）矩阵式组织结构——部门化的综合模式

1. 矩阵式组织结构的定义

矩阵式组织结构是职能型组织和事业部组织的混合体[①]，是由这两种部门化叠加而成的组织形式，因一种形式的部门重叠在另一种形式的部门之上，因此被称为部门化的综合模式。在这种组织结构中，并存着双重指挥链：先是采用职能部门化方法获得专业化经济，之后，在职能部门之上，配置一些经理人员对组织中的具体产品、项目和规划负责。于是，矩阵结构中的员工既是职能部门的员工，又是项目组的成员，他们同时都有两个上司：一个是自己所属职能部门的经理，一个是目前工作的产品或项目经理，需要分别向垂直的经理和水平的经理报告工作，如图 5-6 所示[②]。

2. 对矩阵式组织结构的评价

矩阵式组织结构的优越性在于既保持了职能部门化和产品部门化的优点，又克服了其局限性，主要体现在：①决策权分散到能妥善处理信息和应用相关知识的管理层，使高层管理者无需因操作层面的决策而负担过重，可以有更多时间考虑重大问题，制定长期规划；②跨职能部门解决问题，可以使决策更理性，更富有创造性；③项目组成员拥有较大决策权，可以提高其激励和对组织的承诺水平；④被抽调到项目组工作的人员仍然保留其所在职能部门的身份，有利于促进职能部门和项目组之间的联系与沟通，而沟通网络越广，越有助于处理大量信息。不仅如此，他们还可能因向组织的两个部门管理者报告工作而获得双重职业发展途径以及更多的升职机会；⑤在同一时间，几个重要项目或产品共享重要资源，使组织资源得到有效利用；⑥员工能够学习协助技能和其他更多技能，有利于促进沟通和非正式互动；⑦组织可以随时组建、重建和解散项目组，更具有灵活性。矩阵式组织结构的主要缺陷是：项目组进行群体决策，可能需要更长的时间，也可能出现"一言堂"或妥协状态；职能经理和项目经理之间的关系通常不是由规则和程序确定，而是由两者相互协商，因此易于就谁向谁报告工作等问题引起管理混乱，引发权力争斗，这也将造成矩阵中的员工无所适从。要想使这种组织形式有效运转，职能经理和项目经理之间经常沟通，并协商他们对所属共同员工提出的要求，至关重要。

① ［美］托马斯·贝特曼、斯科特·斯内尔：《管理学》，中国人民大学出版社 2014 年版，第 178 页。

② ［美］加里·戴斯勒：《管理学精要》，中国人民大学出版社 2004 年版，第 191 页。

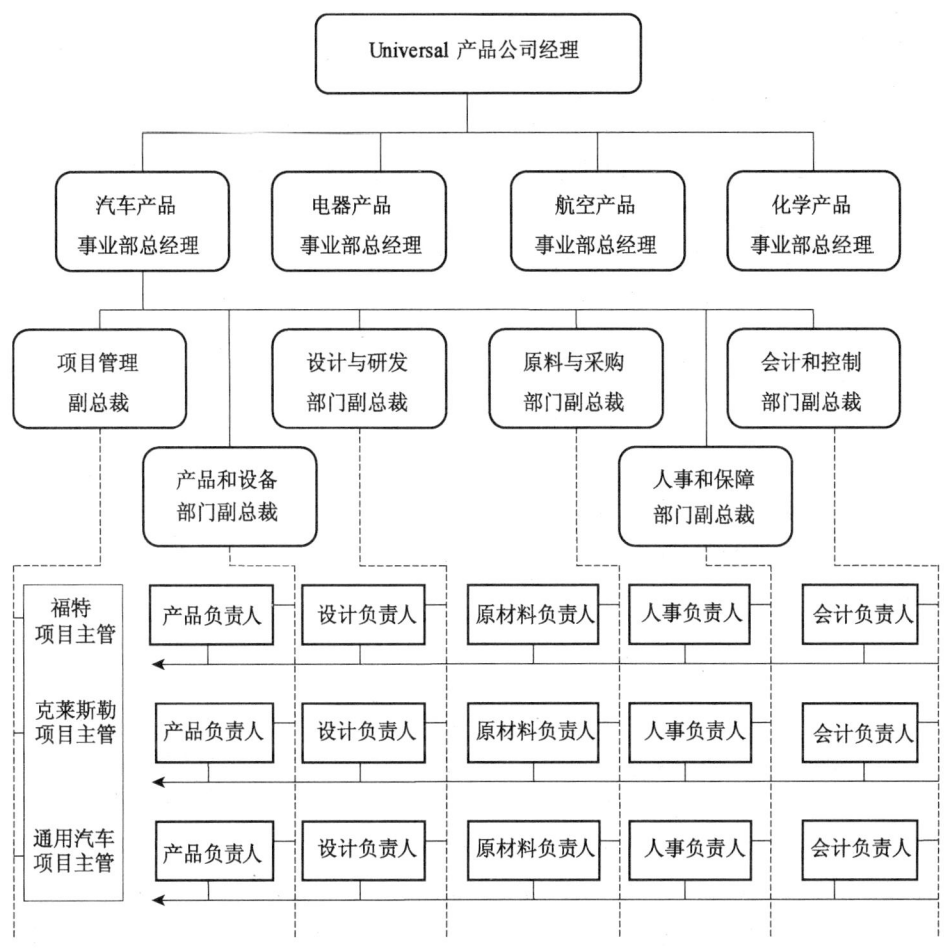

图 5-6　矩阵式组织结构

图解:图中上排排列的是按照产品划分的各个事业部;第二排排列的是项目、研发、原材料采购、会计等职能部门,同时在纵坐标上增加了该汽车产品事业部目前正在开展的各类项目,每一个项目由一名主管负责,他将为其负责的项目从各个职能部门抽调有关人员。这种在横向的传统职能部门基础上增加纵向坐标的结果,使职能部门化和产品部门化(事业部制)因素交织在一起,形成矩阵结构。

　　矩阵式组织结构适用于产品品种多、各种产品之间工艺差别大的大规模企业。在全球化背景下,矩阵式组织因其在稳定成本、迅速应对市场需求压力、便于跨职能业务部门之间更好协作,以及更能满足全球战略下跨国公司内部业务协作的需要等优越性,而受到大型企业和国际化经营企业的广泛欢迎。其实,在当代管理实践中,除矩阵式组织结构外,很多大型公司越来越倾向于按照组织内部的不同需要采用多种形式的部门化,特别是在巨型公司中几种类型的组织被有机地结合在一起的情况已不罕见。

　　(六)部门间的协作——组织整合手段

　　当任务被分为具体工作,明确由不同职位和职能部门承担后,组织面临的第一个问题就是如何在分工的基础上,保证各职位、各部门之间密切协作,产生协同效应。所谓协作,是指将相互依赖的活动整合成一个统一行动的过程,它要求两个或多个相互依赖的个体、群体或部门,无论在什么时候都必须一起工作,以实现共同的目标。部门化组织结构需要部门之间

的协作,这是组织任务目标得以顺利实现的根本保证。部门化组织要通过以下途径实现部门之间的协作或整合:

(1)加强交流。促进部门之间增加直接接触,通过不断沟通和交流,形成互动,使彼此双方都主动调整各自行为,相互适应,协调配合。

(2)明确规则与流程。明确规定日常重复性工作的规则和流程,通过规定标准的工作方法保证行动的配合与协调。

(3)工作成果的标准化。在工作过程不易分解,工作内容和程序无法作出标准化规定的情况下,要调整控制的重心,对工作产出即对工作成果作出标准化规定。

(4)直接监督。管理者应当用指挥链来协调其他人的工作,实现协作。

(5)聘用助理。让助理对问题先进行系统分析,并提出解决问题的可行性方案,可以提高管理者处理问题和协调下属工作的能力与效率。

(6)选派联络员。当部门之间需要沟通的事情呈不断增多的态势时,各部门可以选派专职联络员,推动协调工作。

(7)组建任务组和委员会。遴选一些有合作要求的部门代表组建任务组和委员会,可以共同讨论要解决的问题,提出相互合作的好建议、好办法。

四、组织设计的新变化与新挑战

综上所述,传统的组织结构强调分工,呈金字塔式的多层次管理结构,机构庞大甚至臃肿,导致组织结构僵化、反应迟缓、缺乏灵活性,难以适应全球化和互联网时代复杂多变的动态环境,组织变革势在必行,这体现了组织演进的客观规律性。当代管理者,面对新环境、新问题,锐意改革,勇于创新,不仅在积极寻求而且也在大胆尝试新型组织设计。正如德鲁克所言:在当今形势下,一个恰当的组织形式是不存在的……组织不是绝对的,它是提高人们在一起工作效率的工具。一个特定的组织结构是与在特定的条件下,在特定的时间执行特定的任务相匹配的。与其探讨恰当的组织形式,不如寻找适合有关任务的组织形式。

当前组织设计面临的新变化、新挑战,主要体现在以下几个方面。

(一)在分权与集权之间怎样寻求平衡

全球化和信息化的快速发展,促进了组织规模的不断扩大及其经营的多元化和国际化,授权、分权以及建立事业部制分权型组织结构,已经成为很多组织的共同认知。然而,即使成功运用分权的大公司,也可能陷于在分权与集权之间难以精准平衡的困境。在继续对各事业部充分分权的同时,总部应在多大程度上、采取怎样的措施保持对组织的一些基本职能活动相关重大问题的决策权,保持对各事业部的控制力,是当前分权型组织运行中面临的一个共性问题。

(二)在扁平化组织设计中怎样化解内部冲突

信息技术的进步及其成果在管理中的普遍应用,使很多传统管理工作如程序控制、工作监督等逐步由电脑甚至机器人完成。这一变化相应扩大了管理幅度,要求组织结构设计趋向于扁平化和柔性化,但这一变革可能会遇到一些阻力,阻力主要来自因管理层级减少而面临失去职位的中层管理人员,以及因信息技术的采用而需要变换工作岗位甚至失去工作岗位的员工,严重时这些阻力可能会带来一系列内部冲突。在扁平化组织建设成为一种趋势的情况下,怎样有效化解组织内部冲突,顺利推进组织结构变革,是很多组织正在探讨的重要课题。一些组织采取的化解冲突方法,值得其他组织借鉴和采用。例如,开发新的产品和服务项目,提供更多新的管理和工作岗位;积极营造改革氛围,加强宣传教育,引导管理者和员工转变观念,适应组织变革需要等。

（三）在虚拟组织中如何实施伙伴关系管理

在全球化和互联网时代,虚拟组织如雨后春笋般快速发展起来,很多企业充分利用新的环境提供的机会与便利,采取一种新的经营策略,即突破传统组织边界,建立虚拟企业,开展虚拟经营。所谓虚拟经营,是指企业在资源有限的条件下,为了取得最大的竞争优势,在组织上突破有形的界限,除继续保留企业中最关键的功能外,将其他的功能虚拟化,采取多种形式借助外力进行整合。由此可见,虚拟企业的实质是企业间的动态联盟,是在全球化、信息化等新的环境下对整个社会生产资源进行动态优化组合的一种新形式。这种虚拟组织具有两个突出特征:第一,通过契约或持股协议等方式把联盟企业聚集在一起,包括:成立合资公司、战略联盟、监督投资、合伙、联合、外部采办及特许权等,依靠联盟及与其他组织的伙伴关系进行运作;第二,虚拟合作伙伴的员工按照联盟的相关准则开展工作,传统组织中依靠指挥链发布命令完成任务的做法已不再适用,利益合作(而非职权)在维持组织的整体性上发挥主要作用,为此,依据能力和可靠性选择合作伙伴,在分配任务和持股等方面提供公平回报,对维系组织具有更重要的意义。

虚拟化是当今组织结构设计的新趋势。然而,虚拟组织在其发展中难免会遇到如何有效实施伙伴关系管理等新课题,主要包括:虚拟企业内各伙伴企业之间应建立怎样的关系,如何进行利益分配和责任分担,建立怎样的合作竞争机制,怎样把握信息公开与保密(信息不对称)的程度,如何选择与评价伙伴,怎样建立各伙伴企业之间相互信任、相互学习机制,怎样实现各伙伴企业之间价值流、信息流、物流系统的整体集成和优化。此外,相关政府部门在虚拟企业大规模快速发展的情况下,怎样规范其运作和实施有效管理等,也是亟待研究的新问题。

（四）学习型组织怎样保持持续性竞争优势

学习型组织是一种新的组织形式,在这种组织中,所有组织成员不断获取和共享新知识,积极参与有关工作问题的识别与解决,愿意将自己的知识贡献于制定决策或做好自己的工作,从而使组织形成持续适应和变革能力,实现持续改进,达成品质提高、持续完善和绩效提高等目标。学习型组织在组织设计、信息享用、领导力和组织文化等方面独具特色,如图5-7所示。

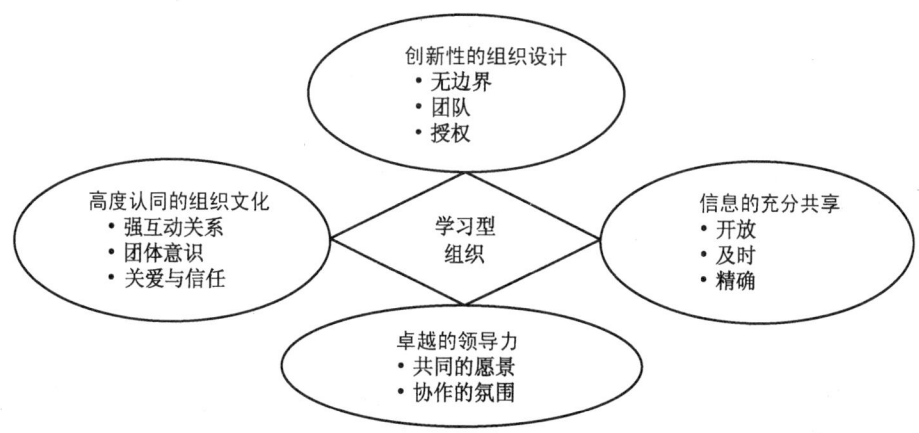

图5-7　学习型组织结构

1. 创新性的组织设计

学习型组织设计的创新性首先体现在它提供了一种无边界环境,使组织成员可以在整个组织范围内跨越不同职能专长及不同组织层级,充分沟通,自主协调工作活动,因此,员工们既能够相互学习,也可以自由地在组合在一起工作,以最佳方式合作完成组织任务。出于协作的需要,团队成为学习型组织结构设计的一个重要特征。团队被授权制定与其开展工作相关的决策,员工们在团队中协作完成各项工作,管理者在团队中扮演推动者、支持者和倡导者角色。

2. 信息的充分共享

在信息化社会,信息是学习的重要源泉。为了让组织中的所有成员能够不断学习,持续提高其参与管理的意识和水平,组织应对其尽可能及时、精确地公开信息,并在全体成员中实现信息共享。学习型组织设计突破了已有的结构和空间边界,为实现组织成员的开放式沟通和广泛的信息共享创造了极为有利的条件。

3. 卓越的领导力

学习型组织的建设与发展基于一个有关组织未来的共同愿景以及所有组织成员的持续学习和相互协作,为此,卓越的领导力成为影响组织设计的重要因素。富有卓越领导力的领导者,既能够带领全体组织成员朝着这一愿景共同努力,也能够大力支持和鼓励组织中营造有利于学习和相互协作的氛围。

4. 高度认同的组织文化

在学习型组织中,所有组织成员都赞成组织的共同愿景,都有很强的团队意识,相互关爱,相互信任,相互支撑。每个人对组织工作过程、活动、职能以及与外部环境的各种固有内在联系都有明确的认识,都有充分的活动空间,可以自由交流,大胆分享、试验和学习,而不用担心受到批评或惩罚。

总之,在学习型组织中,组织成员在完成组织任务的过程中,自身学习和应用所学知识的能力不断增强,进而带来组织的持续改进,正因为如此,这种能力被组织理论学家评价为组织持续性竞争优势的唯一来源。在大众创业、万众创新的时代,构建学习型组织将是我国所有组织未来发展的必由之路。当前,越来越多的学者和业界人士更为关心的问题是,在学习型组织中,怎样支持和鼓励员工持续学习,从而使组织得以持续改进,保持持续竞争力。

本 章 小 结

组织是由两个及两个以上的人们为了实现共同的目标而组建的实体,也是为了达到共同的目标而进行的活动。

组织设计是组织的结构要素以及整个组织结构要素间关系的综合,是以组织结构安排为核心的组织系统的整体设计工作,其根本目的是建立有益于管理的组织,以便有效实施战略与规划和实现组织目标。组织设计是实现组织目标的手段。

组织结构是表现组织中各组成部分的排列顺序、空间位置、聚集状态、联系方式以及各要素之间相互关系的一种模式。组织结构有三个基本构成要素:复杂化、正规化、集中化。影响组织结构的因素包括环境、技术、管理幅度和管理层次等。

在组织中,存在着纵向的职权关系,需要进行组织纵向结构设计。职权包括直线职权与参谋职权。直线职权有指挥权,参谋职权没有指挥权,只有建议权。集权与分权是两种倾向,既没有绝对的集权,也没有绝对的分权,组织一般都处于一定程度的集权或分权状态之中。从横向考察,组织是从部门化开始运作的,需要进行横向结构设计。部门化就是将组织的任务细分到组织中的各个部门,主要包括:职能部门化、产品部门化、地区部门化、顾客部门化。部门化之后的组织运行依赖于协调。

当前形势下,组织设计发生了重大变化,分权型组织、扁平化组织、虚拟组织、学习型组织等成为主要组织形式,组织设计面临一系列新的挑战。

思　考　题

1. 请结合实际,分析组织的概念。
2. 什么是组织设计? 其基本原则和程序是怎样的?
3. 你能清晰地描述组织中的职权关系吗?
4. 部门划分主要有哪些方法?
5. 在全球化和互联网时代,组织设计发生了怎样的变化? 其面临什么挑战?

第六章

人力资源管理

【学习目标】

1. 分析人力资源管理过程及其影响因素。
2. 描述人力资源规划的内容及其基本程序。
3. 熟悉人员招聘、甄选、录用、培训的方法与原则。
4. 了解职业发展的内涵。
5. 掌握绩效考估的程序和方法。

在全球化与创新引领未来的趋势下,人力资源成为现代组织核心竞争力的重要来源。谁拥有高素质的人力资源队伍,谁就可能在激烈的竞争中保持强劲的竞争力和创新能力,获得未来发展潜力。本章主要以企业为对象,阐述人力资源管理的基本特征、影响因素及其过程,分析人力资源规划的内容与基本程序,介绍人员招聘、甄选、录用、培训与职业发展和绩效考评的程序及方法等。

第一节　人力资源管理基础

一、人力资源的概念与特征

人力资源是指企业全体员工的劳动能力之和。从质量上考察,人力资源状况通常体现为企业各类人员所拥有的体力、智力、知识和技能等;从数量上考察,人力资源统计口径涵盖企业所有成员,包括从高层管理者到新入职员工的每一个人。具体说来,人力资源具有以下基本特征。

（一）能动性

人是一种高级动物,具有主观能动性和创造性思维。人们不仅善于有目的、有意识地利用其他资源开展经济社会活动,而且能够创造性地提出一些新观点、新技术、新方法,积极、主动、灵活地顺应环境变化,谋求创新性发展,使组织充满活力和持续发展的动力。可见,人力资源是所有生产要素中唯一能够创造性发挥作用的因素。人力资源的能动性具体体现在三个方面:①自我强化。可通过人力资源自身积极锻炼身体、努力学习知识得以实现。②职业选择。人力资源可以通过自主择业主动地实现与物质资源的结合。③积极劳动。这是人力资源能动性的最重要方面,对发挥人力资源的潜力具有决定意义。

（二）两重性

从人力资源的形成及其使用的视角分析,可以说,它既是人力资本投资的结果,又是一种创造财富的生产行为。首先,人力资源的形成得益于人力资本投资。著名经济学家舒尔茨(Theodore W. Schultz,1902—1998)认为,人力资本投资主要由个人和社会进行,用于对人力资源的教育、卫生健康及其迁移,人力资本投资程度决定了人力资源的质量,它体现为人力资本的直接成本,而人力资源由于投入大量时间接受教育以提高自身的知识和技能水平,因此失去了很多就业机会和收入,这些损失构成了人力资本的间接成本。一旦人力资源投入使用,则参与到财富创造中,变成一种生产行为,当然,这种生产行为是具有弹性的,它受到人的年龄、能力、机会以及生产资料等多种因素的影响。因此,企业在投资、开发、利用和管理人力资源时,要充分重视和平衡人力资源的两重性,协调好人力资源投资与产出、开发与使用、数量与质量等相互制约的多重关系。

（三）社会性

人力资源是一种社会性资源。在企业中,每个人都是组织整体的一个组成部分,按照专业化分工原则在不同的岗位上工作,但人与人之间处于相互关联、相互影响的状态。因此,组织不仅要关注人力资源形成的经济性,还要重视人力资源的社会性,要通过价值观念、企业文化、人际关系、团队建设、利益整合等方式,有效开发和管理人力资源。

（四）时效性

人力资源之所以具有时效性特征,是因为它是存在于人的生命有机体中的劳动能力,其形成、开发和利用都受到时间的限制。就构成人力资源的每一个个体而言,他们作为生命有机体的人,都有其生命周期,作为人力资源的人,其劳动能力在工作的不同时期会有所差异;就企业人力资源整体而言,组织内各年龄组员工的数量及其联系方面,也具有类似的时效性。

（五）可再生性

人力资源是一种可再生性资源,它在使用过程中发生的磨损,可以通过人们的努力在一定程度上得到延缓甚至避免。与其他资源一样,人力资源投入使用后,也会逐渐发生有形磨损和无形磨损。其中,有形磨损是指由于个体疲劳、体质下降、技能退化、衰老等原因造成的劳动能力下降,无形磨损是指随着社会和科技进步等因素变化,由于个体知识、技能、经验相对老化等原因造成的劳动能力下降。人力资源的有形磨损是不可抗拒的,但采用医疗保健等措施等可以适当延缓其磨损进程,而人力资源的无形磨损则是可以积极预防甚至在一定程度上避免的。例如,人们可以通过参加强化培训、接受终身教育等不断进行自我开发,消除和避免无形磨损。

二、人力资源管理的概念与意义

人力资源管理是指组织对其人力资源进行的全过程管理。对企业而言,人力资源管理对象包括在本企业从事体力劳动和脑力劳动的所有员工。

在人才竞争异常激烈的 21 世纪,人力资源管理在组织中处于战略地位,而战略性人力资源管理意味着人力资源管理在企业战略形成和战略执行过程中扮演着重要的角色。具体说来,人力资源管理对企业发展的作用与意义主要体现在以下几个方面:①为实现组织目标寻找人员与技能的正确组合。人力资源是组织运行的基础,人员与工作岗位匹配是实现组织目标的基本保证,也是人力资源管理的核心。从本质上讲,人力资源管理过程就是通过管理员工实现组织目标的过程,人力资源战略的制定就是为了提供满足组织发展战略所要求的人员技能组合,使组织获得竞争优势。②在组织中创造有利的激励环境。员工的知识、技能和能力是组织可以利用的最为独特的、可以不断更新的资源。实施有效的人力资源管理,尽可能地满足员工的成长、发展和自我实现的需求,将最大限度地激发员工的潜力、奉献精神及其能动性,调动其效力于组织的积极性和主动性,保证员工能够按照组织的要求工作。③建立组织与员工密切联系的纽带。完善的人力资源管理方式和机制,有利于把组织与员工个人紧密连接起来,实现组织需要和员工个人需求的双重满足和有机统一,使员工真正以企业为"家",在工作中以高度的责任感,充分发挥自身的能动性和创造性,致力于推动组织战略目标的实现。

三、人力资源管理过程

人力资源管理主要包括人力资源规划、招聘、培训与职业发展、绩效考评等一系列相互关联的工作程序,如图6-1所示。

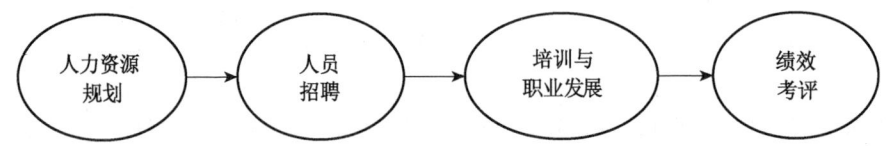

图6-1　组织的人力资源管理过程

图解:人力资源管理是一个连续不断的过程。组织先要制定人力资源规划,开展人员招聘工作,并对决定录用的人员进行培训,使之尽快适应工作岗位的需要,同时也促进在岗人员知识与技能更新。作好职业发展规划是组织的责任和义务,但组织成员也应发挥主观能动性。绩效考评是促使组织成员在工作中保持良好状态和绩效水平的重要手段。

第二节　人力资源规划

一、人力资源规划的内涵

人力资源规划是指根据组织发展目标和战略规划,依据对组织未来的人力资源需求和人力资源供给状况的分析和预测,对组织人力资源管理活动作出的总体规划。一份完整的人力资源规划,一般由人力资源总体规划和人力资源业务计划两个层次构成,其中,人力资源总体规划是指有关人力资源开发总目标、总政策、实施步骤以及总预算的安排,其内容主要包括:战略计划期内人力资源配置的总体框架,与人力资源有关的重要方针、政策和原则,人力资源投资预算总额,人力资源净需求等;人力资源业务计划是人力资源总体规划的展开和具体化,其内容主要包括:人员招聘计划,人员培训计划,职业发展计划,绩效考评计划,以及人员使用计划、提升与降职计划、薪酬福利计划、退休解聘计划和劳动关系计划等。

二、人力资源规划的目的与作用

基于人力资源在当前组织运行中的战略地位,很多企业将人力资源规划与组织战略紧密结合起来,作为实现组织战略目标的重要支撑,因此,人力资源规划的制定服从并服务于组织战略目标,在人力资源管理工作中,具有先导性和全局性。企业编制和实施人力资源规划的主要目的在于,规划人力资源管理的各项活动,使人力资源的基本状况适应组织需求,优化配置人力资源,促进组织的高效运营和组织战略目标的顺利实现。具体说来,人力资源规划的作用主要体现在以下三个方面。

（一）满足组织对人力资源的需求

组织中的人员构成比较复杂,其中既有在市场上供给充足、经过短期培训即可上岗的基本技能员工,也有比较稀缺、需要经过较长时间教育培训的掌握高技能的技术人员和管理人员。组织的性质和类型不同,对人力资源的需求在数量、质量、层次和结构上会有所区别。即使同一个组织,在其发展的不同阶段对人力资源的需求也不尽相同。通过科学制定与实施人力资源规划,组织可以控制其内部人员结构与职务结构,减少进人、用人的随意性和盲目性,保障组织运营中人力资源的有效供给,使之适应组织发展的客观需要。

（二）促进人力资源管理的规范化

人力资源规划是组织进行人力资源管理的具体行动方案,具有全面性和主导性,是开展各项人力资源管理活动的基本依据。制定人力资源规划时,不仅要考虑组织需要补充何种层次和类型的人员、何时补充、采用何种方式补充,还要考虑应怎样根据职位要求组织开展相关培训等,使人力资源管理活动更为科学和规范,为组织成员的录用、晋升、培训、调整及人工成本控制等人力资源管理活动提供了准确信息。

（三）融合组织目标与个人目标

基于"以人为本"的现代管理理念,组织制定和实施人力资源规划,不仅以组织战略目标为核心,同时也关注员工的个人目标。组织通过有计划地开展培训、有针对性地规划员工职业发展、有目标地进行绩效考评等一系列人力资源管理活动,一方面,最大限度地发掘组织成员的潜力,调动其积极性;另一方面,也满足员工的个人需求,使之清楚地了解自己的工作方向和自己在组织中的发展方向,使组织目标与组织成员个人目标更好地融合,组织与个人协同发展。

三、人力资源规划的基本程序

人力资源规划是管理者为确保在适当的时候、为适当的职位配备适当数量和类型的工作人员,并使他们能够有效完成组织分派的任务的复杂过程,该过程包括三个相互联系的步骤,如图 6-2 所示。

图 6-2　人力资源规划的基本程序

（一）当前评价

对组织现有人力资源情况进行评价,是人力资源规划的第一个步骤,主要任务有两项,即工作分析和现状考察。

1. 工作分析

工作分析是指对某一特定工作作出清晰规定,明确要完成该项工作需要哪些行为的过程,包括:详尽描述该工作包含的各项任务;确定该工作与其他工作之间的关系;了解能胜任该工作的人员必须具备的知识、技能和能力。工作分析过程实质上就是对工作进行全方位评价的过程,一般包括四个阶段,如表 6-1 所示。

表6-1 工作分析过程

阶段	内容
准备阶段	让相关人员了解本项工作的目的、意义、作用、方法和步骤； 与相关人员建立良好的人际关系，提高其配合度； 组成工作小组，制定工作进度表； 确定具有代表性的调查和分析对象样本； 确定工作难度系数
调查阶段	编制调查问卷和提纲并进行调查； 收集有关工作的特征及所需的数据； 收集被调查人员对各种工作特征及其重要性、发生频率的看法，作出等级评定
分析阶段	全面深入分析有关工作特征和工作人员的调查结果； 分析有关工作及人员的关键成分； 归纳工作分析所必需的材料和要素； 对所调查的各数据占比及重要权数排列，得出评价工作的要素和各要素所占权重
完成阶段	根据规范和信息，编制言简意赅、详尽具体的工作描述和工作说明书，作为指导人员选聘的重要文件

具体的工作分析包括工作描述和工作说明两项内容。其中，工作描述是指具体说明工作的物质特点和环境特点，如职务名称、工作活动和工作程序、工作条件、社会环境和聘用条件等。管理人员根据个人工作描述和部门职能描述，既可以基本判断当前组织的人力资源是否符合企业发展和工作的需要；工作说明是指有效从事某项工作的人员必须具备的生理条件和心理条件，如年龄、性别、学历、健康状况、体力、工作经验、观察力、事业心、领导力、反应速度等。

2. 现状考察

现状考察，就是组织对其现有人力资源情况进行调查，并撰写一份人力资源调查报告。调查信息的主要来源是组织中现有人员填写的调查表，其内容主要包括：姓名、性别、年龄、学历、工作简历、职业专长、教育培训经历以及海外学习工作经历等。

（二）未来预测

预测组织未来的人力资源需求，是人力资源规划的第二个步骤，主要任务是根据组织战略目标，采用科学的方法，预测组织未来规划时期内所需人力资源的数量、质量、层次和结构等。在这一阶段，组织通常会依据规划时间的长短和收集信息类型的不同，采用定性和定量方法进行预测。预测内容主要包括：在规划期内现有人员中多少人可能离职，多少人可能继续留在组织中，留下的人员与组织未来需求的人数、结构是否有差距以及有什么差距。组织在对组织成员现有能力和组织未来需求作出全面评价后，将以此为依据，进行人力资源供需分析，测算出本组织的人力资源在数量、结构等方面的短缺或过剩状况，进而发现组织中人员不足或超额配置的领域。

（三）制定行动方案

制定行动方案，就是以前两个步骤的工作为基础，拟定面向未来的行动方案，其内容主要包括：①招聘和甄选方案，即如何通过内部选聘或外部招聘等渠道，为组织招聘、甄选足够数量和结构的合适人选，充实组织成员队伍；②培训与职业开发方案，即提出如何通过培训和开发,保证组织有源源不断的、掌握合适技能的人员来源;③职业管理方案,即提出应当如何从人力资源开发的角度,实施有益于组织成员成长和发展的职业管理。

以上三个步骤完成后,组织就开始进入人员招聘、甄选、录用以及培训、绩效考评等程序。

第三节　人员招聘与录用

一、人员招聘

(一)人员招聘的意义

人员招聘以组织既定的人力资源规划为基本依据。当出现职位空缺时,组织将根据工作分析的要求进行人员招聘。人员招聘是组织吸引有能力的、符合组织在技能、性格等方面需求的申请者来填补职位空缺的活动过程,其实质是一个组织与应聘者个人之间双向选择的动态过程,理想的目标状态是所招聘的人员与职位相匹配。人员招聘对组织运行与发展的重要意义主要体现在以下两个方面。

1. 增强组织竞争优势

在全球化和追求创新的时代,人力资源是组织的重要战略资源,组织之间的竞争演化为人才竞争。人才能够为组织和客户创造价值,但人才是稀缺的,所以,一个组织如果能够招聘到高素质、高知识、高技能和有创新能力的组织成员,并很好地发挥这些人才的作用,就可能在激烈的竞争中取得和保持优势地位,将组织导向成功。

2. 持续提高组织绩效

成功的人员招聘,意味着配备到每个职位的人员都能满足该职位对任职者的知识、技能等方面的特殊要求,实现了组织成员个人与工作职位的匹配,从而为组织高效运营、取得良好工作绩效提供必要的人力保障。

(二)招聘程序

招聘是一个连续的动态过程,由一系列相互关联的步骤和环节构成。

1. 发布招聘信息

当组织中出现需要填补的职位空缺时,将根据空缺职位的类型和数量等制定招聘计划,面向组织内外开展招聘工作,通过报刊杂志、广播电视、互联网等多种渠道发布招聘信息,包括待聘职位的性质、数量及应聘条件等,旨在吸引符合要求的申请者主动求职。选择具体的招聘渠道时,主要考虑劳动力市场规模、职位性质和组织规模等因素。

2. 对应聘者进行初步筛选

应聘者可能来自组织内部,也可能来自组织外部。组织对内部应聘者初选相对容易,可以参照对其以往的绩效考评记录来进行,有一定难度的是对根本不了解的外部应聘者进行初选。通常情况下,在外部应聘者较多时,组织只能根据其填写的申请表作出初步判断。外部应聘者的申请表一般都包括应聘者姓名、性别、学历、曾任职务、以往业绩、离职原因以及健康状况、联系地址与方式等主要信息。组织根据应聘者申请表提供的这些信息,可以大体上了解其背景和经历。

3. 对初选合格者进行考核

初步筛选后,组织一般会采用笔试、面试等形式,进一步考核初选合格者的知识与能力等,主要进行智力与知识测试、绩效模拟测试以及心理测试等。

4. 录用

在以上各项工作的基础上,组织会采用加权的方法,计算出每个初选合格者的智力、知识、能力等方面的综合得分,并根据待聘职位的性质和要求以及有关各方的意见,进行选择录用。

5. 评价和反馈招聘结果

在选定和录用新员工后,组织要全面检查和评价整个招聘工作程序,并对新录用的员工进行跟踪分析,以检验招聘工作成效。同时,组织要总结招聘过程中的经验与教训,及时反馈到招聘部门,促进其改进和修正招聘工作程序,不断提高工作质量,把好组织的"进人关"。

(三) 招聘方式

人员招聘主要通过内部招聘和外部招聘两种方式进行,这两种招聘方式各有利弊,而且适合于不同的情况。

1. 内部招聘

内部招聘是指组织中出现职位空缺时,从组织内部选聘符合条件人员的过程。当组织拟招聘补充空缺职位的人员时,拟招聘的无论是管理者还是一般员工,在渠道选择上通常是内部招聘先于外部招聘,对高级职位或重要职位的人员选聘更是如此。内部招聘具有以下优越性:

① 激励效应。当管理职位出现空缺时,内部选聘机制能产生巨大的示范效应。组织成员会因为组织中才华出众、业绩突出的人员得到重用而受到激励,组织士气和绩效相应提高,人们对组织会更加忠诚。此外,内部选聘机制也为人们带来了重新调整职位的机会和脱颖而出的新的发展空间,从而激发其更加积极努力地工作,组织人力资源得到最大限度的利用。

② 提高选聘决策的正确性。内部应聘者一般都在组织中工作过较长时间,组织对其能力、素质和绩效等都比较了解,而且组织还可以采取多种方式,对其进行全面深入的考察和评估,在此基础上作出选聘决策,确保选聘的人员与相应职务的要求相适应。

③ 降低招聘成本。内部应聘者对组织的宗旨目标和组织文化普遍认同,对组织制度、组织结构等组织情况有较全面、较深入的了解和认识,所以,内部招聘既可以因简化程序,减少培训费用,减少人力、财力等资源消耗等降低相关人力成本,还可以因在组织内部成长起来的被选聘人员能够较快地适应新的职位和工作而提高招聘效率。组织越是把合适的人选聘到合适的职位上,其适应速度越快。

内部招聘也有一定的局限性。首先,"近亲繁殖"。组织文化一经形成,就在相当长的时期内深刻影响组织成员的言行。被选聘人员如果来自组织内部,可能习惯于采用传统的思维方式,沿袭传统的工作方法与工作作风,不利于推进组织变革与创新。其次,引发内部矛盾。当组织从若干个内部应聘者中选聘一人时,往往会引起落选者的不满,他们可能情绪沮丧,牢骚满腹,导致组织成员之间的不和谐、不协作,更可能成为被选聘者开展工作的阻力。

2. 外部招聘

外部招聘是指按照一定标准和程序,从组织外部招聘符合组织要求和聘用条件的应聘者填补职位空缺的过程。当组织中出现职位空缺、组织内部没有合适的应聘者或内部候选人不能满足拟聘人数时,组织通常采用外部招聘方式。

具体的外部招聘方法有很多,包括:①委托中介机构等招聘,如通过职业介绍所招聘,委托猎头公司招聘,委托高校毕业生就业指导中心推荐等;②通过市场招聘,如利用人才市场、劳务市场招聘等;③自行招聘录用,如利用同事、亲属、校友关系等个别招募聘用;④借助媒体招聘,如利用报刊杂志广告、电视广告等招聘;在线招聘即在公司网页、工作版、冲浪版里向求职者发布招聘信息,公布公司空缺的职位等,在"互联网+"时代,这种招聘方式被广泛使用。

外部招聘具有以下优越性:

(1) 推进组织创新。被聘用的外来人员成长于不同的组织文化环境,刚刚进入一个新的组织,没有历史负担,无需顾及组织中的各种关系,既可以大胆工作,充分发挥自身优势和实力,迅速打开局面,也可以突破该组织原有的思维定势和程序性束缚,为其带来新的工作方法与工作作风,拓宽其视野,促进组织多元化发展,从而推进组织创新,赢得新的发展机会。实践证明,当组织面临重大危机时,从外部招聘高层管理者往往会产生意想不到的效果。

(2) 缓解组织内部关系。如果组织采用内部招聘方式,胜出者可能会在原有文化背景下按部就班地工作,墨守成规,难以创新,而在激烈竞争中落选的人则可能会心理失衡,产生消极和抵制情绪,甚至影响整个组织工作的正常开展。如果从外部招聘,则可能使原有竞争者之间的心理处于平衡状态,紧张关系得到一定缓解。

外部招聘也有一定局限性。招聘外来人员可能挫伤现有组织成员的积极性,他们会感到在组织中失去了发展的希望和承担重要工作的机会,从而士气降低,不利于组织的长久发展;被招聘到组织中的外来人员因不熟悉组织的历史、文化等环境及组织内部情况,缺乏人事基础,可能需要适应较长时间才能进入角色,影响组织效率;组织主要依据外来人员提供的背景资料和测试成绩进行招聘,对他们的基本情况及工作潜力的评价和判断缺乏深入、全面的了解,一旦选定录用,可能出现被聘者的实际工作能力与职位要求不相符合的情况,给组织带来损失。

企业如果拟通过外部招聘方式有效吸引人才,首先要掌握各种外部招聘方法的优缺点,并根据其利弊进行全面权衡,同时要充分考虑企业自身的条件,如知名度、经营规模、业务内容、员工规模等,选择最佳的招聘方法;其次,应采取多种方法,全面了解和评价应聘者的价值观、职业观和就业观等,保证招聘到能够融入本组织文化的应聘者;再次,要讲求招聘技巧,如制作有独特创意的招聘广告等,以便通过招聘提高公司的知名度,改变公司形象。

二、甄选

(一) 甄选的意义

所谓甄选,是指设法预见聘用哪一位应聘者能够确保招聘工作成功,而成功的标志是所聘用人员的工作绩效能够达到甚至超过组织用以评价人员绩效的标准。可见,甄选首先是一种预测行为。

实际上甄选也是一个决策过程,因为在甄选过程中,将会产生四种结果,如图 6-3 所示。①

---

① ［美］斯蒂芬·P·罗宾斯:《管理学(第7版)》,中国人民大学出版社 2004 年版,第 324 页。

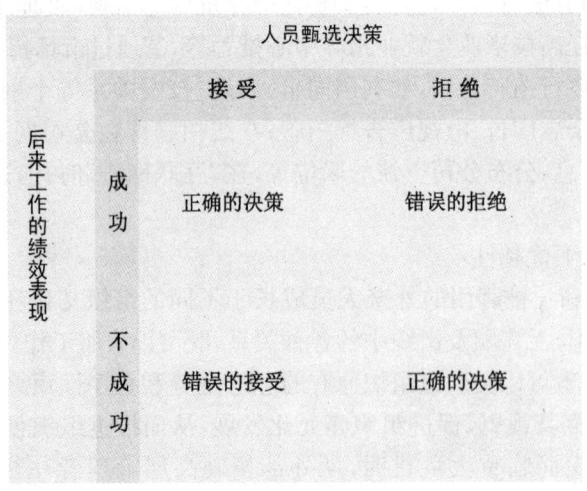

图 6-3　甄选决策的四种结果

图解：在甄选过程的四种结果中，两种结果表明决策正确，两种结果表明决策错误。无论是错误的拒绝，还是错误的接受，对组织都是不利的。错误的拒绝，意味着拒绝了在后来工作中可能会有成功表现的候选人，这将增加组织为找到合适人选而支付的成本；错误的接受，意味着接受了不符合组织及职位要求的人，这将大幅增加组织的培训成本。所以，甄选的关键在于，尽量减少发生拒绝错误或接受错误的可能性，提高正确决策的概率。

（二）甄选手段和方法

1. 分析应聘者的申请登记表

应聘者申请登记表反映了应聘者的个人学习、工作简历及其技能和曾经取得的成就等主要信息，通过分析应聘者申请登记表，组织可以借此大体了解应聘者，初步筛选出一些比较符合或接近招募条件的人选。

2. 考核与测试

组织通常采用笔试和面试的形式对初选合格的应聘者进行进一步考核。笔试主要是对应聘者进行智力、悟性、能力和兴趣测验；面试由人事部门和相关业务部门主管组织，主要目的是通过面对面的沟通，取得应聘者更详细的信息，了解其对拟招聘工作的熟悉程度及其是否适合该职位。面试在当前招聘工作中应用非常广泛，面试成绩在考核总成绩中所占权重不断加大，结果甚至影响到录用决策。

为了吸引到适合组织要求和职位条件，心理健康、抗压能力强的人才，近些年很多组织在甄选环节引进了对初选合格的应聘者进行心理测试的项目，测试内容涉及成就、天赋、个性、诚信、责任感等多个方面，组织拟借此大体掌握应聘者的胜任能力特别是情商和心理健康状况。

3. 背景调查

背景调查是指组织在不侵犯应聘者个人隐私的前提下，尽量通过不同信息渠道验证信息，对应聘者进行更全面的了解，旨在掌握应聘者与应聘职位有关的背景信息，同时考察其诚实性。其内容主要包括：学历学位调查、工作经历调查和不良记录调查等，组织一般会将与应聘者未来工作有关的信息调查作为重点。

4. 体检

健康检查是甄选环节的重要内容，主要目的有二：其一，了解应聘者的健康状况，检查其是否有应聘工作职务所不允许的疾病或生理缺陷,以减少员工因体能不支或智力问题给未来工作带来负面影响;其二,避免聘用到受聘之前曾受过伤或患有重大疾病的应聘者以及为此而支付的保险费用。

三、聘用

应聘人员被组织甄选出来后,便进入试用环节,其后才能确定是否被正式聘用。在试用阶段,组织要与拟聘用人员签订试用协议,以法律形式明确试用期间双方的权利与义务;拟聘用人员要在规定时间内凭借拟聘用通知书和其他相关材料,到该组织的人力资源部门注册报到,接受试用期培训;试用期满后,组织将按照事先提出的职务要求对拟聘用人员的工作情况进行检查、考核和评价,这是决定是否聘用的关键环节。

拟聘用人员通过试用考核后,便与组织签订正式用人合同,确立正式劳务关系。现代管理强调以人为本。在甄选、录用阶段如果有应聘者落选,组织应当对其予以及时恰当的回复。这样做,既能够维护应聘者的自尊,也有利于树立良好的组织形象。

第四节　培训与职业发展

一、培训

(一)培训的目的和作用

培训是现代组织人力资源管理的一项重要工作,是指组织为提高组织成员素质,促进组织发展,采用科学的方法和形式,有计划、有针对性地对组织成员进行教育和训练的过程。具体说来,培训无论对组织成员个人还是对组织而言,都具有重要作用,主要体现在以下几个方面。

1. 组织文化教育强化组织成员的认同感

一项正规的组织培训计划,通常包括以组织文化教育为重点的新入职人员拓展计划。每个组织都有自己的价值观念和行为准则,而组织成员对组织文化的认同是影响其工作态度和工作绩效直接因素。为此,大部分组织都会对新入职员工特别是新聘主管人员实施旨在培养其共同价值观的拓展训练,其主要目的在于通过组织文化教育,使其逐步了解和接受组织文化,并融入组织文化之中,以强化其对组织的认同感,促进其与组织建成利益共同体,按照组织共有的行动准则从事各项工作。组织培训计划中,除了组织文化教育外,还包括向新入职人员表明组织对他们的期望,以及对组织发展历史、标志性建筑的介绍,并提供与组织领导见面和交流的机会,使新入职人员在对组织了解和认识的同时,体会到组织对他们的关心,进而受到激励,不断追求卓越。

2. 专业培训增强组织成员对职位要求的适应性

组织中的每个职位都有相应的任务和目标,组织成员只有具备一定的知识与技能,才能与特定职位相匹配,取得较高绩效。因此,完善的培训计划,既包括为保证新入职人员更好地适应工作要求而进行的专业、系统的岗前培训,也包括为防止在职人员知识与技能老化而进行的与其工作相关的最新知识与技能培训。

3. 综合能力培训增强组织成员的发展潜力

一项完善的培训计划,不应仅限于培养组织成员的基本技能,还要注重培养组织成员的综合能力,即学习、沟通和创新等能力。组织成员的综合能力是形成组织竞争优势的重要来源,它既能够使组织的各项工作更有成效,还能为组织发展带来更多机会,从而全面提升组织的竞争力,持续保持竞争优势。当然,综合能力也是组织成员导致个人走向成功的重要因素,它将显著提高组织成员的工作业绩,使之在组织中获得更广阔的发展空间,从而更好地实现人生价值。

（二）培训内容

1. 技术技能培训

技术技能是一个具有广泛内涵的概念,它既是指组织成员最基本的读写能力、数学运算能力,以及在现代办公自动化、信息化条件下使用文字处理软件和电子邮件系统的计算机操作能力,也包括与特定职位相关的业务能力。当今社会,信息技术日新月异,创新性科技成果不断涌现并被广泛运用于各工作领域,对组织成员业务技术技能提出越来越高的要求,所以,大多数组织的培训都更加重视技术技能培训,致力于更新和提高组织成员的业务技术技能,不断增强其对特定职位的适应能力。

2. 人际关系技能培训

人际关系技能对所有组织成员都是一项重要技能。在组织结构日益扁平化、组织设计越来越趋向于采用学习型组织和团队形式的背景下,组织成员的工作绩效在很大程度上取决于他们与上下级及同事之间有效交往的能力。这种技能在一定程度上与人的性格、习惯等个体因素直接相关,但它也可以通过后天的学习和训练得到明显改善和提升。组织中人际关系技能培训的主要内容是学习如何倾听,如何清晰表达自己的思想和观点,以及如何减少摩擦和冲突等,旨在增进组织成员建立信任与沟通合作能力,以更好地适应团队合作工作方式。

3. 解决问题能力培训

组织环境越复杂、越具有不确定性,组织成员在日常工作中经常需要解决的问题越可能是非常规的,甚至是重大的突发、意外事件。处理和解决这些问题常常没有固定的模式和经验可循,因此,要求组织成员必须具备较强的逻辑推理能力、问题判断能力,以及开发各种备选方案、分析方案和选定方案的能力。解决问题能力培训,主要就是要改进和增强组织成员分析、判断和解决问题的技能。

（三）培训方法

组织开展培训的形式多种多样,不同的培训方法各有利弊和不同的适应性,组织可以根据实际需要和自身条件,选择适宜的培训方式。

1. 在职培训

在职培训是指组织成员在完成工作任务的同时,在工作场所接受培训,即在实践中进行学习,其具体形式主要有工作轮换和预备实习。

（1）工作轮换是指把组织成员从一个职位调配到另一个职位,实现横向交换的培训方法。这种方法使组织成员有机会承担多种职位的工作,学会多种工作技能,可以在一定程度上消除专业分工过细带来的工作枯燥乏味等弊端;同时,它也可以使组织成员较全面地了解整个组织的不同工作情况,培养其更广阔的工作视野、协作精神和系统理念,丰富其技术知识、管理能力和工作经验,为其进一步发展和晋升奠定基础,有利于培养全面的高级管理人才。

（2）预备实习是指在一定时间内,让受训人员跟随经验丰富的人一起工作,在其一对一的指导下学习和提升自己的知识与技能的培训方法。组织中常常采用这种方法对新入职人员进行培训。指导者一般是富有经验的优秀老员工,他们以导师或顾问的身份对新入职人员的工作进行指导和监督,并成为受训员工仿效的榜样。显然,预备实习这种培训方式非常有利于帮助新入职人员迅速成长,他们得以有机会近距离观察和学习老员工的工作方法和工作技巧,从他们那里直接获得支持、指导、鼓励,还可能有机会独立承担一些重要任务。

在职培训的优越性在于:针对性强,简便易行,成本低廉。其局限性在于组织成员难以兼顾学习和工作,正常的工作秩序可能会受到影响。

2. 脱产培训

脱产培训是指组织成员脱离自己的工作岗位,在专门的课堂教学环境中接受系统的培训,其具体形式主要有:

（1）课堂讲座。这是一种传统的培训方式,可用来传授特定的技术、人际关系及解决问题的技能。在讲座过程中,培训者与受训者形成互动,可以传播具体、及时的信息。但课堂讲座脱离了工作现场,因此具有"只听不练"的缺陷,难以培养受训人员在实际工作中运用相关理论解决实际问题的能力。

（2）电视录像。这是一些大型组织包括跨国公司普遍采用的培训方式。电视录像具有直观示范性的特点,可以借助媒体清晰地展示其他培训方法不易传授的技术技能,因此更适合于技术技能的学习。这种培训方式使同时、整体地传递组织所需的各种信息成为可能,并可根据需要反复使用,为传统课堂提供了灵活性和自主性,更便于确保教学内容的一致性、教学时间的同步性,同时增加培训数量,减少培训费用。

（3）模拟练习。模拟练习的关键在于"仿真",即向受训人员提供近似于现实的情景、案例或设备,对其进行能力培养。这种训练更适合于人际关系技能和解决问题技能的学习,有助于培养受训人员的团队精神,增强其发现问题、分析问题和解决问题的能力。具体的练习方式有案例分析、试验演练、角色扮演、小组互动等。如果在一个模拟的环境中,让受训人员通过操作未来工作中将要使用的同类设备学习,无疑会有助于培养其技术技能并促进其提高和改进。

脱产培训的优越性在于:受训人员通过课堂环境进行学习,摆脱了工作压力,便于集中精力;专门跟随组织内外专家学习,得以拓宽视野。其明显缺陷是:需要抽出专门时间,费用也比较高。当然,随着互联网的发展,"慕课"、视频等不断被应用于培训工作。新媒体、新工具的采用使培训内容更加综合也更与时俱进,受训者在时间和空间选择上更加灵活,组织用于培训的费用支出也显著减少。然而,这些方法在模拟真实活动以及面对面互动等方面有一定局限性。现实中,越来越多的组织综合采用多种方法开展培训工作。

二、职业发展

（一）职业发展阶段

一个人从入职到退出职业生活,中间经历多个阶段。在此期间,作为组织成员的个体,其成熟度和需求会不断变化,并呈现出不同特征,组织中的管理者应对其履行相应的职业帮助和指导职责,如表6-2所示。

表 6-2　　组织成员职业生涯阶段与管理者职责

阶段	组织成员特征	管理者职责
探索阶段	刚刚进入社会。开始思考各种可能的职业选择,并试图先作较宽泛的选择,然后再根据其对个人兴趣、能力、特长的评价,进行修正或重新选择	全面提供有关组织和工作的信息,扶助他们形成正确职业预期
确立阶段	由青年逐渐步入中年。可能已找到适合自己的职业,并全身心投入有助于自己在此职业中取得永久性发展的各种活动。该过程包括:尝试期——确定当前所选择的职业是否适合自己,如不合适可能换工作;稳定期——已经给自己确立了较坚定的职业目标,并制定较明确的职业计划来确定自己晋升的潜力、工作调换的必要性以及需要参加的培训等;职业中期危机期——可能根据自己最初的理想和目标对自己的职业选择作一次重要的重新评价,或重新进行职业选择,或调整今后的努力方向	创造条件和机会,努力帮助他们充分发挥自己的作用
维持阶段	进入职业生涯后期。趋向于安心现有工作,主要精力放在保持现有的位置上	激励他们更好地工作,并为退休做好心理准备
衰退阶段	面临退休。可能遇到很多困难,特别是心理上的失落与不安	帮助他们学会接受权力交接和责任减少的现实,发挥余热指导年轻人成长

　　大多数人的职业生涯是在组织中度过的,所以,他们与组织之间建立起密切的相互依存关系。从组织的角度考察,组织在其发展的不同时期,要根据外部环境和内部条件的变化对组织成员进行动态调整,使每个组织成员的知识和能力适应组织的需求;从组织成员的角度考察,组织中的每一个成员,都期望在工作中得到成长和发展,不断寻求未来的个人成长和发展机会,并因此寻求理想职业,进行职业目标设计。可见,组织成员的职业发展,既是组织管理工作的一个重要组成部分,组织成员个人也持续关注。管理者要有效开展人力资源管理工作,实现组织目标与组织成员个人需求的有机结合,就必须确切了解每一位组织成员的职业愿望及其职业生涯发展阶段,并据此制定有益于组织成员职业成长和发展的综合性职业管理规划,切实将之内化于组织人力资源管理规划与政策。一个完整的职业发展规划,既包括组织的职业发展规划,也包括组织成员的职业发展规划。

　　(二)组织的职业发展规划

　　所谓组织的职业发展规划,是指组织为帮助组织成员在本组织中职业生涯得到发展而设计的职业发展规划,是组织把组织成员个人发展与组织发展紧密结合起来,对决定组织成员个人职业的主客观因素进行测定、分析和总结,并通过设计、规划、执行、评估和反馈的过程。组织层面的职业发展规划,以提供有关信息、评估和培训,帮助组织成员实现其职业目标为核心,旨在帮助组织成员设计一条切实可行的未来职业发展路径,通过各种有效的方式使组织中的人力资源得到充分利用,使组织成员的职业生涯目标与组织发展的战略目标相一致。组织在促进组织成员职业发展中会履行一定责任,如表 6-3 所示。

表 6-3　在促进组织成员职业发展中组织履行的主要责任

责　任	内　　容
加强目标沟通	针对组织和组织成员的发展目标与组织成员进行沟通,目的是将组织成员个人需要与组织需要统一起来,人尽其才,最大限度地提高组织成员的积极性,增强其归属感
提供依据	对组织成员绩效进行考核评估并及时给予反馈,分析其潜能和技能发展情况,帮助他们做好自我分析,并提供组织中可供选择的发展途径和信息
指导和支持	参照组织发展目标,协助组织成员确立职业发展目标和行动计划,为其创造学习和提高的环境,结合组织成员个人的知识、能力结构及组织需要,协助他们解决好培训和教育等相关问题

组织科学制定和实施职业发展规划的意义与作用,主要有:

(1)促进组织成员的需求和理想与组织相吻合。职业发展规划与人力资源规划在总体目标上是一致的。人力资源规划明确了组织未来需要哪些人力资源,职业发展规划则阐明了组织成员的需求与理想怎样才能与组织相吻合。科学的职业发展规划可以帮助组织成员实现职业目标,进而确保组织获得所需要的各类人才。

(2)增强组织对高素质人才的吸引力。组织成员素质越高,对工作的期望目标也越高。如果组织对其职业发展有清晰的安排,或给出一定的建议,则会增强组织的吸引力,提高组织成员的忠诚度,更有利于留住高素质人才,为组织提供充足的优质人力资源储备,并保持持续的竞争力。

(3)为所有组织成员提供成长和发展的机会。组织制定的职业发展规划,不仅会为特殊人才设计职业发展路径,也会充分考虑到组织中的每个成员,使之通过参加培训、横向交流和合理的职业发展规划,获得成长和发展的机会,以增强一般员工的信心,减少其不平衡感和挫折感。

(三)组织成员的职业发展规划

上述分析表明,组织成员的职业发展是组织及其管理者实施人力资源管理的重要内容之一。然而,现代经济社会发展的现实证明,组织成员的职业进程、对组织的忠诚度、重要技能的形成及其市场价值等,在很大程度上取决于组织成员个人,因此,他们要对自己的职业生涯规划、职业目标选择及教育培训等负责,不断提升个人对自身职业发展的责任感。

组织成员的职业发展规划,是指组织成员自己根据其自身条件、能力和兴趣,通过确定职业目标及实现目标的手段,谋求自己在人生不同阶段得到持续发展的职业发展规划。由于组织成员个人层面的职业发展规划可能涵盖专业发展方向选择、就业单位选择和职务选择等一系列职业生涯中的重大转折,因此,组织成员制定这一规划时,首先要作好自我分析,全方位地认识自己,其内容包括:①价值观分析,树立正确的人生观和价值观;②兴趣分析,认清自己希望做什么以及对什么最感兴趣;③知识与能力分析,真正了解自己的知识、能力及工作阅历;④个性与风格分析,认清自己的个性和风格,以便找准适合自己的发展方向。只有在充分的自我分析的基础上,组织成员才可能依照自己的价值观,确定自身的长期与近期发展目标,拟订具体的职业发展规划。

组织成员个人在为自己量身定做了职业发展规划后,就可以根据自身情况和客观环境因素,为自己实现职业目标确定行动方向、行动时间和行动方案,因此,职业发展规划成为组织成员不断提高自身素质、努力实现自身价值的重要手段。当然,作为组织成员的个体,在制定个人职业发展规划时,还应注意两个问题:第一,个人职业发展规划要有一定弹性,以便自己根据实际情况进行适当调整;第二,组织成员个人的职业发展要建立在组织发展的基础上,通过组织目标和个人自我目标实现,促进组织与个人的共同发展。那些脱离开组织目标、一味强调个人或个性发展的个人职业发展规划,将使个人难以实现在组织工作中获得成长和发展的目标。

第五节　绩　效　考　评

一、绩效考评的意义与作用

（一）绩效与绩效考评的概念

所谓绩效,是指组织成员经过考评的工作行为、表现及其结果,其主要特征有:①影响因素的多元性。绩效的大小受多种主客观因素的影响。例如,组织对组织成员的激励手段,组织成员自身的工作技能,外部环境与机会等。②评估分析的多维性。为了精确地评估绩效,对组织成员绩效的分析和考评需要从多维角度进行综合考虑,逐一评估,但对各维度的考评会有不同的侧重点。③绩效本身的动态性。随着时间的推移和组织成员自身情况以及环境的变化,一个人的工作绩效是动态的,所以,管理者不应僵化地评价其下属及其工作绩效。

绩效考评是指组织根据职务说明对组织成员的工作行为和工作效果进行考察和评估,其目的是确保组织成员的工作与组织目标保持一致。

（二）绩效考评的意义与作用

绩效对组织而言,是任务在数量、质量及效率方面完成的情况;对组织成员而言,则是上级和同事对自己工作状况的评价。组织成员的绩效是影响组织整体绩效水平的决定性因素。因此,管理者无论是为了实现组织发展目标,还是为了有效实施人力资源管理,都需要及时、全面地了解组织成员的工作及其完成任务情况,因而定期对组织成员进行绩效考评势在必行。

具体说来,绩效考评的意义和作用主要体现在以下几个方面:

（1）为薪酬管理提供依据。薪酬是组织成员因向组织提供劳务而获得的酬劳,薪酬与组织成员的能力和贡献相结合是组织普遍采用的薪酬分配原则,因而,组织在确定组织成员的薪酬时,不仅要根据其担任某项职务所必需的素质来确定其能力工资或职务工资,而且还要根据组织成员的工作成效等因素确定其绩效工资或各种奖酬。绩效考评可以为薪酬管理提供依据,而绩效考评结果与薪酬挂钩机制,也使考评具有了激励效应。可见,为管理者确定薪酬、晋升和解聘等决策提供信息,帮助组织成员理解并接受这些决策的依据,是绩效考评的行政性目的。

（2）为促进组织成员培训和发展提供依据。绩效考评是发现组织成员的优点、特长和不足,检验其是否有效完成工作,是否存在需要改进之处的重要手段,因此而成为确定是否要对其进行培训,以及对其开展哪些内容的培训的重要依据。不仅如此,考评结果在很大程度上反映出组织成员对现任工作的胜任程度及其发展潜力,因此可以作为决定组织成员晋升、职务调动甚至解聘的重要依据,这也体现了绩效考评的行政性目的。

（3）促进组织和组织成员共同发展。科学有效的绩效考评设计，不仅包括对组织成员的工作绩效进行评价，还应包括对其及时进行信息反馈，并针对组织成员改进和提高工作绩效提供建议和支持，这将更好地开发组织成员的潜能，使之保持较高的绩效水平，促进其职业发展；反过来，组织成员持续的自我发展和自我完善，也会促进组织的进一步发展。可见，绩效考评把组织目标与组织成员的个人发展有机结合起来，既给组织成员以压力，促使其努力实现组织目标，又使之对自己有客观的认知，并从绩效考评中得到收获，受到激励。这体现了绩效考评的发展性目的，管理者基于绩效考评的反馈及培训，可以帮助组织成员提高日常业绩，为承担更大的职责积累经验，提前做好准备。

二、绩效考评的标准

绩效考评是人力资源管理过程中非常重要而且操作难度较大的环节，其重点是评价组织成员的个人特征、工作行为、工作结果等与工作业绩有关的内容，其中，个人特征指组织成员的知识、能力及个性；工作行为指组织成员在工作中表现出的实际行为；工作结果指组织成员的工作业绩。为保证考评结果客观有效，需要科学确定考评标准，考评指标全面，标准清晰，与工作绩效密切相关，是有效实施绩效考评的重要前提条件。因此，组织考评标准的确定一般由组织中的管理者、组织成员及有关专家共同进行，以充分发挥三方的优势：管理者最了解组织的总体目标，组织成员最熟悉自己从事的具体工作，有关专家最拥有制定考评标准的专业知识和技能。组织中的管理者、组织成员及有关专家根据组织及部门的工作目标，并结合组织成员个人的实际工作和能力等因素，选择确定科学的考评标准，这是绩效考评的最基本的依据。一般的组织绩效考评标准包括主观标准和客观标准。

（一）主观标准

主观标准是一种定性标准，主要用于主观描述组织成员的个人特征、工作行为和工作结果。当考评内容无法测量时，一般会采用主观标准对其进行文字叙述式的总结评价。采用主观标准进行绩效考评具有一个明显局限性，即缺少客观统一的评价尺度，在很大程度上依赖考评者的主观感觉和认识得出考评结果，因此难以保证其客观性和准确性。

（二）客观标准

客观标准是一种定量标准，主要用于客观评价可用数字测量的组织成员的工作结果。与个人特征和工作行为相比，组织成员的工作结果往往表现为具体数据，更易于衡量，所以，在绩效考评中客观标准得到较普遍的采用。然而，客观标准也有一定的局限性，即单纯依靠数字评价，过于抽象，无法全面体现被考评者的具体工作状态。

由于主观标准和客观标准各有利弊，为保证对组织成员的考评全面、综合、科学、有效，组织在进行绩效考评时常常同时采用这两种考评标准。

三、绩效考评的程序与方法

（一）绩效考评的程序

绩效考评工作要经过的程序有横向和纵向之分。

1. 横向程序

横向程序是指按照考评工作的先后顺序进行，主要包括以下步骤：第一步，制定考评标准。这是为避免考评的主观随意性而设计的必要环节。考评标准必须以对组织成员应尽职责的正式要求即经过职务分析制定的职务说明与职务规范为依据。第二步,实施考评。对组织成员的工作行为和工作效果进行考核、测定和记录。为保证绩效考评工作客观公正,组织应开发和应用科学的考评系统,并根据考评目标的要求,综合运用多种考评手段和方法,以保证对组织成员的绩效水平作出全面、客观的评价,确保考评结果精确、真实、可靠和科学有效。同时,应选择绩效考评实施者,他们应当是与被考评者在业务上有密切联系的相关人员,如上级、同事、下属等,某些情况下,被考评者作出自我评价也是必要的。第三步,考评结果的分析与评定。将考核记录与既定标准进行对照分析和评判,进而得出考评结论。第四步,考评结果反馈与实施纠正。绩效评估的根本目的在于通过发现问题和寻求解决方案,使组织成员和组织的绩效水平都得到提高,所以,组织应运用有效的反馈机制,实现绩效考评工作的目的性。反馈可以采取直接面谈和书面通知等方式,其目的在于使组织成员能够清楚组织对自己工作的看法与评价,自己做得好的方面和需要改进的方面,以发扬优点,克服不足,在此期间,组织应为其提供进一步改进的基本途径与建议。由于组织成员的工作绩效受多种因素影响,既有主观因素,也有客观因素,因此,组织应客观地根据实际影响因素有针对性地采用纠正措施。第五步,备案考评结果。人力资源部门对考评结果进行备案,还应根据考评结果确定不同组织成员的发展方向,为组织的人力资源规划工作和各项人事决策提供依据。

2. 纵向程序

纵向程序是指按照组织层次逐级进行考评,这是一个由基层考评开始,经过对中层的考评,再到对高层进行考评的自下而上的过程。其主要包括以下步骤:第一步是进行基层考评,即以基层为起点,由基层部门负责人对其直属下级进行考评,主要考评下属个人的工作行为、工作效果以及影响其行为的个人特征与品质;第二步是进行中层考评,既要考评中层管理者个人行为及其特征,也要考评其所在部门总体工作绩效;第三步是进行高层考评,即上级机构对公司最高管理层进行考评,主要考评其经营效果方面的硬性指标完成情况。

(二)绩效考评的方法

1. 书面描述法

书面描述法是一种考评者以书面形式描述一个组织成员的优点、不足以及取得的绩效与潜能,并提出改进建议的考评方法。这种方法虽然简便易行,但考评结论在很大程度上受到考评者的主观感觉、文字表达能力等因素的影响,不一定全面、客观和公正。

2. 关键事件法

关键事件法是一种对每一位被考评者建立"考评日记"或"绩效记录",由考评者和知情者随时记载,在对这些具体事实进行归纳整理的基础上得出考评结论的考评方法。对记载事件的要求主要有:既有好事,也有不好的事;是突出的、与工作绩效相关的事,而不是一般的、琐碎的生活上的事;是具体的事件与行为,而不是对某种品质的评判;是事件本身、素材的积累,而不是评语。这种方法的优越性在于:事例丰富,以行为为依据,归纳整理这些具体事实后得出的结论比较可信,便于管理者与被考评者沟通与反馈,反馈意见易于被接受,也能加深被考评者对它们的理解,有利于改进工作。其缺陷是比较耗时,难以量化。

3. 评定量表法

评定量表法是一种罗列出一系列绩效因素,考评者采用"递增分数等级"对各因素逐一进行评估的方法。考评者一般采用五级评定量表(5分制),以职务知识这一因素为例,当被考评者对职务职责的了解很差时,可以被评为 1 分,当被考评者对职务职责充分了解时,可以被评为 5 分,中间状态则可能被评为 2~4 分。这种方法的优越性是提供定量数据,时间耗费少,其主要缺陷是不能提供工作行为评价方面的详细信息。

4. 行为定位评定量表

行为定位评定量表是综合了关键事件法和评定量表法的考评方法,即考评者按顺序数值尺度对各项指标给出评分,但评分项目不是一般性描述被考评者的人格特点,而是被考评者从事某项职务的具体行为事例。该方法的优越性是侧重于具体、可衡量的工作行为,但具有耗时而且难以操作的缺陷。

5. 多人比较法

多人比较法是将一个组织成员的工作业绩与另外一个或多个组织成员进行比较的考评方法。例如,分组排序,即考评者按特定的分组将组织成员编入一定的次序中;个体排序,即考评者将组织成员按从高到低的顺序排列;配对比较,即每一个组织成员都一一与比较组中的其他每一位组织成员结对进行比较,评出"优者"和"劣者",在所有结对比较完成后,将每位组织成员得到的"优者"数累计起来,就可以排出一个总顺序。这种方法在组织成员数量多时不适合使用,不便于操作。

6. 目标管理法

目标管理法是一种对每个组织成员都确定若干具体目标,并依据其目标完成情况进行考评的方法。该方法侧重于目标,不注重过程,是结果导向的,适用于对管理人员和专业人员进行考评,比较耗时。

7. 360°反馈法

360°反馈法是一种利用从上司、同事、客户以及组织成员本人得来的反馈信息进行多方考评的方法,因信息来源涵盖了与被考评者有互动关系的所有人员,所以也称全方位绩效考评法。该方法的优越性在于信息来源全面,结论比较公正,有利于对被考评者进行职业指导,帮助其认清自己的优点和不足,但考评结果不适于作为决定被考评者报酬、职务晋升、辞退的依据,这是因为得到的有些信息可能不一定客观准确。例如,当上级对被考评者不太了解或者有偏见时,或者当被考评者自我估计过高时,或者当下级担心上级打击报复时,所提供的信息就可能不太准确,甚至高度失真。

本 章 小 结

人力资源是指组织中全体人员所具有的劳动能力的总和,具有能动性、双重性、社会性、时效性、再生性等特征。

人力资源管理是指组织通过对组织未来的人力资源需求和人力资源供给状况的分析及预测,对组织人力资源管理活动进行的总体规划,包括人力资源总体规划和具体的业务计划。人力资源规划过程包括评价组织现有人力资源情况;预测组织未来的人力资源需求;制定未来行动方案。

招聘是组织把满足组织要求和职位条件的申请者吸引到组织空缺职位上的活动过程。拟选聘人员需要经过试用环节,试用合格后,便与组织签订正式用人合同,确立正式劳务关系。

　　培训是使组织成员系统地提高其技能和工作绩效的方法。培训内容主要是技术技能、人际技能和问题解决技能培训。培训方法有很多种。

　　从组织角度看,制定职业发展规划是要实现员工职业生涯目标与组织发展战略目标相一致。从组织成员个人角度看,制定职业发展规划有利于自己在人生的不同阶段得到不断发展。

　　组织成员绩效是指其经过考评的工作行为、表现及其结果,具有多元性、多维性、动态性特征。绩效考评有主观标准和客观标准。实施绩效评估的步骤包括:确定评估目标、选择评估执行者、进行绩效评估、反馈评估结果、将评估结果备案并作为组织决策的依据。

思　考　题

1. 什么是人力资源?
2. 什么是人力资源管理? 它对现代组织具有什么意义?
3. 一项完整的人力资源规划主要由哪些内容构成?
4. 内部招聘和外部招聘各有什么优越性和局限性?
5. 甄选过程主要包括哪些环节?
6. 组织开展培训的主要目的是什么? 现代培训主要采用哪些方法?
7. 组织应怎样提高绩效考评的有效性?

第七章

组织文化与组织变革

【学习目标】

1. 理解组织文化的内涵与特征。
2. 描述组织文化的结构与功能以及管理组织文化的路径。
3. 分析组织变革的涵义、动因以及组织变革的特点。
4. 熟悉变革阻力的根源以及克服阻力的方法。
5. 了解管理者实施组织变革及领导变革的要领。

组织文化是组织内部环境的重要构成因素,对组织的生存与发展影响巨大,管理组织文化是管理者的一项重要职责。开放的组织面对多变的动态环境,必须实施组织变革。当然,引发组织变革的因素是错综复杂的。大多数情况下,组织变革是组织基于其自身发展需要而采取的主动行为,但也有一些组织变革是组织适应环境变化而采取的被动的适应性反应。无论是哪一种情况,组织都需要有效管理组织变革,适当推进组织变革。本章主要阐释组织文化的特征、构成、功能以及管理组织文化的路径,分析组织变革的动因、阻力、形式和内容,以及管理者对组织变革的管理与领导等。

第一节　组织文化的内涵与构成

一、组织文化的内涵

(一)组织文化的定义

从字面意义来理解,组织文化显然是把组织与文化联系起来而产生的概念,其含义是什么呢? 哈罗德·孔茨指出,当"文化与组织联系在一起的时候,指成员所共有的行为方式、共同的信仰及价值观"。[①] 迄今,人们普遍认为,组织文化(organizational culture)是指组织在长期实践中形成的具有本组织鲜明特征的文化现象,是组织中全体成员共同接受和遵循的价值观念、思维方式、心理预期和行为准则等。对组织文化定义的把握,应抓住三个要点:①共享性。在一个组织中,无论不同的个体拥有怎样不同的背景,也无论这些个体处于组织中的哪一个层级,所有组织成员都会用相似的词语描述该组织文化。②感知。组织成员不能真实地触摸或看见组织文化,但可以根据其在组织中的经历感受到它的存在。③描述性。谈及

---

① ［美］哈罗德·孔茨、海因茨·韦里克:《管理学(第十版)》,经济科学出版社1998年版,第217页。

组织文化,组织成员一般不涉及其是否喜欢等问题,他们常常是根据自身体会对之进行描述。

（二）描述组织文化的 7 个维度

罗宾斯为我们推荐了一项有关组织文化维度的研究成果,即用 7 个维度描述一个组织的文化,如图 7-1 所示[①]。

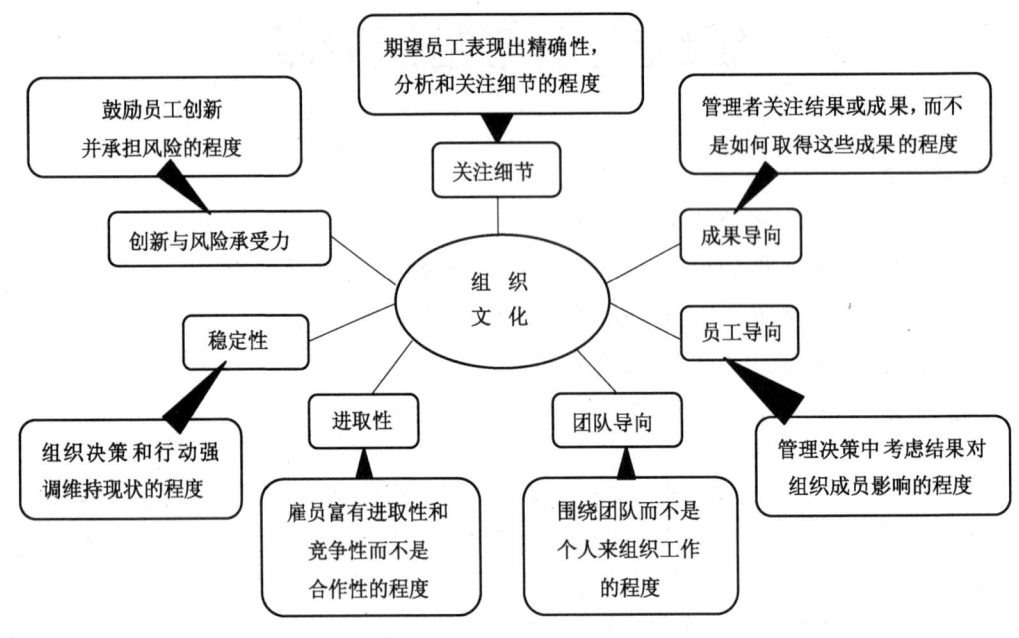

图 7-1　组织文化的维度

以上维度可以从低到高变化。如果该维度较低,则它在这种文化中并不典型,如果维度高,则在这种文化中非常典型。使用这 7 个维度,可以对一个组织的文化进行全面、综合的描述。在许多组织中,某种文化维度被强调的程度往往会超过其他维度,并且从根本上塑造该组织的个性以及组织成员的工作方式。

（三）考察组织文化本质的方法

任何组织都有自己产生与发展的历史,不同的组织在其独特的演进过程中经过长期积累形成自己特定的组织文化。深层的组织文化是无形的,因此,要真正了解一个组织的文化,需要认真观察、细心体验和领悟,"从人们在一个组织范围内的所说、所做、所想中推出它的文化"[②]。美国哈佛商学院兰杰·古拉蒂(Ranjay Gulati)教授等提出,应站在一个全面的视角,并结合形成文化的业务情景去思考,从以下几个方面去考察和把握组织文化的本质[③]:

（1）通过一个组织的宏观方针和思想原则以及在其指导下处理组织与利益相关者之间关系的行为方式,可以鉴别组织的使命、宗旨、价值观、行为哲学。

（2）理解一个组织对从事、在意的事务范围的限定,可以了解对组织有价值的行为以及

①　[美]斯蒂芬·P·罗宾斯、玛丽·库尔特:《管理学(第 11 版)》,中国人民大学出版社 2012 年版,第 50 页。

②　[美]哈罗德·孔茨、海因茨·韦里克:《管理学(第十版)》,经济科学出版社 1998 年版,第 217 页。

③　[美]兰杰·古拉蒂等:《管理学》,机械工业出版社 2014 年版,第 185 页。

组织对其成员给予的期望。

（3）理解一个组织中获得、维持和丧失权力的规则，可以发现组织对恰当的或错误的行为的潜在共识。

（4）理解一个组织中的工作惯例与规范，可以了解组织所关注的事物，其中就隐含着组织的价值观和规范。

（5）观察一个组织庆祝或奖励那些核心价值、核心突破等关键事件时所采取的方式，以及那些被惩罚或被忽视的行为，可以为理解组织文化找到线索。

二、组织文化的特征

不同的组织是在不同的环境下产生和发展起来的，而组织文化又是各个组织经过长期实践逐渐积累而成的，因此，不同组织各有其特定的共享价值观、特定的共同精神取向和特定的群体意识，体现出组织文化具有长期性、独特性和可塑性特征。除此之外，组织文化还具有以下基本特征。

（一）精神性

从本质上讲，组织文化是一个抽象的意识范畴，是存在于组织中的一种群体意识现象、意念性行为取向和精神观念。正因为组织文化具有这种精神性特征，才成为组织的重要无形资产。

（二）系统性

组织文化涵盖共享价值观、团队精神、行为规范等多种要素，各要素之间相互依存，相互关联，构成一个有机的系统，体现出组织文化具有很强的系统性。

（三）导向性

组织文化明确规定了组织的行为准则与价值取向，而组织树立的模范典型又进一步实现了组织价值观的人格化，让组织成员从他们身上发现组织的意志与期望，进而引导组织成员的行为更加符合组织的要求。

（四）粘合性

组织向组织成员不断传递某种信仰与态度，会潜移默化地影响他们的世界观和思维方式，进而实现文化认同，形成共享价值观，使这些本来抱着不同动机加入组织的个体成员产生相互合作、友好相处的意愿和彼此之间的信任感，于是，在组织中营造出良好的氛围，大大激发了组织成员的士气，组织的凝聚力得到增强。可见，良好的组织文化具有粘合性。

（五）稳定性

组织文化具有稳定性，它不会因领导人的变更、发展战略的调整以及组织结构的变化等而轻易改变。当然，这种稳定性是相对的。如果从一个组织长期的发展过程考察，就会发现，优秀的组织文化是与时俱进的，它会随着社会的进步、环境的变化以及组织的重大变革而相应变革和发展。在全球化背景下，组织无疑要从全球视野出发，融合世界上最新的人类文明成果，发展与完善组织文化，使之"更适应时代的要求，并且形成历史性与时代性相统一的组织文化[①]"。

---

① 周三多主编：《管理学（第三版）》，高等教育出版社 2010 年版，第 192 页。

三、组织文化的构成与功能

（一）组织文化的构成

组织文化由表及里包括物质层、制度层和精神层等三个基本层次。

1. 物质层文化

物质层文化处于组织文化三个层次的表层，是一种以物质形态存在的组织文化构成单位，因此也被称为"文化构件"[①]，是组织文化中可以听到和看到的部分，既涵盖组织的整个物质的和精神的活动过程、组织行为、工作流程、工作语言、做事风格和组织体产出等外在表现形式，也包括组织实体性的文化设备和设施等，如带有本组织色彩的工作环境、雕塑、图书馆和俱乐部等。物质层的组织文化是精神层和制度层组织文化的载体。

2. 制度层文化

制度层文化处于组织文化三个层次的中间，组织的物质层文化和精神层文化通过制度层文化而连接成一个有机整体。所谓制度层文化，主要是指组织文化中对组织及其成员的行为具有规范性和约束性作用的部分，既包括体现组织特色的各种规章制度、道德规范和组织成员行为准则，也包括组织中分工协作的组织结构。制度层文化是处于潜在层次的精神层文化向表层的物质层文化转化的中介，它不能直接被观察到，但可以从管理者行为中推断出其价值。

3. 精神层文化

精神层文化处于组织文化三个层次的核心，属于核心层文化，它是组织在其长期发展中形成的群体心理定势和价值取向，是组织成员共同的潜在的意识形态，是组织价值观、道德观即组织哲学的综合体现。精神层文化是指导组织及其成员行为的最强烈的信念，它涵盖了所有组织成员都共同信守的基本信念、管理哲学、价值标准以及敬业精神和职业道德，因此，是组织文化的灵魂和维系组织生存与发展的精神支柱。

（二）组织文化的功能

所谓组织文化的功能，是指组织文化影响组织及其成员的能力或作用。组织文化作为一种自组织系统具有多种特定功能，如表 7-1 所示。

表 7-1　组织文化的功能

引领功能	组织文化作为组织内的共同价值观，在不断向个人价值观渗透和内化的过程中，会自动生成一套组织自我调控机制，它以一种适应性文化引领组织及其每一个成员的价值取向及行为取向，使之符合组织的期望，共同努力实现组织的既定目标
约束功能	组织内的共同价值观潜在于组织的文化氛围、群体行为准则和道德规范之中，形成一种"软"约束，规范每一个组织成员的思想、心理和行为，它体现了组织文化的强制性和改造性，帮助组织指导其成员的言行。组织文化的约束功能体现在：当组织成员真正接受和认同组织共同价值观和行为规范后，就会作出符合组织要求的行为选择；一旦违反了组织规范，他们就会感到不安、内疚和自责，从而自动修正自身行为，以更好地适应组织要求
凝聚功能	组织在向其组织成员不断传递某种信仰和态度的过程中，逐步形成组织内共同的价值观，在组织与其成员之间以及组织成员之间建立起彼此信赖、相互依存的关系，使每一个组织成员都与整个组织有机地融为一体，产生巨大的向心力和凝聚力。一旦组织成员抱有共同目标和共同愿景，将激发其高昂情绪和发奋进取精神，更加努力地投身于实现共同的组织目标

---

① ［美］兰杰·古拉蒂等：《管理学》，机械工业出版社 2014 年版，第 186 页。

（续表）

调适功能	主要体现在两个方面：一是帮助组织新成员尽快了解组织、适应组织，使自己的个人价值观更好地与组织相吻合；二是帮助组织原有成员在组织变革中减少压力，使之更好更快地适应变革
辐射功能	组织文化会通过各种渠道对外传播从而对社会产生影响。良好的组织文化一经传播到社会，会产生一种正能量，促进社会进步和发展，与此同时，也帮助组织在公众中树立良好形象，反过来推动组织更好地发展
自我完善与升华功能	组织文化会随着整个国家和民族文化的进步及组织自身的发展不断完善和升华，并形成良性循环和有益的机制，持续推进组织本身的发展与提升。组织的繁荣昌盛与其组织文化的自我完善是相辅相成的

表 7-1 表明，组织文化有利于提高组织竞争优势，体现了组织文化的正向功能。其实，组织文化在某些情况下也可能对组织产生负面影响，这种潜在的负面功能也是我们不能忽视的，它主要体现在以下几个方面：

（1）阻碍变革。组织文化作为组织内的共同价值观，一旦形成就会逐步深入人心并形成思维定势。当组织面临动态变化的环境时，如果这种共同价值观与组织进一步提高效率的要求相背离，则可能意味着现有组织文化已不合时宜，固守现有的思维定势可能使组织难以应对动态的环境变化，也可能阻碍组织适时进行主动变革，甚至导致组织遭受致命打击。

（2）阻碍多样化。在全球化背景下，组织成员的构成日益多样化。多样化的优越性在于可以使组织利用多样化成员思维和方案，作出更有效的决策，更灵活地地应对激烈的市场竞争和客户的个性化、多样化需求，增强组织竞争力。然而，如果一个组织具有一种强势文化，则可能要求其多样化组织成员的个体价值观与组织价值观保持一致，否则，组织成员将难以适应组织，甚至难以被组织所接受。于是，强势的组织文化可能因阻碍多样化而导致组织不能利用其成员构成多样化的优越性，因而作出缺乏灵活性的组织决策，甚至因此而错失良机。

（3）阻碍并购。随着全球化趋势的增强，基于市场和资源动机的新一轮并购大潮几乎席卷世界的每一个角落，并且呈愈演愈烈之势。当一个组织对另一个文化迥然不同的组织实施并购时，必然会发生不同程度的文化冲突，并购方组织文化或被并购方组织文化，或者并购与被并购双方的组织文化，都可能成为顺利实现并购目标的障碍。国内外实践证明，绝大部分并购失败的深层次原因都是组织文化的不相容。因此，当代管理者在作并购决策时，与其说是考虑融资优势、产品线的协同性等关键因素，莫如说他们比以往都更关注组织文化的兼容性。

第二节　管理组织文化

管理组织文化，是组织有意识地发扬其优良文化，摒弃其劣性文化的过程，其主要目的在于通过确立组织的宗旨和组织精神，构筑组织文化灵魂；通过确定组织文化的导向，形成对组织价值取向的共识，引导组织成员的行为符合组织的共同要求。在此过程中，组织文化不断完善、优化和升华。对组织文化实施有效管理，是当代管理者的重要职责之一。

一、正确选择组织价值观

管理组织文化的第一步是选择组织价值观。组织价值观是组织文化的核心和灵魂，正确选择组织价值观是管理组织文化的首要任务。

正确选择组织的价值观要把握好三个要点：首先，组织价值观要体现组织的使命、愿景和目标，体现组织的发展方向，并适合组织的特点和组织发展的需要，越是这样的价值观，越可能把组织导向成功；其次，组织价值观要凝聚所有组织成员的理想和信念，与组织成员的心态及其基本素质相吻合，越是这样的价值观，越容易得到组织成员的普遍认可和接受，越能够成为鼓励人们努力工作的精神力量，并更好地融合全体组织成员的行为；再次，组织价值观要体现社会对组织的期望，融入社会责任、绿色、共享等理念，越是这样的价值观，越能够得到社会和公众的广泛认同。

二、强化认同

形成以组织价值观为核心的组织文化，只是管理组织文化的第一步，而其后的一个步骤更为关键，这就是强化认同。从某种意义上讲，一个组织的文化只有在得到所有组织成员的普遍接受和认同后，才可以称其为组织文化。所以，在以组织价值观为核心的组织文化基本形成之后，组织一般会采取相应的措施强化认同，主要包括：①利用一切可以利用的媒体，如板报、内部报刊、网络等，在组织中营造浓厚的文化氛围，大力宣传组织文化，让人们普遍了解和认知组织文化；②通过树立典型模范，表彰和奖励那些以实际行动践行组织文化的成员，为组织成员提供可以学习和模仿的标杆，让人们从榜样的精神风貌、价值追求、工作态度和行为表现中，深刻理解和领会组织文化的实质；③通过加大培训和教育力度，使所有组织成员都能够系统地接受和强化认同组织精神与组织文化。

三、提炼定格和巩固践行

强化认同组织文化的根本目的在于使所有组织成员都认同组织共同的价值观，并在行动上与组织目标相一致，重在践行。因此，组织对经过科学论证和实践检验的组织精神、组织价值观、组织伦理与行为等，在理论和文字上进一步加工处理，用精练的语言予以表述，使之条理化、完善化、格式化。其后，要大力巩固和践行组织文化。在这个阶段，领导者的示范作用至关重要。组织的领导者要言行一致，以身作则，率先垂范，不仅在口头上赞成和传播组织价值观，更要在行动上日复一日地践行组织价值观，让组织成员真正感受到并坚信组织和领导者对组织将长期坚守的使命和愿景坚定不移，并将长期致力于管理组织文化，带领组织成员为建设组织的优秀文化而努力。同时，组织要建立健全奖优罚劣的规章制度，并在实践中坚决执行，以巩固和落实已提炼定格的组织文化。

第三节　组织变革的动因与过程

一、组织变革的概念与意义

（一）组织变革的概念

从理论上分析，组织变革（organization change）是指组织对新的思想或新的行为准则的采纳，是组织为应对内外环境变化而作出的行为反应，也是组织用系统的思想指导一系列变化的过程。在管理实践中，组织变革可能发生在组织整体，也可能体现为对组织中任何一部分如组织内的任何单元、任何部门与层次所进行的重大调整。对组织变革概念的理解,应重点把握以下两个要点:①组织变革的根本动机在于用系统的方法(计划—决策—落实),解决组织与外部环境、组织与个体成员之间的相互适应问题,使组织在维系生存中也能得以发展。组织变革的目标是使组织有效运作,与外部环境相适应;实现组织运作方式与组织成员的心理及其行为方式相和谐;使组织管理更加符合组织生存与发展目标。②组织变革是有组织、有计划地开展的,组织变革计划中既明确了组织变革的阶段性目标及其标准,也规定了实现阶段性目标的工作程序以及有关阶段连续性的具体安排。

（二）组织变革的意义

1. 增强组织适应环境的能力

组织生存与发展的重要前提是适应环境。当组织内外环境发生重大变化时,组织需要随之进行相应改变和调整。组织变革就是以对环境变化的正确认识和评估为基础,通过建立健全组织运行机制,改造组织结构和流程,来增强组织的灵活性和对环境的适应性,这是组织变革的基础目标。从组织变革的角度看,组织计划和决策主要考虑两方面的战略问题:一是外部战略,即组织如何在环境中求得生存和发展,力求全面优化组织与外部环境的关系;二是内部战略,即如何为落实外部战略而协调好组织内部的个人和群体目标,将之统一到组织目标上来。

2. 提高组织绩效

组织获得不断发展的重要基础是持续提高组织绩效。组织变革就是在增强组织适应环境能力的基础上,使组织目标任务更加明确,采用技术更加先进,组织结构更加合理,决策程序更加科学,管理效率不断提高,从而确保组织绩效持续提升和组织健康发展,这是组织变革的核心目标。

二、组织变革的动因

引发组织变革的根源在于环境变化,即与组织相关的某些环境因素发生了变化或即将发生变化。这些环境因素既可能来自组织外部,也可能来自组织内部。

（一）外部环境因素

引发组织变革的外部动因是影响组织的外部因素变化,这些变化既可能来自组织的一般环境,也可能来自组织的特殊环境,主要包括如下因素。

1. 技术进步日新月异

当今世界,科技进步日新月异,科技成果在各个领域得到快速转化和广泛应用。在组织中,先进技术的引用可能影响到组织的各个层面。例如,管理工作的高度信息化和现代化,要求组织决策机构等相应变革,高层管理者越来越关注组织目标的确定,制订长期计划,处理外部重要关系,相应降低了对中层管理者的依赖程度;计算机和机器人的采用,在很大程度上替代中层管理者承担常规性的管理工作,相应缩减或模糊了中层管理者的职位权力,要求他们不断学习和掌握创新与变革等管理技能;复杂技术的采用,使组织成员开始承担越来越非常规性的工作,其参与组织决策的机会相应增加。

2. 全球经济格局动态调整

全球化使跨国经营趋势不断增强,竞争也日益跨越国界,新的并购浪潮风起云涌,为应对严峻的竞争态势而涌现出各种战略联盟。此外,全球经济增长乏力,美元贬值,希腊危机以及驰名世界的公司倒闭等,改变了世界经济格局和产业布局。美国、德国以及日本等发达国家实施重振制造业战略,以及中国实施"一带一路"战略和"中国制造 2025"战略带来的新机遇,引发全球投资者及公司战略决策的重大调整。全球跨区域经营以及虚拟经营等,增加了管理控制的难度,经营审计、社会责任等问题也引起了人们的普遍关注。此外,随着互联网和信息技术的快速发展和应用,电子商务呈现一片繁荣景象,它猛烈地冲击着传统业态,甚至倒逼实体经营不得不大力开展网络营销。

3. 人们的消费观念和偏好明显转变

社会的发展和人类的进步,带来人们价值观的悄然变化,具体体现在越来越强调自身的个性化发展、美的享受和知识的获取与运用,越来越讲求生活质量,关注生态环境的改善等,与之相适应,人们的消费观念和偏好也发生了变化,例如,越来越追求产品和服务的个性化、多样化以及绿色和健康,更支持讲求商业道德、勇于承担社会责任的企业等。人们的消费观念和偏好的变化显然对组织的灵活性、适应能力和市场决策提出了新的挑战。

4. 新制度结构的产生

在变革与创新的时代,新的体制、新的制度、新的政策和新的组织,以及新的管理理论与方法应运而生,为组织变革提供了重要的创新性理论与制度支持,同时也向组织提出了冲破传统管理局限和组织架构制约的新要求。

(二) 内部环境因素

引发组织变革的内部动因是影响组织的内部因素变化,主要包括如下因素。

1. 战略决策调整

当今世界,组织在激烈的市场竞争中运营,胜败取决于决策。以科学的环境分析为前提,制定正确、有前瞻性的战略决策,对组织的生存与发展至关重要。当组织发展战略适应环境变化作出重大调整时,组织变革势在必行。

2. 组织成员的变化

组织成员的变化体现在两个方面。一是组织成员价值观念的变化。当代组织成员越来越强调个性化发展,越来越关注现有工作与其职业发展规划的契合,越来越看重工作与生活的平衡以及工作时间与业余时间的合理分布,越来越关注尊重、认可和工作环境的改善。组织成员价值观及其工作认知的变化,对组织的结构设置、人力资源管理、激励机制以及组织文化管理等都提出了新的要求。二是组织成员构成的多元化。与全球化发展以及国际化经营相适应,组织成员构成呈现出多元化的特点。在一个组织中,来自不同文化背景的组织成员一起工作,但因为其工作态度、工作期望、个人价值观等各不相同,可能难以适应组织目标、组织结构、权力系统等。因此,要求组织在人力资源政策和制度以及培训等方面进行相应调整,以吸引和留住这些多元化的人才,使他们能够很好地适应组织的需要,并在组织中获得成长和发展。

3. 创新驱动变革

所谓创新,就是以不同的方式做事,探索新的领域,并承担相应风险。在大众创业、万众创新的时代,创新是组织制胜的法宝,谁拥有创新人才,谁就可能拥有创新思维和创新能力,谁就能够在激烈的竞争中脱颖而出,并保持不竭动力。创新也是驱动组织变革的动力。无论是开发新产品还是提供新服务,无论是技术创新还是管理创新,都需要组织树立新的经营理念,采用灵活的管理方法,紧紧围绕创新进行组织再造。

三、组织变革的分类

（一）按对组织变革的控制程度分类

1. 主动变革

主动变革也称规划变革，是指组织对预期到的未来事件所作的按部就班的设计和实施的变革，是有长远发展战略眼光的管理者根据其观察的环境变化趋势可能给组织带来的挑战，主动制定组织变革计划并分阶段组织、逐步实施该计划的变革。正常情况下，管理者都比较偏好主动变革，这是我们关注的重点。

2. 被动变革

被动变革也称反应式变革，是指缺乏长远发展战略眼光的管理者，保守求稳，当环境发生变化并影响到组织即事到临头时，被动而仓促地作出决定的变革。这种变革出错的机会较多，不成功的几率比较大。

（二）按组织变革涉及的范围分类

1. 渐进变革

渐进变革是指在维持组织一般平衡的前提下进行的一系列持续改进。这些改进通常只影响到组织的局部，而非全部。渐进变革一般在已经建立的组织结构和管理流程中进行。

2. 剧烈变革

剧烈变革是指打破组织原有框架创造一个新的平衡。剧烈变革涉及整个组织，包括为适应动态的环境而创建新的组织和管理流程。

（三）按组织变革的领域分类

1. 组织结构变革

组织结构变革是指从整个组织或组织中任何一个基本构成部分来进行变革。从组织结构构成的基本要素考察，组织结构变革可能涉及三个维度：①复杂化，即分工程度、协作方式、工作设计和管理幅度等；②集权度，即决策权的集中与分散程度；③正规化，即通过规则和标准处理方式规范工作行为的程度。这表明，组织结构变革可能改变职位设计的方法或部门化的原则，也可能改变其报告关系或权力分配，以及协调机制和主管—组织成员结构等，还可能改变组织结构和设计，并进行报酬制度、绩效评价制度以及控制指挥系统的变革等。

组织结构变革，实际上就是组织权力的变革。组织权力是组织对工作行为与技术的控制能力，组织权力在两个层次上发挥组织变革的效力：一是制定适应性策略，以应对外部环境的变化；二是运用组织权力制定发展战略，协调组织内部各种关系，确保组织灵活适应外部环境。

2. 技术变革

技术水平是组织活力的标志性因素，它在很大程度上代表着组织将输入转变为产出的整个过程的能力，标志着组织将有益的知识应用于生产过程的能力。技术变革主要包括设备更新、工艺程序与操作顺序改变、信息沟通协调改变、自动化等。在信息化社会，信息技术成为重要的变革领域之一，当代的大多数组织几乎随时都在进行信息技术创新和系统化，通过安装和使用复杂的软件即 ERP 信息系统来实施技术和运营变革，已经相当普遍。

组织是一个复杂的系统，因此，在实施技术变革时，要全方位评估技术因素对提高组织活力的影响。例如,要关注使用新技术可能带来社会的和组织文化的影响、管理专家对引进专业技术的意见、引进新技术对组织结构和功能的影响,以及人们对各种新技术潜能进行评价和比较可能存在的认知能力局限。

3. 人力资源变革

人力资源变革也称人员变革,是指以组织成员为中心,主要通过制度的改变和组织文化变革,改变组织成员的态度、期望、认知和行为,以激发组织活力的变革,包括:①基于技术更新或提高工作质量的愿望,组织对其成员提出更高的要求,并通过培训提高组织成员的技能水平,同时,相应提高新的聘任标准,旨在使全体组织成员的工作行为更加符合组织目标的要求;②为提高组织成员的绩效水平,组织设计新的激励体系或基于绩效的培训;③通过改变组织成员的价值观、态度、信念、行为准则及其行为,提高其工作意向,激励其做好工作,并接受组织变革目标,把个人目标与组织目标紧密结合起来。

四、组织变革的过程

组织变革是组织用系统的思想指导一系列变化的过程。多年来,管理学界对组织变革过程的研究和探讨广泛而深入,提出了一系列变革理论与模型,其中最有代表性的是勒温的变革模型和复杂的变革理论。

(一)勒温的组织变革模型

库尔特·勒温(Kurt Lewin,1890—1947),美国社会心理学家,计划变革理论的创始人,他创建的组织变革模型奠定了组织变革理论研究的基础。勒温将组织变革过程简单地描述为解冻、变革、再冻结这三个相互关联的步骤,如图7-2所示。他认为,组织现状是一种平衡状态,而变革就是要打破这一平衡状态,为此需要解冻;当解冻完成,就要正式推行变革,使组织达到一种新的状态;然后通过再冻结使新的状态保持长久。

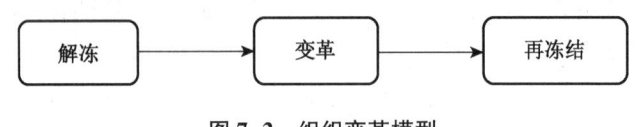

图7-2 组织变革模型

1. 解冻

解冻(unfreezing)即创造变革动力。组织首先要意识到,现有的组织结构或管理行为已不合时宜,改革势在必行,并引导所有可能在变革中受到影响的人认识到变革的紧迫性和必要性。当然,要让人们告别那些不再发挥作用并要设法打破的原有结构或管理行为,进而接受一个新的未来愿景可能十分困难。为此,组织需要从两个方面入手推进解冻过程:①增强驱动力。必须坚决否定目前的行为或态度,或者在一段时间内对之不再强化或肯定,让人们产生足够的脱离现有状态,实施变革的迫切感。②减弱制动力。在这里,制动力是指妨碍脱离现有平衡状态的力量。组织可以通过减少对失败的恐惧感来创造心理上的安全感等,削弱或消除变革的阻碍力量。

2. 变革

变革(changing)即指明变革方向,实施组织变革,使组织成员形成新的态度和行为。要确保组织变革成功,组织首先要创造一种凝聚人心的未来愿景,并把整个组织及其成员都汇聚在这个愿景之下。该愿景不仅应准确陈述组织的使命、哲学和战略目标,而且要清晰勾画出组织变革的理想状态。与此同时,组织还要综合考虑各种因素,提供达成这一目标状态所需要的步骤。在此期间,组织成员可以通过观看他人的言行,学习新观点、确立新态度和新行为,应从客观实际出发,对多种信息加以选择,并在复杂的环境中筛选出有关自己特殊问题的信息。这一过程类似组织文化的定格与巩固过程。

3. 再冻结

再冻结(refreezing)即支持、强化和稳定变革,使之真正成为系统的一部分,把组织稳定在一个新的均衡状态,其目的是保证新的行为或态度以及新的组织结构或管理方式不会轻易改变,这也是对支撑变革的新行为的一种强化。组织要提供机会让组织成员来检验新的态度和行为是否符合自己的具体情况。开始时,组织成员可能对角色模型的认同很小,组织应采用鼓励措施使之保持持久,同时,让组织成员有机会检验与他有重要关系的其他人是否接受和肯定新的态度。通过组织成员彼此之间强化新的态度和行为,可以使个人的新态度和新行为保持得更持久。

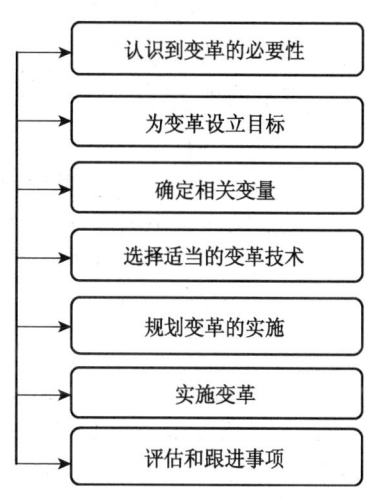

勒温的组织变革模型影响深远,甚至迄今人们还认为,组织变革的典型过程模型由三部分构成,即选取有缺陷的组织,让它经过艰难的过渡阶段,最终沉积于相对理想的状态。

(二)复杂的变革理论模型

在勒温模型的基础上,人们又利用系统的观点,将计划性组织变革进一步扩展为 7 个步骤,形成了复杂的变革理论模型,如图 7-3 所示。

图 7-3 复杂的变革理论模型

第四节 管理组织变革

组织变革是一个战略决策过程,也是一个复杂的动态过程。有效的管理者既是审时度势、理性作出是否实施组织变革的战略决策者,也是实施组织变革决策的重要推动力量。因此,管理组织变革成为现代管理者的一项重要技能。

一、组织变革的推动力量

组织变革的动因即组织外部环境和内部条件的变化,提供了实施组织变革的必要性和理由,而要使组织变革成为现实,还需要一定的推动力量。那么,究竟是谁在推动变革呢?在分析这个问题之前,我们先介绍一下与之相关的两种"变革观"。

(一)两种不同的变革观①

基于对组织环境的不同看法,在理论上形成了对组织变革过程认识上的两种不同观点,人们通常将这两种截然不同的观点比喻为"风平浪静"观和"激流险滩"观。

---

① [美]斯蒂芬·P·罗宾斯、玛丽·库尔特:《管理学(第 7 版)》,中国人民大学出版社 2004 年版,第 355 页。

1. "风平浪静"观

"风平浪静"观认为,组织像一艘行驶在风平浪静的海洋中的大船,船长和船员都清楚前进的方向,而且他们以前曾作过多次这样的航行,整个航程比较平静,只有偶尔遇到风暴时才会有所变化。根据这种假设,组织面临的环境是稳定的和可预见的,打破现状只是偶然的和暂时的。对组织变革的管理可以依照勒温的三步骤变革模型来进行。

2. "激流险滩"观

"激流险滩"观认为,组织像一只航行在湍急河流中不断出现险滩的小木筏,船长和船员们不清楚最终将驶向何方,以前也从未一起出过航,更不熟悉河流的构造。根据这种假设,组织面临的环境是动态的和不确定的,也是不可预见的,变化是一种自然状态。对组织变革的管理是一个持续的过程。

3. 变革观的演进

以上两种不同的变革观决定了组织及其管理者对变革的两种不同认知和反应。20 世纪 80 年代以前,组织基本上都处于"风平浪静"的环境中。90 年代以后,随着工业社会向信息化社会转变,"风平浪静观"所假设的稳定的和可预测的环境几乎一去不复返,组织越来越处于动态的充满不确定性的"激流险滩"环境中,不仅 IT 业等高科技产业长期面临"激流险滩"的经营环境,而且过去经常处于"风平浪静"环境中的传统产业如汽车业、造船业、石油业等,也不得不经常面临急剧变化的动态环境。鉴于这种"新常态",当今绝大多数管理者都清醒地认识到,必须牢固树立"激流险滩"观,密切关注环境动态,主动实施组织变革。

(二)组织变革的推动力量

其实,无论是在"风平浪静"环境下还是在"激流险滩"环境中,变革都是组织无法回避的选择。其区别仅在于,如果环境变化缓慢,组织可以采取渐进的方式对变化作出反应,此时变革推动者的传统角色是对组织进行逐步修正和改进;但在"激流险滩"的环境中,组织只有灵活应变才可能获得成功,这就需要有革命型的变革推动者来推动变革进程。变革就意味着打破现状,它需要一种"催化剂"来推动。根据"催化剂"的来源不同,我们可以将组织变革的推动力量分为两种,即来自组织内部的推动力量和来自组织外部的推动力量。

1. 来自组织内部的推动力量——组织中的管理者

通常情况下,组织中的管理者在组织变革中发挥"催化剂"作用,并承担变革过程的管理责任。由于组织中的管理者熟知组织的历史、传统文化和制度程序,而且具有双重身份:既是真正的变革决策者,也是要对变革后果负责的责任人,因此,在组织变革决策特别是关于变革剧烈程度等决策方面会更为谨慎和慎思。显然,他们是真正发起和推动组织变革的主要力量。

2. 来自组织外部的推动力量——外部咨询专家

在某些情况下,特别是在进行系统范围的巨大变革时,组织常常会聘请组织外的非管理者作为咨询专家参与到组织变革中来,成为变革的另一种推动力量。与组织内部的管理者相比,外部咨询专家的优越性在于掌握最新的管理前沿知识,具备丰富的管理咨询经验,视野开阔,而且由于来自组织外部,便于更客观地认识和分析组织的问题,能够为组织设计和提供解决方案。然而,由于外部专家对组织的历史、文化、作业程序、人事制度等缺少足够的了解,而且无需承担组织变革的各种后果,因此,往往倾向于主张更为剧烈的变革。当然,外部咨询专家在组织变革中主要充当顾问角色,对变革的影响仅限于提供参考意见和建议,因此只是推动变革的辅助力量。

二、组织变革的阻力

（一）变革阻力的来源

组织变革有利于增强组织对环境的适应能力,提高组织绩效水平,促进组织成员的职业发展,理应得到管理者和组织成员的大力支持与配合,但变革就意味着破旧立新,就可能要对现有的权力与利益格局进行重新调整和分配,就可能要改变人们现有的思维方式、行为习惯及其关系网络。因此,无论是组织变革方案的确定还是变革的实施,都难免会遇到一些阻力。从阻力的来源考察,组织变革的阻力主要来自以下几方面的因素。

1. 担心自身利益受到威胁

组织变革如果涉及权力、利益格局的重新调整和分配,就可能会威胁到组织中一部分人或个别人的既得利益。例如,变革可能削弱管理者手中的权力或影响力,使他们产生失落感;变革也可能减少一些组织成员的优厚待遇和工资福利,使他们遭受个人经济损失。当人们基于以上原因,认为可能即将失去这些对自己很有价值的权力或利益时,就会抵制组织变革,成为变革的阻力。

2. 对不确定性的担忧

组织变革如果涉及新技术的采用、组织结构的调整、岗位安排的变动、行为方式和关系网络的变化等,就可能挑战人们早已习惯的工作关系、工作方法和职业认同[①]。当人们预期到这些变化可能让自己失去安全感、稳定感时,就会产生心理压力,处于焦虑和紧张状态,对变革采取抵制态度。不仅如此,在没有充分、完整地了解变革的相关信息的情况下,人们可能会认为自己的工作将受到威胁,或担心自己不能适应新的工作要求,也会对变革产生抵制情绪。

3. 缺乏统筹兼顾与协调

组织变革如果涉及面广、系统性强、影响因素复杂,就可能在推进中因缺乏统筹兼顾和协调而遇到阻力。例如,当管理者仅盯住某个焦点实施变革时,可能会顾此失彼,影响了整体改革目标的实现;在组织内部存在冲突的情况下,当一些管理者从自己的立场出发力推变革时,可能因缺乏协调与合作而遭到其他管理者的反对。

（二）克服变革阻力的方法

组织一旦意识到变革阻力可能会影响组织变革计划的顺利实施,就应及时采取克服变革阻力的应对方法。

1. 沟通和参与

克服变革阻力最有效的方法是与组织成员充分沟通,尽可能让他们参与变革方案的讨论与决策,这是统一人们的意志和行动,确保变革目标成功实现的真正基础。这是因为:①沟通有利于信息分享。在实施变革前,如果通过一些沟通渠道,如实向组织成员介绍变革的重要意义、变革计划以及变革的预期结果,让他们更系统、更全面地了解变革,更好地理解变革,从而对变革"心里有数",预先做好心理准备,则可以在很大程度上减少其对个人利益、社会关系变动以及不确定性的担忧,有效克服变革阻力。在此期间,组织成员会逐渐产生相同的知觉,对组织变革达成共识。②参与具有激励效应。组织成员有机会参与变革方案的

---

① 通常情况下,熟悉、稳定、常规性的工作会给人们以安全感、稳定感,进而形成职业认同。

讨论和决策,受到尊重,产生心理满足感,而亲身感受到自己在组织变革中的地位和作用,促使其对变革持积极态度与合作心理,并增强了主动接受、积极推进变革的责任感与使命感。③参与和认同为推进改革打开了通道。组织成员对变革的积极参与和认同,既为顺利实施变革的各个步骤奠定了良好的群众基础,也为管理者及时发现变革中出现的新问题、新情况,及时获得有效反馈,及时排除变革过程中遇到的障碍创造了有利条件。

2. 合理安排变革进程

要顺利推进变革,科学合理地安排变革进程非常重要。这是因为,无论组织的哪一个层级,适应新的制度,排除障碍,都需要一定时间。如果管理者低估了充分实行变革所需要的时间,急于求成,或者时间安排不当,自上而下强行快速推行变革,则可能导致下属产生受压迫感,导致习惯性的工作支持关系变异,甚至产生一种前所未有的抵触情绪,不但不能推进变革,反而成为变革的阻力。因此,在组织变革过程中,要科学合理地安排变革的时间和进程,循序渐进。例如,先进行最有必要的变革,而且事先宣布改革计划,留出足够的时间让组织成员调整做事的方法。

3. 谈判

如果变革阻力来自强有力的群体和力量,组织可能会采取谈判的方式协商解决变革带来的利益问题,以尽可能争取得到这些群体和力量对变革的接受与合作。当然,在组织面临危机需要迅速作出反应的情况下,即使存在这种阻力,管理者也可能不得不利用正式权力强行实施变革。

4. 力场分析①

力场分析提供了一个克服变革阻力的有效方法。该方法是基于这样一个现实提出的,即在任何变革的场合总会有两种力量:支持的力量(驱动力)和反对的力量(制动力或阻力)。为了促成变革,管理者首先要听取各方的意见,然后通过图示对支持的意见和反对的意见进行分类,比较分析两种力量的强弱,并针对反对的意见进行沟通,尝试将力量的平衡导向有利于变革的方向,尽力增强变革的驱动力,而弱化乃至消除变革的制动力或阻力。

图7-4描述了通用汽车公司曾经准备关闭一家工厂时的情景。支持变革的因素有三个:降低成本、产能过剩、生产设备过时。但是,汽车产业工人联合会提出了反对变革的意

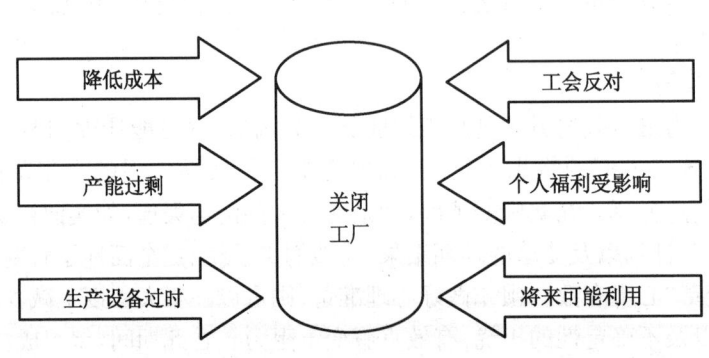

支持关闭的因素　　　　　　　　　　反对关闭的因素

降低成本　　　　　　工会反对

产能过剩　　　关闭工厂　　　个人福利受影响

生产设备过时　　　　　　将来可能利用

图7-4　通用汽车公司关闭工厂变革中的力场分析

---

① ［美］里基·W·格里芬:《管理学》,中国市场出版社2008年版,第305页。

见,其理由主要是:工人的福利会因此而受到影响;将来可能还会用到这家工厂。于是,通用汽车公司首先用盈亏数字向工会进行了说明,随后制订计划为失去工作的工人提供安置和培训,然后它可以暂时关闭这家工厂令其处于"封存"状态,以备将来需要。经过这些努力,减弱和消除阻碍变革的主要障碍。

三、领导变革

主动的组织变革,需要领导。当组织变革是大规模的,需要在本质上进行转变的,需要在使命、战略和文化上进行重大变革时,来自组织高层的领导更是不可或缺的。只有他们能够把外部环境与组织的使命、战略及文化整合在一起,提供一种愿景:变革目的。作为变革的领导者,他们视变革为机会,在放弃昨天、有组织地改进,挖掘成功经验,创造变革的原则框架下,创造未来。他们会系统化地寻找主动变革的方法,并在组织内部和组织外部推行变革的恰当方式,试图在变革与联系性之间达成平衡。

伯克认为,领导者在组织变革中的角色和职能根据四个主要阶段来确定①。

(一)准备阶段领导者的角色和职能

1. 自我反省

在这里,自我反省包括自我意识、动机和价值观:

(1)自我意识。自我意识主要指领导者对自己领导变革方面的了解。例如,对不确定性的承受力、对控制的需要、理解感觉如何影响行动、个体性格、决策制定等。

(2)动机。动机也是自我意识的一部分,但在此强调的是哪一种动机对领导变革更重要。从某种意义上讲,对成就的需要是变革领导者成功的关键,而对权力的需要对变革领导者似乎是必要的。

(3)价值观。对变革领导者而言,其个人价值观同组织文化的联合非常重要,它可能会增强动力并提高表现力。变革领导者的责任之一是为巩固和提供变革成果方向建立价值观,为此,可能需要改变组织文化,修改现在的价值观或建立一套全新的价值观,变革领导者本身以及很多人都会参与价值观的建立过程,但最终价值观必须与变革领导者的价值观相一致,因为他必须在组织日常运行中使它们体现出来并得以坚持。

2. 从外部环境中收集信息

变革领导者要投入大量时间和努力,认真、准确地监控和收集有关本组织的外部环境信息,并分析这些信息,尽可能为组织变革做好全面准备。这些信息主要包括:变化中的顾客需求及其议价能力、在该行业变化中的技术、变革中的政府法规、竞争者行为以及来自市场新的进入者和产品或服务的替代品的威胁、供应商和部门的议价能力、国内外整体经济变化动态等。

3. 明确对变革的需要

变革领导者一旦清楚地意识到需要变革,则有责任把这种需要令人信服地传达给所有组织成员,也让他们感觉到变革势在必行,否则难以得到人们的支持。

4. 愿景和方向的详细说明

起草一份愿景宣言,并为组织变革成果提供明确的方向。

---

① 〔美〕W·沃纳·伯克:《组织变革理论与实践》,中国劳动社会保障出版社 2005 年版,第 215～218 页。

（二）启动阶段领导者的角色和职能

1. 对变革需要的交流

由有高可信度的人绝对严肃而负责任地发布变革信息，并保持信息的一致性，能够获得更多的认同者。

2. 启动重要活动

在组织变革之初开展一项旨在能够吸引注意力、提供焦点，并能说明现在进行的变革成果的重要活动。这类活动形式可以多种多样，既可以是像英国BBC公司那样的为期一天的关于组织新使命/愿景"扩大选择"的研讨会，也可以采取其他形式。其关键是选择从一件受关注的、有象征性的、具有激励作用的事件开始，这是进行大规模、有计划的组织变革的有效方法。

3. 处理对抗

谨慎的变革领导者将很好地认识到变革抵抗的种类，以及这类行为在个人、团队和更大的系统这三个组织层面上出现的不同形式，并针对各种抵抗采取不同的处理方式。

（三）启动后阶段或进一步实施阶段领导者的角色和职能

1. 多重手段

真正的组织变革很复杂，需要多种来源的干预，包括流程重建、构思使命宣言、形成新的供应链式管理过程、员工培训和开发、构建公司价值观和表现公司价值观的领导行为、新的绩效薪酬机制、塑造"安全文化"、更新设备、团队建设等。

2. 处理压力

变革领导者面对人们对变革的不理解甚至责备，应尽可能自制，努力去听、不辩解，展现出超常的耐心。

3. 一致性

在推进变革中，变革领导者要保持言行高度一致，这是影响追随者对领导者以及变革信任度的重要因素。

4. 坚定不移

变革开始一段时间后，变革领导者最需要毅力。此时，兴奋过去，疲惫来临，还可能陷入困境，变革领导者要以坚强的毅力，充分展现其变革领导艺术，不断鼓励人们，为在变革的道路上继续走下去展现活力和激情，并寻找不断传递这个消息的方法。

5. 重复重要信息

在变革过程中最需要变革领导者重复的信息显然是愿景和使命，然而，为了满足组织成员要知道"我们正在做什么"以及"为什么要这样做"的需要，变革领导者要用"内情"或"叙述"来替代"信息"或"主题"，经常与相关者进行对话沟通，以利于让追随者释放情绪。在此过程中，变革领导者要言行一致，即使到难以应付的危急时刻也要坚持，并反复重复这个信息。

本 章 小 结

组织文化是组织在长期发展中形成的共有价值观，对统一组织成员的行为和意识具有重要作用。组织文化的主要特征有长期性、可塑性、社会性、精神性等。组织文化由物质层、制度层、精神层文化构成，管理者可以通过正确选择组织价值观、广泛宣传、定格等方法管理组织文化。

从理论上说,组织变革是指组织对新思想或新的行为准则的采纳,是组织应对内外部环境变化而作出的反应,是组织用系统的思想指导一系列变化的过程。组织变革的目标是使组织有效运作,实现与环境的适应,使组织管理更加符合组织存续和发展的目标;实现组织运作方式与其成员心理及行为方式的和谐。

组织实施变革有外部动因,也有内部动因。

组织变革按管理者控制程度分类有主动变革和被动变革;按变革范围分类有渐进变革和剧烈变革;按变革内容分类有组织结构变革、技术变革、人力资源变革。

组织变革可能面临来自多方面的阻力,主要来源于自身利益受到威胁、对不确定性的担忧、缺乏统筹兼顾和协调等因素。克服变革阻力的方法有:沟通和参与、合理安排变革进程、谈判、力场分析等。

为了顺利实施组织变革,有必要了解两个重要的变革模型:一是阶段性变革模型,将组织变革划分为解冻、转变、再冻结三个阶段。二是复杂的变革理论模型,将组织变革进一步扩展为七个步骤。

主动的组织变革需要领导。

思　考　题

1. 什么是组织文化? 组织文化具有哪些特征和功能?
2. 组织文化的构成是怎样的?
3. 怎样管理组织文化?
4. 什么是组织变革? 引发组织变革的动因有哪些?
5. 变革阻力的根源是什么? 克服变革阻力的方法有哪些?
6. 怎样理解组织变革的过程?
7. 领导者在变革的各个阶段扮演怎样的角色?

本　篇　案　例

【案例背景信息】①

斯隆的联邦式分散管理制

当Ａ·Ｐ·斯隆接手通用汽车公司时,幼稚的汽车市场完全处于福特公司的统治之下。亨利·福特带领他的公司率先掌握了大规模生产技术。在1920年,福特公司每一分钟便造出一辆车,著名的黑色Ｔ型车占据了60％的市场份额,通用公司仅仅占有12％。在这种情况下,人们普遍认为与福特竞争的唯一出路就是规模很小的豪华车市场,但斯隆却另辟蹊径,将注意力集中在当时尚未形成的中间市场。斯隆的目标就是为"各种钱包和各种目的"供应汽车。

---

① 资料来源:据百度文库提供的信息改编。

　　当时,通用汽车公司极难控制,这家由多个公司组成的集合体生产8种型号的汽车,彼此相争的激烈程度绝对不亚于总公司和福特之间的竞争。

　　斯隆下定决心要把这个成分杂乱的集合体改造成联系紧密的组织。1920年,斯隆将公司按8个事业部的形式组织起来——五个汽车事业部和三个配件事业部。每个事业部都为它全部的商业活动负责,拥有自己的工程部、生产部和销售部,但是必须接受负责全面政策和财务的总部机关监督。营业单位有半自治权,但应负责保持它在特定市场的市场份额和盈利率。钱德勒这样描写这个系统:"每个营业单位负责人所负的责任都十分广泛。每个这样由负责人所领导的单位拥有各种必要的职能,完全有能力充分发挥积极性和进行合理发展。"

　　这项被斯隆称之为"联邦式分散管理制"政策的实施标志着这种分散管理制、多事业部制组织的诞生。

　　多事业部的体制使斯隆既能利用公司的规模效益,又不致变得臃肿笨拙。高层管理人员能腾出更多的精力来考虑战略问题,操作方面的决定则由总部下放给第一线的人们。

　　到1925年,通用汽车公司超过了福特公司,前者拥有新的组织形式,每年都会推出新款车型,而后者始终坚持毫无变化的黑色T型车。各事业部的良性竞争激发了人们的创造欲望,总体资源的共享又为各事业部提供了发展机会。

　　【案例分析问题】

　　(1)斯隆主要是针对什么问题提出事业部制组织结构形式的?

　　(2)由斯隆首创的事业部制组织结构主要有哪些特点?

　　(3)与通用电气公司首创的直线职能制组织结构相比,事业部制有哪些优点?

　　(4)企业选择事业部制组织结构形式需要具备哪些基本条件?

第四篇

领导职能

第八章
领导基础

第九章
激励

第十章
沟通与冲突管理

第十一章
团队建设与管理

第八章

领 导 基 础

【学习目标】

1. 了解领导的概念及其与管理的关系。
2. 理解领导者的涵义及其与管理者的关系。
3. 分析领导者的"权"与"威"的形成及其相互关系。
4. 掌握不同的领导理论。

领导是管理的重要职能之一。当管理者通过"权"与"威"影响组织成员的行为,调动其工作的积极性与主动性,并与他们共同努力实现组织目标时,就是在执行领导职能。本章主要分析有关领导的基本知识,包括领导及其职能、领导者"权"与"威"的关系,并介绍相关领导理论。

第一节 领导与领导者

一、领导及其与管理的关系

（一）领导的概念

领导是指领导者对他人施加影响,并与其共同努力实现组织目标的过程。这个关于领导的简短定义包含了三个关键词,即人(领导者和被领导者)、影响、目标,表明以下三层涵义:

（1）领导与人密不可分。实施领导的主体是人,客体也是人,领导过程实际上就是领导者对被领导者施加影响的过程。

（2）领导过程是互动的过程。在领导过程中,领导者与被领导者之间是互动的,影响是双向的,领导行为就是在领导者与被领导者的相互影响中发生的,说明在此过程中虽然有领导者与被领导者之分,但被领导者并不是完全被动的,他们在一定程度上会影响领导者以及领导效果。

（3）领导的实质是影响力。领导者对被领导者施加影响的目的是实现组织的特定目标,因此,决定目标达成的关键就在于领导者是否具有影响他人的能力。从这个角度看,领导的实质是影响力。领导者越具有影响力,越可能影响组织成员心甘情愿、满怀激情地为实现组织目标而努力。

（二）领导与管理的关系

领导与管理既有关联又有区别。就其关联来考察,领导与管理相辅相成,领导内含于管理之中,属于一种管理行为;有效的管理,离不开成功的领导,如图8-1所示。领导可以创造变革,而实现有秩序的结果则需要管理。与领导相结合的管理可以创造出有秩序的变革,与管理相结合的领导则可以促进组织与环境的协调一致。

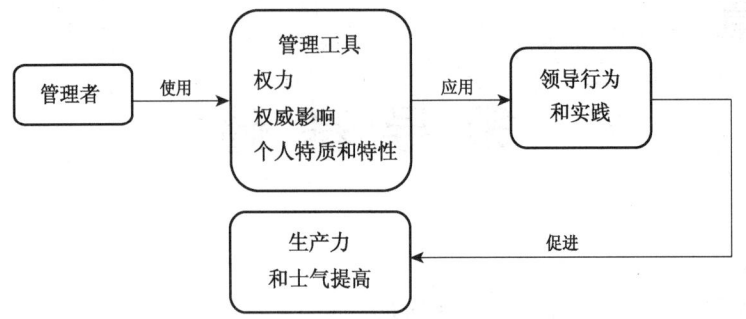

图 8-1　领导与管理的联系[①]

就领导与管理的区别来考察,领导需要为组织设定目标,创建愿景,规划重大变革,制定组织的大政方针并对组织重要的人事进行安排与协调;领导更注重情感与直觉,通常采用一些不易察觉的方法激励组织成员为实现组织目标而努力;领导对象是人而不包括物。相对而言,管理必须处理组织中正在发生的例行的和复杂的事件,包括建立组织结构、配备有能力的工作人员,并监督其活动;管理通常要依靠计划、预算和控制等工具和技术,清晰而明确,建立在推理和检测的基础上,而且灵活运用于各种不同情况,更正规、更科学、更强调理性;管理的对象既包括人,也包括财、物、信息、技术等生产要素。表 8-1 展示了领导与管理的基本区别,从左至右第一栏是构成领导与管理区别的 4 项要素,第二和第三栏分别是从领导角度和管理角度看要素性质的差异。

表 8-1　领导与管理的区别[②]

活　动	领　导	管　理
制订计划	建立方向。建立一种对未来(通常是较远的未来)的愿景以及为实现这种愿景而制造变革的战略	管理和预算。制定实现目标的详细步骤和时间表,分配必要的资源
建立人力网络或实现计划	步调一致。为了培养理解上述愿景和战略并接受其有效性的团队,通过言语和行为,向任何有帮助的人传达方向	组织和人员配置。建立完成计划所需要的结构,根据结构配置人员,分配责任和权力,制定政策和程序,拟定监督的方法和系统
执行计划	激励和鼓舞。通过满足人们基本的但未得到满足的需要来鼓励人们克服重大的政治、官僚和资源障碍	控制和问题解决。将结果同计划进行细节上的比较,发现偏离计划的情况,然后计划和组织解决问题
成果	往往带来戏剧性的变革,有能力制造极端有用的变革(例如顾客需要的新产品,令企业更有竞争力的新方法)	建立某种程度的可预见性和秩序,并且有可能为不同的利益相关者创造一致的和重大的成果(例如,对于顾客可能是准时,而对于股东可能是完成预算)

①　[美]安德鲁·J·杜伯林:《管理学精要》,电子工业出版社 2004 年版,第 257 页。
②　[美]里基·W·格里芬:《管理学》,中国市场出版社 2008 年版,第 404 页。

二、领导者及其与管理者的关系

（一）领导者的概念

领导者是指组织中具有影响力并能够发挥这种影响力的人，他们常常采用一些手段和措施对他人施加影响，并与其共同努力实现组织目标。如果我们把领导理解为通过指挥、引领和激励对他人施加影响，使之为实现组织目标而共同努力的过程，那么就可以把领导者界定为为了实现组织目标而对下属进行指挥、引领和激励的人。

（二）领导者与管理者的关系

在组织中，领导者和管理者都很重要，两者之间既有联系又有区别。从管理的定义可知，管理者要执行包括领导职能在内的四项管理职能，因此，管理者必须是领导者，但不能反过来说领导者一定是管理者，因为并不是所有的领导者都要执行其他管理职能。在组织实践中，一个人可能既是管理者又是领导者，也可能只是领导者而不是管理者。不管怎样，领导者和管理者之间还是存在一定差异的。正如伯克所描述的那样，对领导者而言，组织目标也是个人目标，即在个人目标和组织目标之间没有区分，而管理者的目标则不是其个人的目标；关于同其他人的关系，特别是同追随者的关系，领导者比管理者更加本能地处理这种关系，他们主要是通过自己对别人的影响，指挥和引领人们实现组织目标，为此，可能会要求人们进行团队合作，并采用各种激励手段调动团队成员的积极性，同时注重帮助他人顺利完成工作任务。相对而言，管理者同他人的关系则常常取决于角色，他们要通过其他人来完成工作，为此可以采取激励、控制、命令要求等手段和措施[①]。表 8-2 展示了领导者与管理者的差异。

表 8-2　领导者与管理者的差异[②]

领导者	管理者
有远见的	理性的
充满热情的	商议的
有创造性的	持久的
有弹性的	善于解决问题的
令人鼓舞的	坚强的
革新的	分析的
有勇气的	组织的
富于想象的	协商的
实验的	权威的
独立的	稳定的
分享知识的	独享知识的

---

① ［美］W·沃纳·伯克：《组织变革理论与实践》，中国劳动社会保障出版社 2005 年版，第 209～215 页。

② ［美］安德鲁·J·杜伯林：《管理学精要》，电子工业出版社 2004 年版，第 257 页。

三、领导者技能

一个人要成为成功的领导者,应掌握以下必要技能:

(1)灵活适应环境变化。例如,善于根据环境变化选择最适宜的组织结构;在不同的环境中或对不同的下属,能够采用灵活、适宜的领导方式。

(2)实施目标激励。发挥目标的激励作用,向下属适当提出较高目标和要求,激发其勇于克服困难的决心和毅力,保持最佳状态,不断提高工作成效。

(3)提供支持。富有同情心,热情对待下属,经常通过鼓励和赞扬给他们以精神安慰,不断增强其自信和信心,提高工作效率。同时,发挥自己的才干,积极、主动地支持与帮助下属,为他们提供服务。

(4)充分利用反馈。积极接受反馈,以便及时掌握信息,全面了解情况,抓住重点,提高领导效果。同时,对下属表现也及时进行反馈,既通过正面反馈激励下属保持良好的工作状态,也通过负面反馈让下属及时了解自身不足,在此过程中,领导者还需帮助下属寻找改进的措施与方法,对下属行为产生影响,使之能够采取正确的行为顺利完成组织任务。

(5)富有坚忍不拔的精神。在致力于实现组织目标的过程中,难免遭受挫折甚至失败,即便如此,领导者也能以坚强的毅力很快从挫折和失败中走出来,用自己坚韧不拔的精神影响和感染下属,激励其持之以恒,乐观向上。

第二节　领导者权威

一、领导者权威的来源

领导建立在权威基础之上。领导者对被领导者施加影响的目的是实现组织目标,因此,决定目标达成度的关键就在于领导者是否具有影响他人的能力,而这种形成影响力的基础就是权威,权威是成功领导者的重要条件。领导者之所以具有影响和改变他人心理和行为的能力,是因为他拥有权威。面对权威,被领导者或者是心甘情愿地接受领导者的影响,或者是不得不服从领导者的指挥。那么,权威的来源是什么呢? 通过下面的分析,我们将会发现,"权"与"威"来源不同,对领导者影响力的作用也不同。

(一)权

"权"就是权力,它来源于领导者在组织系统中的职务。一个人一旦在组织中取得某种职位,就相应拥有了法定权以及据此派生的奖励权和惩罚权。"权"产生权力性影响力。

1. 法定权

法定权是指组织正式授予某人或某些人的合法权力,具有一定强制性和不可抗拒性。法定权来自组织中正式的管理职位,而管理者在组织层级中所处地位的确定是有一定法律依据的。一个有合法地位的领导者理应拥有与其职务相对应的权力,否则他将无法履行自己的职责。可见,一个领导者的权力首先来自其职位的合法性,如果一个人在组织中可以发布命令,则表明他处于一定的合法地位,据此他们可以在其职务范围内制定政策并对下属施加影响。

2. 奖励权

奖励权是指对他人实施奖励的权力,它是由法定权派生的。组织中的领导者一旦取得法定权,就相应拥有了对其管辖范围内的下属实施奖励的控制权,奖励手段既可以是物质的,如加薪、发放奖金等,也可以是精神的,如推荐职务晋升、表扬、认可以及灵活的工作安排等。这些奖励措施之所以能够对下属产生影响,是因为它可以在一定程度上满足人们物质或心理方面的需要。当然,下属要想得到他所期望的奖励,就必须服从领导者的意志和要求。可见,奖励权的作用机理或传导机制是:领导者以各种奖励(物质的或精神的)诱导被领导者(不管其是否愿意或有无热情),后者以顺从(遵守规章并按照命令行事)换取其个人需要(物质或心理)的满足。奖励权对影响力的作用程度取决于两方面的因素:①领导者预先清晰地了解下属的需要,这样才能确保所采取的奖励措施能够很好地满足其需求,从而对下属行为真正产生影响;②领导者具有满足下属需要的能力,能够如实兑现自己的承诺。

3. 惩罚权

惩罚权是指处罚或建议处罚的权力,又称强制权,也是由法定权派生的。组织中的领导者一旦取得法定权,就相应拥有了对其管辖范围内的下属进行处罚的控制权,惩罚手段主要包括:口头批评、书面斥责、罚款、建议停职或降级等。这些惩罚措施之所以能够对其下属产生影响,是因为遭受惩罚总会让人感到不愉快,人们对不期望得到的后果会尽可能地逃避。可见,惩罚权对影响力的作用是压服,即迫使人们服从。鉴于此,领导者不宜过多采用惩罚手段,否则可能引起下属不满,甚至产生敌意,导致对抗。

(三)威

"威"就是威望和威信,它是一种个人来源的因素,如个人业务专长和个人品质等,几乎不受组织地位的影响。"威"产生非权力性影响力。

1. 专长权

专长权是一种以业务专长与掌握信息的重要性为基础的权力,其影响力来源于领导者表现出来的能力,即领导者用于指导下属完成任务的专业知识或技能(这些知识和技能是下属所认知的)及其掌握信息的重要程度。当下属认为领导者能够以其高人一筹的知识和技能对自己进行专业性指导,能够掌握重要信息时,就会由衷地信服领导者,从而心悦诚服地接受其领导,在其带领下共同努力实现组织目标。

2. 感召力

感召力也称表率力,也是领导者的一种控制能力。这种能力主要来自领导者自身令人赞赏的个性特征、超群魅力以及品德声望,这些优秀的个体特征使下属对领导者充满敬仰、钦佩,产生亲切感、崇拜感和高度认同,甚至愿意模仿,成为领导者心甘情愿的追随者,并因而对组织更有归属感。可见,领导者的感召力是抽象的,它建立在下属对领导者特质和特征的主观感受,以及下属对领导者的忠心及其希望取悦于某人的基础上,与领导者在组织中处于哪个层级、是否有什么专长并无关联。

二、权与威的关系

上述分析表明,"权"与"威"共同构成领导的基础,但两者又各有不同的来源,并因此对领导者影响力产生不同的作用。"权"与"威"之间既相互关联,也有明显差异。从理论上厘清两者的关系,有助于领导者在实践中合理运用不同的权力,提高领导效能。

（一）"权"与"威"的关联性

1. "权"与"威"构成一个有机的整体

权力是领导的前提。领导者只有掌握一定的权力，才有依据去履行领导职责，指挥和支配下属。威信是领导的土壤。领导者拥有内在魅力，如专业知识与技能高人一筹、作风正派、品质优秀等，就会在组织中享有崇高的威望，作为其追随者的下属们由衷地、心甘情愿地接受其领导。权与威的有机统一，共同构成领导者权威，从而产生强大的影响力。

2. "权"与"威"之间相互影响

权力影响威信。权力让人产生敬畏感，当高层领导者在关键时刻果断使用权力，正确作出重大决策时，会赢得下属的敬重，其威信相应提高。威信也影响权力。虽然法定权力是职务所赋予的，具有一定强制性，但威信的高低往往可以影响实际权力的作用力。那些只有权力没有威信的领导者，最终常常因无法有效实施领导而宣告失败，相反，那些职位权力不大但威信很高的领导者，却常常在组织中具有远大于其职位权力的影响力，这表明威信高可以强化职务权力。据此我们可以得出以下结论："权"与"威"是形成领导者权威的重要两翼，"有权无威"或"有威无权"，都难以产生强大的领导影响力。

（二）"权"与"威"的差异性

"权"与"威"差异的深层根源在于来源不同：权力与领导者所处的职位密切相关相关，威信来自领导者的自身素质和修养。来源的不同决定了"权"与"威"各有其独特性。

1. 权力的特征

权力在领导影响力因素构成中属于外在因素；组织中的职务是依法定义的，所以权力具有一定强制性和不可抗拒性；不同的领导者处于组织的不同层级，其掌握权力的程度及其影响力也有所区别；当职位变动或职权变更时，权力以及权力性影响力也会发生相应变化。

2. 威信的特征

威信在领导影响力因素构成中属于内在因素；因领导者的优秀品质与素养而产生，带来的影响是敬佩、钦佩、崇拜和追随，不具有强制性；不受职位限制，领导者可以根据主客观情况适当调整，具有灵活性。

综上所述，组织中的领导者要想有效履行领导职责，应设法实现"权"与"威"的有机结合，在依法、合理运用组织赋予的职位权力的同时，不断加强自身修养，提升人格魅力，持续增强自身影响力。

三、巴纳德的权威接受论

传统上，人们习惯地认为，权威来自上级授权，是一个自上而下的过程，一个人在组织中一旦取得一定职位，也就相应地具有权威。然而，巴纳德在《经理人员的职能》（1938）一书中提出的独具特色的权威接受论，却颠覆了人们的传统认识。该理论一经提出，就引起了广泛关注和认同，其影响甚至延续到今天。

具体说来，权威接受论的主要思想和观点体现在以下三个方面。

（一）权威来源于下级的接受

这是权威接受论的核心思想。巴纳德认为，权威的来源不在于权威者或发布命令的人，而在于下级是否接受这个权威。如果下级不接受，那么无论发布命令的人在组织中有多高地位、有多大权力，其权威都会暂时或永久失效。长期的管理实践也验证了巴纳德的观点，即领导是一个领导者与被领导者相互影响的过程,领导者自身所拥有的业务专长和感召力一旦被下属接受和认可,就会形成崇高的威信从而对下属产生深刻影响,但这种影响力与领导者职位几乎无关。

(二)领导是一个交换过程

分析这个过程,需把握两个关键词,即牺牲和诱因。牺牲是指个体加入组织,并为之付出努力,诱因是指组织帮助个体实现单独个体所不能实现的个人目标,满足其需要。当诱因大于牺牲时,人们就会被组织提供的诱因所吸引,加入组织并为之付出努力。在组织中,人们之所以接受领导者的权威,是因为诱因掌握在领导者手中,接受权威,就意味着能够更好地实现其个人目标。诱因超过牺牲的程度越大,人们越可能在更大程度上接受权威,这体现出领导是一个交换过程。

(三)权威得到人们接受和认同的条件

巴纳德认为,一般情况下,下属接到某一指令时,并不是不假思索地盲目执行,而是要经过一个分析判断过程,也就是说,人们接受和认同权威是有一定条件的,主要包括:①人们能够并且确实理解所传达的命令;②人们认为这一命令与组织目标是一致的;③人们认为这一命令同他们的个人利益大体一致;④人们在精神上和体力上能遵从这一命令。当然,现实中也不排除在某些组织中存在绝对权威,要求人们"是否理解都要执行",不过这种绝对权威的存在也是有条件的,即人们在参加该组织之前就已经接受了这种权威,如同一般人在参军入伍之前就已了解并准备接受军队中严明的纪律一样。

第三节　典型的领导理论

温故而知新。有关领导的研究由来已久,前人的研究与探索,为当代领导理论的产生与发展开辟了通道,奠定了重要基础。本节中,我们按照历史脉络,重点介绍一些具有代表性的领导理论。

一、领导特质理论

领导特质理论是最古老的传统领导理论,它集中研究有效领导者个人的独特品质与特征,试图揭示领导者与个人特质之间的关系,并假定依据某些基本的人格特质能够把领导者与非领导者区分开来。那么,具备什么特质的人能够成为领导者? 领导者应具备什么特质? 这两个问题似乎相同,但却是从不同角度提出的,它们分别代表着传统特质理论和现代特质理论的不同立场,体现了对领导者特质来源的截然不同的观点。

(一)传统特质理论

20世纪50年代以前,从古代先哲亚里士多德到现代心理学家,几乎从未间断对领导者先天特质的研究,形成了传统特质理论。该理论假定存在领导特质,进而假定领导者是天生的,而不是后天培养的。研究者们从具备什么特质的人能够成为领导者的角度提出问题,认为优秀领导者身上都具有来自遗传的卓越品质和非凡能力,天赋是决定一个人能否成为领导者的根本因素。为证明以上假定的合理性,他们对成功的领导者持续进行深入调查,试图从他们身上找到共同的遗传特质,并提炼出百余种优秀领导的先天特质。例如,智力超群、英俊潇洒、能言善辩、自信、有吸引力、自律性强等等。

　　然而,在理论研究和实践考察中,人们惊奇地发现,遗传特质与卓越领导者之间并不存在直接联系。例如,从许多杰出领导者身上找到的各种特质,不仅关联度不高,甚至是相互矛盾的;在成功的领导者与不成功的领导者之间甚至在领导者与非领导者之间,其特质并无根本区别。这样的结论显然有悖于初衷。于是,在20世纪50年代末,一些研究者开始质疑传统领导特质理论,并对该理论的假定提出挑战,认为,不存在领导者的特殊个性,一个人能成为领导者并不是凭着其拥有的天生特质。在这一背景下,有关领导特质的考察越来越关注实践和环境因素,有些学者将研究的焦点转移到领导行为上。

　　(二)现代特质理论

　　与传统特质理论不同,现代特质理论紧密联系管理实际,改进研究方法,从动态的角度深入考察领导者的素质特征。该理论从作为一名领导者应当具备什么特质的角度提出问题,认为领导者的特质可以通过后天的学习、培养和锻炼而获得,不是由遗传基因决定的,因此,成功的领导者可以在后天培养中产生,而不是天生的。现代特质理论对领导者特质的考察,不仅关注其个人心理素质,还特别强调其受外部环境因素和实践锻炼影响较大的能力。

　　多项理论研究成果和实践经验证明,一个人能否成为领导者,一个领导者是否成功,与其特质有一定的关联,尽管具备这些特质的人并不一定能够成为领导者,而且即使当上了领导者也不一定成功,但成功的领导者应当具备这些特质,如表8-3所示。需要强调的是,这些特质与领导者自身的性格等先天因素有关,但可以通过后天的学习、培养与锻炼得到改进和完善。成功领导者的主要特质如表8-3所示。

表8-3　成功领导者的主要特质

权力动机	具有渴望影响他人的动力和控制他人及各种资源,使之为自己做事的强烈愿望。据此,领导者可能会激发更多的人认同其理想,并追随其共同奋斗
成就动机	积极进取,精力充沛,坚韧不拔,对自己认定要做的事情保持活力,充满激情,在挫折与失败面前仍坚持不懈,在挑战中获得满足,在成就中寻找和享受乐趣
高度自信	自我评价高,自我感觉好,坚信自己有能力、有实力去完成自己要做的事情。这种自信和胜任感能够帮助领导者勇于接受挑战,在艰难和不确定的环境下克服困难,果断决策,也能够鼓舞下属,增强其共同努力去实现领导者所坚持的目标的信念和决心
诚实守信	言行一致,率先垂范,并据此建立信誉,得到来自各方面的信任和下属的高度忠诚,以及工作的高效率
高智商	聪明睿智,思想活跃,视野开阔,洞察力强,反应机敏,危急关头能够准确把握方向
业务水平高	业务知识水平高,了解专业前沿,技能高人一筹,掌握大量重要信息,在互联网快速发展的大数据时代和知识型员工日益成为组织成员主体的背景下,这一特质会助力领导者成功
高情商	善于管理自己与他人的人际关系,换位思考,体谅他人,关心和爱护下属。在工作压力大和严格的制度约束给人们带来紧张情绪时,如果领导者保持乐观情绪、有幽默感,则会减轻下属压力,缓解矛盾与冲突,融洽人际关系

二、领导行为理论

　　20世纪50年代前后,领导行为理论崭露头角。此时,很多研究者开始放弃以领导者特质为切入点阐释领导效能的方向,逐渐将研究的注意力转向探索领导者行为,形成了一些领导行为理论。从总体上看,领导行为理论侧重于领导者的实际行为表现而非领导者个体特性,所提出的新的假设是有效的领导表现出不同的行为特征,试图据此识别出优秀领导者在做什么。例如,领导者的注意力应集中在把工作做好还是让下属感到愉快?领导者决策时应当独裁还是民主?可见,在领导行为的研究中,任务绩效、群体维系、下属在决策中的参与程度等三个方面受到特别的重视。这一阶段产生的领导行为理论中,比较有代表性的是领导作风理论、领导连续统一体理论和管理方格理论。

(一)领导作风理论

美国著名心理学家勒温及其研究团队以权力定位为基本变量,将领导者作风分为专制作风、民主作风、放任自流作风等三种类型,不同类型的领导作风有不同的行为表现。

1. 专制作风

这是一种权力定位于领导者个人手中,靠权力和强制命令让人服从的领导作风。其基本特点是:领导者掌控决策权,制定所有决策,不关心下属对该决策的态度;领导者通常仅告诉下属目前该做什么,但不告知其下一步工作计划和安排;下属的工作伙伴通常由领导者指派;下属工作由领导者亲自评价;领导者与下属保持一定心理距离,除了作必要的示范外,不经常参加群体活动。

2. 民主作风

这是一种权力定位于群体,以理服人、以身作则的领导作风。其基本特点是:在群体讨论的基础上制定决策,领导者对此予以鼓励和支持;在讨论阶段就能预见到活动的前景,因此可以大概拟定实现群体目标的一般步骤。当需要技术性建议时,领导者提出几种备选方案,供群体决策;任务分工由群体决定,组织成员可以自由组合;以事实为依据对组织成员的工作进行评价;领导者与下属之间没有心理距离,他们虽然不做太多具体工作,但力争在精神上成为群体的一名正式成员。

3. 放任自流作风

这是一种权力定位于群体中的个人,工作事先无布置,事后无检查,权力完全交给下级,一切任其自然发展的领导作风。其基本特点是:群体和个人有完全的决策自由,领导者很少过问;领导者充分提供情报和资料供群体成员使用,但他却极少参与讨论;领导者很少参与任务的确定和人员的组合;除非被要求,领导者很少主动评价每一位成员的工作,也不去规范行为过程。

勒温等研究人员通过实验对以上三种领导作风进行比较分析发现:①放任自流作风导致更低的认同和更低的绩效,工作效率最低,不能保证任务的完成。②专制作风下,如果领导者在现场监督,则下属会有良好表现,能够完成任务,但人们会因为反感甚至愤恨严密的监督和独裁的领导风格,而缺乏工作主动性和创新精神,组织成员之间的消极态度和对抗情绪导致工作关系难以协调,阻碍工作目标的实现。一旦领导者离开现场,则组织成员可能不再保持良好的工作表现,甚至会停止工作,以发泄不满情绪。③民主作风下工作效率最高,群体成员工作积极主动,相互关系和谐,协调配合,能够顺利完成工作目标,并富有创造性。即使领导者不在工作现场,组织成员依然保持良好的工作表现。当然,民主作风也有其不适合的情形,例如,当组织面临危机需要尽快转变时,就需要领导者果断决策,如果仍然坚持民主决策,则可能因为耗时过长而贻误时机。

关于领导作风的研究,美国密执安大学利克特教授也作出了一定贡献。他在其代表作

《管理新模式》(1961)中,将领导作风分为剥削式独裁、慈善式独裁、协商式民主和集体参与民主等四种类型,他指出,领导者依靠奖惩、个人权力来控制人的管理形式即将过时,只有依靠民主的领导,才能真正调动组织成员的内在积极性,充分发挥人的潜力,因此,领导者要真心实意地让组织成员参与管理,发挥他们的聪明才智,相信他们愿意把工作做好。

（二）领导连续统一体理论[①]

在早期的局部实践调查中发现,领导者或者是独裁的,或者是民主的,但仍有不少观点认为,在实践中特别极端的领导并不多见,例如,勒温虽然将领导作风分为三种类型,但他依然认为,在实践中这三种极端的作风并不常见,大多数领导者工作作风常常是居于两种类型之间的混合型,其差异只是偏重于某一极端而已。利克特虽然认为专制领导永远达不到民主领导所能达到的生产水平和满意度,但他也承认在紧急情况下专制领导作风的必要性。其他一些心理学研究成果也支持勒温和利克特的观点,领导连续统一体理论就是其中之一。

美国学者坦尼恩鲍姆(Tannenbaum)和施密特(Schmidt)所作的进一步研究表明,领导其实是一个连续统一体,它反映了不同数量的下属参与,因此,领导可以是独裁的(以老板为中心),也可以是民主的(以下属为中心),也可能不在两个极端而是处于中间或有一定的交叉,如图 8-2 所示。

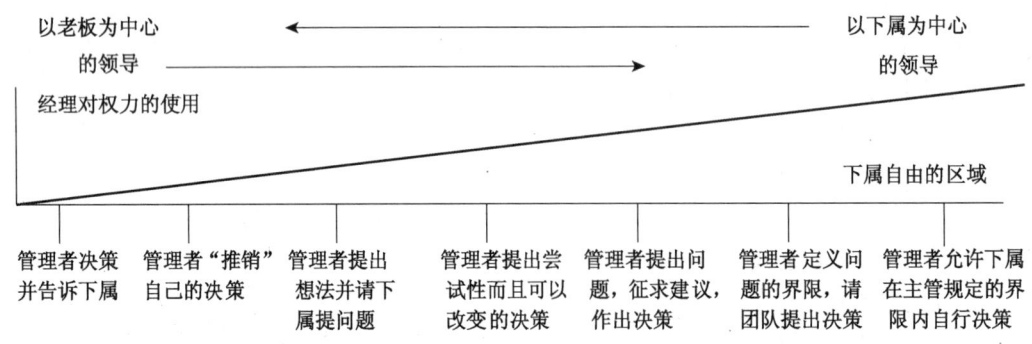

图 8-2　领导的连续统一体

坦尼恩鲍姆和施密特指出,领导者可以根据环境的变化调整领导行为。在工作压力大,或下属需要较长时间才能学会作出有效决策的情况下,领导者通常是独裁的;当下属易于学会或已经掌握作出有效决策的技巧和知识时,比较适宜民主的领导。一般情况是,下属掌握决策的技巧与要求达到的程度差距越大,领导越独断,因为使下属能达到领导者的专业水平是很难的。

（三）管理方格理论

管理方格理论关注的是不同领导风格的有效性问题,其主要贡献是提供了一种评估领导风格以及培训领导者转向理想行为风格的方法。该理论产生的前期基础是美国俄亥俄州立大学和密歇根大学的研究成果。

1. 俄亥俄州立大学的研究

20 世纪 40 年代末,俄亥俄州立大学的研究者开始尝试确定有关领导行为的独立维度,他们从最初收集的 1 000 多个维度中,最终归纳出结构维度和关怀维度,认为这两类维度可

---

① ［美］理查德·L·达芙特、雷蒙德·A·诺伊:《组织行为学》,机械工业出版社 2004 年版,第280～281 页。

以代表员工所描述的领导行为的绝大部分内容。其中,结构维度指领导者为了实现组织目标而对自己与下属的角色进行界定和建构的程度,包括在规划工作、工作关系、目标等方面所做的努力;关怀维度指领导者尊重和关心下属的看法与情感、建立相互信任的工作关系的程度。该研究得出的结论是:高结构、高关怀的领导者更能给下属带来高工作绩效和高工作满意度。

2. 密歇根大学的研究

密歇根大学调查研究中心几乎在俄亥俄州立大学研究的同一时期,也展开了类似的研究,他们试图确定领导者的行为特点与工作绩效的关系,并将领导行为划分为两个维度:员工导向和生产导向。其中,员工导向的领导者重视人际关系,关注个人特性和兴趣,承认人与人之间的差异;生产导向的领导者强调工作技术或任务事项,把群体视为实现组织目标的手段,因此主要关心群体任务完成情况。该研究得出的结论是:员工导向的领导者与高群体生产率和高满意度联系在一起,而生产导向的领导者则与低群体生产率和低工作满意度联系在一起。

3. 管理方格理论

美国得克萨斯大学的行为科学家罗伯特·布莱克(Robert R·Blake)和简·莫顿(Jane S·Mouton)在《管理方格》(1964)一书中提出了管理方格理论,他们高度概括了俄亥俄州立大学的关怀与结构维度和密歇根大学的员工导向与生产导向维度,采用图表形式发展了以上有关管理风格的双维度观点,如图8-3所示。

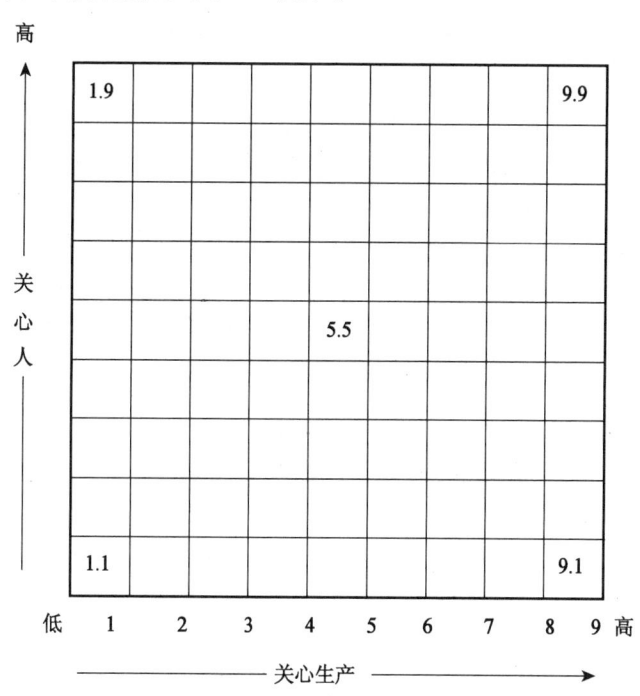

图 8-3　管理方格图

图解:横坐标表示领导者对生产的关心程度,纵坐标表示领导者对人的关心程度。在每个坐标轴上都划分出9个等级,从而生成了81个领导类型的细分位置,1代表关心程度最低,9代表关心程度最高,图中列举了五种典型的领导风格。

　　（1.9）乡村俱乐部型领导,意味着领导者高度关心人,很少关心工作。在这样的组织中,领导者对下属需要关怀备至,形成令人满意的人际关系,创造舒适、轻松、友好的组织氛围和工作基础,但生产没有得到应有的关心和重视,所以,其生产率的提高和任务的完成都会因此而受到影响。

　　（1.1）贫乏型领导,意味着领导者对工作和人都缺乏关心。在这样的组织中,领导者仅限于为了保持其在组织中的身份和地位,用最少的努力去做一些最起码的工作,因此,不能形成团结、合作、相互信任的氛围,工作任务的完成和组织目标的实现受到影响。

　　（9.1）权威服从型领导,意味着领导者高度关心工作,但很少关心人。在这样的组织中,领导者强烈要求成功,有坚定的信念,不为任何人和任何事所屈服。为显示自己的能力,他固执己见,不愿接受别人的帮助和建议,依靠权力迫使下属服从,力求强有力地控制人。为提高工作效率,人的因素的影响被降低到最低程度。在这种领导风格下,短期内可能会取得生产的高效率,但不具有可持续性,因为依靠权力迫使下属服从的方式终将挫伤下属的积极性,从而导致生产效率下降。

　　（9.9）团队型领导,意味着领导者对人和工作的关心都达到最大化。在这样的组织中,领导者认识到,工作任务的完成要依赖组织成员的奉献精神,当组织成员个人目标与组织目标相一致时,就能产生对组织的认同感,组织成员之间以组织目标的“共同利益”为纽带,形成相互尊重、相互信任和相互依存的关系,积极努力工作。因此,领导者会尽力通过让组织成员广泛参与、承担义务、履行承诺以及解决矛盾来实现组织目标,生产任务完成得好,组织成员满意度也高。

　　（5.5）中庸型领导,意味着领导者在关心人和关心工作之间寻找平衡。在这样的组织中,领导者关注完成必要的工作和维持令人满意的民心之间的平衡关系,即兼顾必须完成的任务与保持较高的士气,来保证任务的完成,使组织目标有实现的可能。

　　该研究得出的结论是:9.9型领导风格最理想,是每一位领导者都应追求的目标,为此要对相关人员进行培训,使之朝着这个方向努力。管理方格理论产生后受到美国及其他许多发达国家管理学者和企业家的高度重视和认可,直至今天它仍然在发挥作用。当然,该理论也有一定局限性,并因此受到一些批评,批评者指出,该模型只讨论了一种直观且最佳的领导方式,仅仅为领导方式的概念化提出了框架,并没有正面回答“什么使一位管理者成为有效领导者”的问题,而且没有实质性证据支持在所有情境下9.9型领导方式都最有效的结论。

　　小结:领导行为理论研究热潮一直持续到20世纪60年代,形成了若干有价值的理论,在确定领导行为与工作绩效之间的关系方面取得了一定进展,它引导人们对领导的关注点从领导特质转向领导行为。尽管如此,领导行为理论还是受到了一些质疑,认为该研究试图发现在领导行为和组织成员之间存在一致性的关系,试图寻求在各种情境下都普遍适用的领导行为模式,同样对有效领导的构成作出了普遍的规定,然而在对复杂的社会系统进行分析时,几乎没有哪种关系是持续有效的,所以无法得出一致的结论。

三、基于人性假设的领导方式

　　一些学者认为,领导者采取怎样的领导方式,在很大程度上取决于他们对下属的看法,而这些看法的形成又与人性假设密切相关。

（一）经济人假设与"胡萝卜加大棒"的领导方式

经济人假设认为，人是理性的经济人，习惯于以一种合乎理性、精打细算、趋利避害的方式行事，其行为受经济因素驱动，其工作动机是追求经济利益最大化；人在本质上是不喜欢工作的，如果可能就会尽可能逃避工作，而要想让他们工作，就必须实施控制。根据经济人假设，传统上采用"胡萝卜加大棒"的管理方式，管理者常常利用规范、惩罚等手段对人们进行严格监督、严密控制，同时配以金钱报酬等对人进行诱导和激发，使之按照组织或管理者期望的方式行事。

（二）社会人假设与人际关系型领导方式

社会人假设认为，人是社会人，其行为受社会需要所激励，和谐的人际关系是人的第一位需要，物质利益次之。因此，群体中伙伴的社会力量比上级主管的控制力量更加重要和有效。根据社会人假设，管理者要重视人们之间的社会关系，在关心完成任务的同时，更要关心、体贴、爱护和尊重下属，通过培养组织成员的归属感来调动其工作积极性，提高生产率。

（三）自我实现的人的假设与以人为本的领导方式

自我实现的人的假设认为，人们是喜欢工作的，希望自我激励、自我管理、自我控制，不断提高和发展自己，期望获得成功，其工作的根本目的是自我实现。根据自我实现的人的假设，人在高自我激励下，会自觉自愿地将自己的智慧和才能贡献给组织，而不需要借助其他外在激励。因此，管理者应基于以人为本的理念，采取自我管理、自我控制的管理方式，通过提供富有挑战性的工作、授权以及责任等，使人的个性不断成熟并体验到工作的内在激励，使工作变得更富有意义，更具有吸引力，进而增强人们的成就感和满足感。

（四）复杂人的假设与灵活的领导方式

复杂人的假设认为，由于多种心理和生理因素的影响，人是相当复杂的，不同的人甚至同一个人在不同时期、不同场合，其动机和需要都是不同的，不能简单地将所有人都归类于某种假设之下。根据这种假设，管理者应因人、因时、因地、因环境等不同采取相应的领导策略与方法。

四、权变领导理论

领导是一个动态过程，是领导者及其下属以及环境相互作用的过程，因此，情境因素成为影响领导有效性的重要因素。20 世纪 60 年代末 70 年代初，随着权变观点的出现，很多学者致力于研究领导者与被领导者的行为以及环境之间的相互影响，创建了权变领导理论，认为万能的领导方式是不存在的，领导方式只有因环境的不同而相应调整和变化，才可能是有效的，因此主张领导者应先分析环境，然后再决定该去做什么。具有代表性的领导权变理论有：菲德勒模型、路经—目标理论和情境理论。

（一）菲德勒模型

1. 情境因素与两种领导风格

菲德勒（Fred E. Fiedler, 1922—），美国当代著名心理学和管理专家，权变领导理论创始人。菲德勒在大量研究的基础上，创建了有效领导的权变模型，他认为，任何领导形态都可能有效，其关键在于环境是否适宜，领导风格应随情境有利性而变化。该模型的基本假定是不同的情境需要不同的领导行为，关键的情境因素是情境对领导者的有利性，这一因素取决于:领导者与下属的关系、职位权力以及任务结构。其中,领导者与下属的关系是指领导者是否受到下属的喜爱、尊敬和信任,是否能够吸引下属追随;职位权力是指领导者所处的职位能提供的权力和权威是否明确、充分,在上级和整个组织中所得到的支持是否有力,对雇用、晋升、奖励等能产生多大影响;任务结构是指工作团队要完成的任务是否明确,其常规化、程序化程度如何。

菲德勒认为,个体的基本领导风格是影响领导成功的关键因素之一。为此,他设计了一个"你最不喜欢的同事"(LPC)的问卷调查,用来测定个体领导者风格,如表8-4所示。该问卷由16组对应的形容词组成,作答者要先回想与自己共过事的所有同事,并从中找出一位自己最不喜欢的同事,在16组形容词中按1~8等级对他进行评估。如果一个领导者对其最不喜欢的同事仍能给予积极评价(LPC得分高),表明他是关系导向型领导,对下属宽容、体谅、关心,提倡人与人之间建立友好关系;如果领导者对他最不喜欢的同事给予消极评价(LPC得分低),则表明他是任务导向型领导,关心任务的完成而不关心人。

表 8-4　LPC 测量表

快乐	8	7	6	5	4	3	2	1	不快乐
友善	8	7	6	5	4	3	2	1	不友善
拒绝	1	2	3	4	5	6	7	8	接纳
有益	8	7	6	5	4	3	2	1	无益
不热情	1	2	3	4	5	6	7	8	热情
紧张	1	2	3	4	5	6	7	8	轻松
疏远	1	2	3	4	5	6	7	8	亲密
冷漠	1	2	3	4	5	6	7	8	热心
合作	8	7	6	5	4	3	2	1	不合作
助人	8	7	6	5	4	3	2	1	敌意
无聊	1	2	3	4	5	6	7	8	有趣
好斗	1	2	3	4	5	6	7	8	融洽
自信	8	7	6	5	4	3	2	1	犹豫
高效	8	7	6	5	4	3	2	1	低效
郁闷	1	2	3	4	5	6	7	8	开朗
开放	8	7	6	5	4	3	2	1	封闭

2. 环境的有利性与相应的领导风格

菲德勒将影响领导有效性的三个情境因素任意组合成8种情况,通过对1 200个团体进行观察,收集了把领导风格同对领导有利或不利条件的8种情况关联起来的数据,得出在不同情况下应采取的有效的领导方式,其结果如图8-4所示。

该研究结果表明,在对领导有利即环境较好(图8-4中的Ⅰ、Ⅱ、Ⅲ)和不利即环境较差(图8-4中的Ⅶ、Ⅷ)的情况下,采取任务导向型领导方式效果较好,而在对领导者中等有利(图8-4中的Ⅳ、Ⅴ和Ⅵ)的情况下,采取关系导向型领导方式效果较好。

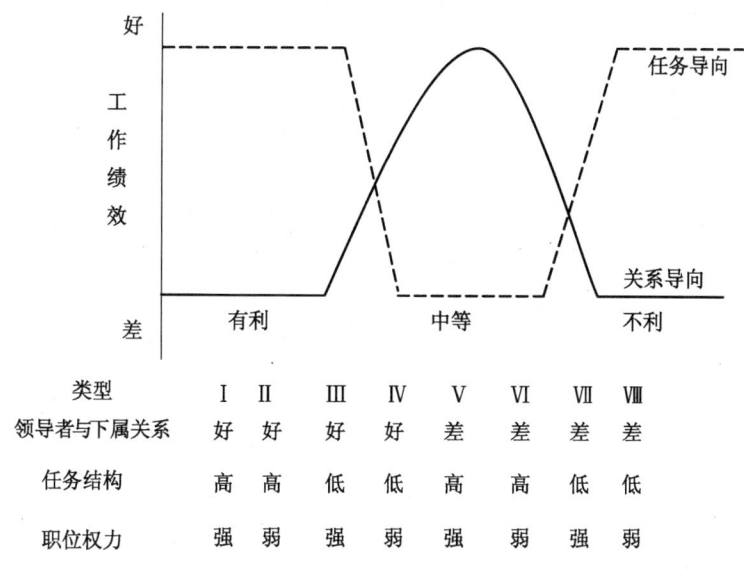

图 8-4　菲德勒权变模型

3. 关于领导风格的灵活性

菲德勒认为,不存在固定的、最优的领导方式,任何领导风格都可能有效,其关键在于领导方式与环境情景相适应,领导是否有效取决于其所处的环境是否适合,因此,应根据领导者个性及其所面临的组织环境,采取不同的领导方式。菲德勒强调,个体的领导者风格与其特定的人格特质相关联,所以它基本上是定型的,是无法改变的,因此,个体的领导者不可能改变自己的行为去适应特定的情境要求,如果领导风格与情境不相匹配,则只有两种选择:要么改变情景来适应领导风格,要么更换领导者(其风格与情境相匹配的)以适应环境。如果作第一种选择,则可以从以下方面入手:为改善上下级关系而改组下级的组成,使其经历、文化水平和技术专长等更加适应;为改善任务结构,详细布置工作内容,使之更加定型化,或者只作一般性指示,使之非程序化;为改善职位权力,变更职位和充分授权,或明确宣布职权而增加其权威性。

4. 菲德勒模型的贡献

菲德勒模型是对领导特质理论和领导行为理论的综合,通过对菲德勒模型总体效度的考察和研究,总体上可以得出积极的结论,而且有相当可观的证据支持这一模型的实质性内容。概而言之,菲德勒模型让更多的管理者对自己所面对的重要情境因素有了清晰的认识,推动了有关领导情境本质的深入思考,其主要贡献和价值体现在:①为研究领导行为提供了新的方向。它特别强调为了领导有效需要采取什么样的领导行为,而不是从领导者自身素质出发强调应当具有什么样的领导行为,从而推动西方领导理论研究进入一个新阶段,开辟了领导动态学研究新路径,对管理思想的发展产生了重要影响。②想法和建议更切合实际,更具有可操作性。该模型将领导行为与环境紧密联系起来,认为不存在一种绝对的、适用于所有环境的最佳领导形态,更切合实际地主张根据环境情形来选择领导方式,而且就改变情境以适应领导者风格给出了具有一定可操作性的具体建议。当然,也有人对菲德勒模型提出批评,指出它仍然没有完全解决有关领导效能的问题,不仅在经验、方法和理论等方面存在一定缺陷,在实践中人们很难评估领导者和下属的关系、任务的结构化程度以及领导者拥有职位权力的大小等情境变量,而且有关个体领导风格没有灵活性的假设也是不切实际的。

（二）路径—目标理论

1. 领导者的职责

路径—目标理论(Path-Goal Theory)是由美国管理学者罗伯特·豪斯(Robert House)开发的领导权变模型,其中吸取了俄亥俄州立大学有关领导问题研究和期望理论的很多重要元素。该理论的提出基于这样的假设,即有效的领导者能够影响下属对工作目标的理解,并通过指明实现目标所遵循的途径、为他们扫除前进道路上的一切障碍等,使下属的"旅行"更为顺利,帮助下属实现工作目标,并因此而得名,人们甚至认为,该理论可能是最全面和最常使用的有效领导情景模型①。

路径—目标理论的核心在于,强调领导者的工作是帮助下属达到他们的目标,并提供必要的指导和支持,以确保下属各自的目标与群体或组织的总目标相一致。豪斯认为,领导者的主要职责是:①下属达成工作目标后,增加报酬的种类和数量,增强吸引力;②明确下属的工作目标,给他们指明达成工作目标的道路,协助其克服困难和阻碍,使之较易获得这些报酬;③在完成工作任务的过程中,增加满足下属其他需要的机会。

2. 领导者行为方式

路径—目标理论认为,最有效的领导方式是领导者采用各种方法和措施去设计一种环境,使组织成员受到激励,并对此作出有效响应。由于不同的下属在性格、需要及其所面临的环境压力等方面的差异,领导者应根据不同的情境灵活地采用任何一种领导行为。豪斯具体确定了四种领导行为:

（1）指示型领导,也称指导型领导,它定位于任务绩效导向行为。领导者告诉下属自己对他们的期望,提供个别的指导、计划、规则、制度和标准,以及完成工作的时间安排,并对如何完成任务给予具体指示。

（2）支持型领导,它定位于群体维系导向行为。领导者十分友好和亲和,平等对待每一位下属,并关心其需求,努力提高其福利水平。

（3）参与型领导,它定位于决策参与行为。领导者在决策之前征求下属意见和建议,并与下属共同磋商,允许下属参与决策。

（4）成就取向型领导,它定位于激励人的行为。领导者设置具有挑战性的目标,鼓励和期待下属达到自己的最佳水平,取得高绩效,并对下属的能力表现出充分的信心,对其出色行为予以奖励。

3. 情境因素与领导行为的适应性

路径—目标理论提出了两种情境或权变变量:一种是下属无力控制的环境权变因素,如任务结构、正式权力系统和工作群体等;另一种是下属的个性特征,如控制点（指个体在多大程度上认为环境在其控制之下）、经验和认知能力。这两种变量对领导行为与结果之间的关系具有调节作用:在使下属产出最大化方面,环境因素决定了需要补充的领导行为类型,而下属个性特点,则决定了个体对环境和领导者行为特点的解释。因此,该理论指出,当环境结构与领导者行为相比重复多余时,领导效果不佳,当领导者行为与下属特点不一致时,领

---

① ［美］托马斯·贝特曼、斯科特·斯内尔:《管理学》,中国人民大学出版社 2014 年版,第 272 页。

导效果也不佳,如图 8-5 所示。

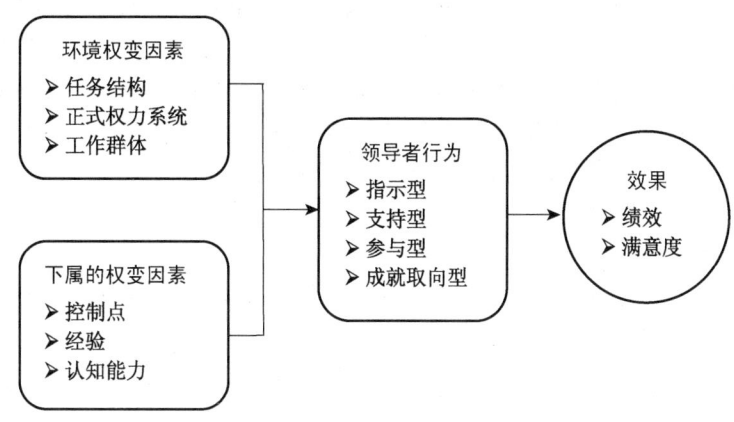

图 8-5 路经—目标理论中的权变变量①

路径—目标理论认为,领导者可以改变自己的风格和行为,以适应特定情境的需要,基于此,提出了如下几种假设:

假设 1:当任务不明或压力过大时,指示型领导会带来更高的满意度。

假设 2:当下属完成结构化任务时,支持型领导会带来更高的工作绩效。

假设 3:当下属认知能力强或经验丰富时,指示型领导可能被视为累赘。

假设 4:内控型下属(相信结果是自身努力和行为产生的),对参与型领导更为满意。

假设 5:当任务结构不清时,成就导向型领导将会提高下属的期待水平,使之坚信努力必定会带来工作的高绩效。

4. 路径—目标理论的贡献

路径—目标理论是一个动态的和未完成的模型。其最初意图是用一般述评描述理论,来帮助未来的研究者探索各种关系并修正理论。研究表明,路径—目标理论是对领导过程合理的、良好的描述,继续下去的研究将帮助我们更好地理解领导与激励的关系②。有关研究证据总体上支持了路径—目标理论的逻辑性,即当领导者弥补了下属或工作环境方面的不足时,可能会对下属的绩效和满意度产生积极影响,但在任务本身十分明确或下属有能力和经验完成工作而无需干预时,如果领导者依然花费时间解释工作任务,则可能被下属视为多此一举或是对自己的冒犯。总体上讲,路径—目标理论的主要贡献体现在:①提出了更接近于现实的权变观点,认为领导者是灵活的,一个领导者可以根据不同的情景表现出任何一种领导风格;②提出了"成就取向型"领导方式,增强了权变领导理论的适用性,有研究证明,这一方法对上层职位和专业性工作更具有指导意义,因为面对高素质的、能够自我激励的知识型下属,管理者要做的不仅是发号施令,他们更应成为熟练的助手和后勤。

(三)情境理论

这是一个被广泛推崇的领导模型,由保罗・赫塞(Paul Hersey)和肯・布兰查德(Kenneth Blanchard)联合开发。

① [美]斯蒂芬・P・罗宾斯:《组织行为学》,中国人民大学出版社 2003 年版,第 355 页。
② [美]里基・W・格里芬:《管理学》,中国市场出版社 2008 年版,第 413 页。

1. 情境因素

情景理论是一个重视下属的权变理论,它认为,领导者在决定任务绩效与维系行为哪个更重要之前,首先应当考虑另一个情景因素,这就是下属的成熟度,即个体下属完成某项具体任务所具备的能力和意愿的程度,这是一个重要的权变变量。由于下属既可以接纳领导者,也可以拒绝领导者,领导者无论做什么,其效果都取决于其下属的活动,因此,领导者必须根据下属情况决定采取怎样的领导行为,即选择正确的领导风格,否则,可能导致低效领导。

2. 领导行为方式

在情景领导模型中,将领导者与下属的关系比喻为家长和子女的关系,倡导领导者对下属的领导要像家长对其子女一样,根据其成长的阶段不同,采取正确的行为方式。赫塞和布兰查德提出,有效的领导行为依赖于下属的能力和动机,他们从高度的指示型到高度的放任型确认了四种具体的领导行为方式:

(1)当下属对完成某一任务既不情愿又无能力时,领导者就需要给他们以明确而具体的指示。

(2)如果下属愿意工作但缺乏能力,领导者就要表现出高任务行为,以弥补下属能力的欠缺,同时也要采取高关系行为,使下属在心理上"领会"领导者的意图。

(3)如果下属有能力但不愿意工作,领导者就要运用支持型和参与型的风格,激发和鼓励其积极、主动地工作。

(4)如果下属既有能力又愿意工作,领导者就应当给予他们充分的信任和自由空间,而不去过多干预。

情境理论强调下属的重要性,更易于理解,更具有直觉上的感染力和亲和力,提出的"领导者可以弥补下属能力和动机方面的欠缺"等观点具有一定逻辑基础。当然,该模型也有一定局限,存在内在模糊性和不一致性等问题,特别是它只顾及了下属的特点,却没有涉及复杂的环境因素特征。

五、当代领导理论

近年来,有关领导风格的研究主要集中在领袖魅力和变革型领导等方面。

(一)领袖魅力型领导

领袖是一种气质,是一种能够将眼界和对人们的激励结合在一起,从而将前景变成现实的能力[1],而魅力则是一种远远超出一般的尊重、影响、钦佩和信任、对追随者的情感具有震撼力的力量[2],是能够激发支持和接受的一种人际吸引力[3]。显然,领袖魅力型领导是指集领袖气质和魅力于一身的领导者,他能够创造出一种氛围,激励下属为了组织宁愿放弃个人利益,并在组织中以饱满的热情和高昂的激情,勤奋、积极、主动地工作,争取创造更好的成绩。

与一般领导者相比较,领袖魅力型领导者具有明显的特征,如表8-5所示。

---

① [美]理查德·L·达芙特、雷蒙德·A·诺伊:《组织行为学》,机械工业出版社2004年版,第494页。

② [美]托马斯·贝特曼、斯科特·斯内尔:《管理学》,中国人民大学出版社2014年版,第274页。

③ [美]里基·W·格里芬:《管理学》,中国市场出版社2008年版,第417页。

表 8-5　领袖魅力型领导者的特征①

特　征	具 体 表 现
清晰表达愿景规划	拥有一个愿景规划（表述为一个理想化的目标），其中勾勒出来的未来比现状更美好；能使用其他人易于理解的语言清晰、生动地阐述这种愿景的重要性
敢于冒险	敢于冒风险，为实现愿景目标不惜高成本，不惧失败，勇往直前，勇于作出自我牺牲
环境敏感性	能够对环境的限制及资源作出现实的评估
对下属需要敏感	对他人的能力有深刻了解，并对他人的需要与情感作出回应
反传统的行为	不墨守成规，其行为常常被认为是新奇的和不合规范的

　　领袖魅力型领导者一般是经历四个步骤对其下属产生影响的：①清晰描述一个引人入胜的愿景，将组织现状及其美好未来紧密联系在一起，给下属提供一种连续性的认识，让大家共有一个对更美好未来的梦想；②领导者向下属传递一种高品位、甘冒风险、勇于创新的新的价值观，唤醒创新与冒险意识，并以自己的实际行动为下属树立效仿的榜样；③领导者向下属表达高绩效期望，并对下属表现出充分的信心，努力营造出一种竞争、成功、传递信任的氛围，提高下属的自尊和自信水平；④领导者作出自我牺牲和反传统的行为，以表明自己追求理想目标的勇气、魄力和对未来前景的坚定信念与强烈信心，激发追随者的信任、信心、接受、服从、崇拜及高绩效。

　　有关研究和试验证明，领袖魅力型领导与下属的高绩效和高满意度之间存在显著的相关性，它比较适用于环境中带有极大的压力和不确定性，或者下属任务中含有很多观念成分等情况；领袖魅力是可以通过后天的学习和培训获得的。

（二）变革型领导

　　变革型领导是相对于传统的交易型领导而言的。传统的交易型领导过程，似乎是在进行一系列商业交易，体现为领导者以组织目标为核心开展工作，他们清晰界定下属的职务并对其说明任务要求，制定任务结构，运用手中的法定权、奖励权和惩罚权来发布命令，对取得绩效的人员提供相应奖赏，试图了解和满足下属的社会需求。这些领导者对组织有强烈的归属感，严格遵从组织的价值观，他们冷静，缺少变革的思维与行动，而且不令人兴奋，组织因此而缺少活力。

　　与传统的交易型领导相比较，变革型领导则是建立在个人吸引力、灵感和感情基础上的领导和影响力，因其将魅力、激发灵感和智力刺激结合起来而具有了特殊性。变革型领导的独到之处在于，他们似乎有一种特殊的能力通过关注下属需要和关注取得重要的改变，帮助下属以新的眼光看待旧的问题，并鼓励下属对现状提出质疑，他们更能够提高士气和生产力。其特征如表 8-6 所示。

　　在变革型领导建立的组织中，组织变革常常以以下三种方式中的一种或更多的方式发生：①增强了人们对某一奖励的重要性和价值以及怎样实现它们的认识；②让人们为了工作团队和组织的利益而忽视自己的兴趣；③帮助人们不再仅仅停留在某个微小的满足上，而是获得自我价值的实现。相关研究和试验证明，变革型领导的组织令人振奋，富有活力，生产率和下属满意度高，离职率低。

---

①　［美］斯蒂芬·P·罗宾斯：《组织行为学》，中国人民大学出版社 2003 年版，第 373 页。

表 8-6　变革型领导的特征

特　　征	具　体　表　现
领袖魅力	提供愿景规划和组织使命,向组织成员灌输荣誉感,赢得人们的信任和尊重。他们总能给组织和人们带来一些新变化,既可能是组织策略、组织文化和远见的改变,也可能是组织结构、产品和技术方面的变革
感染力	对下属的激励以个人价值、信仰和领导者素质为基础,关注无形的品质,如洞察力、远见、分享价值和想法以及建立良好关系,他们向下属传达高期望,采用各种方式强调努力,通过简单明了的方式来表达重要目标,并使下属致力于改变的过程
智慧刺激	激发智力、理性和深入细致的问题解决活动,鼓励下属为了组织利益而超越自身利益,并对下属产生超乎寻常的深远影响
个性化关怀	对每一个下属的兴趣及其发展需要给予个性化关注,并有针对性地提供指导和建议,激励、调动和鼓舞下属为实现组织目标更加努力

　　实际上,变革型领导与领袖魅力型领导并不矛盾,现实中的很多变革型领导也是领袖魅力型领导者,他们同样富有领袖魅力,同样拥有感召力和吸引力。不过,与领袖魅力型领导相比较,具有领袖魅力的变革型领导者还具有其明显的特征,如表 8-7 所示。

表 8-7　有领袖魅力的变革型领导者的特征

特　　征	具　体　表　现
想象力	描述组织未来将要达到的理想状态,向组织成员提供一个表明组织前进方向以及达成目标的方法与路径的令人振奋的美好愿景
精力充沛	热情饱满,精力充沛,率先垂范,全身心投身到实现既定目标的过程
外向和亲和力	性格开朗,为人亲和、友善,易于接近,而且有吸引力
巧妙的沟通风格	用精美的词汇、娴熟的技巧与人沟通,其愿景令人振奋,深受鼓舞
诚实守信	言行一致,备受信任,吸引组织成员愿意冒险追随其梦想
树立自信心	引导下属循序渐进获得成功,帮助追随者增强信心,接受挑战
智力激荡	鼓励追随者从新的视角、用新的方式看待旧的问题,倡导重新思考和重新检验
高期望	激励人们树立比以前所希望达到的更高的目标

　　我们可以用一句话简单描述领袖魅力型领导与有领袖魅力的变革型领导的最大区别:如果说单纯的领袖魅力型领导致力于让下属接受并采纳自己的世界观,那么有领袖魅力的变革型领导者"努力向下属灌输的不仅是运用那些已有的观念来解决问题,更是采用新观点和新视角来解决问题"。[①]

本 章 小 结

　　领导是指在一定的环境下,领导者影响被领导者,并与他们共同努力实现组织目标的过

---

　　① ［美］斯蒂芬·P·罗宾斯:《组织行为学》,中国人民大学出版社 2003 年版,第 375 页。

程。领导与管理、领导者与管理者是两个既有关联又有区别的概念。

领导特质是指有效领导者具有的品质与特征,领导特质理论集中研究有效领导者的个人特征,旨在揭示领导者与个人特质之间的关系。代表性理论有传统特质理论和现代特质理论。

领导建立在权威的基础上。"权"即权力,来源于领导者在组织系统中的职务;"威"即威信,是一种不受组织地位影响的个人来源因素。"权"与"威"来源不同,对领导者影响力的作用也不同。两者之间既相互关联,相互影响,又具有区别。要有效实施领导,必须将"权"与"威"有机结合起来。巴纳德认为,权威来源于下级是否接受。

比较有代表性的领导行为理论有勒温的领导作风理论、坦尼恩鲍姆和施密特的连续统一体理论、布莱克和莫顿的管理方格理论等。基于不同的人性假设,领导者会采取不同的领导行为。具有代表性的权变领导理论包括菲德勒模型、路经—目标理论和情境理论。

当代领导理论主要研究领袖魅力型领导和变革型领导。

思　考　题

1. 什么是领导？你能清晰表述领导与管理、领导者与管理者之间的关系吗？
2. "权"与"威"是怎样形成的？
3. 怎样评价权威接受论？
4. 典型的领导行为理论有哪些？这些理论具有什么现实意义？
5. 典型的领导权变理论有哪些？它们对当代管理具有什么指导意义？
6. 领袖魅力型领导和变革型领导有哪些异同？

第九章

激　励

【学习目标】
　　1. 理解激励的涵义。
　　2. 分析需要、动机、行为与诱因的关系以及激励机制。
　　3. 熟悉各种激励理论及其现实意义。
　　4. 掌握现代激励方法与策略。
　　5. 了解激励理论与实践的发展趋势。

　　组织成员是实现组织目标的主要力量。然而,不同的组织成员是怀着不同的动机加入组织的,他们之所以选择为组织工作,大多是希望通过组织达到自己独自行动所不能实现的目标,而且大多数情况下组织成员都能够自行决定是否努力工作,或者将多少体力和精力用于工作,他们不一定能够自觉地按照组织的要求去努力工作和最大限度地为组织贡献其潜在能力。因此,领导者必须了解组织成员的工作目的,设法激发其动机,诱导其行为,调动其为实现组织目标而努力工作的积极性、主动性,这个过程就是激励。多年来,随着环境的变化和组织的演进,激励理论日益丰富,激励手段也不断创新。本章主要分析激励的基本原理和激励理论,介绍激励的主要方法与策略,以及激励理论与实践的最新发展动态。

第一节　激励的涵义与机理

一、激励的概念

　　激励,原本是一个心理学范畴,是指心理上的驱动,即通过某种刺激,促使人奋发努力去实现目标,是引导人们作出特定行为的力量的组合。从个人角度来考察,激励是一种个人状态,是可以激发个人追求目标的动力。一个被激励的人一旦开始行动,就会把精力集中在正确的方向上,进行有强度的努力并持之以恒。从组织和管理者的视角来考察,激励则是一个使人追逐目标的过程,即管理者通过各种手段,制造多种诱因,促使组织成员主动发挥个人的潜能,为组织积极奉献,在确保组织达成既定目标的同时,也满足组织成员个人需求和愿望的过程。可见,激励是为达到某种结果而花费的努力,而这种努力来自于个人的内在动力,管理者和团队领导能够帮助激发这种动力[①]。对激励概念的理解,应把握以下要点:
　　(1) 激励是一种力量。激励是一种保持和改变人的行为方向、行为质量以及行为强度,

---

　　① ［美］安德鲁·J·杜伯林:《管理学精要》,电子工业出版社2004年版,第282页。

使人充分发挥其潜能的力量。

（2）激励是有目的的行为。激励不是盲目进行的,实施每一种激励都有其明确而现实的目的,无论它是一个结果还是一个过程,指向均为使组织成员充分发挥其潜能。

（3）激励引发的是主动的行为。人们的行为受动机驱动,而动机又来自需求,激励正是针对人们的需求或动机施加影响,从而强化、引导和改变人的行为。因此,激励所引发的是人们主动、自觉的行为,而不是被动和强迫的行为。

（4）激励是一个复杂的过程。激励过程是一个多种因素错综复杂、持续作用和相互影响的过程。各种内部和外部因素影响着激励的整个过程,从决定行为如何开始,如何注入能量,直到如何加以维持,如何将行为导向既定目标,等等。

（5）激励的实质是一种"双向满足"。组织通过影响人的需要和动机引导组织成员的行为,最后实现组织目标,同时也满足了组织成员个人的需求,达到"双赢",仅仅达到一方满足的行为,不能称其为激励。

二、激励的作用

对组织而言,激励是激发组织成员的激情,调动其工作积极性、主动性,确保组织目标顺利实现的有力手段。具体说来,激励具有以下作用。

（一）强化需求

现代人的需求复杂多样,而且经常处于动态变化中。不同的人有不同的需求,同一个人也会因时间的推移、受教育程度的变化、收入的增减以及职位的调整等而产生不同的需求。没有得到满足的需求,有弱有强,并常常处于潜在状态。领导者有针对性地采用各种激励措施,可以强化那些有利于实现组织目标的人的相关需求,使之加速由潜在需求向现实需求转化、由弱需求向强需求转化。

（二）引导动机

人的需求的满足可以有多种渠道,这些渠道可能与组织相关,也可能与组织完全无关。领导者有针对性地采用各种激励措施,强化那些有利于实现组织目标的人的需求,其重要价值在于借此激发组织成员的动机,引导其行为进入有利于实现组织目标的轨道。

（三）创造行为环境

当组织成员按照组织要求的行为完成之后,组织将向其兑现承诺,予以奖励,这种激励营造了一种良好的组织氛围。它既鼓励人们积极地按照组织要求开展工作,增强其取得满意的工作业绩和实现目标的可能性,也可以激发人们保持积极的工作热情和良好工作状态,力争为组织继续作出新的贡献。

三、激励过程

根据心理学原理,人的行为受动机支配,而动机源自人的需求。由于动机和需求都会受到外部环境(诱因)的影响,因此诱因也成为影响人的行为的重要因素。可见,要引导人的行为,有效实施激励,必须掌握与其密切相关的四个关键词:需求、动机、行为、诱因,它们相互关联,相互影响,构成了激励过程。

（一）需求

需求是指人的个体内部因存在某种匮乏而对某种事物或目标的渴求和欲望,是人的一种主观感受,也是对客观要求的必然反映。人的需求极其复杂。从需求产生的来源考察,既有与生俱有的基本需求,也有人们在后天的社会生活和实践中受环境影响或通过学习而形成的需求;从需求的性质考察,既有物质需求,也有精神需求。人的需求是动态变化的,它会随着社会的进步和人的发展与提高而逐步升级。需求是人的行为的起点,是人产生积极行为的重要源泉。

（二）动机

动机是指诱发、活跃、推动并指导和引导行为指向目标的一种内在状态,是促使人产生行为的基本原因,它体现了个体为实现目标而付出努力的强度、方向和持续性。人的行为受动机支配,而动机源自人的需求。动机形成的机理是:当人意识到需求没有得到满足时,就会产生心理上的不安和紧张,处于不平衡状态,这种状态会催生一种导向某种行为的内在驱动力,这就是动机。需求越强烈,由它引起的动机也越强烈,所引发的相应行为就越有力,越迅速。人的动机多种多样,而且强度差异很大,一个人从事某种活动的欲望的强度,取决于其内在动机的强度,往往是那些最强烈的动机对人的行为具有决定性的支配作用。

（三）行为

行为是指在需求和动机驱使下产生的人的有目的、连续的动作。当人有了动机之后,就会导致一系列寻找、选择、接近和达到目标的行为。一旦需求得到满足,相应的行为也就结束了,但人们在心理不安和紧张消除后,又会产生新的需求,形成新的欲望和动机,引发新的行为,开始新的循环过程。

（四）诱因

诱因是指对人产生外在刺激进而引发人的行为的外部环境因素,就其性质考察,既有物质诱因,也有精神诱因。其中,物质诱因包括金钱、色彩、气味等;精神诱因包括表扬、认可、机会的给予、信任、友谊等。人的行为不仅产生于人自身内在的需求和动机,还来自外界环境因素,即外在“诱因”。然而,外在诱因能否对人的行为产生影响及其影响程度,还是取决于人的内心感受,这说明人的行为的发生也符合一种客观规律,即“外因是条件,内因是根本”。人们常常是在感知到某种诱因对自己有益,能够满足自身需求时,才会被吸引或诱导,也就是说,诱因是通过作用于人的需求和动机去影响人的行为的。

（五）激励机理

激励是一个心理活动过程,与人的行为过程紧密相连,如图9-1所示。

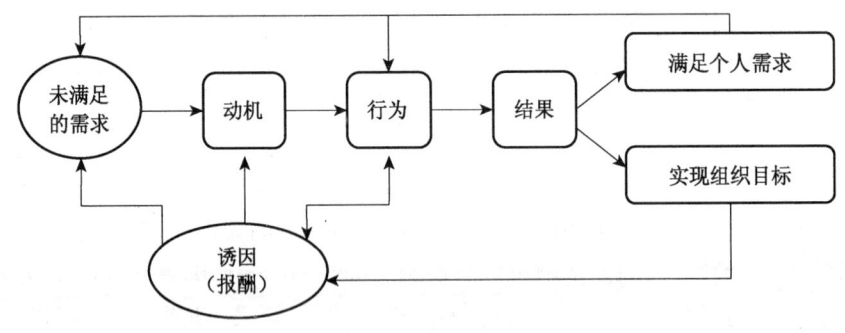

图9-1　激励过程[①]

---

① 王凤滨、李东:《管理学》,中国人民大学出版社2003年版,第198页。

人的动机源自没有得到满足的需求。人只有在非常想要得到某种满足而又没能得到满足时,才会产生紧张感,导致心理和生理上失去平衡。为了求得这种平衡,人们就要努力追求自己想要得到的东西,这时人自身内在的需求就转化为促使人去采取某种行为的动机。人对获得想要满足的欲望越迫切,其动机也就越强烈,所引发的行动也就越有热情。

激励的作用机理就是通过各种手段和措施,激发人的动机,满足人的需求,使其行为有利于组织目标的实现,最后既实现组织目标,同时也满足组织成员的个人需求。组织中的领导者要激励组织成员为实现组织目标而积极努力,必须了解他们的需求是什么,有什么动机,然后有针对性地提供适当的刺激或诱因,引导其行为。所以,激励过程实际上就是领导者依据人的需求、动机和行为之间的关系,激发组织成员的欲望,满足其需求,挖掘其潜力,促使其行为趋向于实现组织目标的过程。

领导者有效实施激励应重点关注两个方面:第一,人们总是被激励去实现那些当前没能得到满足的需求目标,已经得到满足的需求对人的行为不再有驱动性;第二,奖励应当与有助于组织目标实现的行为紧密相连,因为这样的行为对组织才是有价值的。

第二节 激 励 理 论

一、内容型激励理论

内容型激励理论涉及激励过程的第一步——需求,它试图回答工作场所中哪些因素可以激励组织成员的问题。典型的内容型激励理论有需求层次论、双因素理论和成就动机理论。

(一)需求层次论

马斯洛(Abraham Harold Maslow,1908—1970),美国社会心理学家,人格理论家,人本主义心理学的主要发起者。他以其临床心理医生的工作经验为基础,提出了著名的需求层次论,认为,人的需求根据发生的基本顺序和重要程度,可以描述为金字塔形的 5 个层次,居于最高层次的是自我实现的需求,最低层次的是生理需要,而介于其间并逐级上升的是安全需求、归属需求和尊重需求,如图 9-2 所示。

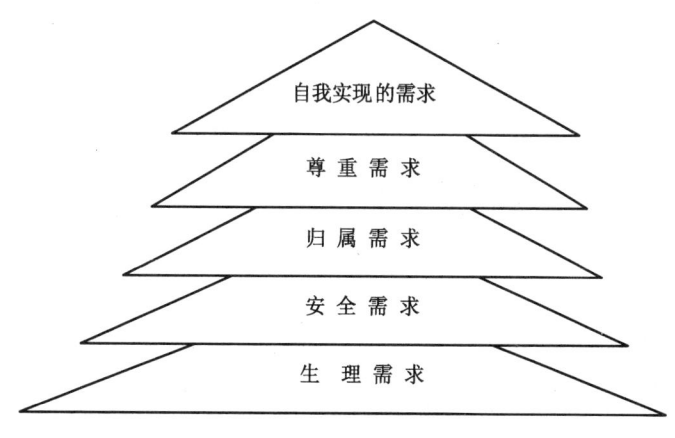

图 9-2 马斯洛的需求层次论

1. 生理需求

生理需求是人与生俱有的,它代表着生存和生物功能的基本需求,包括人对食物、空气、水、睡眠的需求等。生理需求的突出特点是主要通过外在的物质形式获得满足,而且是有限的需求。这种需求能否得到满足,不仅关系到家族乃至人类能否繁衍,更关系到人能否生存。因此,生理需求虽然居于需求层次金字塔的最底层,却最具有驱动力。在组织中,这些需求通常通过工资和工作环境本身如休息室、照明、适宜的温度和通风等予以满足。组织要想引导组织成员产生新的更高层次的需求,首先应当关注和尽量满足其基本的生理需求。

2. 安全需求

安全需求是人们在生理需求基本得到满足后,基于其身体和精神免受伤害而产生的对有保障的生理和情绪环境的需求。安全需求中既包括对当前安全的渴求,如现实生活中的就业、劳动、人身等各方面都有安全保障,也包括对未来安全的渴求,如未来生活中老有所养、病有所医、居有定所等。未来变化越具有不确定性,越难以预期,人们越会高度关注未来安全。在组织中,安全需求常常通过工作持续性(不会下岗)、培训(便于转岗)、投诉系统(保护组织成员免受不公平待遇)以及保险和退休福利(保障医疗和晚年生活来源)等予以满足。

3. 归属需求

归属需求是与人的社会活动过程密切相关的需求,包括爱的需求、情感以及被接纳的需求。作为一种社会动物,每个人都在社会活动中与他人发生联系,或一起工作,或共同学习,或共同生活,正常情况下,人们既愿意关心和爱护他人并希望别人接受自己对他们的关爱,同时也希望社会和组织接纳、关心与关注自己。可见,归属需求是一种比生理需求和安全需求层次更高、更细腻的心理需求。当然,不同的人由于性格、家庭背景、成长环境、受教育程度以及人生阅历等方面的差异,会有不同的归属需求。在组织中,归属需求常常通过营造和谐氛围,鼓励沟通和相互交流,构建团队等予以满足。

4. 尊重需求

尊重需求是人希望被自己和他人看做是一个有价值的人的一种愿望,表现为自尊和他人尊重两方面的需求。自尊是指人期望自己有能力胜任所做的事情,并能够取得成功;他人尊重是指人期望他人认可、赞扬、积极评价自己所取得的成就或拥有的地位。自尊和他人尊重这两个方面是密切相关的。一个人要想得到他人的尊重,首先必须自尊,并经过自身努力取得出色的业绩,为争取他人尊重创造条件。此外,懂得尊重他人,也是得到他人尊重的重要前提,那些为维护自尊不惜伤害他人的人,不可能得到他人尊重。在组织中,领导者为满足组织成员的尊重需求,通常采用的办法由两种:一是提供各种外在的符号如授予头衔和称号等,满足组织成员的他人尊重需求;二是对那些自尊心极强的组织成员,予以高度关注,及时赞赏和评价他们的努力与进步,保护其自尊心和工作积极性。

5. 自我实现的需求

自我实现的需求是指人希望发挥个人潜能,有所成就,实现自己的理想和抱负的愿望,是最高层次的需求。这种需求通过个体内在的体验可以获得一定的满足,但组织中的领导者如果能够为有这种需求的组织成员提供挑战性的工作安排和提高自身素质的学习机会,允许其参与决策,给予其更大的自主权和更大的责任等,则会在很大程度上帮助组织成员趋向于自我实现,产生成就感和胜任感。

（二）双因素理论

弗雷德里克·赫茨伯格（Fredrick Herzberg），美国心理学家、行为科学家，他在对 200多位工程师和会计人员进行访谈调查的基础上，于 20 世纪 50 年代后期提出了著名的激励—保健理论，简称双因素理论，其要点如下。

1. 激励因素和保健因素导致两种不同的结果

赫茨伯格首先界定了激励因素和保健因素的内涵。激励因素是与工作本身和工作内容相关的因素，如工作富有挑战性、成就感、责任感，工作业绩得到认可和赞赏，获得成长和提升的机会等，而保健因素则是一些与工作环境相关的因素，如工作条件、监督管理方式、人际关系、公司政策、薪酬等。

赫茨伯格认为，激励因素和保健因素导致两种不同的结果。激励因素的作用是使组织成员产生满意感，进而激发并保持其工作热情，持续提高工作效率；保健因素的作用是消除人们的不满、怠工和对抗，但它不能让人变得满意，从而不能提高人们的工作热情和工作效率。这表明激励因素和保健因素彼此独立存在，并分别以不同的机理影响人的行为。如果组织中缺乏保健因素，人们会产生强烈不满，但即使增加了保健因素，人们也仅仅可以消除不满，并不会因此而受到激励；相反，如果组织缺乏激励因素，人们不会产生太多不满，而当激励因素增加时，人们则会受到强烈激励，产生巨大的满足感。

2. 对传统满意—不满意模式的突破

按照传统工作满意理论的假设，满意与不满意处于同一个连续体的两端，人们要么满意，要么不满意，要么处于中间状态，如图 9-3 所示。

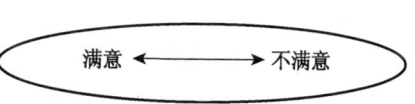

图 9-3　传统的工作满意模式

赫茨伯格关于人是否产生满意感取决于两种来源完全不同的因素的发现，使他认识到传统工作满意理论是不完善的。赫茨伯格在访谈中发现了两个完全不同的维度：一种是从满意到没有满意；另一种是从不满意到没有不满意。这一发现使传统的满意—不满意模式发生了有趣的变化，即"满意"的反面不是"不满意"而是"没有满意"，"不满意"的反面不是"满意"而是"没有不满意"，如图 9-4 所示。

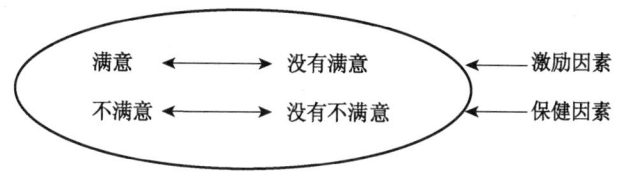

图 9-4　传统满意—不满意模式的突破

（三）成就动机理论

戴维·麦克利兰（David Clarence McClelland，1917—1998），美国哈佛大学教授，社会心理学家。麦克利兰和他的同事们在研究组织中具有重要性的具体个体的需求中发现，人特别是管理者在工作情境中有三种基本动机和激励需求，即权力需求、亲和需求和成就需求。

1. 权力需求

权力需求是指影响和控制群体与他人的一种愿望，是取得管理成功的重要因素。权力需求强烈的人,渴望影响和操纵他人,而不愿受到他人的影响和控制。他们总是在寻求领导职位,要求拥有并保持权力去影响别人。其典型特征是坦率、冷静、坚强、健谈、乐于竞争、爱争辩、喜欢教导别人和公开演讲。大多数情况下这种需求是一种积极力量,能促进组织和社会的建设性改进。有研究证明,在组织中,权力需求强烈的人,更可能获得高级职位,更可能创造卓越成绩,出勤率也高。还有研究证明,管理者比一般人具有更强的权力动机,而成功管理者的权力动机比不成功的管理者更强。

2. 亲和需求

亲和需求是指被喜欢和被接受的愿望。亲和需求强的人的最典型特征是具有建立良好人际关系的愿望,经常关注和寻求维持融洽的社会关系。他们愿意与别人和睦相处和建立友谊;乐于帮助和安慰陷于困境的伙伴;在群体活动的亲密接触中得到乐趣,从被人接纳中得到快乐。亲和需求强的人往往偏好需要进行大量社会交往和有机会结交朋友的工作。

3. 成就需求

成就需求是指比过去更有效地完成工作或任务的一种愿望,以及对成功和实现目标的执著。成就需求强烈的人的典型特征是有迫切的成功欲望,寻求适当难度的目标和挑战机会,勇于承担挑战性工作,责任感强。他们有内在的驱动力,渴求工作完美和有效,认为只有在成败可能性均等的条件下,才能尽显一个人出色的才能,这也是一种能够使自己在奋斗中获得成功喜悦的最佳机会。因此,这样的人往往希望在可以发挥其独立工作能力的环境中完成任务,并得到快速、及时、明确、具体的工作绩效反馈,以此证实自己是否取得成就。

现实中的人们都不同程度地有权力需求、亲和需求及成就需求。在一个组织中,高成就需求的人越多,组织发展得越快。因此,领导者要善于发现、激发和满足人们的成就需求,例如,让他们在独立工作、独立负责、获得信息反馈和中度冒险的工作环境中得到高度激励,同时,组织也可以通过开展教育培训、传授高成就需求者所使用的语言和思维方式及其经验,强化人们的成就需求。

小评论:内容型激励理论的贡献与不足

内容型激励理论对导致激励的因素进行了有益研究。马斯洛需求层次论使管理者认识到满足需求对组织激励的重要意义,给人们带来以下重要启示:①人的需求多种多样,层次分明,不断变化,低层次需求得到满足后,会产生新的更高层次需求;②一个人的需求在不同时期可能处于不同层次,但在一定时期内则有某一层次的需求居于主导地位,是决定人们行为的关键因素,也是激励的重点;③同一组织中不同的人,拥有不同层次的需求,领导者了解每个人的需求情况并针对不同需求采取相应措施,才能实施有效激励。赫兹伯格的双因素理论,进一步深化了关于人的需求以及需求对行为的影响研究,其指导意义在于,在组织中首先要保证保健因素是充足的,以消除人们的不满,也必须认真研究并运用那些能让人们努力为组织工作的激励因素,强化激励因素的作用。内容型激励理论也受到一些批评,认为人们从中还看不出激励过程是怎样的,无法解释为什么有些人可以受到某一因素的影响而另一些人却不能,以及如何才能满足不同需求。有研究者指出,马斯洛提出的 5 个需求层次不具有普遍性,层次的顺序也不总是一样的,而且不同文化背景中的人具有不同需求;对双因素理论的批评主要是认为赫兹伯格的访谈样本不具有普遍代表性。

二、过程型激励理论

过程型激励理论主要研究激励是如何发生的,即人们为什么选择特定的行为方式来满足需求,以及在实现目标之后如何评估自己的需求。典型的过程型激励理论有公平理论、期望理论和目标设定理论。

（一）公平理论

约翰·斯塔希·亚当斯(J. Stacy Adams),美国心理学家,公平理论的创建人。公平理论是一种研究人们怎样评估报酬而报酬又怎样影响其工作积极性的理论,该理论认为,经过需求的刺激,激励过程开始启动,个体选择了一项预期能够满足其需求的行为,接下来他会评估报酬的公平与公正性,因此,该理论也被称为社会比较理论。

1. 比较的内容

亚当斯认为,公平是一种信念,是构成激励的一个重要因素,人们希望自己受到与其他人一样的平等待遇。因此,当人们因取得绩效而获得奖励时,会寻求社会公平的激励,他们不仅关心自己所得到的绝对报酬,也关心相对报酬。他们常常通过各种比较来判断自己是否受到公平、公正的待遇,其结果将影响人们的满意度和工作积极性。比较的内容包括报酬与投入两个方面,其中,报酬包括工资、加薪、奖金、福利、认可、职务、责任等;投入包括努力、经验、技能、受教育程度、资历等。

2. 比较的形式和过程

人们进行的最典型、最经常、最简单的比较是横向比较,即个体将自己的报酬和投入看成一种比例,然后与其他人相比较。比较结果将影响到个体对自己是否受到公平待遇的判断,并将影响其今后的行为。

人们所进行的比较基于个体知觉,非常主观,比较结果基本上有三种:①奖励公平。如果两个比例相等,个体就会感受到公平,而且会因为自己受到了公平待遇而感到满意,进而努力工作。此时,即使他人的报酬多于个体报酬,只要他人的投入是同比增加的,个体仍然可以感受到相对公平。②奖励过度。当个体比值大于他人时,个体也会感受到不公平,但此时他可能不会为了与他人处于公平状态而主动要求降低自己所得的报酬,一般会保持沉默,同时调整自己的行为,例如付出更大的努力,当然这种努力不一定能持续下去;③奖励不足。当个体的比值小于他人时,个体会感到自己受到了不公平待遇,于是会采取一些纠正行为,试图减少不公平,或寻找公平的感觉,例如,减少自己的时间、体力和精力投入,缩小与他人的比例差距;要求组织提高自己或降低他人的报酬水平;改变比例的计算方法,以说服自己;更换比较对象,寻找与自己报酬、投入比率相当的第三方进行比较,寻找感觉上的公平;要求调整工作岗位或离职,试图在其他岗位或组织中寻求公平待遇。

（二）期望理论

维克托·弗鲁姆(Victor H. Vroom),北美著名心理学家,行为科学家,期望理论的创建者,他试图从个人对组织所提供的诱因或报酬奖励的价值判断以及对取得该报酬的可能性的预期两个方面来解释人的行为。

1. 基本假定

期望理论基于4个基本假定:①行为由个体或环境中各种因素综合决定;②人们在组织中自行作出行为决策;③不同的人具有不同的需求、愿望和目标;④人们根据行为达成期望结果的可能性,在不同行为计划之间作出选择。

　　基于以上假定,期望理论认为,一种行为倾向的强度取决于个体对这种行为可能带来的结果的期望强度,以及这种期望对行为者的吸引力。表明人们在决定是否按照组织的激励目标行事时,考虑的主要因素是组织目标的实现能否帮助他们实现自己的目标,满足其个体需求。据此,弗鲁姆提出,一项活动对某个个体的激励力,取决于该活动结果能给该个体带来的价值以及达到这一结果的可能性,激励力是个体寄托于一个目标的预期价值及其对实现目标可能性的看法的乘积。于是,就出现了我们需要了解的三个重要概念:①激励力即个体希望达到活动目标的欲望程度,也是组织可能调动其成员积极性的程度;②效价即活动的结果对个体价值大小的主观评价;③期望值即个体对实现这一结果可能性的主观判断。这三者之间密切相关,效价和期望值越高,激励力越大;反之则越小。对激励力与效价和期望值的这种内在关联,可以简单地用公式表示为:

$$激励力(M) = 效价(V) \times 期望值(E) \qquad\qquad (9.1式)$$

　　2. 激励模式

　　以上分析表明,领导者在实施激励过程中将涉及三方面的关系,它们恰好说明了人们在怎样的情况下会受到激励,构成基于期望理论的激励模式,如图9-5所示。这三方面的关系主要包括:①努力与绩效期望的关系,即人们相信努力将导致良好的绩效,图中用"A"来表示;②绩效与奖赏期望的关系,即人们相信取得绩效将获得奖赏,图中用"B"来表示;③奖赏与个人目标的关系(吸引力),即人们相信组织奖赏能满足自己的重要需求,图中用"C"来表示。

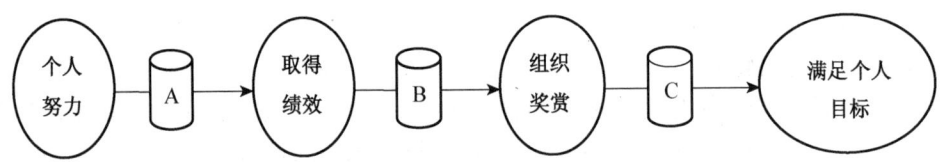

图 9-5　基于期望理论的激励模式

　　3. 有效的激励路径

　　按照以上路径处理好三方面的关系,显然有利于领导者提高激励效果。

　　(1) 处理好努力与绩效期望的关系。努力—绩效期望,是个体对努力能够导致绩效的可能性的知觉。人们期望努力产生绩效,这是依据绩效得到相应奖赏的重要前提。于是,适度的目标就成为一种激励机制。人们只有在相信努力会导致绩效时才会去努力,而且一旦决定追求某一目标,就会调整自己的行为以确保目标的实现。在组织中,领导者要根据组织成员的能力合理分配工作和设定具体目标,使之通过个人努力能够达到预定结果,取得一定业绩。因此,该目标不能过高,也不能过低。目标过高,超出个体努力所能达到的水平,将致使人们失去信心和自信,而目标过低,唾手可得,则会缺乏刺激性。

　　(2) 处理好绩效与奖赏期望的关系。绩效—奖赏期望,是个体对绩效将导致某一具体奖赏的知觉。因此,在组织中,领导者要把组织成员的个人努力程度和工作绩效与其所取得的报酬奖励紧密结合起来,当奖则奖,当罚则罚,既不随意降低预先承诺的奖励标准,也不擅自提高预定的奖励水平,确保每一个人的付出及其工作结果只要达到组织要求,就能按照既定标准得到相应奖赏,坚持任何人得到的奖赏都以其取得的工作业绩为依据,这样才能维护激励制度的严肃性、权威性和可信度,并产生连续的激励效应,人们因相信只要取得预期绩效就能得到组织承诺的奖赏,而保持积极的行为和持续的努力。

(3) 处理好奖赏与个人目标之间的关系。人是否按照组织提供的诱因(奖赏)去工作,取决于该诱因对他的吸引力。这种诱因越能满足他的个人需求、帮助他实现其最希望实现的目标,对他的吸引力越大。在组织中,领导者要了解某项奖赏对组织成员的吸引力,并设法增强这种吸引力,不断强化人们对得到这项奖赏的渴望,激发其想去实现组织目标的愿望。当人们按照组织的引导取得工作绩效后,组织给予他们的奖赏一定要能够真正满足其需求,这样的奖赏对他们最有价值,最有吸引力,最能发挥激励作用,促进其积极行为持续发生。

(三) 目标设定理论

目标设定理论假定人们的行为是有意识的目标和意图的结果。根据这一假设,管理者的任务是充分理解人们设定目标和实现目标的过程,通过为组织成员设定目标影响其行为。早期的目标设定理论认为,绩效受目标难度和目标具体化这两个目标特征的影响。

1. 目标难度

目标难度是目标的挑战性和达成目标所需要的努力。如果人们需要通过工作实现目标,那么合理的假定目标,将是困难的、同时需要更加努力地工作才能实现,但这并不意味着目标设定得越高越好,越难以实现越好,适宜的目标应当是比较现实而又有一定难度的。

2. 目标具体化

目标具体化是指目标要清晰、准确。有些目标是可以具体化的,如提高组织成员的出勤率、产出和盈利增长等,但也有一些目标是难以具体化的,如提高组织成员工作满意度、士气,提升组织形象和声誉,增强组织社会责任感等。当目标难度不变时,目标同绩效之间存在密切的关系。

早期的目标设定理论一经提出,得到了广泛关注和研究支持,在此基础上又产生了扩展的目标设定理论,它试图更充分地把握组织中目标设定的复杂性。

扩展的目标设定理论认为,目标指导的努力是四个目标的函数:目标难度、目标具体化、目标接受和目标承诺。其中,目标接受是个体将目标接受设定为个人目标的程度;目标承诺是个体本身对目标的兴趣程度。一些相关因素有助于提高目标接受和目标承诺,包括:参与目标设定过程、制定既有挑战性又有现实性的目标,以及相信实现目标将得到有价值的奖赏。

扩展的目标设定理论提出,目标指导的努力、组织支持、个体能力和特质之间的相互作用决定了实际的绩效水平。其中,组织支持是组织所采取的任何支持或阻碍绩效的行为,积极的支持包括足够的人手和材料,消极的支持包括未能及时修复设备;个体能力和特质是完成工作所需要的技能和其他个人特征。在绩效实现后,个体可以获得内在的或外在的奖励,它们反过来又会影响其满意程度。

小评论:过程型激励理论的贡献与不足

公平理论给我们带来了重要启示:①公平是重要的激励因素;②公平是人们的个体认知和感受,许多情况下人们会过高估计自己的投入和他人所得的报酬,过低估计自己的报酬和他人的投入,这就向传统的绩效与薪酬管理提出了挑战;③管理者应在组织中建立基于绩效的奖励系统,并保证程序和标准的清晰、客观,确定成员报酬水平时尽可能做到公平、公正,使奖励真正体现绩效水平。期望理论适用于试图改善下属激励的管理者,可采取一系列步骤实现该理论的基本思想:了解每位成员希望的结果;确定为实现组织目标需要何种绩效和绩效水平,保证希望的绩效水平是可以达到的;确保奖励足够大,注意总体系统对所有人的公平。目标设定理论既可以用于实施期望理论,也可以适用于公平理论。

三、强化理论

内容型激励理论研究人的需求,过程型激励理论解释人们为什么选择不同的行为满足需求,以及他们如何评估通过这些行为获得的奖励的公平性,于是人们不禁要问,这些奖励将如何导致行为改变或保持行为呢? 强化理论在这方面进行了有益的探索,并给出了有价值的解释。

斯金纳(Burrhus Frederic Skinner),美国心理学家,行为科学家,他在"操作条件反射"研究的基础上提出了强化理论,也称行为修正理论。斯金纳发现,人为了达到某种目的,会采取一定的行为作用于环境。如果这种行为的后果对他有利,则这种行为在以后会重复出现;如果不利,则这种行为会减弱或消失,也就是说,人的行为是其所受刺激的函数,无论是奖励取得成绩的人,还是惩罚成绩差的人,都会使人受到激励(当然,惩罚是一种负激励),相应地,导致奖励结果的行为可能会不断重复,而导致惩罚结果的行为则不可能重复。鉴于此,斯金纳提出,组织中的领导者可以通过强化来影响人的行为后果,进而修正其行为,在这里,强化是指对一种行为肯定或否定的后果(报酬或惩罚),它在一定程度上决定这种行为在今后是否重复发生,而强化有又正强化和负强化之分。

(一)正强化

正强化即奖励,是指在希望的行为发生后给予奖励或赋予积极的成果,是一种积极强化,属于加强行为的方法。在组织中,正强化就是奖励那些组织需要或希望的行为,从而加强这种行为,主要方法有:加薪、发放奖金,对成绩给予认可和表扬,职务晋升,改善工作条件和人际关系,赋予挑战性工作,给予学习和成长机会等。由于正强化能产生积极的效果,因此而成为主要的强化手段。

(二)负强化

负强化即惩罚,是指运用消极结果或不愉快的结果减少不希望的行为的方法。在组织中,负强化就是惩罚那些与组织不相容的行为,如工作投入不足、迟到、工作中干扰他人等,从而削弱或减少这种行为,其主要方法有:批评、处分、降级、罚款等,有时不给予奖励或少给奖励也是一种负强化。由于负强化容易导致不满甚至敌意,进而对生产力产生破坏效应,因此理性的管理者会尽量少用负强化手段。

(三)忽视

忽视也是强化的一种具体形式,是指对已出现的不符合要求的行为进行"冷处理",达到"无为而治"的效果。与负强化的结果一样,忽视也可以弱化组织或管理者所不希望的行为,不同的是,这种行为弱化过程并不需要管理者干预,就会自然消退。

小评论:强化理论的贡献与不足

强化理论的贡献得到许多研究者的肯定,认为它更有助于对人的行为的理解和引导。一种行为必然会有后果,而这些后果在一定程度上会决定这种行为将来是否重复发生。因此,通过对这种行为和后果关系的分析,使组织成员有一个最好的机会在各种明确规定的备择方案中进行选择,有助于提高管理和控制效果。强化理论正因为如此而被广泛应用于激励和人的行为改造上,它提示管理者要实施有效强化应注意以下几点:①组织成员因年龄、性别、职业、学历、经历等方面的差异而有不同的需求,应根据不同情况采用不同的强化措施;②应在组织希望的行为发生后尽快强化,及时反馈,以鼓励其持续发生;③应设立明确、具体、切实可行且鼓舞人心的目标,保证所采取的强化措施适当和可以衡量;④应分阶段设立目标,并实施分段激励,以增强人们继续努力的信心,直到最终实现组织目标。也有人批评强化理论,认为它只讨论外部因素或环境刺激对行为的影响,而忽略了人的内在因素和主观能动性对环境的反作用,具有机械论色彩。

四、当代激励理论的综合

内容型激励理论、过程型激励理论和强化理论,看似相互独立,其实是可以互补的。综合性激励模型就是基于上述典型的激励理论中的大部分内容进行的高度概括和总结,如图9-6所示。它让我们看到,如果将各种激励理论融合在一个模型中,将会进一步加深对激励机制整体框架的理解和认识。在图9-6中,我们发现了各种相互关联的激励理论。

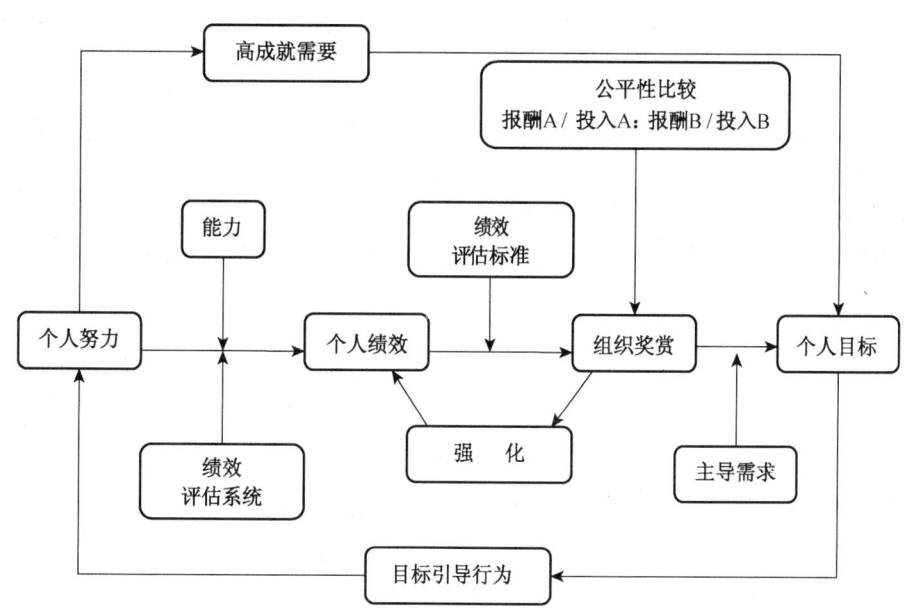

图 9-6 当代激励理论的综合①

(一)期望理论

期望理论认为,当个体感到在努力与绩效之间、绩效与奖赏之间、奖赏与个人目标之间存在密切联系时,他就会付出极大的努力。当然,在三方面的联系中,每一种联系都受到一

---

① 王俊柳、邓二林:《管理学》,清华大学出版社 2003 年版,第 265~266 页。

定因素影响。例如,对于努力与绩效之间的关系,个人还必须具备必要的能力,对个体进行评估的绩效评估系统也必须公正、客观;对于绩效与奖赏之间的关系,如果个人感知到自己是因绩效因素而不是其他因素(资历、个人偏好等)受到奖励时,这种关系最为密切;对于奖赏与个人目标之间的关系,需求层次论起着重要作用。当个体因绩效而获得奖赏,进而与其目标一致的主导需求获得满足时,他的工作积极性会进一步提高。

(二)成就动机理论

对高成就需求者来说,努力与个体目标之间是一种直接关系,他们不会因为组织对他的绩效评估以及组织奖赏而受到激励。这些人并不关心努力与绩效、绩效与奖赏、奖赏与个人目标之间的关系。只要从事的工作能使他们产生个体责任感、有信息反馈并提供了中等程度的风险,他们就会产生内在驱动力。

(三)强化理论

强化理论通过组织奖励强化了个人的绩效而体现出来。如果管理层设计的奖励系统在组织成员看来是用于奖励卓越工作绩效的,那么奖励将进一步强化和激励这种良好绩效。

(四)公平理论

公平理论体现了报酬的重要作用。个体会经常将自己的投入与报酬比例同他人进行比较,在比较中寻找公平感,如果比较之后得到的是自己受到不公平待遇的判断,则会影响到个体的满意度及其努力程度。

第三节　激励方法与策略

激励理论从管理实践中发展而来,反过来又对管理实践发挥重要指导作用。长期以来,在激励理论的指导下,人们紧密结合管理实际,创造出了一系列有效的激励方法与策略。近年来,适应全球化、信息化以及经济社会发展的需要,为满足组织成员多样化和多层次的需求,不同的组织不断尝试创新激励方式,管理实践中也更充分地体现了对各种激励理论的综合运用。

一、运用奖励系统进行绩效激励

组织对组织成员进行激励的方法与手段丰富多彩,奖励系统是最基本的工具,它涵盖了定义、评估和奖励组织成员绩效的正式的和非正式的机制。

绩效奖励在组织中扮演多种重要角色,其主要目标是明确奖励与激励的关系以及奖赏与绩效的关系。一个组织如果希望其成员表现出相对较高的绩效,就要相应提供值得组织成员付出努力的奖励(诱因)。如果奖励同高绩效相联系,则组织成员就会受到激励,更加努力地工作,创造高绩效,以赢得这些奖励。在这一点上,个人利益与组织利益达成一致。此外,绩效奖励还在很大程度上鼓励组织成员争作有责任的组织公民,忠诚于组织,并长期留在本组织中工作等。越是同绩效有具体关系的奖励,对激励和绩效越具有影响力。

在组织中,绩效奖励系统主要包括价值奖励系统、激励性奖励系统以及团队和小组奖励系统等。

(一)价值奖励系统

价值奖励系统是最常见的绩效奖励系统。价值报酬是组织基于其成员对组织贡献的相对价值而奖励给组织成员的报酬。组织成员对组织贡献越大,得到的价值报酬越高。价值报酬计划是一种正式的、基于某些有意义的价值比例的报酬计划,在这里,价值主要取决于个体成员的绩效和对组织的总体贡献。最普通的价值报酬计划是根据组织成员对组织的相对价值向他们提供年度加薪。

（二）激励性奖励系统

激励性奖励系统是最古老的绩效奖励形式,传统的计件激励计划最具有代表性,而且在历史上存留了很长时间。但是,由于传统的计件激励计划过于简单,不但没有考虑基本工资,而且个体总是重复同样的工作,因此,在长期实践中人们逐渐意识到了它的局限性。当今社会,不同类型的组织快速发展,组织成员的素质及其对工作的要求日益提高,传统计件激励计划越来越显得难以适应,于是,激励性报酬计划和其他一系列更加复杂的激励性奖励系统得到了广泛应用。

激励性报酬计划一般是对组织成员进行实时的奖励,个体激励系统比较适用于可以对绩效进行客观评估的场合。例如,有些组织为了鼓励组织成员提出合理化建议,以提高生产率,拿出一定比例的盈利作为激励报酬;有些组织采用销售佣金的激励形式,即销售人员根据自己一定期间实现的销售总额获得一定比例的金额,这些销售佣金可能是其全部收入的来源,也可能是其收入的一部分。这种激励方式使销售人员的收入处于一定的"风险"状态,大大激发了人们努力达到预期销售目标的工作积极性。除了激励性报酬计划外,有些组织还采取带薪休假、携带家属到指定地区度假等形式对组织成员进行激励。

激励性奖励系统与价值奖励系统相比较具有明显的优势,即:奖励通常是一次性的,不会增加个体工资;激励性奖励的发放完全基于绩效,一旦个体在未来业绩下降,则他只能获得较少的激励,甚至不能得到激励;激励性奖励计划通常都是一次性的,组织可以根据需要灵活地调整激励的重点。

（三）团队和小组奖励系统

由于团队和小组越来越成为现代组织的主要工作形式,因此,团队和小组奖励系统在组织奖励系统中变得越来越重要,最具有代表性也是最常见的团队和小组奖励系统是收益分享计划。

收益分享计划是组织将生产力上升带来的收益与组织成员分享的奖励系统。其基本假设是组织成员与其所在的组织拥有一致的目标,应当获得重大经济收益的相应比例。具体说来,实施收益分享计划大体要经过4个步骤:第一步,采用有效、可靠的方法对团队和小组的生产力进行测量,测量结果要充分反应团队和小组当前的绩效水平;第二步,要求团队和小组利用一切由成员所开发并得到主管批准的方法,降低成本或提高生产力;第三步,分析团队和小组所实现的成本降低或生产力提高情况,并将其转化为货币价值;第四步,用事先确定的公式在组织与团队和小组（组织成员）之间进行收益分配,通用的分配方式是将收益的一定比例分给组织,一定比例分给团队和小组（组织成员）。

有些组织在团队和小组层面也像对个人激励一样,采用真正的激励性措施,即把给予团队和小组的奖金同其绩效的增加直接联系起来,而且奖金只有在其实现目标之后才能得到。当然,组织分配奖金是以团队和小组为单位的,不直接发放给个人。有些组织还针对团队和小组实行非货币奖励,表达对团队和小组全体成员模范性绩效的认可,例如,授予其创新创意奖等。奖励的内容既可以是无形的,如允许休假一周,也可以是有形的,如发放奖品。

（四）范围更广的激励方式

在现代组织中，除了团队和小组层面的激励之外，还有一些涉及范围更广、通常是面向整个组织的激励形式。

1. 利润分享计划

利润分享计划是指组织在年终时将一定比例的利润拨入利润分享计划，然后分给所有组织成员。这种计划的思维逻辑是如果组织取得很好的绩效，则人人都可以从中受益。在操作上不同的组织有所差异，有些是立刻发配，有些是等到组织成员退休时才可以一并领取。利润分享计划不是一个完美的激励方式，因为当组织绩效不佳时，就无法实施利润分享计划，此时可能会引起组织成员的不满，因为他们已将利润分享看成是自己年度报酬的一部分。

2. 员工持股计划[①]

员工持股计划即组织逐渐向员工提供公司的部分股权，使员工通过购买股份而成为公司的所有者。在员工持股计划中，公司内各个阶层的员工都有股份。典型的做法是，由公司安排一笔贷款，在公开市场上购买一定比例的公司股票，然后再用公司利润逐年偿还这笔贷款。员工则根据年资和绩效拥有公司所持有的股票中的一部分，其份额通常储存在员工的退休金中，待到退休时，员工就可以选择公司股票代替现金作为退休金。持股计划之所以具有激励作用，是因为当公司运营良好时，员工手中的股票价格自然升高，而员工持续努力工作，还将促进公司更快更好地发展，股票价格会进一步提高。员工持股计划具有一个明显优势，它可以为雇主提供税收好处，因为存入退休基金的那部分利润无需缴税。

（五）高管激励

现代的绝大多数组织都专为高管制定了独立的激励计划，其目的是奖励他们的绩效，激发其为提高组织绩效而持续效力的积极性。

1. 高管薪酬

绝大多数高管的薪酬都分为两种形式：一种是基本工资，是与组织中的其他专业人员或管理人员一样保证可以获得的报酬；一种是奖励性收入。通行的奖励方式是发放奖金，奖金数目取决于组织绩效。每年年底时组织会将其所获得的一部分利润用于奖金发放，高管则根据聘用合同中的有关规定从总的奖金额度中获得一定比例。

2. 股票期权

股票期权是近些年来在一些大型公司中广泛采用的高管的特殊薪酬形式，即公司授予高管在未来以一个事先协议的价格购买公司股票的权利，其思维逻辑是如果公司高管使公司实现高绩效，则公司股票价格就会上涨，此时公司高管可以按事先协议的、通常低于其本来市价的价格购买股票，而其中的差价就构成高管所得的报酬。近年来，作为奖励高管的一种特殊方式，股票期权计划的使用力度仍在不断增加，也受到广泛关注。这种机制的优越性在于能够将高管的利益和股东的利益紧密结合起来，而且（除了对股票价值的稀释之外）成本相对较低，因此拥有较大的发展空间。

在现实中，对公司高管的激励除了以上两种形式外，还有其他一些比较灵活的方式方法，如临时补贴，参加私人俱乐部，享用公司体育娱乐设施，以及公司向高管提供低息或无息

①　［美］安德鲁·J·杜伯林：《管理学精要》，电子工业出版社 2004 年版，第 296 页。

贷款等。这些方法常常用于新高管的引进。

二、常见的激励策略

在管理实践中，大多数组织除了利用上述奖励系统进行绩效激励外，也会根据实际需要，采取一些激励策略，包括授权、参与以及灵活的工作安排等。

（一）授权

授权即允许组织成员自行设定工作目标、制定决策以及在责任与权力范围内解决问题，这是一种从精神上激励组织成员的重要方法。

授权在激励中的作用既可以用期望理论来表述，也可以用内容型激励理论来解释。成功的决策、执行和体验积极结果的过程，显然能够在一定程度上满足个体的成就需求，提供认可和责任，并强化其自尊。

实践证明，领导者要想通过授权提高激励水平进而提高组织绩效，需要满足以下条件：①组织在将权力向下延伸时必须有诚意；②组织必须承诺保持授权和参与的决策；③组织成员必须真正相信他们和组织管理者的行为符合各方的最大利益；④组织在授权时要有系统性，不应过多过快地转移控制权，同时也要在与授权相关的培训上加大投入力度，以确保获得更多自主权的组织成员能够更有效地使用这些权力。

近年来，随着团队形式的普遍采用，授权这种激励方式被更多地用于工作团队，很多团队被授予了开展与团队工作相关的规划、组织、指导和控制权力。

（二）参与

参与即让组织成员在设计与自己工作相关的决策中发挥作用，这也是一种从精神上激励组织成员的重要方法。对参与在激励中的作用，可以从相关激励理论中得到解释，让组织成员参与组织决策，既体现了组织对他们的尊重，也会满足其自尊需求，而参与决策也有助于澄清期望，使组织成员更好地理解绩效与他们最想要的奖励之间的联系。在实践中，参与最广泛地体现在组织成员在自己工作中参与解决问题和作出决策，也体现在参与行政管理方面与自身相关的一些决策、参与决策的组织成员往往会对恰当地执行决策作出更大的承诺，因此而成为执行决策的推动力量。

（三）灵活的工作安排

信息化和互联网的快速发展，在很大程度上改变着人们的工作方式与生活方式，为组织灵活安排组织成员的工作提供了便利，许多组织借此进行了一系列有益的尝试，其目的是通过增加工作的灵活性，激励组织成员提高绩效。比较常用的和具有代表性的方法如下。

1. 弹性工作时间

弹性工作时间也称弹性工作制，即让组织成员对自己的工作时间安排掌握更多的控制权，工作日被分隔为弹性时间和核心时间两部分。在核心时间，所有人都必须在岗，而在弹性时间他们则可以自行安排。弹性工作制的局限性体现在不适用于流水线作业。

2. 可变工作时间

可变工作时间，即用少于传统的一周工作 5 天的时间去完成 40 小时的工作。例如，每天工作 10 小时，每周工作 4 天，或者连续 3 天每天工作 12 小时，每周休息 4 天。采用这种可变工作时间方法，有利于克服每天"朝九晚五"的固定工作时间安排给人带来的受约束感、挫折感和不满情绪，便于人们妥善处理日常个人事务与工作的关系。这种做法的局限性在于如果人在一天之内工作时间过长,容易导致疲倦,工作效率降低,甚至容易出现事故等。

3. 工作分担

工作分担即由两名人员分上下午分担一整天的工作。其优势在于组织可以获得更广泛的人力资源,从更多的人才中受益。这种形式适合兼职人员或人手紧缺的时期。

4. 远程工作

远程工作是允许组织成员在一定时间内在家里工作。现代强大的通信技术为远程工作提供了技术支持和可行性,也使之变得更加方便。组织成员在家里同公司保持密切接触并且完成与在办公室同样多的工作,应当是一种必然趋势。

三、当代激励的创新

(一)绩效奖励的新方法

一些组织为提高激励的价值,在确保团队和小组能够公平、公正评价绩效的前提下,给予其在奖励分配上更大的发言权。这种情况下,管理者应有效说明奖励性质和奖励分配原则。如果奖励是根据组织成员对组织的贡献进行分配的,那么就必须让组织成员知道相关原则,以便于他们更好地理解如何去争取增加收入和其他绩效奖励。也有些组织尝试建立纯粹的个性化奖励系统。例如,企业向员工提供两年一度的为期 3 个月的休假,而员工自愿减薪 20%,有的员工可能自愿减少 5% 的退休金而换取 10% 的加薪。

(二)激发创新

激发创新即对提出创新理念和方法的个人或小组进行奖励。当代竞争是智力的比拼,基于技术与理念的创新成为组织成功的重要因素。因此,激发创新是现代组织激励的重要组成部分,成为组织奖励系统的一项重要内容。当组织成员意识到创新行为将获得奖励时,他们可能会在工作中表现出更多的创造性。对创新行为的奖励可以是物质的,如向相关个体或团队发放奖金,也可以是非物质的,如表彰、命名、赋予新的挑战性任务与责任等。

创新意味着对现状的突破,尝试创新就可能遭遇失败。激发创新的组织应营造浓厚的允许失败的文化,这样才能在精神上支持那些富有创新意识和创新能力的组织成员大胆尝试,无所畏惧地开展创造性工作。

(三)构建适应文化多样性的激励体系

不同文化背景下人们的需求有很大差异。所以,很多组织为进行有效的激励,选择与多元文化相适应的激励手段,即增加激励中的文化内涵,使激励手段与方法的应用适应文化环境。例如,在"新生代"居多的组织中,为稳定骨干队伍,增强组织活力,采用的激励措施更适应该群体追求个性、竞争意识强、富有创新精神等文化特征;在传统文化氛围比较浓厚的组织中,则为激励员工,增强企业的凝聚力,而采用团队奖、携家属参加企业联谊活动等有利于营造和谐氛围的激励措施。

(四)高管薪酬制度改革

近年来,多家世界著名公司被曝高管向市场隐瞒关键财务信息,引发人们对股权激励高管方式提出严重质疑。此外,高管薪酬过高,不仅与本公司普通员工之间差距过大,而且常常与公司绩效之间缺少联系,甚至在公司亏损的情况下,高管依然领取高收入,引起了人们的严厉批评和高度关注。在中国,国企高管薪酬制度改革正在进行中,适应了我国全面深化改革的需要。

（五）知识型工作者的激励方式

进入 21 世纪和信息社会以来，知识型工作者日益成为劳动力队伍的主体。德鲁克认为影响这些员工生产率的因素与体力劳动者是不同的[①]。

1. 明确的任务

要提高知识工作者的生产率，我们需要问这样的问题："任务是什么？"这是知识工作者生产率方面决定性的第一个问题，知识工作者的生产率与体力劳动者的生产率的最大差别就体现在这个方面。在体力劳动中，关键的问题总是"我们应如何工作？"而且任务总是很清晰。研究体力劳动者生产率的人不会问"体力劳动者应该做什么？"而是着眼于"体力劳动者如何才能做得最好？"但是，在知识工作中，关键性的问题是"任务是什么？"究其原因主要是，知识工作者的工作不是安排好的。他们不会按照程序安排执行任务，而是自己确定其工作是什么或应该是什么。一旦明确了知识工作者的任务，下一组要求就将迎刃而解，而且是由知识工作者自己解决的，它们是：知识工作者对自己应做的贡献负有责任，并相应地要拥有自主权，实行自我管理；在知识工作者的工作、任务和责任中必须包括不断创新；知识工作者需要不断学习和接受教育，同时也需要不断指导别人学习。

2. 对工作质量的衡量

我们不能只用产出的数量来衡量知识工作者的生产率，质量至少与数量同样重要。在体力劳动中质量也非常重要，质量不高是有缺陷的质量，我们必须为体力劳动者设定某种最低的质量标准。但是，在大多数知识工作中，质量不能有最低标准，也不能是有缺陷的质量。质量是产出的精髓。因此，在知识工作者的生产率方面，首要的是取得最佳质量，在可能的情况下，能取得最高的质量最好，然后才能问："完成了多少工作量？"这不仅意味着我们研究如何提高知识工作者的生产率的出发点是质量而不是数量，而且还表明，我们需要学会明确了解质量的内涵。

3. 公司治理中的资产与待遇

在各自的经济意义上，体力劳动者与知识工作者的生产率之间的差距体现得最为明显。经济学理论和大多数企业奉行的准则都视体力劳动者为成本，在管理体力劳动者方面，确实是工人流动率高，企业遭受惨重损失，但大幅提高工资，会带来工人队伍的稳定，流动率降低，企业不再因此而蒙受损失。尽管如此，工人还是被看做成本，并被认为体力劳动者之间是无差别的。这种观点显然不适用于知识工作者。从事体力劳动的工人不掌握生产资料[②]，他们可能拥有许多宝贵经验，而且通常情况也是如此，但这些经验只在他们工作的地方才能体现出其应有的价值，具有不可移动性。但是，知识工作者掌握生产资料，即在他们头脑中存储的知识是完全可以带走的，而且是巨大的固定资产。由于知识工作者掌握生产资料，因此他们是易于流动的。体力劳动者对工作的依赖大于工作对他们的依赖，但组织对知识工作者的需要程度则大于他们对组织的需要程度，当然对大多数知识工作者和组织而言，他们之间是相互依存的，谁也离不开谁。管理者的责任是管理组织的资产。当知识工作者个人的知识成为组织的资产，而且在越来越多的情况下成为组织的主要资产时，就要求管

① ［美］彼得·德鲁克：《21 世纪的管理挑战》，机械工业出版社 2006 年版，第 127～128 页。

② 编者认为，德鲁克使用的"生产资料"概念与我们常用的概念在内涵上有根本区别，在这里它应该是指知识型工作者本身所掌握的知识、技术以及创新能力等。

理者思考如何吸引和留住生产率最高的知识工作者？如何提高其生产率,并将提高的生产率转化为组织绩效和能力？

综上所述,对于知识工作者尤其是那些有高度责任心的知识型员工而言,最有效和最受欢迎的精神激励方式是实行自我激励、自我管理。为此,管理者要通过适度授权、委以重任等激发他们积极思考、承担责任、更好地工作的积极性。实践证明,自我激励的员工是企业竞争力的根本。这样的员工即使面临外界更多的诱惑,也会坚持在能够实现自身价值的组织效力。

本 章 小 结

激励是管理者通过各种手段,制造各种诱因,使组织成员主动发挥个人潜能,奉献给组织,从而确保组织达成既定目标,同时也使组织成员个人需求得到满足。激励的实质是通过影响人的需求或动机引导人的行为,最后实现组织目标、满足组织成员个人需求的"双重满足"。对激励的理解须掌握与其相关的关键词,即需要、动机、行为和诱因。激励的作用是强化需求、引导动机、创造行为环境。

典型的激励理论有:内容型激励理论、过程型激励和强化理论。鉴于各种激励理论及其观点是互补的,有学者对当代激励理论进行了综合。

激励理论来源于管理实践,又对管理实践产生重要指导作用。人们在激励理论的指导下,紧密结合管理实际,创造出了一系列有效的激励方法与策略,不断尝试创新激励方式,其中既体现了物质激励与精神激励的结合,也体现对各种激励理论的综合运用。

现实中的激励方法与策略包括:①运用奖励系统进行绩效激励。包括价值奖励系统、激励性奖励系统、团队和小组奖励系统等。②常见的激励策略有授权、参与以及各种工作安排的形式。当今的组织在灵活安排工作方面进行了许多有益的尝试,常用的方法有:弹性工作时间、可变工作时间、工作分担和远程工作,旨在增加工作的灵活性,提高组织成员的激励和绩效。近年来,出现了一系列激励的创新方法,包括绩效奖励的新方法、激发创新、赋予物质激励以精神鼓励的内涵、坚持公平原则、构建适应文化多样性的激励体系、高管薪酬制度变革以及知识型工作者的激励方式。

思 考 题

1. 什么是激励？
2. 你能描述需要、动机、行为与诱因的关系以及激励机制吗？
3. 各种激励理论具有哪些现实意义？
4. 现代社会中怎样创新性地进行激励？

第十章

沟通与冲突管理

【学习目标】

1. 分析沟通的机理。
2. 了解人际沟通的障碍与改善人际沟通的路径。
3. 熟悉组织沟通的类型及改善组织沟通的方法。
4. 理解冲突的内涵及其对组织的影响。
5. 掌握冲突管理的方法。

组织中领导者的工作内容之一就是进行沟通与冲突管理。有效的沟通和冲突管理,对激发组织活力、增强执行力、促进组织成员的行为与组织目标协调一致,具有重要意义。本章主要阐述沟通机理,介绍改善沟通的方法,分析组织中冲突产生的原因、过程及冲突管理。

第一节 沟 通 机 理

一、沟通过程

沟通是一个人与人之间相互交换信息的过程。该过程的起点是信息发送者借助承载信息的媒介向信息接收者发送信息。在此期间可能会遇到各种噪声,影响信息有效传送,但反馈可以在一定程度上防止或减少这种影响。可见,沟通过程的基本构成要素包括:信息发送者、信息、媒介、信息接收者、噪声、信息反馈等。这些要素相互关联,相互作用,构成信息沟通的全过程,其中任何一方出现问题,都可能影响沟通效果,甚至导致沟通失败[①],如图 10-1 所示。

1. 信息发送者

信息发送者是沟通的信源。为便于与信息接收者取得联系,信息发送者要对自己想表达的意义进行编码,将其转换为适合情境的形式和可理解的术语。编码可以采用文字、面部表情、手势、艺术表现等多种形式,恰当地选择词语或其他符号进行编码,是实现顺利沟通、提高沟通效率的重要保障。编码过程在很大程度上受到信息的内容、发送者与接收者的熟悉程度以及其他情境因素的影响。

2. 信息

信息是指即将被传送的意义,涵盖发送者拟发布的事实、意见和想法等,它可能很复杂,

---

① 〔美〕加里·戴斯勒:《管理学精要》,中国人民大学出版社 2004 年版,第 334 页。

也可能很简单;可能很抽象,也可能很具体。信息常常以演讲、书面文件或资料以及非语言行为等形式出现。

3. 媒介

媒介即承载和传递信息的渠道。在现代社会中,除了继续沿用一些传统的有效媒介外,一些由技术进步成果转化形成的新媒介也逐步得到广泛应用。多种媒介各有其适用的条件与环境,各有其不同的优缺点,要实现有效沟通,必须正确选择媒介。

4. 信息接收者

信息接收者常被称为信宿。一旦信息接收者收到信息发送者发送的信息,就标志着他们之间的沟通正式开始。此时,信息接收者要进行解码,即把信息发送者通过媒介传递过来的信息转换成对自己有意义的形式,以便正确解读信息,这是实现有效沟通的关键。然而,噪声、压力以及认知差异等因素,都可能导致信息接收者不能准确理解所接收到的信息。

5. 噪声

噪声是指对信息沟通产生影响或干扰,甚至导致信息失真或影响注意力的因素。它们可能导致信息无法正常传递,也可能阻碍完整、准确地理解信息。噪声的产生有时是基于主观原因,如信息发送者的表达含糊不清、信息接收者的知觉错误等,有时也来自客观因素,如电子信号不清、第三方声音干扰等。

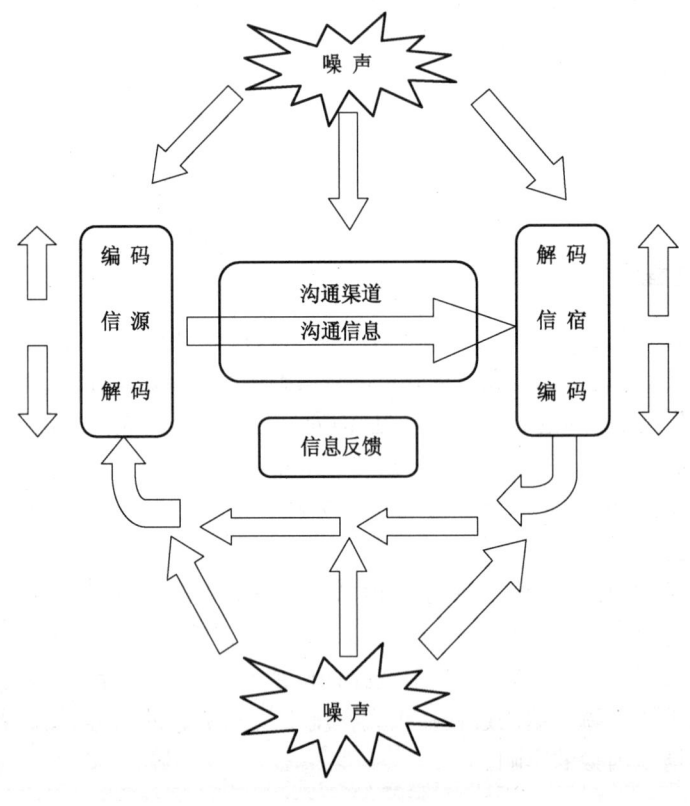

图 10-1　沟通过程

6. 信息反馈

信息反馈即信息接收者对信息发送者发来的信息作出的反应,这是沟通过程中不可缺少的必要环节。在反馈期间，原信息发送者也要解码，即对信息接收者的反馈信息进行转换，据此确认自己发出的信息是否已被接收并得到准确理解。最理想的反馈是，信息接收者向信息发送者确认已收到并理解了信息，而且按照信息发送者的意图采取了相应行动，它标志着已实现了有效沟通。

二、沟通的分类

沟通可以按照不同标准分为多种类型。

（一）按媒介分类

1. 口头沟通

口头沟通是沟通的重要渠道，即使在信息技术相当发达的今天，仍然如此。常用的口头沟通形式有面对面交谈、会议、小组讨论、演讲报告等。口头沟通渠道的突出特点和优越性体现在：快速传递、及时反馈、简单方便。例如，在常用的几种口头沟通形式中，面谈有问有答，可直接观察对方的姿态和表情，能快速解决问题，促成立即反馈；会议比较正式，信息传递有权威性；小组讨论，更便于统一思想，达成共识。当然，口头沟通也存在一定缺陷，例如，在双向沟通中，常常没有时间进行仔细思考，也不可能介绍更多新的事实，而且无法留下永久性的记录；容易产生随意反应，如选择词语不当，会导致传达的意义不准确或忽略细节问题；如果信息需经过多人传送，则易于失真；面谈一般需要预约，否则让人感到唐突，不愿接受；讨论比较耗费时间，但如果对参会人员发言进行限时，又可能限制信息传递范围。

2. 书面沟通

书面沟通包括备忘录、信件、报告、组织内发行的刊物、公告栏以及其他任何传递书面文字或符号的手段。在现实中，人们通常在涉及重要事项时会选择书面沟通形式，尤其是备忘录、报告、信件等。书面沟通渠道的特性和优越性体现在：可以准确提供永久性的交流记录；信息发送者有时间收集和整理信息，在发送前还可以反复修改，使之准确，而信息接收方可以仔细阅读，也有更充分的时间去理解和分析信息；报告、备忘录、信件等比较正式，容易引起重视。书面沟通渠道的缺陷是显得生硬，抑制反馈和交流，易丢失；组织内发行刊物、公告栏等不能传达需保密的信息。

3. 非语言沟通

非语言沟通是指不经口头或书面语言表达的沟通，包括肢体语言如手势、面部表情和其他身体动作，以及其他非语言符号如语调、嗓音、着装、时间安排等。非语言沟通渠道的突出特性和优越性体现在可以直接感受对方的反应，其缺陷是有时对一个肢体语言的意思难以捉摸和准确把握，当同一肢体语言如手势在不同文化背景下具有不同含义甚至意思相反时，更凸显了非语言沟通的不便性。

4. 电子沟通

当代科技进步和信息化的迅猛发展，使电子沟通迅速成为现代沟通常用的重要渠道，手机、个人掌上电脑等带来了沟通方式的革命性变化。电子沟通的工具和途径主要包括：电话、传真、电子邮件、手机短信和微信等。电子沟通渠道的特性和优越性集中体现为快捷、廉价和便利，可同时将一个信息快速传递给多人乃至四面八方，但不同的电子沟通形式又各有其适用性和优缺点，例如，电话沟通及时，效率高，可通过私人非正式方式交换想法，但只有声言,看不到对方表情等反应,而且突然致电可能比较唐突,有时招人反感;传真方便、快速、及时,但不利于保密;电子邮件以及手机短信和微信可快速将信息发送给很多人,信息可保存,能控制时间,但语言表达枯燥,易被误解,当信息过多时,还可能被忽视,或不能及时接收,而且难以保密。很多跨国经营公司常用的电话会议和视频会议等,也是一种比较高效的电子沟通方式,它能够方便地进行异地间沟通,信息传递及时、准确,但需要具备一定硬件条件和设施。

（二）按是否进行反馈分类

1. 单向沟通

单项沟通是一种没有反馈的沟通,即信息只沿着单一的方向流动——从信息发送者到信息接收者。这种沟通形式的适用条件是:时间紧,问题比较简单;下属没有解决问题的足够信息,愿意接受解决问题的方案;上级容易感情用事,处理负反馈的能力和经验不足。

2. 双向沟通

双向沟通是一种有反馈的沟通,即信息发送者和信息接收者之间相互进行信息交流。真正的双向沟通意味着不仅信息接收者要提供反馈,而且信息发送者也要接收反馈,实现信息共享。双向沟通的适用条件是:时间充裕,但问题比较棘手;下属对解决方案的接受程度至关重要;下属愿意也能够提供对解决问题有价值的信息和建议;上级习惯于双向沟通形式,具有处理负反馈的能力和经验。

三、沟通的作用

沟通是管理工作的一个重要组成部分,也是管理者所要掌握的一个必要技能。概括说来,组织中的沟通具有两方面的作用。

（一）有效沟通有利于提高组织绩效

管理的目的在于提高组织绩效,促进组织目标的达成。该目的是通过管理者执行计划、组织、领导、控制四项职能实现的。沟通涉及管理的全过程,与这四项管理职能直接相关。不仅进行环境分析、计划与时间的协调和决策需要沟通,而且授权、协商、组织变革也离不开沟通;不仅领导者要通过沟通与下属互动,管理者在控制过程中,也需要通过沟通来建立标准、监督和评估绩效以及采取纠偏行为。可见,沟通普遍存在于所有管理活动中,其有效性在很大程度上影响着组织绩效。

（二）有效沟通是有效管理的重要保证

管理的实质是协调,而协调就需要沟通。组织中的管理者要协调组织内外的关系,扮演着多种角色,而其中的每一种角色都与沟通密切相关。例如,人际角色涉及管理者与其上级、下级、同级以及组织外人士的关系;决策角色要求管理者寻找对决策有价值的信息,然后向他人传达信息;管理者扮演信息角色则专注于收集和发布信息。可见,管理者履行岗位职责,扮演各种角色的过程,也是信息沟通的过程。有效的沟通不仅可以及时帮助组织成员排忧释疑,缓解压力,更重要的是它可以使下级准确理解各级管理者发出的信息,促进组织内外关系的协调,提高组织绩效,保证组织目标的实现。

第二节 沟通管理

一、人际沟通与管理

人际沟通即个体与个体之间的交流,是人的一种行为表现,也是人的一种重要技能。在"沟通无极限"的当今社会,人际沟通无时不有,无处不在。在组织中,人际关系技能是所有管理者都要掌握的一项必要的人际交往技能,而人际交往过程实际上就是人际沟通的过程。因此,改善人际沟通既是管理者的一项重要技能,也是其日常工作内容。

(一)人际沟通的特点

1. 以口头沟通为主渠道

口头沟通是人类沟通的最典型特征。在现代社会中,虽然信息技术日新月异,网络平台日趋发达,但仍然改变不了人际沟通以口头沟通为主渠道的现实。当然,人们在进行口头沟通时,常常辅之以丰富的姿态、表情、手势等非语言行为。从发展趋势看,即使在人类社会和科学技术更加进步的未来,可能也不会从根本上改变人际沟通以口头沟通为主渠道的状况,所能改变的也许是口头语言更加精炼,非语言行为更加多样化。

2. 内涵丰富

在地球这个神秘的星球上,人类是最有智慧、最复杂的高级动物,因此,人际沟通的内容内涵极为丰富,不仅传递与工作、学习、社会、生活相关的各种情报与消息,而且经常包括大量的思想、观念和情感的交流,而思想观念的沟通与碰撞,常常迸发出创新的火花。

3. 受心理因素影响较大

人与人之间的交流,不仅是信息沟通的过程,也是一个复杂的心理活动过程。不同的人因掌握不同的知识,拥有不同的阅历,秉持不同的价值观,对同一个问题可能会有不同的看法、认知和判断,在这些心理因素作用下,人际沟通中可能会因为掺杂着各种复杂的心理活动而导致信息失真,引发一些误解和矛盾。

(二)人际沟通的障碍

在人际沟通的各个环节,因受到多种因素的影响,可能导致信息扭曲,成为有效人际沟通的障碍。就人际沟通的障碍来源来考察,主要包括以下几个方面。

1. 信息发送者编码不当

常言道,"听话听声儿,锣鼓听音儿",人们在语言交流中往往是从字里行间去理解和体会其含义,但由于个体的差异,对同一个词语可能不同的人会作出不同的理解和解释。例如,信息发送者在编码中使用了晦涩难懂的词汇,或词不达意,未能清晰表达意义,或难易程度超出了信息接收者的语言水平,就可能导致信息接收者对信息发送者发送的信息在理解上产生偏差,也可能导致信息接收者不清楚如果不按信息要求行事将有怎样的结果。这些都表明,如果信息发送者编码不当,不能被信息接受者准确理解,就会影响信息的接收和沟通效果。

2. 信息接收者的感知和兴趣差异

信息接收者的感知和兴趣差异及其接受信息时的情绪,都可能成为人际沟通的障碍。根据心理学的分析,人们习惯于从自己的兴趣、经验和态度看待事物,常常有选择地认知,特别是对自己不想要或不喜欢的信息会比较挑剔,不同的人在这方面的习惯和认知差异往往会导致人们对事物知觉的差异。现实生活中许多信息不能被正常传递就是由于信息接收者对此不喜欢或不感兴趣造成的。另外,人们在接收信息时也具有保护自尊的倾向。当面临的信息与自己的观念或利益相冲突时,信息接收者常常会产生抵触情绪,处于防御性沟通状态,甚至可能为了避免损伤自尊和增加焦虑而歪曲事实,造成沟通障碍。

3. 非语言信息使用不当

在人际沟通中,如果信息发送者或信息接收者即沟通双方中的某一方使用的非语言信息包括表情、身体姿势、动作等复杂多变或含糊不清,则可能让人难以准确理解所传递的信息,甚至引起误解,无法实现有效沟通。

(三)人际沟通管理

鉴于产生人际沟通障碍的各种来源,为改善人际沟通,应通过以下途径实施人际沟通管理。

1. 准确编码

信息发送者在发送信息前,首先应认真梳理自己的思路,以保证用清晰、准确的语言符号发出信息,并以一致的语气和表情等予以支持。对信息符号的选择应换位思考,充分考虑信息接收者的心理、认知、兴趣及其价值观,尽量选择共同的沟通词语,确保双方能够在语义上达成共识,实现有效沟通。这一点在与具有不同文化背景的人员进行沟通时显得更有必要。

2. 适当选择沟通媒介

不同的沟通媒介各有其使用条件,而且各有利弊,因此,对沟通媒介的选用应以适当、有效为原则,与拟沟通的内容、性质相适应,扬长避短。一般情况下,如果时间允许,条件具备,对非日常性、复杂的或敏感的信息传递,最佳选择是双向沟通尤其是面对面的双向沟通,因为它可以直接消除误解,克服沟通障碍。相反,如果时间紧张,或需要传递的信息是日常性的,简单且无需保密,如不重要的会议通知和情况通报等,则可以选择电话、传真、电子邮件以及手机短信或微信等渠道。此外,个人的、非程序性的和简短的信息沟通适合选择口头或电子邮件等方式,非个人的、程序性的和篇幅大的信息,则适合于采用书面沟通方式。

3. 积极倾听

倾听是声音接收和理解口头信息的过程[①]。积极倾听,就是聚精会神地听取完整的意思,及时给予响应和反馈,注意语言、动作、声调等所有线索。积极倾听是一种技能,更是一种素质,人们可以通过学习、培养和修炼,提高自己的倾听素质与技能,这一点对沟通双方都很重要。美国罗切斯特理工学院管理学教授安德鲁·J·杜伯林(Andrew J. Dubrin)对怎样做一个积极的倾听者提出了很有价值的建议:①接收信息者应听出发送者信息中的言外之意;②接收者对信息会形成一个第一印象;③接收者向发送者反馈信息;④发送者和接收者都要理解信息,并进行一次具有总结性质的讨论;⑤信息接收者要提出问题而不是作陈述;⑥接收者不要在发送者刚说完话时就将问题脱口而出[②]。

4. 避免情绪化

人际沟通是一个复杂的心理过程。在此期间,不同的人受多种因素的影响,对同一个问

---

① [美]理查德·L·达芙特、雷蒙德·A·诺伊:《组织行为学》,机械工业出版社2004年版,第238页。
② [美]安德鲁·J·杜伯林:《管理学精要》,电子工业出版社2004年版,第320页。

题会有不同的理解、认识和反应,这种差异的存在可能会影响人们的情绪。情绪是影响沟通的一个非常重要的因素。在存在认知差异的情况下,如果人们带着情绪进行沟通,势必导致信息传递严重受阻或失真,难以取得理想或满意的沟通效果。因此,要进行有效沟通,沟通双方都必须正视认知上的差异,避免情绪化。如果发送者在信息发送前感到情绪不稳定,应给自己留一些时间冷静下来,以保证发出的信息能准确表达自己的意见或想法;在沟通过程中,当一方出于维护自尊等动机而极力坚持自己的意见时,另一方应避免因争论、批评、表达意见而引发抵触情绪。此时可选择的比较理性的处理方法是暂缓沟通,待双方都冷静下来后再进一步探讨问题,或就问题本身发表评论。

5.尊重文化多样性

在全球化背景下,随着组织成员构成的日益多元化,文化多样性越来越成为现代组织的重要特征。不同的文化背景使人们具有不同的价值观,并适应不同的沟通习惯与规则,人际沟通因此变得更为复杂。在与具有不同文化背景的人进行沟通时,必须对文化的差异保持敏感,并尊重文化的多样性,这是保证与不同文化背景的人进行有效沟通的重要前提。

二、组织沟通与管理

组织沟通是指在整个组织中部门之间、小组之间以及多个个体之间所进行的信息交换和意义传递过程。组织沟通中也会因多种因素的影响遇到障碍。有效管理组织沟通,是管理者工作内容的重要组成部分。

（一）组织沟通的类型

根据不同标准,可将组织沟通分为不同的类型。

1.按沟通方式分类

（1）正式沟通。正式沟通是指按照组织设计中事先规定好的结构系统和信息流动路径、方向及媒介等进行的信息沟通,是组织对其内部及向外发送信息的正规途径。正式沟通的优越性主要体现在:正规,严肃,有权威性;参与沟通的人员普遍具有较强的责任心和义务感,能够保持信息的准确性和保密性。正式沟通也有一定的局限性,主要体现在:对组织机构依赖性较强,沟通速度迟缓,形式单调呆板,缺乏灵活性;可能造成信息失真或扭曲;信息传播范围受限,传播速度慢。

（2）非正式沟通。非正式沟通是指正式组织沟通途径以外的信息沟通,是组织中传播信息的非正式渠道,这种沟通主要是通过个人之间的接触实现的,如组织成员之间传递小道消息,管理者与组织成员在电梯间、食堂、社交场合等进行非正式交谈等。非正式沟通的优越性主要体现在:信息传递速度快,沟通效率高,可以满足组织成员的部分心理需要,其缺陷主要是传递的信息常常带有一定片面性,甚至失真。

2.按信息流分类

（1）下行沟通。即自上而下的沟通,也称向下沟通。在组织职权层级链中,通常表现为信息由高层管理者逐级向下层管理者以及组织成员流动,沟通的内容通常是如何完成工作、责任分配、绩效反馈,以及高层管理者认为对下级有用的其他信息。下行沟通大多用于上级向下级发布各种指令、指导文件和规定,借此将组织的目标与期望告知下属,指挥和激励他们有序开展工作。在专制式领导的组织中,这种沟通形式受到重视,被广泛利用。

（2）上行沟通。即自下而上的沟通,也称向上沟通。在组织职权层级链中,通常表现为信息由下层向上层流动,也就是下属向上级发送信息,最常见的是下属向直属上级递交报告,然后再逐级上报。上行沟通的内容通常是下级管理者认为对上级管理者重要的信息,对上级管理者要求的回复、建议、财务信息,也包括下级向上级提出需求甚至抱怨等。在民主参与式或民主协商式组织环境中,较多地利用上行沟通形式,上级经常鼓励下级通过自下而上的沟通向上级提出建议和意见,以便上级管理者及时了解下级的工作状态与进展及其所需要的帮助等。也有研究证明,上行沟通比下行沟通更容易出现混乱,有的下属往往出于各种动机而隐瞒或扰乱信息的正常传递。

（3）横向沟通。即组织中处于同一层级的人员或部门之间的信息沟通,也称水平沟通。这种多边沟通可以满足学习型组织中共享知识与信息的需要,也有利于促进不同部门之间以及不同部门的组织成员之间的相互理解,协调配合。

（4）斜向沟通。即处于不同组织层级、没有直接隶属关系的人员或单位之间的信息沟通,也称交叉沟通。这种沟通大多是基于业务关联的需要发生的。

3. 按信息流动通道分类[①]

组织沟通中信息的纵向和横向流动集合而成的各种形态,被称为沟通网络,如图 10-2 所示。沟通网络具体可分为集中式网络和分散式网络,而在集中式网络中,信息流通又包括链式、Y 式和轮式沟通,在分散式网络中,信息流通又分为环式沟通和全通道式沟通。

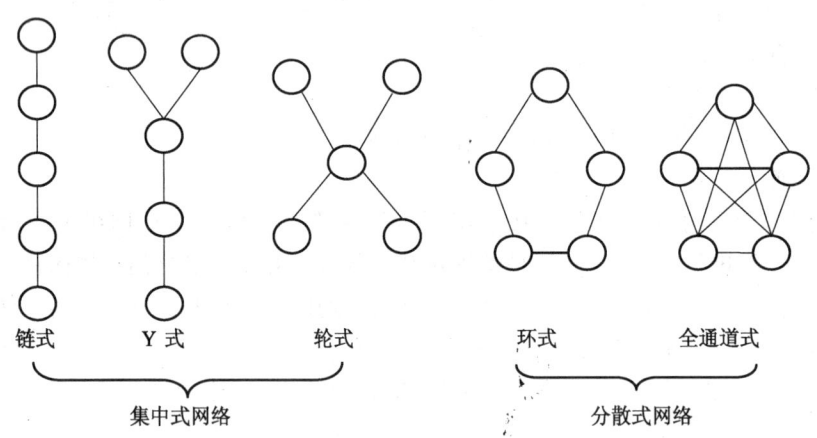

链式　　　Y 式　　　轮式　　　　环式　　　全通道式

集中式网络　　　　　　　　分散式网络

图 10-2　信息沟通网络形态

（1）链式沟通。这是一种信息只在组织成员中进行单线、顺序传递的沟通网络形态,其中,居于两端的人只能与内侧的一个成员联系,居中的人分别与两端的人沟通信息。在组织中,链式沟通相当于一个纵向沟通网络,代表组织的各层级自上而下地传递信息,表示组织中的主管人员与下属之间存在若干管理者,属于控制型结构。然而,当链式网络不以纵向形式而是以横向形式呈现时,则展现为一种平行网络,它"提供了更平等的信息流动"[②]。

（2）Y 式沟通。这也是一种纵向沟通网络形态,但其中只有一名成员位于沟通的中心,作为沟通的媒介,成为网络中因拥有信息而具有权威感和满足感的人。组织中的直线职能系统就是一种 Y 式网络,其信息联系通道是:主管领导从参谋或咨询机构收集到相关信息

①　王俊柳、邓二林:《管理学教程》,清华大学出版社 2006 年版,第 277～278 页。
②　[美]里基·W·格里芬:《管理学》,中国市场出版社 2008 年版,第 435 页。

和建议,形成决定后再向下级人员下达命令。

（3）轮式沟通。这是一种控制型或集中化的沟通网络形态。所有信息都由一个人负责收集和发布,并经由这个中心人物向周围多线传递,表明所有沟通都要经过这个中心人物才能实现。在组织中,当一个主管领导直接管理几个部门时,常常会采用这种权威控制系统,所有信息都是通过他们共同的领导人进行交流。这种沟通方式的适用条件是组织接受攻关任务,需要进行严密控制,同时又要争取时间和速度。

（4）环式沟通。在这种沟通网络形态中,不存在沟通中的领导者或中心人物,所有组织成员之间可以不分彼此地依次联络和传递信息,其中每个人都可以同时与两侧的人进行沟通。因此,这是一种有利于激发积极向上的士气,促进组织目标实现的沟通网络形态。

（5）全通道式沟通。这是一种最分权化的沟通网络形态。在全方位开放的网络系统中,信息在所有成员中自由流动,所有组织成员之间都可以不受任何限制地进行信息沟通与联络,每一个成员都能够平等参与,而群体领导则没有掌握太多权力。最典型的全通道式沟通网络当属委员会方式的沟通。

有研究认为,沟通网络的性质影响群体工作绩效。在前三种集中式的网络形态中,人们能更快地解决一些简单问题,而在后两种分散式的网络形态中,人们却可以提供解决复杂问题的基本信息,但对简单问题的反应可能稍嫌迟钝。因此,分散式网络可以为复杂的问题提供更快更准确的解决方法[①]。

（二）组织沟通的障碍

在组织沟通中,有些因素可能会损害组织沟通过程,成为有效沟通的障碍。这些因素可能来自个体,也可能基于组织本身。从组织沟通障碍的来源考察,主要包括以下因素。

1. 曲解信息

当信息在组织内部人与人之间传递时,有时会被人有意或无意地曲解,经过过滤或者润色后,最终信息可能与原始信息之间存在巨大差异。最典型的被曲解的信息是谣言。谣言可能是无中生有,但它蔓延速度很快,传播次数多了甚至会被人信以为真,乃至曲解事实,是非颠倒。谣言产生的主要原因在于信息匮乏、不稳定性以及冲突[②]。

2. 信息量超负荷

在互联网和大数据时代,信息量爆炸,每个人每天都会有意或无意地接收到大量信息,其中包括很多"垃圾信息"。超负荷的信息量常常导致人们无法及时处理信息,也易于无意中忽略重要信息。然而,一旦错过一些重要信息,则可能造成管理决策不及时甚至失误。

3. 观点和地位的差异

组织沟通常常在各部门之间进行,而来自不同部门的代表往往会出于专业、部门利益的考虑,固执地坚持自己的意见和观点,对同一问题不肯从对方角度去理解,因此形成沟通障碍。此外,如果组织中存在明显的地位差异,也容易出现下级有意过滤信息,"报喜不报忧",或投其所好地润色信息,使上级不能准确、及时地了解下级的工作及其需要。在等级制度森严的组织中,办事程序与规范都有严格规定,按层级请示汇报常常导致上下级之间的沟通迟缓,贻误时机。

---

① ［美］理查德·L·达芙特、雷蒙德·A·诺伊:《组织行为学》,机械工业出版社 2004 年版,第 232～233 页。

② ［美］加里·戴斯勒:《管理学精要》,中国人民大学出版社 2004 年版,第 340～341 页。

4. 文化的多样性

全球化趋势的增强、跨国经营以及组织运营的国际化,带来组织成员构成的多元化和文化的多样性,增加了沟通的复杂性和难度。来自不同文化背景的组织成员需求不同、人际交往习惯和行为表现不同,如果管理者对文化的多样性不敏感,或表现出对其他文化的不尊重甚至歧视,则会带来沟通障碍。

5. 个体因素

如果管理者言而无信,言行不一,朝令夕改,或者不善于积极倾听和沟通,则会影响有效交流。同样,如果组织成员在与管理者交流时,先入为主,带有成见,也会损害沟通效果。

(三) 组织沟通管理

有效管理组织沟通,目的在于克服沟通障碍,改善组织交流,增强沟通的有效性,在组织中创造上下一致、协调配合的良好环境,促进组织目标顺利实现。有效的管理者应不断提高自己的管理能力和水平,有效管理组织沟通。

1. 改善下行沟通

在现代管理中,随着虚拟组织的出现、团队工作形式的广泛采用、知识型员工主体地位的增强,人们比以往任何时候都更加强烈地要求工作的自主,更加希望为更好地完成任务而获得更多与自己工作相关的信息,传统的官僚式下行沟通受到严峻挑战,迫切需要管理者适应新的环境变化,改善下行沟通。为此,管理者首先应当转变观念,把下行沟通的重心从传统的"发号施令",转变为让组织成员充分了解和领会组织的使命与愿景。在此基础上,管理者可以通过以下途径,健全完善下行沟通机制,包括:上下级一起为下级制定行动目标;公开公司财务政策与财务状况;发布奖励信息,让组织成员及时了解自己的业绩,并清楚经过怎样的努力才能获得更多的组织奖励。

2. 改善上行沟通

在以人为本的现代管理中,随着组织成员素质的不断提高和参与意识的日益增强,上行沟通越来越成为组织成员与上级进行思想交流的主要渠道。进一步改善上行沟通,既有利于激发组织成员向组织提出合理化建议的积极性,提高下级对上级决策的认可程度,增强决策执行力,也有助于上级更及时、更充分地了解下级对组织要求和指令的理解程度,为提高决策质量收集有效信息。要改善上行沟通,应致力于疏通下对上的沟通渠道,给下级表达观点和想法提供机会,创造条件,可供选择的方法有:举行社交聚会,促进上下级非正式沟通;通过内部刊物、内部网络等媒介,让上级广泛了解组织成员工作动态与信息;实施走动式管理、定期召开有下级参加的正式会议特别是绩效评估会,使上级更直接地了解组织成员的工作情况和相关意见与建议;定期组织问卷调查,为上级掌握需要纠正和改革的管理问题提供信息。

要保证以上方法能够真正提高上行沟通效果,需要具备三个前提条件:①所有沟通都在正规体系内进行;②组织中有诚实互信的文化氛围;③管理者是积极倾听者,能够正视下级的感觉和情绪,并在适当时间、采取适当方式对下级提出的相关意见和建议予以答复和解释。

3. 改善横向沟通

在影响组织运行的动态环境越来越具有不确定性的情况下,组织内各部门之间的关系越来越紧密,它们既相互关联,相互支撑,也相互制约,一个部门的决策常常会影响到其他单位,因此,必须通过信息共享,促进组织内部的协调一致。改善横向沟通,重在克服本位主义和意见分歧,加强部门之间的交流,促进其协调与合作。可供选择的方法有:选派各部门代表组成委员会或工作组,定期召开会议研究和解决共同面临的问题,通过沟通达到部门间的协调配合;在组织中成立独立于各部门的综合性机构,使相关部门在共同活动中实现沟通与协调变得更加简化和方便。

4. 鼓励非正式沟通

非正式沟通对组织而言是一把"双刃剑"。为提高组织中的沟通效率,适应环境变化提出的快速反应与变革要求,组织应引导和鼓励非正式沟通发挥有利于组织的正能量。可采用的方法有:倡导非正式沟通,鼓励偶尔碰到一起的不同层级的人员,在轻松愉快的气氛中自发地讨论问题;营造平等沟通的氛围,如召开每个组织成员都可以自由参加、自由交流的非正式会议,鼓励人们对讨论的问题开诚布公地提出自己的观点和意见;为非正式沟通提供支持和便利。例如,在公司内部从开放式办公室的无门设计到餐厅桌椅的摆放,都立足于增加管理者之间、一般成员之间以及管理者与成员之间面对面沟通交流的机会。

第三节 组织冲突与管理

一、冲突的产生及其对组织的影响

冲突无所不在。在人与人之间、群体与群体之间以及群体内部,冲突时有发生。在组织中,冲突是一种现象,是指个人与个人之间、群体与群体之间,在相互交往与互动中产生争论、意见分歧、矛盾甚至对抗,以至于彼此之间的关系处于对方所能意识到的紧张状态。不同的冲突有不同的起因,对组织也会产生不同的影响。正确认识和处理冲突,对提高组织绩效具有重要意义。

(一)冲突产生的原因

冲突的产生根源于有两个或两个以上不和谐的动机,或者是人们由于某种抵触或对立状况而感觉到的不一致的差异。任何一个组织都是由若干人组成的,在一个组织中,组织成员依据分工的要求被安排在不同的岗位和部门中工作,于是,人与人之间、部门与部门之间就会常常基于不同的意见分歧展开争论,引发矛盾与冲突,这表明组织中存在冲突是客观的、正常的社会现象,冲突是组织行为的一个组成部分。

(二)冲突的分类

冲突可以按照不同的标准,分为不同的类型。

1. 按冲突涉及的范围分类

(1)群体间冲突。群体间冲突是指一个群体与另一个群体之间的冲突,例如,班组之间、部门之间的冲突。群体冲突是在群体与群体之间交往和互动的过程中,由于某些原因而产生分歧、争论、对抗,使彼此之间的关系出现能为双方所意识到的紧张状态。

(2)群体内冲突。群体内冲突是指发生在群体内部个人之间的冲突,如组织成员之间的冲突、上下级之间的冲突。群体内冲突又可以具体划分为认知冲突和情感冲突。认知冲突又称任务导向冲突,大多是因为群体成员之间因工作上的想法、意见不一致而引发的,分歧与工作中客观存在的具体事件相关,对此种冲突采取理智的方式处理更为有效。情感冲突又称人员导向冲突,是群体内冲突的主体,常常因为人们的性格不同、为人处世的方法不同,或是各自从自己的角度看待某一问题而产生,主要表现为人性化或与人相关的分歧,对这种冲突一般采取比较感性化的处理方式。

2. 按冲突带来的结果及冲突产生的原因分类

按照冲突带来的结果及冲突产生的原因,可将冲突分为有益的冲突和有害的冲突、实质冲突和个人冲突。其中,实质冲突主要是由技术、行政因素等引起的,个人冲突主要是基于个人之间的情感、态度等引起的。当我们把这两个维度结合起来时,就形成了两维空间的4种冲突类型,如表10-1所示[①]。

表 10-1　　　　　　　　　　　两维空间的4种冲突类型表

冲突的类型	表　　　征
有益—实质	两个部门争夺发展同一商品的机会,最后尽管重复生产,但产品均成功投放市场。两个部门关系不好,暗中竞争,但生产都发展了,企业受益
有害—实质	两个部门为购买一部价值昂贵的机器发生冲突,最后以购买一部比较便宜的机器而达成妥协。但实际上购买这部机器是不合适的,投入了资金,生产效率却没有提高。两个部门关系不好,互相拆台,企业受损
有益—个人	财务部门和采购部门之间长期关系不好,财务部长长期指责采购部门忽视公司财会制度,最后从账目中查出采购员有不法行为,于是制止了这种行为再次发生,企业受益
有害—个人	生产经理对上级不满,故意拖拉生产,交货拖期,引起用户不满,造成企业损失,最后该生产经理被解雇

(三)冲突对组织的影响[②]

杜伯林等管理学家从正反两方面论证了冲突可能给组织带来的影响。

1. 冲突可能给组织带来的正面影响

(1)增强创造力。当人们处于激烈的竞争环境时,可能更有创新精神;在群体间的冲突中,不同意见和观点的交锋会深化人们的认识,并激发创新。

(2)激发人们努力工作。当人们希望在冲突中取胜时,可能会因此而受到激励,并取得令自己都颇感意外的更好的绩效;群体间冲突使各群体都充分发挥自身的能力与其他群体竞争,从而工作运转加速,绩效提高。

(3)获得更多有价值的诊断信息。冲突可以给领导者提供有价值的信息,使之意识到一些问题的存在并进行深入调查,以避免类似冲突再次发生;群体间的冲突能暴露组织中不合理的现象和制度,促使组织不断变革与创新,制定新的制度,提高管理水平;冲突可以使组织不合理的目标体系得到修正,代之以合适的目标。

(4)增强群体凝聚力。当一个群体与另一个群体发生冲突时,将对群体内部产生如下影响:一是使群体中的某些矛盾公开化,大家开诚布公地进行沟通,增进相互理解,冲淡了内部的某些分歧,消除更大的分裂和隐患因素,取得更加一致的意见,组织内重新形成团结的气氛,成员之间更加相互贴近,齐心合力,群体凝聚力得以增强;二是为对外竞争,群体内部更加关心工作任务的完成;三是当冲突加剧时,群体内的领导作风有时会趋向于独裁,民主

① 张德等:《组织行为学》,清华大学出版社2000年版,第114页。
② [美]安德鲁·J·杜伯林:《管理学精要》,电子工业出版社2004年版,第346～347页。

减少,但此时成员会更乐于接受这种独裁式的领导,群体的组织和结构变得更加严密;群体要求成员效忠一致,成员也变得更加忠诚于群体,组成坚固的对外统一阵线。

2. 冲突可能给组织带来的负面影响

(1)影响身心健康。冲突给人们带来情绪压力,导致其身心状况不佳。一个人如果经历较长时间的激烈冲突,易于陷入一种混乱状态,甚至因为精神过于紧张而引发暴力事件。

(2)浪费资源。冲突中的个人和群体会浪费大量时间、金钱和其他资源。剧烈的冲突常常造成组织资源的错误分配,给组织整体利益带来损失。例如,当经理会不喜欢某位管理者时,可能会拒绝采纳他提出的合理建议。

(3)使人变得更加自私。群体内的冲突可能使其成员更加自私,他们把个人利益放在首位,极力占据资源,而不顾组织中的其他人和顾客以及群体利益。

(4)僵化群体间的关系并分散目标。群体间发生冲突后,群体会将对抗群体视为自己的敌方;双方都会产生歪曲的错觉,高估自己的优点,高估对方的弱点;当两个群体变得更加敌对时,相互交往和沟通日益减少,知觉上的片面性会形成消极而僵化的成见;当要求他们相互听取意见时,大都只注意听取支持自己偏见的发言,根本听不进对方的发言,甚至会设法挑剔其毛病。当冲突双方的立场走向极端时,将会使组织系统处于非正常状态。最坏的后果可能是群体之间互相拆台,严重影响到组织目标的实现,甚至使整个组织陷入崩溃和分裂。

二、冲突过程

冲突从产生到最后得以解决,要经过一个复杂的过程,罗宾斯认为,冲突过程一般包括5个阶段[①]。

(一)潜在的对立或不一致阶段

组织中存在一些可能引发冲突的条件,它们虽然不一定直接导致冲突,却是冲突产生的必要条件,即冲突源,这些条件可以简单地概括为沟通变量、结构变量和个人变量。

(1)沟通变量。组织中信息交流不够充分,以及沟通通道中的"噪声"等因素都可能形成沟通的障碍,并成为引发冲突的潜在条件。有研究表明,沟通过度也会增加冲突的可能性。因此,对于冲突而言,沟通应该维持在一个充分但合理的水平,以达到最佳效果。

(2)结构变量。组织结构沿着水平和垂直方向的分化程度越大,群体规模越大,工作分工越专业化,管理制度和范围越模糊,组织内不同群体之间目标的负相关性越大,领导风格越专制,产生冲突的可能性越大。

(3)个人变量。个人价值观的不同、个性的差异,可能成为引发冲突的重要因素,而且差距越大,越容易产生冲突。

(二)认知和人格化阶段

第一阶段中各种因素造成的潜在对立或失调显现出来,并被双方意识到,对个人情绪和情感产生影响。此时,双方都有了情感上的投入,都体验到焦虑、紧张、挫折或敌对,这时才真正意味着冲突的产生。随着冲突的突现,双方确定了冲突的性质,解决冲突的方法也在孕

---

① 〔美〕斯蒂芬·P·罗宾斯:《组织行为学》,中国人民大学出版社 2005 年版,第 437～445 页。

育之中,因此,该阶段非常重要。在此期间,情绪对知觉的影响也涉及对冲突解决方法的选择与判断。

(三)行为意向阶段

冲突被双方认知后,人们就会产生应对冲突的行为意向。行为意向介于个体的认知、情感及其外显行为之间,是要以某种特定方式行事的决策。根据合作程度(一方愿意满足对方愿望的程度)和肯定程度(一方愿意满足自己愿望的程度)两个维度,处理冲突的行为意向有以下5种。

(1)竞争:自我肯定但不合作。当一个人在冲突中寻求自我利益的满足,而不考虑冲突对另一方的影响时,他就会采取竞争的做法,试图以牺牲他人目标为代价来实现自己的目标,一出现问题就怪罪对方。

(2)协作:自我肯定而且合作。当冲突双方均希望满足各方利益时,就会进行相互之间的合作,并寻求相互受益的结果。在协作中,双方的意愿是坦率澄清差异和分歧,找到解决问题的办法,而不是迁就不同的观点。

(3)回避:不自我肯定也不合作。个体可能意识到冲突的存在,但希望逃避它或抑制它,试图忽略冲突,回避与自己不同的观点。

(4)迁就:不自我肯定但合作。一方为了维持相互关系,抚慰对方,可能愿意把对方的利益放在自己的利益之上,作出自我牺牲。

(5)折中:自我肯定性与合作性均处于中等程度。为了共同分享利益,双方都倾向于放弃一些东西,接受一种双方都得不到完全满足的解决方法,此时没有明显的输赢,双方都愿意共同承担冲突问题。

(四)行为阶段

冲突行为通常是冲突各方实施行为意向的公开尝试,但与行为意向不同的是,这些行为带有刺激性,而且从轻到重可以依次排列为:轻度的意见分歧或误解,公开的质问或怀疑,武断的言语攻击、威胁和最后通牒,挑衅性的身体攻击,摧毁对方的公开努力等。

(五)结果

冲突双方的行为——反应互动导致了最后的结果。这些结果可能是功能正常的,也可能是功能失调的。一般来说,越接近最高形式的冲突越可能是功能失调的,即冲突降低了群体工作绩效,甚至威胁到群体的生存,而位于上述冲突连续体较低水平上的冲突则属于功能正常的冲突,它们会增强群体对变革的迅速反应能力,提高群体工作绩效。

三、冲突管理

一直以来,理论界似乎从未停止过对于是否需要管理冲突、能否管理冲突以及管理什么样的冲突等问题的探讨,相关研究成果为我们有效实施冲突管理提供了重要理论依据。

(一)几种不同的冲突管理观点

1. 传统观点

传统观点认为,所有冲突都是消极的、有害的,存在冲突意味着意见的分歧和对抗以及组织内部的机能失调,势必造成组织、群体及个人之间的不和,破坏良好关系,不利于组织运行和组织目标的实现。因此,管理者应尽量减少甚至避免出现冲突。这种观点从19世纪末到20世纪40年代中期一直居于冲突理论的统治地位。

2. 人际关系观点

人际关系观点认为,对于所有群体和组织来说,冲突是与生俱有、无法避免的自然现象,也不可能被彻底消除,存在冲突并不一定会给组织带来不利影响,相反还可能成为促进组织工作的积极动力。因此,管理者应接纳冲突,承认其在组织中存在的必然性和合理性。这种观点在 20 世纪 40 年代末至 70 年代中期的冲突理论中占统治地位。

3. 相互作用观点

这是一种最新的冲突观点,也是实施冲突管理的重要理论依据。与人际关系观点强调被动接纳冲突的主张不同,相互作用观点认为,冲突不仅可能成为组织中的积极动力,而且对于组织运作是必不可少的,其主要依据是,融洽、平静和合作并不一定总能给组织带来良好的经济效果,相反会使组织缺乏生机与活力,对变革和创新需要表现为静止、冷漠和迟钝,而适当的冲突则有利于刺激组织保持旺盛的生命力健康发展。因此,管理者应限制破坏性冲突,鼓励和促进有益的建设性冲突。基于美国社会学家刘易斯·科塞(Lewis Coser)的认识[①],建设性冲突具有以下益处:①群体内部的分歧和对抗,有利于造成一个各社会部门相互支持、相互制约的社会体系;②让冲突表露出来,犹如提供一个出气口,使对抗的成员采取最适合的方式发泄心中的不满,否则,让怨气压抑反而会酿成极端的反应;③群体间冲突会增加群体内部的凝聚力;④两大集团的冲突可表现它们的实力,最后达到力量平衡,防止了无休止的斗争。也就是说,一定程度的冲突反而可以减少冲突,并求得长期稳定;⑤冲突可以促进联合,以求生存。所有这些都鼓励管理者维持适当的冲突水平,使群体保持旺盛的生命力,善于自我批评和不断创新。

(二) 组织冲突管理

既然适当的冲突可以提高工作绩效,而冲突过多或过少则将降低工作绩效,不利于组织运行,那么,把冲突维持在一个适度的水平上就是必要的。为此,管理者要学会管理冲突,其基本原则是:当冲突过多导致工作绩效下降时,有效减少冲突,以提高组织绩效,而在冲突过少导致工作绩效下降时,则激发冲突,以增加组织的生机与活力;准确鉴别有害冲突和建设性冲突的临界状态,及时有效地防范和避免有害冲突。由此可见,管理冲突既是一门学问,也是一种艺术。下面重点介绍有效管理群体间冲突的途径,这里的群体间冲突,主要是指组织内部门之间的冲突。

1. 激发群体间的建设性冲突

在某些情境下,组织可能会通过将个体或群体置于竞争性环境中,从而激发冲突。主要策略包括:

(1) 运用意识和比较激发冲突。在群体态度和行为上,强调群体之间的界限意识和群体内部团结一致、视外部群体为对手的意识;在设计绩效考评和激励制度时,强调群体利益和群体之间的利害比较。

(2) 运用沟通激发冲突。利用模棱两可或具有威胁性的信息,来激发新思想,引发新思考。

(3) 引进"新元素"激发冲突。在群体中引进一些在工作学习背景、价值观、态度和管理风格等方面与当前群体成员不同的人即"新元素",以发现新问题,增加新见解和新思路。

---

① 张德等:《组织行为学》,清华大学出版社 2000 年版,第 113 页。

（4）通过鼓励持异议者激发冲突。允许那些喜欢"吹毛求疵"的"格格不入"者提出与组织中大多数人不一致的观点，为此甚至可以指定一些人故意扮演这样的角色；奖赏和鼓励那些即使管理者不采纳自己的意见和建议却仍然固执己见的人，而对随声附和、回避冲突者进行惩罚。

2. 解决和消除群体间冲突

如果冲突导致过多的敌意和紧张，对工作环境造成了破坏，或者对组织造成了损害，组织必须视不同的情况，采取相应措施加以解决，甚至消除其根源。主要策略包括：

（1）强制。强制牺牲一方的利益或目标而使另一方获利，显然这是管理者运用职权以"你输、他赢"的方式解决冲突。其条件是：管理者需要对重大事件作出迅速处理；需要采取不同寻常的行动而无需顾及其他人是否赞成这种处理方式。这种强制的方法可能使问题暂时得以解决，但不能消除其根源。

（2）协作。以双赢的方式解决冲突，满足冲突双方的利益。其条件是：冲突双方都很重要，而且不能采取妥协或折中的方式来解决；主要目的是为了学习，需要不同人的观点；需要把各方意见合并到一起形成方案，并使所有人都对此方案建立承诺；没有时间压力，各方之间可以开诚布公地进行充分讨论，积极倾听并理解双方差异，而且冲突双方都希望互利。

（3）回避。从冲突中退出，任其发展变化。其条件是：问题微不足道，或者还有更紧迫、更重要的问题需要解决；问题解决后带来的潜在破坏性会超过它能获得的利益；今后会有其他更加有效的办法解决此类冲突；该问题与其他问题无关。

（4）迁就。将别人的需要和利益放在高于自己的位置上，以"我输、你赢"的方式解决冲突。其条件是：管理者发现自己错了，希望倾听、学习更好的观点，并展现自己的通情达理；该问题对别人比对自己更重要，并可以维护整个组织的利益；为了对今后更长远的事业建立信任，树立威信；别人胜过自己会使造成的损失最小；融洽与稳定至关重要。

（5）折中。要求各方都做出一定让步，以"各方都有所赢、有所输"的方式解决冲突。其条件是：达到自身目标十分重要，但又不能采用竞争的方式，以免造成潜在的破坏；对手与自己拥有同等的实力；为了对一个复杂的问题达成暂时的和缓；时间十分紧迫，需要采取一个权宜之计，作为合作或竞争都不成功时的备用方案。

（6）教育。教育冲突双方了解冲突所带来的有害结果，讨论冲突的得失，帮助他们转变思想和行为；或者教育某一方，树立大局意识，取得对方合作，解决冲突。

（7）竞争。其条件是：在紧急情况下采取迅速果断的行动极其重要；需要实施一项不受人欢迎但又很重要的措施；管理者认为某问题对整个组织极其重要，而其他人暂时还不理解。

除以上策略外，还有一些方法可以用来解决组织不希望出现的冲突。例如，第三方谈判，即由共同的上司或权威人士来做裁判；拖延，即拖延时间，听任其发展，冲突双方都不去寻找解决的办法；和平共处，即要求各方求同存异，避免把分歧公开化，虽没有彻底解决分歧，但可以避免冲突激化；转移目标，即寻求另一个外部竞争者，将冲突双方的注意力转向外部。

3. 防范群体间的有害冲突

当组织认为有必要避免和防范群体间的有害冲突时，可以采取以下策略：

（1）加大信息公开和共享力度。在组织中建立充分、合理、通畅的信息沟通渠道网络，大力推进信息公开化和信息共享,尽量消除人们在获得信息的渠道、掌握信息的程度以及对信息的理解上的差异。

(2)加大正式沟通与非正式沟通的力度。加大组织成员之间、群体之间正式沟通和非正式沟通的力度,促进具有不同经历、知识和价值观的组织成员在沟通与交流中相互了解和认识,增进感情,进而相互学习,相互合作。

(3)正确选拔群体成员。群体成员之间在价值观、个性特点等方面的差异是引发冲突的重要根源。关心他人,愿意与他人合作的人,与他人发生冲突的可能性很小;反之,则大。因此,群体在选拔成员时要严格把关,审慎决策,避免招聘那些不利于群体团结的人。

(4)扩大资源基础。组织中各部门常常为争夺资金、人才等有限的重要资源而发生冲突。因此,努力丰富组织所能支配的资源,有利于防范群体间冲突。

(5)强化全局观念和整体意识。冲突有时是因为组织中的个人和群体扮演的角色不同,各有其特定的任务和职责,从而产生不同的需要和利益,不同的群体往往从本部门利益出发来考虑问题,这是冲突的根源之一。此外,冲突还时常因为成员之间、部门之间相互不了解对方的工作而发生。为此,组织应引导和强化全体组织成员树立全局观念和大局意识,同时,完善评价体系,科学、合理地评价各部门工作,使之在有利于提升组织整体工作业绩的框架内进行。另外,组织还可以建立组织成员及管理者定期进行工作轮换的机制,让组织成员之间以及部门之间相互深入了解对方在组织运行中扮演的角色,学会换位思考,相互理解。

(6)明晰责、权、利关系。如果组织对群体和个人的责任与权利界限划分不清,容易导致不同群体和个人对工作互相推诿,或者竞相插手,引起冲突。因此,在组织中必须建立明确的规章制度,明晰群体之间和个人之间的责、权、利关系。

(7)营造崇尚合作的组织文化和氛围。要在组织中加强沟通、交流以及激励,培养所有组织成员的宽容精神和团队合作意识。在营造崇尚团结合作的组织文化和氛围方面,上层管理者之间的团结合作会对下级产生良好的示范效应。

本 章 小 结

沟通是人与人之间相互交换信息的过程,具有不同的类型。人际沟通是个体与个体间的交流。组织沟通是指整个组织中部门之间、小组之间以及多个个体之间所进行的信息交换和意思传递过程,包括正式沟通、非正式沟通、下行沟通、上行沟通以及横向沟通、斜向沟通和集中式网络和分散式网络沟通。

冲突是一种现象,即组织中个人与个人之间、群体与群体之间,在相互交往和互动的过程中产生意见分歧、争论、矛盾甚至对抗,使彼此之间的关系处于为对方所意识到的紧张状态。冲突的存在具有客观性,可能给组织带来正反两方面的影响。

按照冲突涉及的范围分类有群体间冲突和群体内冲突;按照冲突带来的结果以及冲突产生的原因分类有有益的冲突和有害的冲突、实质冲突和个人冲突。冲突过程包括潜在对立或不一致、认知和情感投入、行为意向、行为、结果等阶段。

关于冲突管理有三种不同观点:传统观点、人际关系观点、相互作用观点。管理者要学会管理冲突,即激发建设性冲突,解决和消除组织不希望出现的冲突,防范群体间的有害冲突。

思 考 题

1. 什么是沟通? 沟通过程由哪些要素构成?
2. 人际沟通中存在哪些障碍? 如何改善人际沟通?
3. 组织沟通有哪些类型? 请联系实际谈谈如何改善组织沟通?
4. 什么是冲突? 如何评价冲突?
5. 冲突有哪些类型? 冲突过程包括哪几个阶段?
6. 如何实施群体间冲突管理?

第十一章

团队建设与管理

【学习目标】

1. 了解团队的涵义。
2. 熟悉不同类型团队的特点。
3. 分析团队的成本—收益。
4. 领会团队领导者的角色。
5. 描述领导和建设高效团队的路径。

团队是一种当前被众多现代组织采用的新型组织结构形式。建设和管理好团队，充分发挥其潜在优势，对增强组织凝聚力，顺利实施组织变革，实现组织目标，具有重要意义。团队建设与管理是现代领导者的一项重要工作。本章主要介绍团队的基本知识，分析团队的"成本—收益"，探讨领导和建设高效团队的路径。

第一节　团队概述

一、团队的内涵

（一）团队的概念与特征

团队是指由为了实现一个特定目标而相互依赖的个体组成的正式群体，也可以称为工作团队。其基本特征是：①由两名以上成员组成；②团队成员认同一个共同目的，有共同使命；③团队成员之间相互信任，相互依赖，相互影响，相互支持；④团队成员有为达到共同目标而共同承担责任的强烈的集体责任感。

（二）团队与群体的区别

团队概念与群体概念非常相近，而且经常被互换使用，但严格意义上讲不能将团队等同于一般群体。群体是指由两个以上相互作用的个体以影响他人同时又被他人影响的方式组成的集合，一般组织中都存在三种基本群体类型，包括：①职能群体，如大学里的院系；②非正式群体，如自由组合的兴趣小组；③工作群体，如工作组，它是"互相作用承担同一项任务的人员的集合，但不必像一个柜子单元那样，实现显著的绩效提升"①，是组织创建的需要在一定时间内完成相对狭窄目标的群体。在这三种群体中，工作群体与我们定义的团队最接

---

① ［美］托马斯·贝特曼、斯科特·斯内尔：《管理学》，中国人民大学出版社 2014 年版，第 314 页。

近,但也不能等同。应当说,所有团队都是工作群体,但不能说所有工作群体都是团队。团队是一种特殊的工作群体,是指作为一个单位执行与工作有关的任务、职能和活动的一组成员,团队往往是独立工作的。我们可以通过考量目标、协同效应、责任、技能等指标,判断一个群体是工作团队还是工作群体,见表 11-1。

表 11-1　　　　　　　　　　　　　　工作团队与工作群体比较[①]

工作团队	指标	工作群体
集体绩效	目标	共享信息
有具体的团队愿景或目标	与组织目标	群体与组织目标相同
积极	协同效应	中性(有时消极)
个体承担责任与共同承担责任	责任	个体承担责任
相互补充的	技能	随机的和不同的
分担或轮流扮演领导角色	领导者	指定强有力的领导人
集体工作成果	成果	个体工作成果
会议鼓励开放讨论及问题解决	会议	召开有效率的会议
通过评价集体工作直接衡量	有效性	通过对业务的影响间接衡量
讨论、决定、分担并共同工作	工作安排	讨论、决定并分派工作给个人

二、团队的类型

随着团队作为一种组织形式被广泛采用,不同的组织根据各自需要不断进行创新性探索,各种具体的团队类型应运而生。

（一）生产或服务团队

生产或服务团队直接参与提供产品或服务。在现实中最有代表性的生产或服务团队有组装团队、制造机组、维修机组和飞行乘务员团队等。其工作通常是与组织内外的销售、供应商及客户相同步的,有关生产产品或提供服务的周期通常是重复的。在组织中,生产或服务团队有时是它的一个部门,其初衷是通过成员的协同努力及其互动,达成具体目标。

（二）咨询或参与性团队

咨询或参与性团队是临时组建的团队,又称平行团队,它与组织的工作职能结构分开运营,其成员是组织等级制度中大体处于同一层级的人员,他们可能来自几个部门,且各具不同专长,致力于共同完成一个特定任务或者被要求做标准组织结构不常做的工作。在实践中,咨询或参与性团队的存续时间会因其使命的不同而不等,长则几年,短则几个小时。这种团队不生产产品或提供服务,组织一般寄希望于它们提供建议、方案或推荐意见。建立咨询或参与性团队有利于促进组织成员之间进行信息交流;为协调组织各单元而提出建议;就组织中现存问题提出新的设想和解决方案;帮助组织制定新程序和新政策;吸引组织成员更多地参与决策及工作指导,改进绩效。最常见的咨询或参与性团队有:

① ［美］查德·L·达芙特、雷蒙德·A·诺伊:《组织行为学》,机械工业出版社 2004 年版,第 206 页。

（1）特别工作小组，由来自不同部门的人员组成，因此有时被称为跨职能团队。由于特别工作小组运行中要涉及多个部门并考虑各种观点，所以，组织会尽量选择组织中大体处于同一级别的人员作为该团队成员。这种团队一般只应对一个具体活动，一旦任务完成即宣告解散。

（2）委员会，是组织为应对经常出现的任务而设立的。委员会通常需要正式的代表制，而不是像特别工作小组那样按个人解决问题的能力来选定，选定委员会成员时通常按某人的职位（而不是专长）来决定。委员会通常寿命很长，甚至作为组织的永久性部门存在。

（3）解决问题团队，是一种最常见的团队形式，即组织专门为了解决某一具体问题而把部分成员召集在一起组成团队，问题解决后即宣告解散。解决问题团队通常由同一部门的知识型成员组成，他们会主动研究讨论改进质量、效率和工作环境的方法，向管理层提出相关建议。有些解决问题团队是由营销专家和工程师等专业人才组成的，主要从事新流程或新产品设计工作。

（三）项目和开发团队

项目和开发团队又被称为创业团队，是为完成特别重要或特别具有创造性的项目而设立的。该团队成员通常来自相同或不同的部门，他们各具专长，一般必须贡献专业知识和判断力，其工作成果体现为蓝图、设计、产品或服务的原型。为保证项目团队能够自主地、成功地完成任务，组织会给予其自由的空间，允许它相对脱离正式组织，似乎建立在正式组织结构之外，例如，项目经理可以直接与项目所需要的原料提供部门和所需成员所在部门的领导进行磋商；可以不遵循正常的命令传递方式，而直接向高级管理层汇报工作。这些举措显然会增加团队成员的自豪感，对项目团队及其工作是有益的，但也容易让他们误认为自己是一个游离于正式组织之外的独立实体。因此，对给予团队的自主也要通过必要的控制加以约束。项目和开发团队致力于长期项目，通常存在时间长达几年，但它往往是一次性的，任务完成后就解散，当有新的项目时再建立新的团队。

（四）行动或谈判团队

行动或谈判团队是组织为了准备在不同情况下完成专门任务，特别是极其复杂的任务而组建的。例如，外科手术团队、体育团队、飞机驾驶员团队、娱乐业团队等。这些团队成员都是专家，团队绩效取决于所有成员的工作能力以及成员之间的相互交流与合作。这类团队需要不断加强训练，以利于促进有效的沟通和交流，并使团队通过各种教育和经验熟练掌握专门技能，能够适应影响完成任务情况的相关技术的发展与变化。

（五）自我管理团队

自我管理团队是由参与整个工作过程或部分工作过程的人员组成的正式组织。典型的自我管理团队由一些相互依赖或工作业绩息息相关、训练有素、有多种技能的成员组成，其工作是为内部和外部顾客生产某一产品或服务，或承担其中完整的一部分。组织建立自我管理团队的目的在于提高生产率，改进质量，缩短周转期，增强对工作环境变化的适应性。当一个公司步入生命周期的成熟阶段时，问题解决团队会逐步进化为自我管理团队。自我管理团队具有两个突出特点：

（1）工作项目明确且被充分授权。自我管理团队对清晰界定的工作任务负完全责任，团队成员共享或共同承担许多计划、组织、领导和控制职能。自我管理团队在其工作范围内被充分授予自主决策权，他们能够计划和改进工作过程，建立团队目标和时间表；制定团队预算并调整自己的工作以配合其他部门；不仅可以得到完成整个任务所需要的各种资源，如信息、设备、机械、供应品等，还可以定购原材料，进行管理存货，并直接与供应商取得联系；对团队工作及其绩效进行自我控制，自我监督，自我检查；可以自行招聘新成员，并制定一系列规范以约束其行为。

（2）团队成员以主人翁精神投入工作。在自我管理团队中，团队成员工作组织方式发生了根本性变化，它使人们感受到挑战和自己工作的意义，并对组织产生强烈的认同感和责任感。团队领导者鼓励团队成员以主人翁精神投入工作，并为此创造条件让每一位成员经常接受团队技能培训。例如，在不同功能的组织中接受交叉培训，使之形成对组织运作方式的整体认识，成为通才而不是专才，成员之间能够互相替补，从而以团队成员的集体技能保证完成组织交给的任务。

近年来，自我管理团队呈现出快速发展的态势，越来越多的组织采用这种组织形式完成工作任务。自我管理团队的成功取决于一定条件，如表 11-2 所示。

表 11-2　　　　　　　　　自我管理团队成功的必要条件①

- 团队成员富有主动性、灵活性和合作精神，保证工作流程会得到改进
- 团队成员愿意或者自觉地不断掌握新的技能，适应完成多种不同工作的需要
- 团队成员愿意并能够进行自我管理工作，不但有动机而且具有能力自我管理
- 管理者甘当"不干涉的"领导者，允许组织成员有决策权和获得信息
- 产品或服务的市场有潜力支持在不减少组织成员数量的情况下提高生产率
- 组织的政策和文化均支持团队
- 组织所在地的政府及社会通过财力补贴培训等来支持团队

（六）交叉功能团队

交叉功能团队是组织为适应完成任务对多技能的需要而组建的，由来自不同部门、掌握多种不同技能的同一层级人员组成。这种团队经常被应用于一种产品的整个制造过程。在产品开发时期使用交叉功能团队，可以增加群体之间的沟通，节省时间。此外，这种团队还能够改进质量，降低成本。交叉功能团队有效运行取得较好工作业绩的前提条件是来自不同部门的成员不应该考虑本部门的利益，必须以交叉团队利益为重，团队成员之间密切合作、共享权力并相互信任。

（七）虚拟团队

虚拟团队是由在地理和组织上分散的合作者组成的，这些分散的成员通过信息网络技术集合起来，构成为完成组织共同任务的群体。虚拟团队是以计算机、互联网等信息技术为支撑、适应经济全球化和跨国经营等新的形势需要而出现的组织形式，目前被大多数国际化的高科技公司广泛采用。虚拟团队也是一种自我管理型团队，具有以下特点：①团队既可以是为完成一项特定任务而建立的临时结构，也可以是为处理战略规划等持续性事物而建立的长期固定结构；②成员经常流动，彼此之间很少面对面交流，而且因任务的不同，成员会经常变化；③人们可以在任何时间及地点开展工作，但需要一些技术支持；④团队中的领导权掌握在谁的手中依据项目在每一时段需要何种专长而定，既可能是分担的，也可能经常变化，甚至是轮流担任的。

实践证明，虚拟团队的成功运行取决于以下主要因素：认真选定合作伙伴及团队成员；

---

①　[美]理查德·L·达芙特、雷蒙德·A·诺伊：《组织行为学》，机械工业出版社 2004 年版，第 209 页。

目标明确;管理层对团队及其目标予以强有力的支持;采用最好的通讯工具及程序;各成员之间相互信赖并分享信息。如果在虚拟团队中存在意志不坚、领导不力、交流障碍、技术故障、文化上的误解等问题,则可能导致团队失败。虚拟团队在发展中面临一系列类似的问题和挑战。例如,怎样在团队成员之间建立信任,怎样克服团队成员相互沟通的障碍和距离感,增强其归属感,形成凝聚力等。为应对这些挑战,提高虚拟团队的有效性,一些管理者作出了以下有益的尝试:确保团队成员理解他们应如何保持联系;每次虚拟会议开始时拿出部分时间进行互动,增进成员感情;确保所有在会议现场和留言板上的与会者都能获得交流的机会;共享会议纪要和进度报告;认可和奖励团队成员的贡献。

表 11-3 简要概括了基本的团队类型。

表 11-3　　　　　　　　　　　　组织中工作团队的类型①

团队类型及例子	工作团队的区别	外部一体化	工作周期	典型产出
生产/服务 组装团队 制造业机组 采矿团队 飞机乘务员机组	对员工的需求是可变的; 有时有很高的调动率; 团队寿命是可变的; 时常需要特别的设施	由外部定速的工作通常与组织内外的供应商及客户同步进行	要重复或是一个持续过程,周期常常短于团队寿命	食品、化工品 零部件、组装件 零售、客户服务 设备维修等
咨询/参与 委员会 审查小组、委员会 质量小组 雇员参与团组 咨询理事会	其成员范围很广, 或是有代表性的; 团组寿命通常很短, 或工作时间有限	几乎没有与其他工作单位同步进行的要求;很少与外部进行信息等交换	工作周期可长可短;一个周期可能就是团队的寿命周期	决定 选择 建议 方案 推荐意见
项目/开发 研究团组 计划团队 工程师团队 开发团队	通常是专家; 任务可能需要专门设施; 团队寿命有时很长	通常有完工日期的内部定速项目;在组织内部几乎没有同步行为;任务要求与外部进行大量交流	每一新项目的工作周期都不一样;一个周期可以是团队的寿命周期	蓝图、设计 调查、演示 原型、报告 发现结果
行动/谈判 体育团队 娱乐团组 探险队 谈判团队 手术团队	成员范围很小, 均由专家组成; 需专门培训; 需专门操作设施; 团队寿命有时很长	实施活动与组织内外同等单位以及支持单位密切同步	简短的实施活动,常在新条件下重复;需要有长期的培训或筹备	作战 音乐会 竞赛探险 诉讼 外科手术

第二节　对团队的"经济学"分析

近些年来,在西方发达国家,越来越多的企业及非营利机构通过组建和管理团队开展活

---

① 〔美〕理查德·L·达芙特、雷蒙德·A·诺伊:《组织行为学》,机械工业出版社 2004 年版,第 206 页。

动,团队日益成为各种组织的基本元素。在我国,一些高新技术企业在新产品研发中也广泛采用团队形式。国内外的实践证明,团队具有其他组织形式所不可比拟的优越性,但它也不是在任何情况下都有效的。因此,组织在决定是否要采用团队形式时,需要进行类似于经济学中成本-收益比较的理性分析。当然,在这种分析中,"收益"和"成本"概念的内涵完全不同于经济学中的专用术语。

一、团队"收益"分析

团队"收益"是指采用团队形式能够给组织带来的益处,即团队的优越性,具体说来,团队合作形式会通过引起管理者和组织成员之间关系的变化,对组织产生一系列积极影响,最终使组织受益。

（一）团队成员的努力水平提高

在采用团队形式的组织中,组织会对团队授权,鼓励其创新,而团队则进一步向真正能够完成任务的成员授权,为他们提供更多的决策权力和自由空间。团队成员在一个宽松的环境中参与团队工作,工作内容更加丰富,工作范围进一步扩展,有机会从事与最终产出、与整个过程有关的多项工作,不仅知识专长得到有效发挥,而且还掌握了更多的知识与技能,成为多面手,促进了其职业发展,激发了他们的工作动力,焕发出巨大的能量及创造性,努力水平显著提高。

（二）团队成员的个人需求得到满足

在团队工作中,团队成员获得了更多的参与机会,减少了乏味感,归属需求和尊重需要得到满足,自我价值感和成就感进一步增强,因此对自己、对工作都更加满意,其生理与心理健康水平得到提高,士气提升,其工作积极性、主动性和创造性得到了充分发挥。

（三）团队及其成员在互动中协调发展

在团队工作中,团队成员之间相互提供反馈,使每一个人都能够更好地了解自己和组织及其战略,在完成团队的各种工作中学到更多的新知识,掌握更多的新技能,增长才干。同时,团队也从其成员的积极贡献中汇聚了更多的知识和智慧,从而能够探索出更有效的工作方法,作出更令人满意的决策,实现了团队及其成员在互动中协调发展。

（四）组织的灵活性和适应性得到增强

团队工作给组织带来的颠覆性变化是使工作设计从原来的面向功能转为面向过程、面向产品、面向结果和面向顾客,使整个组织都抛弃传统的以工作和任务为中心的思维方式,转而面向顾客和市场,实行流程再造以及以顾客和市场为中心的经营模式。这种转变,增强了组织的灵活性和适应性。一方面,使产品和服务的质量、成本、效益得到明显改进,产品上市和服务完成的时间大大缩短;另一方面,在通力合作中团队成员自主地完成多项工作,并可以进行工作互换,使组织提供的产品和服务更具有灵活性,能够更好地适应迅速变化的客户和消费者需求,成为创新和变革的强大力量。

二、团队"成本"分析

团队"成本"是指组织采用团队形式要付出的代价。团队合作会导致管理者和一般组织成员之间关系的变化,其中的一些因素可能会阻碍团队合作,影响团队的有效性,使组织绩效受到影响。

（一）权力调整

组建团队后,团队及其成员在很大程度上被授权执行计划、组织、领导、控制等管理职能,特别是有权根据团队工作需要自行制定工作计划,实行自我监督,这使管理人员尤其是中层和基层管理人员感受到其权力、地位和工作机会的威胁,其工作积极性会因此而受到影响。

（二）社会惰化

社会惰化也叫搭便车,是指"当一个人处于群体环境和远离个人职责义务时,会选择不承担或少承担责任的现象"[①]。在团队运行中就可能存在这种现象,其产生的原因有两方面:一是一些成员以为自己混在人群中,即使少做事也不会被别人察觉,于是选择"偷懒";二是有些成员不相信其他成员也会像自己一样努力工作,为了避免自己努力工作的成果被别人占有,他们也选择不努力。这样就出现了一些成员获取其他团队成员的好处,但不承担适当份额的工作,不付出与其他成员一样的努力的"搭便车"现象。这种现象的存在,既不利于团结协作,也不利于团队工作效率的提高。

（三）协调成本

在团队中的个体成员分别承担着不同工作的情况下,为了使团队合作完成任务,需要花费更多的时间和精力去协调人们的意志和行为。

三、团队的有效性

（一）团队的适用条件

以上分析表明,在团队合作中,通过团队成员的共同努力能够产生积极的协同效应,导致团队工作绩效远远大于个体绩效之和。成功的实践经验证明,团队所具有的其他组织形式都不可比拟的优越性,只有在以下条件下才能显现出来:当只有进行跨功能合作才能取得好的工作绩效时;当组织面对的市场环境纷繁复杂而且迅速变化时;当创新和学习成为组织的首要任务时;当任务的完成需要一些人紧密合作时。

（二）团队有效性的标准

组建团队一般都是出于综合利用各种技能和才干,达到特定目标的动机,但并不是所有团队都能产生这种有效性。人们常常依据三个标准来定义团队的有效性[②]:①团队的产出要达到或超出质量和数量标准,并被使用团队产品或服务的组织内外顾客所接受;②团队成员实现了个人需要,对他们的工作充满激情并且感到自豪和满足;③团队成员为他们能够参与过去的合作而感到高兴,愿意再次一起工作。换句话说,有效的团队仍然充满活力,很有希望在未来再次取得成功。

（三）高效团队的特点

（1）共同的使命。所有团队都需要有一个清晰的使命,而高效团队常常在探索、形成目标并达成一致上投入大量的时间和精力,使这一目标既属于该团队同时也属于团队中的每一位成员。正是因为有清晰的使命以及共同的承诺,才使得该团队成为一个有集体表现的强有力整体。

---

① ［美］安德鲁·J·都柏林:《管理学精要》,电子工业出版社 2004 年版,第 345 页。
② ［美］托马斯·贝特曼、斯科特·斯内尔:《管理学》,中国人民大学出版社 2014 年版,第 321 页。

（2）明确的目标。高效团队会把团队共同使命转化为明确、清晰、具体的工作目标，使所有成员都能够准确地理解团队的使命和团队的努力方向。

（3）共同负责。在共同的使命感和统一的承诺下，高效团队的所有成员都把自己看成是该团队的一员，认定自己必须与其他成员一起对完成团队使命所做的一切负责。

（4）共同商讨。高效团队在具体运行中能够就怎样在一起工作以完成其使命达成一致，团队成员会共同商讨谁承担什么工作，如何安排日程表，怎样确保按时完成任务，需要开发哪些技能，要想继续成为团队成员需要作什么，如何制定和修改决策等问题，并达成共识。

（5）相互信赖。高效团队中具有这样一种共识，即团队目标要通过全体成员的共同努力来实现，所有团队成员之间要保持良好沟通，相互信任，相互依赖，共同合作。

（6）恰当的领导。在高效团队中，领导者的主要职责是协调，他对团队成员充分信任，充分授权，并关注训练，作团队的开发者，而不是监督者和控制者。

（7）团队规模和成员结构合理。高效团队的规模通常在7~14人，适度的规模是保证团队成员之间充分沟通的重要条件。高效团队在成员构成上注重各种技能的互补性，尤其强调要包括创新能力强的人员，合理的人员构成保证团队既有技术专长，又善于解决问题、作出决策和创新创造，并维系和谐的人际关系。

（四）团队低效的原因

团队形式可能导致成功和高效，也可能导致失败和低效。在团队中，一些负面因素可能抑制对各种技能和才干的综合利用，从而不同程度上导致团队结构与团队合作不能达到预期效果。

1. 目标不清晰

团队目标不明确，不清晰，使团队成员难以形成高度统一的承诺。低承诺显然就无法汇聚力量，形成合力，也就不能保证目标的达成，从而导致计划失败。

2. 缺少不同意见

在团队讨论中缺少反对意见，常常是因为团队成员不具备工作所应具备的知识，或者缺乏批评的技巧，或者不愿意表达真实感觉和想法，无论是哪一种情况，都不利于团队作出高质量的决策，也不利于团队创新性地开展工作。

3. 内部冲突

当团队成员之间意见分歧大，相互猜疑，争权夺利，个别成员甚至故意捣乱或挑拨离间时，往往会引起激烈的个人冲突，造成团队气氛紧张，人心混乱，士气下降，此时，团队合作已无从谈起，团队目标更难以达成，表明该团队不仅是一个低效团队，而且是一个问题团队。

第三节　管理团队

团队需要建设和管理。把一个组织转变为团队，其实也是在实施组织变革，需要整个管理系统的许多方面进行相应改变，其中，既包括制定相应的计划与战略，调整权力结构并适度授权，也要进行相关人力资源的选择与配备，保持合理的控制。这种改变是否到位，在很大程度上决定着团队的成功与失败、高效与低效。所以，有效管理团队，做一名优秀的团队领导者，是新的时代背景下对管理者提出的新要求，也是对管理者能力和素质的全面考验。

一、团队领导者的角色定位

对团队这种特殊组织的管理,在很大程度上不同于对传统组织的管理,如表11-4所示,要求管理者在对团队实施管理、执行领导职能的过程中,必须适应团队的要求给自己定好位,作好领导者角色转变,这是带好团队高效工作的关键。

（一）作团队成员的教练

在团队中,团队成员有信心也有能力依靠被授予的权力和所掌握的工具与信息,进行自主管理,团队领导者应当像运动队中的教练那样,对团队成员（队员）给予实实在在的支持、指导和帮助,通过提供自信、权力、信息、完成任务所需要的工具,以及对团队成员技能的评估,保证团队顺利、高效地完成任务。

（二）作团队决策责任的分担者

团队的一个标志性特征是民主参与、民主决策。因此,在团队工作中,领导者要广泛征求团队成员对决策的意见和建议,鼓励他们积极参与决策,并把特别明确的决策委托给团队,自己则分担决策责任。

表 11-4　　　　　　　　　　　团队领导者与其他领导者的区别

监督型领导者职责	参与型领导者职责	团队领导者的职责
指导员工	调动人员参与	建立信任鼓励团队合作
解释决策	为决策征询意见	支持团队决策
培训个体	发展个人业绩	扩展团队能力
一对一管理	协调群体努力	创建团队标识
减少冲突	解决冲突	使团队大多成员保持个性
应对变化	实施变化	预见和影响变革

二、团队领导者的素质与技能

与团队领导者角色定位相适应,团队领导者应具备以下素质和技能。

（一）特殊的个人价值观

作为团队的领导者,首先要拥有团队特性决定的特殊个人价值观,这是当好团队领导的关键。

（1）以人为本的理念。团队领导者要本着以人为本的理念,把团队成员放在第一位,高度评价他们的价值,并给以尊重,以此建立团队及其成员的自信心,使每一位成员具有高度的主动性、自觉性,自我尊重,自我约束。

（2）高度信任的态度。团队领导者要高度信任团队成员,相信他们能够自觉地尽最大努力把工作做好,因此要充分授予其保证工作顺利完成的权力,主动听取他们的意见和建议,积极支持团队成员勇于挑战,大胆创新,放手让他们实施自我管理,而自己则把主要精力放在为团队成员完成工作提供各种条件保障上。

（3）合作至上的意识。能否有效合作,是影响团队命运的决定性因素。团队领导者不但自己要牢固树立合作的意识,而且要时时处处强调团队合作的重要意义,并在整个团队领导工作中率先垂范,一以贯之。

（4）甘愿奉献的情怀。团队领导者应当有高度的责任感和奉献精神,不计个人得失,把保证团队完成任务视为自己的基本职责,以支持团队的价值观为驱动力,及时消除阻碍团队成功和有效的各种障碍。

（二）优秀的个人品质

（1）亲和友善。亲和力强,经常与团队成员保持顺畅的沟通,及时了解他们的工作进展与需求,当他们工作中遇到困难时,设法帮助排除和解决。

（2）公平公正。办事公道,处理问题不偏不倚,不徇私情,公平公正。

（4）坦诚有信。襟怀坦荡,言行一致,为人坦诚、正直、可信,容易被别人了解和接受。

（5）德才兼备。视野开阔,果敢坚毅,责任感强,在团队面临重大问题时能够发挥领导作用,展示卓越的领导才能,令团队成员信服。

（三）娴熟的"教练"技能

（1）了解团队成员。充分了解团队成员,能够全面、客观、准确地对每一位成员的技能进行评估,帮助他们达到最佳状态,发挥最佳水平。

（2）指导团队成员。作为教练,团队领导者的工作要点是对团队成员进行指导,帮助他们开发技能,引导他们去认识问题、分析问题和解决问题。为此,团队领导者应当对团队成员提供原则性的指导,采用提出问题的方式,鼓励团队成员去思考问题,引导他们自己找出解决问题的办法和方案。团队领导者也可以利用反馈的方法,激发团队成员的主动性和自制力。

（3）给予情感支持。对新加入团队的成员,团队领导者应当创造一个支持的环境和鼓励的氛围,帮助其树立信心,减轻思想包袱和精神压力,轻松度过技能培训的紧张期,尽快与团队融为一体。

（4）显示期望。团队领导者通过授权给组织成员,给予其信心,让他们感受到自己对他们的高度信任和寄予的很高期望,从而激发其斗志。

三、建立高效团队

组建团队并使之达到高效,实质上是在实施一项重大的组织变革。因此,要采取一种逻辑的思维和系统的方法在组织设计中规划和实施团队建设,在此期间,要充分估计到可能会遇到的阻碍甚至是抵抗,并设法克服。

（一）广泛听取意见

组建团队的根本动因是激发组织成员的工作动力、热情及其潜能,因此,组织在最初决定是否采用团队形式时,应采用民主的方式,广泛听取组织成员的意见和建议。这样,当组织成员正式成为团队成员时,他们会认为这是自己的选择,并将自觉地、积极地参与到团队建设中来。

（二）确定业绩标准

让所有团队成员都知道并相信团队有值得自己为之付出努力的目标,同时也了解自己应达到的业绩标准。有了明确的目标,同时建立合理完善的绩效评价与奖励体系,促进物质奖励与精神激励的平衡,有利于引导团队成员不断进步,顺利实现既定目标。

（三）制定清晰的行为规范和准则

制定行为规范和准则,是团队制度建设的重要内容,用于规范塑造团队行为。有了清晰的规范和积极的行为准则,团队成员对应该如何思想和行为就有了共同认识,并将之作为共同的行为标准和行动指南，这将帮助团队更好地实现目标。

（四）挑选团队成员

并不是所有的人都喜欢团队这种工作形式，也不是所有的人都适合在团队中工作。因此，组织在确定要采用团队形式后，就要着手开展团队成员的挑选工作。团队通常需要其成员掌握技术专长、解决问题能力和决策技能以及人际交往技能，因此，挑选团队成员的关注点应放在挑选喜欢团队工作形式，而且有能力、有潜力、能够提高现有技能和学习新知识，善于沟通、合作意识强的组织成员。此外，在团队成员的构成上，还要注意成员之间在知识、能力、人格特点、角色配置等方面的协调。表11-5展示了作为团队成员在团队合作中所应具备的知识、技能和能力。

表 11-5　　　　　　　　　团队合作所需要的知识、技能和能力①

人际关系		自我管理	
解决冲突	辨认并鼓励理想的团队冲突，但不鼓励不理想的冲突 辨认团队面临冲突的类型和起源，并实行适当的解决战略 采取双赢谈判战略，而不是传统的你输我赢战略	目标确定和绩效管理	帮助确立具体、有挑战性及众人认可的团队目标 就团队总体绩效及成员个人绩效进行检测和评估，并提供反馈
合作解决问题	确定在何种情况下需要采用团组参与来解决问题，并采用适当程度和类型的参与 辨认在团组合作解决问题方面的障碍，并采取适当的克服措施	计划及任务协调	对团队成员的活动、信息及任务进行协调，并使之同步化 为各团队成员确定任务及角色，并保证工作量的适当平衡
沟通	了解沟通网络，并利用分散的网络尽可能促进沟通 以开放及支持他人的方式进行沟通 进行非评价性的倾听，并采取积极的倾听技术 在非口头及口头信息两方面求得最大的一致，并辨认和理解他人的非口头信息 参与闲聊及仪式性问候，并承认这样做的重要性		

（五）保持最佳的团队规模

团队规模并不是越大越好，过大的规模会减少团队成员互动和参与的机会，也要付出额外的协调成本，因此，应争取以满足工作需要的最少人数来组建团队。

（六）体现高层管理者的支持

组织管理层是否认同团队这种工作方式，会直接影响团队成员对高层管理者是否重视团队的判断。因此，在组建团队之前和团队运行过程中，组织管理层都应体现出对团队工作方式的一贯认同，既适时提供完成团队工作所需要的物资和信息，充分授权，对团队工作予

---

① ［美］理查德·L·达芙特、雷蒙德·A·诺伊：《组织行为学》，机械工业出版社2004年版，第216页。

以支持,也要运用积极反馈的力量激发团队,认可和奖励团队而不是个人的良好表现。

(七)培训团队成员

这是建立高效团队,确保团队成员做好团队工作的重要保证。培训项目应包括的主要内容有:以团队形式完成工作的意义与价值,团队决策的要领,团队成员的人际交往与沟通技能,以及团队成员完成工作所需要的技术技能等。这种培训的目的在于塑造团队成员,让他们努力把自己变成为真正的团队一员,学会与别人坦诚开放地沟通,学会面对差异并解决冲突,学会把个人目标升华为团队的利益。此外,团队还应安排其成员接受交叉培训,了解并学会做其他团队成员的工作,使成员之间可以相互替换,既能够增强工作的趣味性,也可以增加团队的灵活性,减少因团队成员缺勤而造成的损失。

(八)安排完整的任务并强调任务的重要性

组织应尽量让团队负责一项完整而独立的工作,以激发团队成员的主人翁精神和责任感。此外,还应当让团队成员了解他们的工作对于顾客、其他员工、公司整体业绩水平乃至组织使命的重要意义,增强其使命感、荣誉感和成就感。

(九)鼓励成员之间相互沟通与合作

团队成员之间相互支持、相互帮助、密切合作,是高效工作团队的重要保障。管理者要努力增强团队的凝聚力,提倡团队成员之间相互支持,积极互动。在奖酬体系设计上,应以团队绩效和合作为基础。同时,管理者要率先垂范,为团队成员树立可仿效的榜样。

(十)用新的事实或信息向团队提出新的挑战

一个团队发展到成熟阶段时,组织应采取有力手段激活团队,使之重新焕发活力,创造高绩效,包括:为团队提供有关工作进展的最新信息,或新的竞争对手的信息,促使团队进一步认识到所面临的挑战与威胁,对自己重新定位,并修订其使命,设立更新目标。

四、团队的未来发展趋势

(一)团队组织形式将成为更多组织的选择

在全球化趋势日益增强、信息产业与信息技术快速发展的时代,团队形式将拥有更广阔的发展空间,被越来越多的组织选用。这个判断主要是基于以下两方面的考虑得出的。

1. 组织外部环境的变化

未来组织发展面临的外部环境变化将越来越快,越来越复杂。首先,市场更具不确定性。当今世界,"变是唯一不变的真理",时间和速度成为决定竞争胜负的主要因素。随着全球市场的一体化发展,竞争者迅速增加,国际竞争日益激烈,同时,人们的需求也日益多样化、个性化,企业要想在竞争中立于不败之地,在激烈的国际竞争中取胜,就必须能够在产品开发、生产和服务等方面对市场作出灵活、快速的反应。在这种背景下,组织将进行组织设计的调整和创新,采用团队形式应对这种求快、求新的市场变化。这是因为,团队抛弃了传统的以工作和任务为中心的思维方式,转向以顾客和市场为中心的经营模式,面向最终产品、用户、顾客、结果和全过程,使整个企业都面向顾客和市场,实行流程再造,大大缩短了产品上市和服务完成的时间,同时使产品和服务的质量、成本、效益得到明显改善;团队成员在通力合作中自主地完成多项工作,并能够进行工作互换,使组织提供的产品和服务更具有灵活性,能够更好地适应迅速变化的客户和消费者需求,恰好具有容易协调,信息传递快,能适应市场快速变换的优势。其次,技术进步步伐加快。随着信息社会的快速发展,科技进步日新月异,互联网、大数据等在生产和管理中得到广泛应用,从而为组织采用团队形式工作提供了强有力的技术支持,为实现组织的扁平化与授权以及参与式管理创造了有利条件,使团队取得高效,并致力于创新和变革具有更大的可能性和现实性。

2. 组织内部环境的变化

在未来的发展中,人力资源越来越成为组织的战略性资源,知识型员工日益成为组织的主体,他们对尊重、平等、权利以及工作的丰富化、多样化等有着更强烈的需求,越来越多的组织将适应组织成员的这种变化,采用团队等组织形式开展工作。正如杜拉克所言:由于现代企业组织由知识化专家组成,因此企业应该是一个由平等的人、同事们形成的组织。知识没有高低之分,每一个人都是由他(她)对组织的贡献而不是位置高低来评定。因此,现代组织不是由老板和下属组成的,它必须是由团队组成的。在各种类型的团队中,人与人之间相互平等,相互尊重,相互支持,共享资源和成果,更适应了当前组织的特点。

(二) 团队建设面临的新挑战

团队这种新型组织形式,在实际运行中面临一系列亟待解决的问题和矛盾,主要包括:

(1) 如何保证产生预期的集成效应? 这是一个新建团队尤其是交叉团队与各职能部门之间如何集成智力优势的问题。在这种团队中,团队成员来自不同的职能部门,当团队领导和职能部门领导在工作没有协调好关系甚至发生矛盾的情况下,可能使团队成员无所适从,进而影响团队运行,制约其产生集成效应。

(2) 如何实现真正的密切合作? 这是一个团队内部各成员之间基于个性与合作而产生的问题。团队的有效运行基于高度的密切合作,在团队由越来越个性化、多样化的成员组成的情况下,如果组织成员过多地强调其个性化发展,过于自尊,过于关注自己的工作得到认可,则难以达成共识,难以形成相互支持、相互信任的关系,也就难以在团队中真正实现密切合作,甚至影响团队的生存。相应地,当奖励以团队为单位时,也可能需要解决好"搭便车"的问题,尽量避免不公平分配,以保护团队成员的个人利益及其工作积极性。

(3) 如何协调各团队关系? 这是一个组织内部同时建有多个项目团队时可能遇到的问题。组织建立团队的根本目的是调动各方面的积极性,激发活力,促进组织目标的实现,但各个团队又都有各自的共同目标,而且拥有相当大的自主权,此时,组织可能需要从组织大局出发,在充分发挥各个团队作用的同时,协调好各团队之间的关系,把握好向团队授权与适度控制的尺度,确保形成合力。

本 章 小 结

团队和群体是两个非常相近的概念。团队是指为实现一个目标而相互依赖的个体组成的正式群体,其主要特征是:必须由两人以上组成;团队成员间经常相互影响;团队成员有共同的使命感;有高度集体责任感。团队的主要类型有:生产或服务团队;咨询或参与性团队;项目团队;行动或谈判团队;自我管理团队;交叉功能团队;虚拟团队。

组织在确定是否采用团队形式时,都要进行类似经济学中的"成本-收益"分析。收益即团队对组织可能产生的贡献;成本即为组建团队组织需付出的代价。团队在一定条件下能展现其独特的优越性。

高效团队的特点是:致力于共同的使命、有明确的目标、强调共同负责、有共同的方法、相互信任和相互依赖、恰当的领导、团队规模和成员结构合理。一些因素可能导致团队低效。低效团队特征是:设定的目标不清晰、缺少不同意见、小心翼翼的沟通、有障碍的会议、内部冲突。

在团队中,领导者的角色是团队成员的帮助者、教练、决策责任的分担者。要领导好团队,管理者从传统的主管向团队领导者的角色转变是必要的。要做好团队领导,必须做到:有特殊价值观;优秀的个人品质;娴熟的"教练"技能。为建设高效团队,必须广泛听取意见;挑选团队成员;建立业绩标准;制定清晰的规范和准则;争取最佳的团队规模和管理层支持;塑造团队成员;安排完整的任务并强调任务的重要性;鼓励成员之间相互沟通合作;用新的事实或信息向团队提出挑战。面向未来,团队建设面临着发展的机遇和挑战。

思 考 题

1. 什么是团队? 团队与工作群体主要有什么区别?
2. 团队具体有哪些类型?
3. 组建团队时为什么要进行"成本—收益"分析?
4. 团队领导者的角色与传统领导者角色有什么不同?
5. 怎样才能领导和建设高效团队?
6. 你准备怎样努力成为一个合格的团队成员?

本 篇 案 例

【案例背景信息】①
美国在线:通过个人及集团的努力建设一个全球性传媒

美国在线是众多集团中最完美的集团。它的运营是通过各种正式的集团、非正式的集团及团队(从它自己的生意单位如互动服务集团及美国在线国际公司,到子公司如CompuServe,及众多战略盟友如Sun微系统公司)。这些集团及团队的建立只为了一个使命:"建立一个如电话或电视一样对人们的生活有核心意义……甚至更有价值的全球传媒。"

这种团队结构对美国在线具有核心意义。该公司网站称:"我们只有一个使命,并有许多冠军,我们提供一个与众不同的难以置信的环境。我们无处不在。"各产品开发团队努力为美国在线2 200万客户不断开发新产品及服务。雇员的参与和创造性不仅得到承认,而且受到鼓励。公司网站称:"在美国在线,我们的团队结构使人们能显得出众,其意见能被人听到,并从集体智慧中吸取力量。新的思路就这样如火花一样激发出来,创造性也就苏醒了。美国在线就是这样创建的。我们就是这样继续发展我们的美国在线品牌家族。"

特别工作小组团队寻找方法来增加公司对社区事务的参与。例如,公司与国家教育协会及第一图书馆等组织合作实施了"跨美国读书"项目,以鼓励少年儿童多读书。此外,美国在线志愿人员的团队最近与PowerUp、美国青年服务(YSA)组织合作,共同帮助穷困少年

---

① 根据理查德·L·达夫特、雷蒙德·A·诺伊:《组织行为学》,第370~371页案例改编,机械工业出版社2004年版。

儿童进行计算机扫盲并提供上网机会。

公司还促进雇员及家人通过公司集会(如会议、野餐、节日晚会)而组织非正式群体。这一理念与公司通过实施生活质量计划进行压力管理的努力是一致的。这种生活质量计划包括压力及时间管理课程、加入健身俱乐部、娱乐活动、养育幼儿计划(如"妈妈与我")、与子女收养有关的财务补助及旨在帮助员工处理家属照顾的服务项目。

尽管公司强调团队合作，但美国在线也碰到过权力、政治①及领导权问题。史蒂夫·凯斯虽然是公司两个创始人之一，但并非一直掌权。事实上，在公司一次处于危机时期，当时的董事会主席吉姆·吉姆西有礼貌地撤掉了凯斯的职务。其原因是，如吉姆西所述，对美国在线投资的风险资本家们认为凯斯太年轻(33岁)，他领导公司令他们不放心。凯斯的另一个缺点是长了一张娃娃脸，使他看上去比实际年龄更小。但即使在这一低潮时刻，凯斯还是显示了他名声在外的领导者性格：正直、自信及智慧。为了公司的长久成功，他暂时让出了位子。现在，他又成了美国在线的舵手，成熟并重掌权力，而且有了员工和投资商的拥戴。他的领导行为是支持性的、合作分享性的。吉姆西称："我认为史蒂夫没有变成权迷心窍的自大狂的危险。"

在当前的环境(技术天天在变，而专家已开始谈论"新经济")下，凯斯及美国在线的经理们做的许多决定都涉及风险和不确定性，再加上公司的目标(让世界消费者像美国消费者一样必需美国在线)，风险和不确定性这两个决策成分就更放大了。关于与Block-buster(音像)公司、沃尔玛、通用汽车等公司联盟的决定，及AOLMovieFone和iPlanet品牌的开发的决定(这从最理想状态来说需有一个周密理性的过程)，有时需在只有少许信息的情况下，更迅速地作出。而且后果同样是不明确的。凯斯自己也引用过从没实现过的行业预测："6年前，时代华纳公司推出了'探路者'产品，当时人人都以为传媒公司将成为主导力量，但这一点并没发生。5年前，微软推出了MSN，大家都说他们会打败我们，但事实并非如此。4年前，互联网出现了，人人都说ISP(互联网服务提供商)代表未来而美国在线代表过去，但这并没有发生。3年前，人人都说push技术会大流行，但这没有发生。"因此，美国在线继续朝自己的方向前进，并与世界各地的组织(从Bertelsmann AG公司到中华网，美国在线还与中方该网合作在香港推出双语服务)发展关系。公司的一切决定都源自公司的使命：建设一个全球性传媒。

【案例分析问题】

(1) 美国在线认为团队结构对公司本身很有价值。这种对团队的强调可能有哪些"成本"？

(2) 美国在线经理可采取什么措施来减少自己决策中的风险及不确定性？

(3) 你认为凯斯的领导风格对美国在线有效吗？为什么？

(4) 如果方便，请访问美国在线网站(www.corp.aol.com)，浏览"职业生涯"部分及"使人敬畏的福利"链接，以了解其福利计划。你认为美国在线给员工提供如此广泛的福利，会在员工中产生更大凝聚力及劳资双方的信赖吗？为什么？

---

① "政治"在这里指人们获得并使用权力的活动，一般来说，政治手腕描述了一个人正式工作责任以外的活动。理查德·L·达夫特、雷蒙德·A·诺伊：《组织行为学》，机械工业出版社2004年版，第311页。

第五篇

控制职能

第十二章

控制基础

第十三章

管理信息系统与运营管理

第十二章

控 制 基 础

【学习目标】

1. 了解控制的内涵及其重要意义。
2. 理解控制的基本特点与原则。
3. 掌握不同类型的控制及其适用性。
4. 分析传统控制与基于责任的控制。
5. 熟悉有效控制的特征以及实施有效控制的条件。

控制是管理的一项重要职能,与其他管理职能密切相关,是实现组织目标的重要保证。当今社会,组织环境千变万化,控制的理念和方法也不断发生相应变化。本章主要介绍控制的基本概念,分析控制过程与类别以及有效控制的前提和控制的变化趋势等。

第一节　控制的基本特征与原则

一、控制的概念与意义

（一）控制的概念

"控制"一词最早出现在古希腊文中,原指掌舵的方法和技术,后来在拉丁文中的词义为"调节器"。20 世纪 50 年代,美国数学家、生物学家罗伯特·维纳(Robert Wiener)创建了控制论,赋予传统的"控制"概念以新的内涵,将它定义为调节和制约一个系统的行为,是使系统在动态环境中保持一定稳定性或促使系统由一种状态向另一种状态转换的活动。

在管理学中,"控制是组织行为的规则,它可以使某些影响极小的因素被维持在可以接受的范围内。没有这一规则,组织就缺少绩效的衡量指标"[1],就会像船没有舵一样,找不到前进的方向。在这里,控制是指对管理系统中的计划实施过程进行监测,将监测的结果与计划目标相比较,找出偏差,分析其产生的原因并予以纠正的活动过程。简言之,控制就是设立标准,衡量绩效,采取必要措施纠正偏差,以确保组织活动能产生预期结果的过程。

（二）控制的目的与意义

控制是组织的一项日常活动。组织在任何时点上都要实时控制,即用绩效指标衡量组织运行情况。一旦发现组织绩效滑出可接受的区域,控制就会为组织提供一种调整纠正机

---

[1]　［美］里基·W·格里芬:《管理学》,中国市场出版社 2008 年版,第 476 页。

制,确保组织活动沿着如期实现组织目标的轨道正常、有序进行。离开有效的控制,组织将无法实现预期目标。在现代管理中,控制的目的及其对组织的价值,如图 12-1 所示。

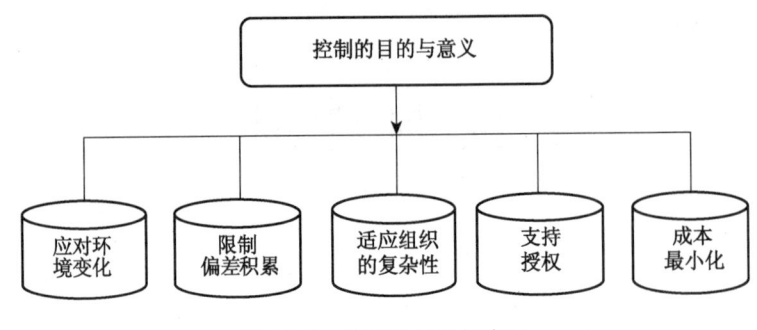

图 12-1　控制的目的与意义

(1) 应对环境变化。在组织运行过程中,组织外部环境和内部条件都会因各种因素的影响而迅速变化,动态的环境可能对组织是有利的,但大多数情况下可能导致组织预期目标和计划难以实现,甚至向组织提出严峻挑战。"在当今环境中,自然灾害、财务丑闻、工作场所暴力、供应链中断、违反安全条例的行为,甚至是可能的恐怖袭击,都会给组织带来重大威胁。"[1]因此,组织越来越深刻地认识到实施有效控制的必要性,越来越多的管理者主动预测和把握内外环境的变化及其可能的发展趋势,并根据环境变化带来的机会和威胁,积极采取措施,作出正确、有力的反应,将环境变化对组织的影响和破坏程度降低到最小。

(2) 限制偏差积累。在执行计划期间,人们的行为会受到多种主客观因素的影响,难免出现偏离甚至背离实现组织目标轨道的现象。在组织运营越来越扁平化、网络化、虚拟化、全球化的情况下,出现这种偏差的可能性也越来越大。因此,需要建立一个完善、高效的控制系统,通过客观、严密的监控,及时发现偏差,及时予以纠正,限制偏差的累积,以免酿成严重后果,影响组织目标的顺利实现。

(3) 适应组织的复杂性。组织规模越大,经营越是多样化和国际化,组织运营系统越复杂。在这种情况下,为了确保组织目标的实现,就需要建立一个复杂的控制系统,使组织中的各个部分、各个方面构成为相互联系、相互协调、步调一致的有机整体,保证组织运行在正确的方向上。

(4) 支持授权。随着组织规模和经营范围的扩大,组织结构呈现出越来越扁平化的发展趋势,自上而下的授权成为一种必然,这是增强组织活力与灵活性的有效机制。然而,一方面,授权之后,作为授权者的管理者并不轻松,他们可能会心存忧虑,担心一旦组织成员出现差错自己要为其承担责任;另一方面,作为被授权者的组织成员也希望清晰地了解自己的职责,理解组织对自己工作的考核和评价方法,以很好地完成任务。可见,要支持授权的真正实施,可采用的有效办法是建立一个明确的控制系统和有效的反馈机制,以便及时提供组织成员的绩效信息,及时反馈被授权者的工作表现,为管理者检查和评价下属工作提供依据。

(5) 成本最小化。借助有效的控制系统,可以推进先进技术的采用,减少和杜绝浪费,从而增加产出,降低劳动力成本,最终促进成本最小化。

---

[1]　[美]罗宾斯·P·斯蒂芬、玛丽·库尔特:《管理学(第 11 版)》,中国人民大学出版社 2012 年版,第 482 页。

（三）控制与其他管理职能的关系

控制是一项重要的管理职能。我们在第一章对管理职能的阐述中,依次按照计划、组织、领导、控制来排序,这可能容易让人产生误解,似乎控制是在管理者执行完计划、组织、领导职能之后才需要执行的一项职能,其实不然,这不过是从逻辑上考虑所做的一种理论归纳。实际上,管理者在履行管理职能过程中从开始时就已经着眼于控制了,因此可以说控制与管理者的一切活动都有关联。

1. 控制与计划职能的关系

控制首先与计划职能密切相关。计划是关于组织未来的框架与蓝图。在制订计划的过程中,管理者必须充分考虑到要采取哪些策略和方法保证组织目标的实现;在计划实施的过程中,控制更是不可或缺。因为"有目标和计划而没有控制,人们可能知道自己干了什么,但无法知道自己干得怎样,存在哪些问题,哪些地方需要改进""有控制而没有目标和计划,人们将不会知道要控制什么,也不会知道怎样控制。"[1]为此,罗宾斯指出:"目标是计划的基础,目标能为管理者指明特定的方向,但是仅仅能够说明目标或者被动地接受目标并不能保证有必要的行动来实现目标。好的计划常常偏离预计的轨道,有效的管理者应该始终督促他人应该采取的行动事实上已经在进行,保证他人应该达到的目标事实上已经达到。……管理是一个持续的过程,控制活动提供了回到计划的关键联系,如果管理者不采取控制,他们就根本不知道他们是否正对着目标和计划前进,也不知道未来该采取什么行动。"可见,有效的计划促进控制,有效的控制促进计划。控制为管理者提供持续的反馈,调节资源的分配与使用,特别是当计划没有被很好地执行时,管理者必须采取行动对问题进行修正,体现了控制对计划的推行作用,这是管理的基本控制功能。控制与计划的关系如图 12-2 所示[2]。

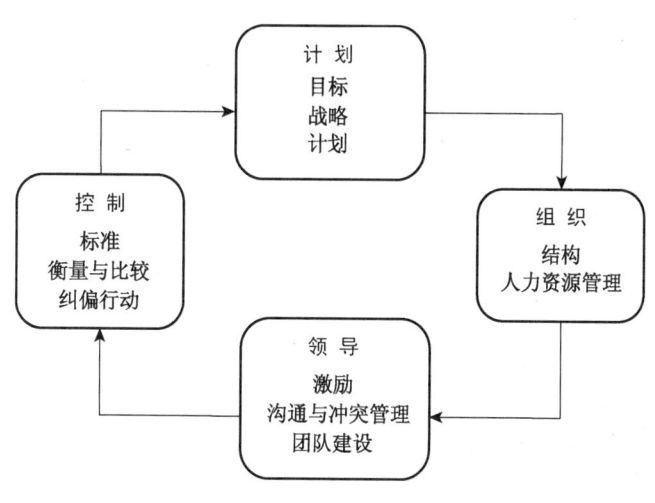

图 12-2 计划—控制链

2. 控制与组织和领导职能的关系

控制也与组织和领导职能密切相关。管理者执行组织职能,主要是通过创建组织结构,

---

① 王俊柳、邓二林:《管理学教程》,清华大学出版社 2003 年版,第 295 页。

② [美]罗宾斯·P·斯蒂芬:《管理学(第7版)》,中国人民大学出版社 2004 年版,第 534～535 页。

明确组织中的各种关系,帮助人们有效率地实现组织目标。为此,在进行组织设计时,他们必须要考虑以下问题:进行适度分权而又确保不失控;为保证组织正常运转挑选合适的组织成员,并对他们进行培训,使之适应工作和岗位的要求,并对其工作情况进行考评。在执行领导职能的过程中,领导者必须通过指导和激励等,保证组织成员正在执行并愿意执行管理者制定的预期计划。

总之,控制不仅渗透到其他各个职能的执行过程中,而且会帮助组织评价计划、组织和领导职能的执行情况以及组织的整体效率。

二、控制的基本特征

(一) 整体性

控制的完整性特征主要体现在两个方面:一是控制对象覆盖到组织活动的各个方面。实施控制,要了解和掌握组织中各个部门、各个单位以及每一个人的工作情况,及时采取措施纠正超出允许范围的偏差,以确保组织及其成员的行为在工作上的均衡与协调,顺利实现组织目标;二是控制职责由所有组织成员共同承担。从广义上讲,管理者也是组织成员的一部分。完成计划任务、实现组织目标,是全体组织成员的共同责任,为确保组织目标的实现而实施的控制也是包括各级管理者在内的所有组织成员的共同职责。

(二) 动态性

组织面临的环境是动态变化的,组织自身也在不断发展壮大,这决定了组织中的控制具有动态的特征,具体体现为,为了提高控制的适应性和有效性,组织适当调整和完善控制标准,采用灵活的控制方法和手段,改进与优化控制结构。

(三) 以人为主体

控制与人始终密切相关。首先,控制的主要对象是人。由于组织的任务和目标要依靠全体组织成员的共同努力来完成,所以,控制是以组织成员为主要对象而实施的一种组织行为;其次,控制也是由人来实施的。各级管理者都要执行控制职能,履行控制职责。当然,随着以人为本的管理理念的确立,越来越多的组织在推进现代人本控制,体现为控制过程中更多地注意尊重个人的隐私,尊重并维护个人的合法权益,让更多组织成员参与控制过程及相关决策,甚至放权让其实施自我控制。

(四) 指导性

控制是一个监督过程,也是一个提供指导和帮助的过程。在现代控制中,管理者不仅要帮助组织成员分析是否存在偏差,查找偏差产生的根源,还要指导组织成员寻找纠正偏差的适当方法与措施,帮助其采取正确的行为,达到组织目标的要求。这一过程体现了控制的又一重要功能,即培养和增强组织成员的自我控制能力,提高其工作质量。

(五) 谋求管理突破

控制活动一般会通过信息反馈形成一个闭合回路系统,循环往复,无始无终,把系统的各项活动维持在一个平衡点上,这在组织运行中,就体现为控制使组织按照原定计划维持其正常活动,以实现既定目标。不仅如此,理想的控制还会使系统活动在原来平衡点的基础上螺旋上升,即实现"管理突破",这表明,组织中的控制还力求使组织活动有所前进,有所创新,以达到新高度,实现新目标。

三、控制的基本原则

（一）反映计划原则

控制的任务是保证计划的顺利执行和完成，所以，控制系统的设计必须依据计划，并能够反映计划。控制系统越能够反映计划，控制越能够有效地为管理者服务，控制效果越佳。反过来说，计划越明确，越完整，越全面，越有利于建立能够反映计划的控制系统。

（二）组织适宜性原则

组织结构是对组织内各个成员所担任职务的一种规定，因此成为明确执行计划和纠正偏差职责的重要依据，控制必须反映组织结构的类型。控制系统的设计，不仅要考虑具体的职务要求，还应考虑到担当该职务的管理者的个性，必须切合每个管理者的特点。控制系统的设计越是能够反映组织结构及其管理者特性，越有助于达到预期控制效果。反过来说，在一个组织结构中，职责和职务要求越匹配，越有助于纠正脱离计划的偏差。

（三）控制效率原则

组织活动极其复杂，受多种因素的影响和制约，而且许多因素常常处于潜在状态，难以确切估计其发展势态。组织为了追求控制效率，力争以及时的行动保证控制活动取得良好效果，往往需要在多种方案、多种手段和多种途径之间进行相互比较，反复权衡，或选择其一，或需要相辅而行。

（四）重点控制原则

正是由于组织活动经常受到多种因素的影响与干扰，而且导致偏差的原因也错综复杂，多种多样，控制活动不能不分巨细、不分轻重缓急地全面展开，否则就难以奏效，也不符合效率原则。正确的纠偏行为是有重点地进行，管理者必须善于捕捉最具有影响的和起干扰作用最大的、最急需解决又最能取得成效的因素，这样才能使控制强有力地起到抓住一点、带动全面的作用。

（五）控制关键点原则

控制关键点原则是强调管理者要高度关注评价个别计划执行情况的关键因素，这些因素一旦偏离计划，将可能导致重大偏差。对关键点的选择，体现了不同管理者的管理经验及其艺术性。一个管理者如果时刻注视执行情况的每一个细节，而不去关注关键点，既是一种浪费，也不可能实施有效控制。

（六）例外原则

组织中的管理者，应当注意那些重大的偏差以及特别好或特别差的情况，他们对这些例外情况的控制越注意，控制结果越有效。这一原则与控制关键点原则的主要区别在于，控制关键点原则强调要认识到观察的关键点，而例外原则则强调要观察关键点上偏差的大小。

（七）直接控制原则

组织控制系统中的管理者素质越高，对他们所担当的职务越胜任，就越能够及时、准确地觉察出偏离计划的误差，并及时采取措施来避免偏差的出现，或及时纠正偏差。这意味着任何一种控制的最直接、最有效的方式，就是采取措施来尽可能保证和提高管理者的素质。

（八）灵活控制原则

控制虽然要反映计划，但管理者不应把它强硬地与某一计划联系在一起，要保持控制的一定灵活性。这样，控制就不会因计划未可预见的因素改变而失败，也免得在整个计划失误或发生突变时,随之失效。

(九) 经济性原则

控制活动需要付出一定成本。要实施一定的控制,就需要投入相应的人力、物力、财力和技术,资源的投入就意味着费用的支出。因此,正常情况下,控制不应不计成本,在进行是否实施控制,控制到什么程度的决策时,必须考虑其经济性,即对控制所需要的付出与控制可能产生的效果进行经济性比较分析,只有效果大于成本时,实施控制才是合适的。因此,控制的经济性原则要求:①有选择地控制。要正确而精心地选择控制点,太多会不经济,太少可能会失去控制;②建立有效的控制系统。努力降低控制的各种耗费,改进控制方法和手段,以最少的成本查出偏离计划的现有和潜在原因,提高控制效果。

第二节　控制过程与分类

一、控制过程

历史悠久的传统控制是典型的控制,正式的控制模型是根据预定目标或标准衡量进展情况,在必要时采取措施纠正偏差,以确保绩效与组织目标一致的过程。控制主要依赖于对已发生的情况进行反馈,一般包括 4 个相互关联的基本步骤,如图 12-3 所示。

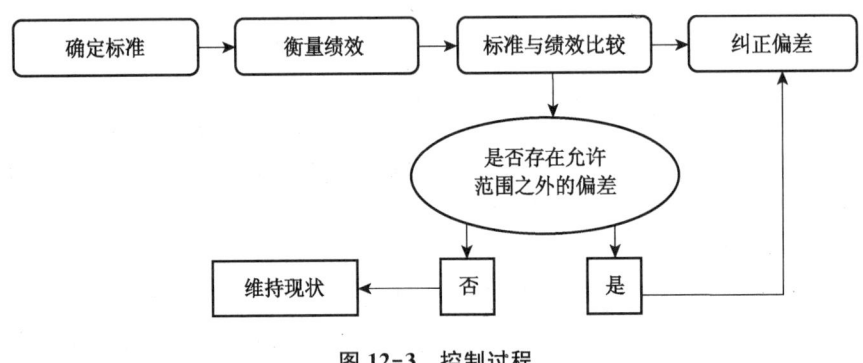

图 12-3　控制过程

(一) 确定标准

确定标准就是为实施有效的控制确定所需的各种标准。所谓控制标准,是指对组织中的人力、物力和财力等所规定的界限,是实施控制的准绳和衡量工作绩效的规范。控制标准既为组织成员采取有利于实现既定目标的行为提供了重要指引,也为组织衡量组织成员的工作业绩提供了重要依据。有了明确的控制标准,组织才能准确、客观地判断是否存在超出允许范围的偏差,以及是否需要采取"纠偏"措施。可见,确立标准是控制过程的真正起点。

1. 定量标准与定性标准

控制标准用于衡量实际或预期工作成果,因此,用以表述衡量结果的单位应尽量采用可衡量的条款,如采用便于度量和比较的定量标准,包括实物标准(产量、吨/公里等)、价值标准(成本、利润或销售收入等)以及时间标准(工时定额、工期等),定量标准是控制标准的主要表现形式。当然,控制标准也不都是可以量化的。例如,当要衡量的事物涉及难以量化的服务质量、组织形象、人际关系、工作经验、道德水准等方面时,组织常会采用一些定性标准。

2. 有效控制标准的要素

实施有效控制，以控制标准的有效性为前提。有效的控制标准一般应满足以下条件：①简单明了，通俗易懂，尽可能定量化，容易测定，便于掌握、理解和执行；②客观适用，准确反映组织的具体活动情况，对每一项工作的衡量都有具体的时间幅度和具体的衡量内容与要求；③协调一致，涉及各个方面的标准相互之间不矛盾；④切实可行，高度或难度适当，组织成员认可和接受；⑤相对稳定，在一定时间内保持不变，但也具有一定弹性和灵活性；⑥与组织目标相一致，符合现实需要，规范组织成员的行为，有利于实现组织的既定目标，同时具有前瞻性，与组织的未来发展需要相契合，引导组织成员为实现组织的更好发展而努力。

3. 确定标准的方法

确定控制标准，常用的方法主要有：①统计方法，即根据以往的历史记录，运用统计学的方法确定控制标准；②工程方法，即以实测数据和技术参数为基础确定控制标准；③经验估计法，即在没有历史资料也没有技术参数的情况下，仅凭实践经验确定控制标准，它是前两种方法的补充。

（二）衡量绩效

衡量绩效，就是测量或量度工作绩效。控制的关键步骤在于对控制标准与实际绩效进行比较，这是判断是否存在偏差，是否需要采取纠偏行动的重要依据。所以，准确衡量绩效可以为控制标准与实际绩效的比较，以及纠正偏差的决策提供有用信息，是一项重要的基础工作。对绩效的衡量，应关注以下两点：

（1）全面、准确、及时收集信息。准确衡量绩效，建立在全面、准确地了解实际工作情况的基础上，因此，需要全面、准确地收集相关信息特别是收集相关数据，即获得每个预定特性的度量情况。组织中的信息和数据收集工作可以由人来做，也可以由机器来做；可以由施加控制的人或者群体来做，也可以由被控制的人或者群体来做。为了得到高质量的信息和数据，组织可以建立统计部门、审计部门等专门从事信息数据收集工作。此外，组织还可以针对信息采集的目的指定相关部门收集相关数据和信息，服务于衡量绩效以及开展后续控制工作步骤的需要，例如，通过人事部门收集的数据和信息，可以用于对人的评价以及确立人员薪酬待遇并安排工作岗位，而通过财务部门收集的数据和信息，则可以用于确定实际收入与消耗等是否符合财务标准。

（2）客观、准确衡量绩效。为公正、客观、准确地衡量组织成员的实际绩效，应针对同类人员采用一致的具体指标衡量其绩效；所关注的指标应当能够决定工作绩效的重要特征，不能因个人偏好而偏向易于衡量的指标，忽视不易衡量或较不明显但实际上相当重要的指标；对绩效衡量精确度的要求以及绩效衡量主体保持一致。

（三）标准与绩效比较

将控制标准与实际绩效进行比较，旨在考察是否存在偏差。由于组织将根据该比较结果评估实际工作的优劣，作出是否采取纠偏措施的决策，因此这一步骤十分重要。在这里，偏差就是实际绩效与控制标准之间的差距。经过比较可能得到如下结果：一是无偏差，即绩效与标准相同，这种情况下一般会维持现状，组织活动继续正常进行。二是存在偏差，但有两种情况。一种情况是绩效高于标准。如果标准是适当的，偏差是组织成员努力的结果，则属于正常现象，这也是组织所期望的，只要这种偏差不过大，就无需纠正，组织活动也继续正常进行；另一种情况是绩效低于标准，这是存在偏差的大多数情况。鉴于并不是所有的偏差都会给组织活动的最终结果造成影响,所以,组织一般都会预先规定一个偏差的允许范围,超出该范围的偏差才需要纠正。

(四)纠正偏差

经过控制标准与实际绩效的比较分析,如果确定存在超出预先规定允许范围的偏差,组织首先要对偏差产生的原因进行认真剖析。偏差的产生有时是基于主观原因,如工作人员不努力,或不称职,或培训不到位等,有时也可能是客观因素导致的,如技术条件变化的影响等。此外,偏差还可能是因为控制标准甚至计划本身存在问题或不合理而产生的,如最初的控制标准定得过低或过高,计划目标不正确或计划与组织不相适应等。组织要根据原因分析的结果,对必须纠正的偏差采取有针对性的措施,予以纠正,让纠正后的组织活动继续进行。纠正偏差的措施主要有:重新制定或修改完善控制标准或计划目标;重新委派任务或明确职责;加强领导;增加投入;培训有关人员;修改奖惩制度和激励措施。

二、控制的分类

根据不同的标准,可以将控制分为很多种类。

(一)按控制活动的性质分类

1.预防性控制

预防性控制旨在避免产生错误,尽量减少今后的更正活动。一般说来,组织中的规章制度、工作程序、人员培训和培养计划,都具有预防性控制的作用。

2.更正性控制

更正性控制是一种在管理实践中普遍使用的控制形式,旨在当出现偏差时,使行为或实施进度返回到预先确立或所希望的水平。在组织中,通过审计制度定期检查组织运行情况,可以及时发现问题,及时解决问题,有利于增强管理部门采取迅速更正措施的能力。

(二)按控制点的位置分类

1.前馈控制

前馈控制又称预先控制、事前控制,也是一种预防性控制,是指一个组织在一项活动正式开始之前所进行的管理努力,主要是对活动最终产出的确定和对资源投入的控制,其重心放在输入组织的人、财、物以及技术、信息等资源上,防止组织所使用的资源在质上和量上产生偏差,试图通过对投入的有效控制,预防活动结果与绩效标准不相符而产生偏差,即"防患于未然"。前馈控制通常能为组织提供巨大利益。如果没有把好这个环节的"关口",可能给组织的未来造成重大损失,我国内地和台湾地区的一些因"豆腐渣工程"而酿成的各种惨剧和巨大损失,就是最能说明问题的例证。从流程上考察,前馈控制是通过情况的观察、规律的掌握、信息的分析、趋势的预测,预计未来可能发生的问题,在其尚未发生之前即采取措施加以防止,着眼于通过预测对被控制对象的投入进行控制,以保证获得所期望的产出,并可较好地解决时滞现象所带来的问题。

2.过程控制

过程控制又称事中控制、现场控制、实时控制、同步控制,是一种管理者持续监控组织成员正在发生的行为和活动,并在现场给予指导与监督的行为,以保证活动按规定的政策、程序和方法进行,与既定标准和要求相符合。过程控制的优越性在于及时发现问题,及时纠正或提出建设性意见,防止错误发展为既成事实无法挽救,其目的在于确保工作能够产生预期的结果。

3. 反馈控制

反馈控制又称事后控制,是一种在活动之后的评价行为,其重心放在活动的结果上,即通过指出过去的错误来对历史作出评价,并将这些信息应用于改进或矫正下一个循环的工作,保证以前出现过的问题不能再现。这种"亡羊补牢"式的控制方法对改进组织绩效,促进其良性循环具有重要意义。传统的控制方法大多属于反馈控制,现在依然得到广泛应用。

(三) 按控制来源分类

1. 正式控制

正式控制是指由正式组织设计一些机构或部门,实施专门的控制,如规划、预算和审计部门就是组织为实施正式组织控制而设置的代表性机构。

2. 群体控制

群体控制是指非正式组织控制,是基于群体成员共同的价值观和行动准则而实施的一种控制。非正式组织有自己的不成文的行为规范,该组织中的所有成员都认可并遵循这些规范。

3. 自我控制

自我控制是指组织成员个体有意识地去按某一行为规范进行活动。自我控制能力取决于组织成员的自身素质。越是具有良好素质、顾全大局的人,自我控制能力也越强。

(四) 按采用的控制手段分类

1. 直接控制

直接控制是指对执行计划的人采用一定的控制方法和手段,使其能有效执行计划,从而保证计划完成的控制形式。这是一种对偏差产生源头的控制,主要是一种对人的控制,当人的素质越高时,偏差产生的可能性越小。组织中的管理者素质越高,对职务越胜任,越能够及时、准确地觉察出偏离计划的误差,并及时采取措施避免偏差出现或及时纠正偏差。这表明,直接控制的关键在于提高管理者和组织成员的素质。

2. 间接控制

间接控制是指根据计划的执行情况,发现计划执行中的偏差,分析产生偏差的原因,找出责任人,改进下一步工作的控制形式。可见,间接控制针对的主要是事件偏差。

(五) 按控制范围分类

1. 全面控制

全面控制是指对计划执行全过程实施全方位的控制,如成本、审计控制等。

2. 局部控制

局部控制是指就计划的某一方面或某一过程实施控制,如项目预算控制、库存控制等。

(六) 按控制主体划分

1. 内部控制

内部控制是一种自我责任控制,即通过增加责任感,自觉完成各项既定目标和标准,在工作中实行自我管理。

2. 外部控制

外部控制是一种强制性控制,常常通过行政权力系统严格执行各种标准和各种规章制度得以实现。

（七）按控制有无信息反馈划分

1. 开环控制

开环控制下控制程序对系统的干扰影响和控制系统的未来行为都是预先认定的,不考虑实施程序中出现的外界干扰,因此缺乏适应力和应变性。

2. 闭环控制

闭环控制下控制程序考虑到系统被控量的信息反馈过程,并根据反馈结果对实施程序中出现的各种干扰影响,采取措施及时纠正偏差,从而起到良好的调控作用。

（八）按控制的组织结构分类

1. 集中控制

集中控制是指在组织中建立一个控制中心,它不仅集中统一加工、处理所有信息,而且统一发出指令,操纵所有管理。在组织规模和信息量不大,且控制中心对信息的取得、存储、加工效率及可靠性都很高的情况下,采用集中控制的方式有利于实现整体的最优控制。现实中设有生产指挥部、中央调度室等机构的企业,都是集中控制的例子。

2. 分散控制

与集中控制方式相比较,分散控制对信息存储和处理能力的要求相对较低,比较容易实现;反馈环节少,反应快,时滞短,控制效率高,应变能力强;由于采取分散决策方式,即使个别控制环节出现失误或障碍,也不会引起整个系统瘫痪。然而,分散控制也可能会给组织带来一个严重后果,即难以实现各分散系统的相互协调,难以保证各分散系统目标的一致性,从而危及整体的优化,甚至会导致失控。

（九）按控制层次分类

控制层次即组织系统的层次。按控制层次分类是对集中控制与分散控制的综合。这种控制方式有两个特点:一是各子系统都具有各自独立的控制能力和控制条件,从而有可能对子系统的管理实施独立的处理;二是整个管理系统分为若干层次,上一层次的控制机构对下一层次子系统的活动进行指导性、导向性的间接控制。分层控制方式是基于这样的认识而形成的,即控制是从总经理到基层管理人员甚至组织成员都应该执行的职能,尽管各层管理人员所负责的控制范围是不同的,但大家都负有执行计划的职责,控制是每个层次管理部门的一项重要管理职能,分析控制的层次将有助于识别组织各层次管理人员乃至一线工作人员所肩负的控制责任。在分层控制中,要特别注意防止缺乏间接控制、自觉不自觉地滥用直接控制,并多层次向下重叠地实施直接控制等弊病。

在组织系统中,控制按层次自下而上依次如下。

1. 运营控制与财务控制

（1）运营控制。运营控制也称作业层控制,属于基层控制,体现为基层管理者的日常活动,集中发生在组织将资源转变为产品和服务的过程中,其主要内容是根据规章制度使用资源、履行职责。运营控制具有以下特征:稳定的、可预测的和明确规定的;时间上多半为实时处理;输入的信息是内部事项和处理记录;输出的信息是作业行动。运营控制涉及组织中的任何领域,多数组织以它们所利用的四种基本资源即物质、人力、信息和财务资源来确定控制领域,其中,财务控制具有特别重要的意义,因为财务资源与组织的所有其他资源控制都有关联。

（2）财务控制。财务控制关注组织的财务资源,涵盖从财务资源流入组织（收入、股东投资)、由组织拥有(流动资金、留存收益)到流出组织(支出、费用)所实施的全程控制。在此仅介绍由预算和其他财务控制工具提供的控制。

第一,预算控制。预算本来是一个用数字表达的规划。组织要为整个组织及其部门、工作团队建立预算。由于预算的数量特征,它为不同部门、组织的不同层次和不同时期的绩效衡量提供了依据。当管理者使用预算来计划收支时,预算也是一种控制工具。现实中组织常常通过制定和调整预算来达到控制的目的,即对计划收支与实际收支进行比较,如果差异很大,则加以纠正。与控制紧密相关的预算主要包括:费用预算、收入预算、现金预算和资本预算。其中,现金预算是对现金收入和支出的一种预测,用来与真实的开支进行比较。由于该预算反映了公司的现金偿付能力,所以在控制衡量中扮演重要角色;资本预算或资本支出预算是购买用于生产货物或服务(包括用于厂房、机械设备以及存货的支出)的资金计划,该项支出通常被认为是重要支出,并与长期计划相联系。预算的主要作用是:帮助管理者协调资源与项目;阐述已确立的控制标准;为组织的资源和期望提供指导路线;使组织能够评估管理者和各单位的绩效。传统上,预算由高层管理者和控制者制定,然后再分派给较低层次的管理人员,但现代组织中已经允许所有的管理人员参与预算制定过程。

第二,财务控制的其他工具。除预算外,还有一些有用的财务控制工具,如财务报表和比例分析等。财务报表是组织财务状况某些方面的概述,管理者通常通过财务报表和财务报告分析,一方面,在与历史数据的比较中,评价组织经营是否得到改善;另一方面,在与行业水平的比较中,判断组织在本行业内的地位和竞争力。管理者一般会比较关注财务比率指标,包括流动比率、资产负债比、投资收益率等。这些比率可以作为一种控制手段来考察组织在利用其资产、负债、库存等方面的效率,评估组织财务的健康状况,如表 12-1 所示。

表 12-1　　　　　　　　　　　常用财务比率指标[①]

目的	比率	计算公式	含义
流动性检验	流动比率	流动资产/流动负债	检验组织偿付短期债务的能力
	速动比率	(流动资产-存货)/流动负债	对流动性的一种更精确的检验,尤其当存货周转缓慢和难以售出时
财务杠杆检验	资产负债比	全部负债/全部资产	比值越高,组织的杠杆作用越明显
	利息收益倍比	纳税付息前利润/全部利息支出	度量当组织不能偿付其利息支出时,利润会下降到什么程度
运营检验	存货周期率	销售收入/存货	比值越高,存货资产的利用率越高
	总资产周转率	销售收入/总资产	用于获取一定销售收入的资产越少,组织利用其全部资产的效率越高
盈利性	销售利润率	税后净利润/销售收入	说明各种产品产生的利润
	投资收益率	税后净利润/总资产	度量资产创造利润的效率

---

① 王俊柳、邓二林:《管理学教程》,清华大学出版社 2003 年版,第 300 页。

2. 结构控制

结构控制处于控制系统的中层,属于经营层控制,是中层管理者的日常活动。结构控制关注的是组织架构的各要素如何为实现所确定的目标服务,其主要内容是按照职能筹措和分配资源,制定各种制度和标准,测定成果和实施管理。结构控制的主要特征是:受个人情况和组织情况的影响大,多半强调内部视野;时间间隔是规则的(年、季、月、周等);输入的信息是概要情况和数据库以及限定的咨询;输出信息则是各种决定、领导活动以及一部分程序。结构控制一般是控制常规作业的确定性的活动,其具体形式有官僚控制和分权控制两种。官僚控制和分权控制是一个统一体的两端,有不同的目标、不同的正规程度、不同的绩效预期、不同的组织设计、不同的奖励机制和不同的参与程度,如表12-2所示。

表 12-2　　　　　　　　　　　　　官僚控制和分权控制[①]

官僚控制	分权控制
采用详细的规章制度和程序以及正式的控制系统 自上而下的权力,正式层级,职位权力,质量控制监督人员 任务相关性工作描述,用可衡量的标准定义最低业绩水平 强调外部激励(薪金、福利、地位等) 达到个人业绩标准,即给予奖励 有限的、拘于形式的员工参与 僵化的组织文化,不相信文化道德可以作为控制手段	较少使用规章制度,主要依靠价值观、团队、员工挑选和社会化 柔性权力、扁平结构、专家权力、人人参与质量监督 基于结果的工作描述,强调目标和结果 外部激励与内部激励(有意义的工作等)相结合 奖励个人和团队,强调员工之间的公平 员工参与各项活动,包括质量控制、系统设计、组织管理等 适应性的组织文化,文化被看做是统一个人、团队及组织目标,实现总体控制的手段

现实中,对官僚控制和分权控制方式的应用,只有少数组织采用其中的一个,大多数组织都倾向于采用其中的一种形式,但会拥有另外一种形式的部分特征。

3. 战略控制

战略控制处于控制层次的最高层,是组织的高层活动,这是一个对战略计划进行评价,对组织业绩进行衡量,对实际业绩与预期战略目标进行比较,必要时采取相应纠正措施的整个过程,如图12-4所示。

图 12-4　战略性控制过程

战略控制所关注的是组织的各项战略即公司层战略、业务层战略和职能层战略如何有效地协助组织实现其目标,其主要内容是目标认定和适用资源的抉择。战略控制的优越性体现在:①增强战略的清晰度和实用性;②提供更高的测量业绩的标准;③给予战略经营单位负责人以更大的激励;④使高层管理者更及时地干预有关活动;⑤避免"有人情"的预算;

① [美]理查德·L·达夫特:《管理学》,机械工业出版社2005年版,第607页。

⑥通过更明确的职责划分,使分散管理更加有效。为了充分发挥战略控制的优势,在实施中应注意以下几点:选择明确的目标作为战略性业绩的指标;设立合适的标准;对战略性业绩的完成施加压力;提出高质量的战略计划,作为战略控制的基础,战略计划中运用战略回顾分析;减少官僚主义。

近些年来,许多已建立完善的预算控制系统的组织逐渐发现,过于依赖预算控制会失去对一些重要战略目标的把握,同时感受到一些非预算目标对增强组织活力与竞争力也是极为重要的。因此,许多高层管理者和管理专家,越来越强调要把预算控制和战略性控制结合起来,以保证组织的可持续发展。

第三节 传统的控制方法和基于责任感的控制

一、传统的控制方法

传统的控制方法主要包括交换控制法、边界控制法、诊断控制法。其中,交换控制是指通过与组织成员面对面进行询问和互动来实施对他们的控制,这是最传统的控制方法,也是大多数组织最常用的控制方法,其最大优势是在面对面交谈中,可以立即查明工作紧张状况以及问题产生的根源。边界控制是指组织中用一些政策和规则来确定组织成员的工作范围边界,实施控制。诊断控制是指管理者通过预算、业务报表、一定期限的业务评估等实施控制,这些信息不仅可以帮助管理者判断重要目标是否已经达到,而且还能为其提供目标没有达到的原因。

简评　　　　　　　传统控制方法的利弊

传统控制方法的优越性在于简单,易于操作,其明显弊端是可能导致人们的行为与组织要求不符,甚至给组织带来不利影响,包括:①行为错位。人们可能因为过于关注控制中所要衡量的指标,而忽视组织更重要的目标。②弄虚作假。为应对考核,提高业绩,管理者或组织成员可能编造数据,或采取一些措施制造虚假绩效。③操作延误。过于严格地遵循控制程序,需要一些时间,这可能造成一些时滞,丧失难得的机会。④消极抵抗。针对控制带来的压力,有些组织成员甚至管理者会采取消极抵抗行为,表现出对设置电子监控等措施的反感、抵制和不配合。

二、基于责任感的控制

(一)基于责任感的控制来源

在现代社会中,全球化增强了国际化经营的必要性和可能性,而空间距离的增加使组织对其全部事物进行监控变得越来越复杂。同时,团队的发展以及与之相伴随的大量授权,又使适时监控变得没有必要而且难以实施。在这种情况下,明智的管理者意识到,自己应改变依靠严密监控实施控制的传统做法,转向更加信任组织成员,通过鼓励组织成员,增强其责任感,让他们实施自我控制,自我管理,最后达到有效控制——按时完成任务,顺利实现组织预期目标。于是,出现了一种有别于传统控制的新型控制,即基于责任感的控制,其核心是使组织成员自觉地想要正确地工作。

（二）基于责任感的控制方法

前已述及，要鼓励组织成员自我控制，增强其责任感，最佳的方法是激励，在高激励下，组织成员通常会自觉地、持续地、积极努力地做好自己的本职工作。此外，树立正确的价值观，建立完善的责任机制，也是实施基于责任感的控制的有效方法。

（1）通过树立正确的价值观培养组织成员自我控制的意识和能力。价值观是影响人的行为的重要内在因素，决定着人们的行为取向。因此，管理者可以通过多种手段和措施引导组织成员树立正确的价值观，并使之根深蒂固，让他们确信自己所做的事情是正确的，有价值的，培养其自我管理、自我控制的意识和能力，促使其自觉地按照组织的期望正确地开展工作。

（2）通过建立完善的责任机制培养组织成员自我控制的责任感。当组织成员真正将组织的使命视同为自己的使命，把组织的目标当成自己的目标时，他们就会出于一种高度的责任感和使命感有效地进行自我控制，努力做好自己的工作。为此，组织应致力于建立健全责任机制，培养组织成员自我控制的责任感，包括：组织基于"以人为本"的理念和高度的社会责任感，对每一位组织成员个体发展担当责任，尊重和信任，把他们看成为独立的个体；通过沟通，让每一位组织成员都了解、认同组织的使命和共同愿景，鼓励团队意识和命运共同体意识，形成"同舟共济"的氛围；公平对待每一个人，让所有人都享受到公平公正的待遇，获得他们对组织的信任与忠诚。这些是形成组织成员责任感的重要力量源泉。

（三）基于责任感的控制与传统控制的比较

基于责任感的控制和传统控制是当前管理实践中采用的两种基本的控制方法，他们各有其优越性和不同的适用条件，两者之间的主要差异体现在是实施自我控制还是实行外在控制，前者更适合于当今经济社会背景下的管理实际，也是控制的发展趋势。图 12-5 展示了两者之间的主要差异。

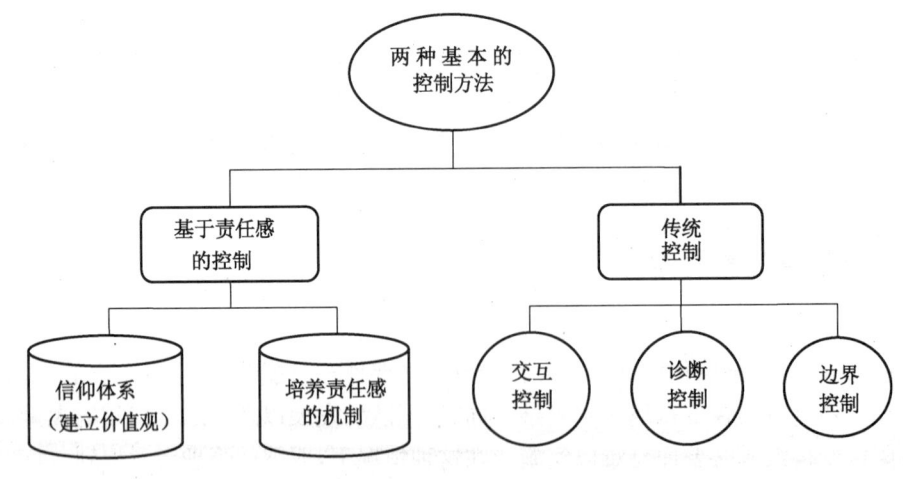

图 12-5　传统控制与基于责任感的控制之间的差异①

①　［美］加里·戴斯勒：《管理学精要》，中国人民大学出版社 2004 年版，第 427 页。

三、控制的发展趋势

近年来,全球化趋势的增强以及信息产业与信息技术的快速发展,为控制的创新与变革提供了适应的环境,控制理念以及控制方法出现了一系列新的变化,呈现出越来越国际化、信息化、非物质化和灵活多变的发展趋势。

（一）质量控制标准国际化

随着全球统一市场的形成,一些国际化经营的大公司为了更深层次地参与国际竞争,越来越关注与国际接轨,而采用通用的国际质量标准就是其实施国际化管理控制的重要体现。

（二）实施激励导向的开卷管理

为了让每一位组织成员都以主人翁的姿态去思考问题和开展工作,激励他们积极参与和追求组织目标的实现,目前有很多公司实施了便于组织成员参与公司财务控制的开卷管理,即向组织成员披露公司财务信息,具体措施包括:允许组织成员通过查阅图表和参加会议等,亲自了解公司财务状况;对组织成员进行财务分析能力培训,以便让他们了解各个部门之间的内在联系和各自岗位的重要性,以及其个人的工作如何影响组织现在和未来的财务业绩;把组织成员的报酬与组织总体绩效紧密联系起来,使之不仅关心自己的工作,而且关注团队和部门的整体业绩。

（三）活动成本法

活动成本法为管理者提供了一个更有战略意义的方法,这是一种便于正确理解经营成本的控制方法,即经过一个财务程序,将生产产品或服务的成本分配到各项活动和资源中去,通过这个计算系统全面反映从生产产品或服务到把它们投入市场的整个过程中的所有成本,使管理者据此可以通过分配公司所花费的总成本来评定产业和业务部门的生产率;评价顾客的盈利性;评价智力资本——有价值的想法和产生这些想法的人。

（四）从成本会计向效益控制转变①

从成本会计向效益控制转变已经成为一种趋势,主要体现在不仅越来越多的企业放弃了传统的成本会计法,转而采用作业成本法,而且服务业和大学等非营利性机构也迅速广泛地采用了这种方法。作业成本法提出了不同的商业流程概念和不同的计算方法。这两种方法主要有两点不同:①传统会计法计算做事的成本,不会记录不做事的成本;作业成本法则将不做事的成本也记录下来,所以它不仅可以更好地控制成本,而且日趋具有控制效益的功能。②传统成本会计法假设企业需要做某项工作而且在现在做的地方做这项工作;作业成本法则会问"企业需要做这项工作吗？如果需要,最好在哪里做呢？"作业成本法将过去分几个步骤完成的活动（如价值分析、流程分析、质量管理和成本计算）合并到一项分析中。采用这种方法可以大幅度降低制造成本,并可以清晰地了解和分析服务业成本。

（五）控制中的道德风险

先进的技术设备如摄像机、录音笔、监听器等用于现代控制,无疑会增强所采集信息的

---

① ［美］彼得·德鲁克:《21世纪的管理挑战》,机械工业出版社2006年版,第97~98页。

及时性、真实性和可信度,但它们也很容易侵犯组织成员的隐私及其切身利益,这可能成为甚至已经成为管理控制的潜在风险。

第四节 控制的管理

组织无论是在运营、财务、结构层面上,还是在战略层面上,都需要实施有效的控制,通过有效的控制系统监督和管理组织行为,预防和修正组织成员的行为误差,改进工作绩效,提高工作效率。为了更好地利用控制系统,管理者必须熟悉有效控制的特点,学会识别和克服控制的阻力,为有效控制创造条件。

一、有效控制的特点

(一)始终与组织战略相连接

有效的控制系统既能反映组织的未来发展方向,又能适应新的组织发展战略需求。有效控制始终与组织战略相连接,其着眼点始终放在与组织战略目标高度相关的活动上。控制与组织战略的联系越直接、越明确,控制就越能够考虑到组织战略的特点和要求,控制系统就越有效。

(二)适时性和灵活性

有效的控制系统具有适时性特征,主要在于只要有需求,它就能够及时提供信息,迅速作出管理上的反应,保证控制对行为产生积极的影响。有效的控制系统具有足够的灵活性,它能够适应环境的变化和机会进行灵活的调整。

(三)信息客观准确

有效的控制系统,能够为管理者提供全面、客观、准确的信息和数据,使之能够据此作出正确决策,采取恰当的管理行为。在控制过程中,管理者得到的信息和数据越客观、越准确,得到的业绩指标越是对量化指标和定性指标的综合,越可能全面掌握组织成员业绩的真实情况,有效辨别偏差。

(四)评价标准便于理解并得到广泛认同

有效的控制系统必须建立在有效、准确、易于理解的绩效标准基础上,这样的标准既便于让组织成员清楚自己应该做什么和做到什么程度,也有利于管理者准确评价组织成员。绩效评价标准越便于理解、适当而且合理,越易于得到组织成员的认同和接受,而组织成员对控制标准的信守程度越高,成功控制的可能性越大,组织成员与控制系统越是协调一致,越能提高工作效率。可见,有效的控制系统具有推动和激励作用。

(五)讲求经济效益

控制需要消耗人力、物力、财力、信息、技术等资源,即要付出成本和代价,除特殊情况外,有效控制都要讲求"经济性",即因控制而产生的效益高于为采取控制行为而支付的成本。

图 12-6 展示了有效控制系统的基本特性[①]。

---

① [美]罗宾斯·P·斯蒂芬:《管理学(第 7 版)》,中国人民大学出版社 2004 年版,第 543 页。

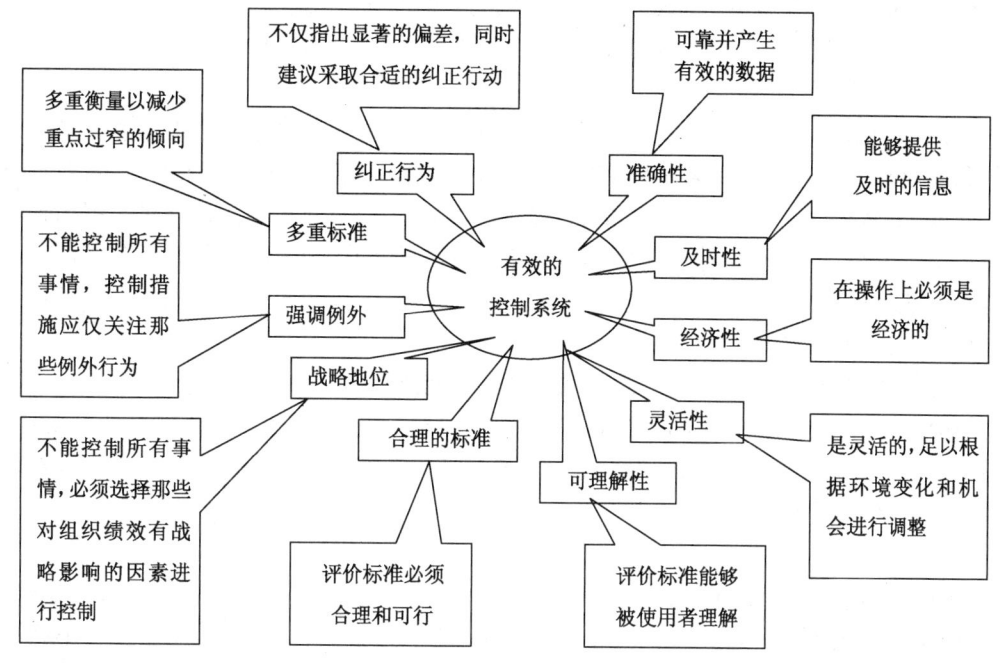

图 12-6　有效控制系统的基本特性

二、控制的阻力

（一）控制阻力的来源

有效的控制对组织及其成员而言，其重要意义是不言而喻的，即便如此，在实践中却常常会遭到抵制，特别是人们在感到受到过度控制、控制焦点不恰当、奖励没有效率或对所要承担的责任感到担忧时，会反对控制。

1. 过度控制

当组织试图对组织成员实施更多的控制时，如在以往严格规定上下班时间、停车位置的基础上，又要限制或完全禁止组织成员在工作时间浏览互联网、接收个人电子邮件和接打手机等，很容易遇到阻力，遭到人们的抵制，因为这些控制显然直接影响了组织成员的行为。

2. 不恰当的关注点

当组织对控制的关注过于狭窄，或者集中于某些定量指标，而没有对此进行详尽分析，或者没有相关配套的详细说明时，可能遇到阻力。例如，大学里为鼓励教师发表高水平科研论文而设立奖励机制，本来无可非议，它有利于调动教师潜心于科学研究的积极性、主动性和创造性，为解决经济社会发展重大问题提供智力支持，但这种机制常常被人们视为关注点不恰当，它导致教师将主要时间和精力都放在撰写与发表论文上，而对教学的投入明显不足。于是，那些对这种机制有抵触情绪的教师，可能将其努力局限于满足学校采用的有限的绩效指标，而不是最大限度地在科研、教学工作以及公共服务上平均地分配自己的投入。

3. 奖励无效率

当组织设立的奖励体系忽视效率，未能很好地体现少投入多产出的导向时，可能会遇到阻力。抵制这种控制目标的人们可能会采取与组织目标背道而驰的行为，不讲效率，浪费资源。例如,如果组织预算的导向是鼓励预算执行速度,而不考虑其使用效益,则可能引导人们关注怎样尽快用完预算而不是用好预算,临近年底频发"突击花钱"现象。

4. 过多的责任

有效的控制意味着标准设置恰当,绩效衡量准确,管理者很容易掌握组织成员是否很好地履行了自己的责任。如果某一环节出了问题或可能出现问题,管理者很快就能查明问题出在哪里,或者何时会出现问题,以及哪个部门和哪个人应对此负责。这种对组织和管理者极其有利的有效控制,很容易遭到那些不愿意对自己的错误负责或不愿意像管理者要求的那样努力工作的人的抵制。

（二）克服控制阻力的方法

理论上讲,克服阻力的最好方法是从一开始就建立起有效的控制系统,使之与组织战略完美地连接在一起,而且实施的控制具有适应性、灵活性、客观性、准确性,得到广泛的认可,这样,组织就不会出现过度控制、设立标准不恰当或者奖励低效率等问题。下面两种具体方法有助于克服控制阻力。

1. 鼓励组织成员参与

组织成员的参与有助于推进变革,同理,鼓励组织成员参与控制的规划与执行过程,使之更多地了解控制的必要性,提升其责任感,也有助于克服控制的阻力,他们不仅不会抗拒控制,而且会积极配合组织推进控制。

2. 制定认证程序

多种信息系统和多重标准,为组织提供了更多的检查和平衡控制的方法,更便于组织核实绩效指标的准确性,从而增强控制结果的说服力。

三、有效控制的前提条件

（一）科学合理、切实可行的计划

控制以计划为依据,控制反映计划。计划的正确性是控制工作取得成效的基本前提。没有一个科学合理、切实可行的计划,控制就会无的放矢,它做得越多,可能给组织造成的损失越大。

（二）专门执行控制职能的组织机构

在组织中设置一个专门履行控制职能的机构,对防止本位主义,客观、公正地推进控制工作,提高控制的有效性,具有重要意义,这是确保控制达到预期效果的重要组织保障。

（三）相应的支持行动

有效的控制中常常建有一套系统,采取一些支持行动,帮助管理者适时监控那些亟待改进的业务领域,及时、客观地反映现实与期望的差异,以利于管理人员重视这些差异,找出原因,适时采取相应的纠正措施。

（四）有效畅通的信息反馈系统

有效的控制与顺畅的信息沟通密不可分。畅通的信息传递渠道是顺利实现沟通双方互动、实施及时有效控制的重要条件和技术保证。因此,控制系统的设计应确保信息能够有效地服务于管理控制,满足以下要求:①及时。信息的收集、加工、检索和传递都要及时,以充分发挥和利用信息的使用价值。②可靠。信息来源准确、可靠,是制定正确的、高质量决策的重要保证。③适用。相关人员应通过整理分析,为管理者提供精炼而又能满足控制要求的信息。信息不足和信息过多,都不利于有效控制。

本 章 小 结

　　控制是管理的一项重要职能,是设立标准,衡量绩效,采取必要措施纠正偏差,以确保活动能产生预期结果的过程。控制在管理中处于重要地位。管理者所做的一切都与控制有关。控制不仅经常渗透到其他各个职能的执行过程之中,而且还有助于评价计划、组织、领导职能的执行情况以及组织工作的效率。

　　典型的控制是传统控制,其过程分为设立控制标准、评价绩效、实际绩效与控制标准相比较、纠正偏差等步骤。传统控制方法有:交换控制、诊断控制、边界控制。基于责任感的控制方法除了激励外,还有树立正确的价值观和建立责任机制。传统控制与基于责任感的控制是当前管理实践中采用的两种基本的控制方法,两者的主要差异体现在是实行外在的控制还是实施自我控制,后者更适合于当今社会的管理实际,是控制的发展趋势。随着管理理论的演进和管理实践的发展,管理控制出现了一系列新的变化,呈现出越来越信息化、非物质化和灵活多变的趋势,体现在:质量控制与国际接轨、实施激励导向的开卷管理、从成本会计向效益控制转变、控制中的道德风险等。

　　有效的控制特征是:始终与组织战略相连接;具有适时性和灵活性;准确和客观;评价标准便于理解并得到广泛认同;讲求经济效益等。控制会遇到抵制和阻力。实施有效控制需要一定的前提条件。

思 考 题

　　1. 什么是控制? 它在现代管理中具有什么重要意义?

　　2. 控制可以分为哪些类型?

　　3. 有效控制具有哪些主要特征?

　　4. 传统控制与基于责任的控制的主要区别是什么?

　　5. 产生控制阻力的原因是什么? 怎样克服控制阻力?

　　6. 有效控制的前提条件有哪些?

第十三章

管理信息系统与运营管理

【学习目标】
1. 描述管理信息系统的内涵及其演进与建设过程。
2. 分析建立管理信息系统的前提条件与过程。
3. 领会运营管理的内涵。
4. 理解价值链管理的意义和实施价值链管理的要领。

随着经济社会的发展和科技成果向各领域的快速转化,越来越多的组织通过建立管理信息系统,实施运营管理和价值链管理,提高控制效果。这种转变,既适应了现代管理对控制的新要求,也彰显了人本、高效和双赢的管理理念。本章主要描述管理信息系统的演进及其建立过程,分析组织运营管理与价值链管理的内涵、优势及其基本要求等。

第一节　管理信息系统

一、管理信息系统的内涵

(一) 管理信息系统的概念

管理信息系统(management information system,MIS)是一个以人为主导,利用计算机硬件、软件及其他办公设备进行信息收集、传递、存贮、加工、维护和使用的系统。该系统的建立以大型计算机为基础,随着科学技术的发展与应用,它越来越多地建立在个人电脑和服务器的基础上。

管理信息系统主要是为满足管理者对于信息的特别需求而设计的,是一个为管理者作出正确决策提供有效信息和有效支持的系统,它通常支持的是中高层管理者的战略决策,但随着信息技术的广泛应用和组织中实施的授权,越来越多的组织成员也联入了网络,目前的管理信息系统已广泛应用于组织的各个层面,日益成为以企业战略竞优、提高收益和效率为目的,同时支持企业高层决策、中层控制和基层操作的系统。在管理信息系统中,除了有计算机外,还包括那些向信息系统输入数据的管理者和组织成员。可见,管理信息系统不同于其他用来分析组织机构业务活动的信息系统。

(二) 管理信息系统的基本要素[①]

管理信息系统建立在组织的作业信息系统和数据库(通常包括外部数据库)的基础上,

---

① 〔美〕理查德·L·达芙特:《管理学》,机械工业出版社 2005 年版,第 633～635 页。

通常包括信息报告系统、决策支持系统、经理信息系统和团队决策支持系统等基本要素,如图 13-1 所示。

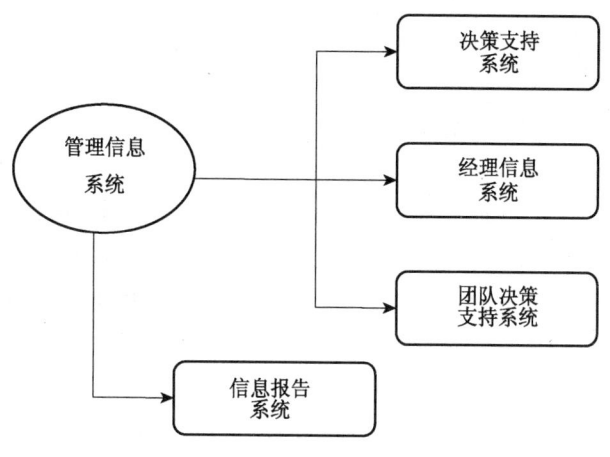

图 13-1　管理信息系统基本要素

1. 信息报告系统

信息报告系统是管理信息系统中最常见的一类系统,它通常是通过提供每日报告、进度表、规划和预算等为组织管理者或决策者提供大量数据。这些报告或报表所提供的基本上都是固定格式的信息,支持管理者的日常决策需求。

2. 决策支持系统

决策支持系统是一种找出和显示支持决策过程所需要的信息的互动系统。它依靠专门的决策模式和数据库支持决策者工作。该系统利用电子制表软件和其他决策支持软件,用户可以通过一些"what-if"的问题,来衡量各种备选方案,选择效果最佳的方案。

3. 经理信息系统

经理信息系统是一种专门为高层管理者开发的方便接入、快速参谋系统,它通常含有一些专门软件,针对高层管理者的需要,提供宏观的或产业性信息,使高层管理者能够迅速方便地访问大量复杂数据。如果系统设计得当,还可以辅助高层管理者分析问题,提供可供选择的较长期的和战略性问题的解决方案。

4. 团队决策支持系统

团队决策支持系统是为辅助团队决策而开发的互动的、计算机化的系统,有时也被称为合作式工作系统。该系统在允许团队成员互动的同时,又充分利用了计算机化的数据支持。参与者既可以环坐在每一个位置都配有计算机终端的会议桌边,也可以远隔千山万水,通过电视画面相互交流,共享信息。这种系统可以采用群体软件或其他一些支持实时讨论组的网络技术。

二、管理信息系统的演进过程

从 20 世纪 50 年代到今天的大数据时代,随着计算技术、计算能力以及网络技术的进步,管理信息系统快速发展,日臻完善。目前,一个有效的管理信息系统已发展到既可以广泛追踪可用于控制目的的数据,并将其转换为对管理者有用的信息,也可以用于对组织成员的生产率和工作状态进行监控,所以被广泛应用于各种组织。迄今,管理信息系统演变大体经历了以下 4 个阶段①。

第一阶段:集中数据处理(1954—1964 年)。1954 年,第一台商用计算机的安装,标志着管理信息系统的开始,但直到 20 世纪 60 年代中期,管理信息系统都仅限于处理财务方面的数据和事务性应用,而且范围狭窄,当时集中数据处理的标志是批处理,即数据都存贮起来然后一次统一处理完,这必然会限制管理信息系统的使用,不能提供关于组织当前活动的信息。直到进入第二阶段开始了实时处理,即事件发生时允许数据进行连续的更新。

第二阶段:面向管理的数据处理(1965—1979 年)。20 世纪 60 年代中期,集中式的数据处理扩展到能直接支持管理和作业职能,为管理和作业活动提供辅助信息,而且在信息系统中补充专门设计,就能帮助不同职能部门管理者作出更好的决策,而远程终端的引入不仅可以提供信息,还能够使管理者通过数据系统部门直接获得其所需要的信息。于是,人们越发感受到了计算机带来的高效率,很多行业、各种组织内部的不同部门都开始采用信息控制,而且适应计算机的信息控制作用增强的新变化,进行组织重组,建立独立的信息系统部门,标志着"管理"信息系统时代的真正到来。

第三阶段:分布式终端用户计算(1980—1985 年)。集中式的数据处理迅速被分布式系统所取代,即部分或全部计算机的逻辑功能是在中央主计算机之外的。管理者变成了终端客户,不但对信息的控制负有责任,可以利用信息库查找自己所需要的信息,作出及时决策,而且常常陷入选择何种软件的决策之中。在该阶段,数据系统部门变成了信息支持中心,它不再向管理者提供信息,而是帮助管理者成为一个高效率的终端用户。

第四阶段:交互式网络(1986—)。高度依赖通信软件来实现系统目标,该阶段的重点是建立和实现终端用户间的联络机制,联结个人最终用户。借助于交互网络,一位管理者的计算机可以与其他计算机进行通信联系,于是形成了电子邮件、电视会议、企业间的互联等。当前,网络化正改变着管理者的工作及其职能,包括管理者越来越多地利用网络传递电子邮件,召开或参加电视电话会议;复杂的管理信息系统极大地改变了信息的数量和质量,在提高管理者决策能力的同时,也改变了组织结构,管理者在不削弱控制的条件下,管理幅度扩大,组织的灵活性和有机性得到显著增强;高层管理者了解和掌握重要信息已摆脱了对中层管理者和普通办公人员的依赖,这也导致后者在组织权力关系中重要性的降低。

三、建立管理信息系统

(一)前提条件

要建立一个完备的管理信息系统,需要具备一定条件,具体如下。

1. 一定的科学管理基础

这是建立管理信息系统的重要制度保障。在任何组织中,只有管理体制合理,规章制度完善,管理方法科学,才可能保证输入的数据准确、完整,并确保对其进行准确的加工处理,转换成真实反映客观情况、具有指导意义的输出结果,这样的信息对人们才是有价值的。

2. 高度统一的思想认识

这是建立管理信息系统的重要思想保障。首先,高层管理者必须高度重视。建立管理

---

① ［美］斯蒂芬·P·罗宾斯:《管理学(第 4 版)》,中国人民大学出版社 1997 年版,第 502～506 页。

信息系统是一个复杂的系统工程,意味着管理和组织的一次重要变革,它不仅需要不断投入新的资源,而且涉及体制、机构、人员以及规章制度的变化与调整,没有高层管理者的高度重视和大力支持,变革难以成功。其次,业务人员的理解、支持和积极参与。管理信息系统与业务人员密不可分。他们既是系统开发的参与者,也是系统的主要操作者和使用者,其业务水平、工作习惯及其对新系统的认知程度和态度,直接影响到系统的建立、使用效果及其生命力。因此,建立管理信息系统,要重视对业务人员的宣传、教育和培训,积极争取他们的主动配合和参与。如果他们对建立管理信息系统持有异议和抵触情绪,则将成为该变革的阻力。

3. 有力的资金保障和支持

这是建立管理信息系统的重要财力保障。建立管理信息系统要有足够的资金保障,并获得持续的资金支持。在系统开发阶段,无论是购买计算机软硬设备、建造或改建机房、购置空调、电源、机房设施,还是进行人员雇用、培训、编程和调试等,都需要投入大量资金;在系统运行过程中也需要陆续投入资金,用于系统的正常维护与运行以及系统升级换代等。为提高资金利用率,避免不必要的资源浪费,资金投入应坚持两个原则,即系统的补充投资以逐步取得阶段性成果为基础;根据管理需要和资金条件,慎重选择合适的计算机软硬件配置。

4. 专业水平高且结构合理的开发队伍

这是建立管理信息系统的重要人力保障。开发管理信息系统关键在人,其主体是具有一定管理知识和计算机知识,掌握先进的系统分析与设计技术和方法的专业开发人员,主要包括:系统分析师、系统设计师、程序员、数据员、信息系统操作员以及机房软硬件人员、操作员和录入员等。

组建一支专业水平高、综合素质好、结构合理的开发队伍,是成功开发有效管理信息系统的重要保证。要建立这样的专业队伍,应关注以下三点:①队伍应随开发工作的进展逐步组成和壮大。系统开发初期,先由系统分析师开展系统调查研究和系统分析等工作,其他各种专业人员随着系统分析和设计工作不断深入直到系统实施阶段才基本配齐。当然,根据组织的技术力量和新系统要求功能的不同,上述各类人员可作适当取舍;②专业人员来源应多元化。不仅从相关学校招收其培养的专业人才,而且选拔现有业务人员进行再培训,包括对计算机人员加强管理知识培训,对管理人员加强计算机知识与技能培训;③即使管理信息系统建成后仍然需要对其不断进行维护、改进和完善,所以,应保持系统开发专业队伍的相对稳定。

(二) 管理信息系统的建立过程

第一步:分析信息需求。在组织中,处于不同管理层级、执行不同管理职能的管理者所需要的信息是有差异的。例如,高层管理者需要关于环境方面的数据和总结报告,而基层管理者则只需要关于操作问题的报告,因此,管理信息系统应能够适应不同层级、不同职能管理者的需要。分析信息需求,就是对管理者在作决策时需要获得的信息进行研究,然后确定哪种类型的信息可以为其提供最好的帮助。一个设计完善的管理信息系统应能够充分考虑到并满足不同管理者的多样性需求。当然,这也需要使用信息系统数据的管理者向信息系统专家明确提出自己对信息的要求,以保证获得充分的信息和更多的承诺。

　　第二步：建立信息基础。有效信息的数据库是管理信息系统的核心。为保证信息的有效性，信息系统专家应尽力挖掘充分而有效的信息，并力求所挖掘的相关信息具有独创性。

　　第三步：设计信息处理系统。信息系统专家共同开发一个收集、存储、传送和查询信息的实际系统，画出一个简明的系统流程图，其中包括了数据的来源和类型、用户的位置、存储的方式等，同时确定软硬件需求。在系统实施之前，必须进行仔细检查，看它是否有能力满足每一位高层管理者对信息的需求，确保系统所做的工作正是按照管理层的需要进行的。一般说来，一个能满足大部分管理者需求或管理者大部分需求的系统设计，将难以对一个组织整体提供最优数量或质量的信息。

　　第四步：在系统中建立控制。为防止信息被盗用或不经授权的使用，抵抗计算机病毒侵袭，要采取足够的安全措施包括设置计算机密码、指纹识别等，对系统实施控制，确保未经授权者不能接触到组织机密或特殊信息。

第二节　运营管理[①]

一、运营管理的实质

（一）运营管理的概念

　　运营是组织的一项重要职能。在生产性组织如制造业的企业中，运营体现为一个整合资源并将其转换为有形产品再出售给用户的过程，在这样的企业中都有一个将输入转换成输出并由此产生价值的运营系统，如图13-2所示，即系统吸收输入包括人员、技术、资本、设备、原材料和信息等，并通过加工、生产、劳动等活动，将其转化为产品或服务。在此期间，企业内部的相关部门如财务、研发、人力资源等部门，也要将输入转换成输出，其标志性结果体现为资本的高回报率、新产品、被激励的有责任感的组织成员等。运营并不仅限于生产性组织，在服务性组织中同样存在运营过程，所不同的是它把资源转换成无形的产出，并为消费者创造时间效用或地点效用。

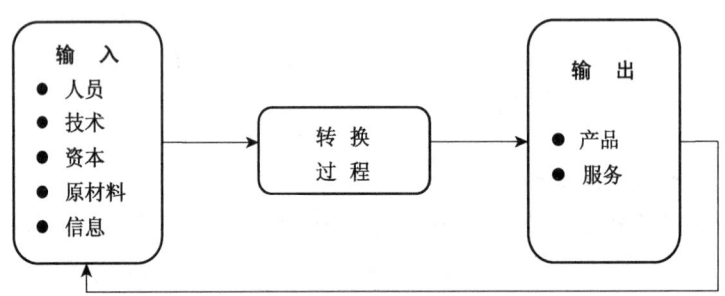

图13-2　企业的运营系统

---

　　① 本节主要参阅了以下资料：(1)斯蒂芬·P·罗宾斯：《管理学(第4版)》，中国人民大学出版社1997年版，第522～545页；(2)斯蒂芬·P·罗宾斯：《管理学(第7版)》，中国人民大学出版社2003年版，第559～564；(3)里基·W·格里芬：《管理学》，中国市场出版社2008年版，第501～502，等等。

　　所谓运营管理,是指对企业"输入-转化-输出"的作业过程开展的选择、设计、组织、控制和更新等管理活动[①],实质上,就是针对企业投入一系列资源转化为用户所需要的产出的作业过程所实施的组织管理。在这里,企业既可以是生产性的,也可以是服务性的,只是在生产性企业中运营管理常常被称为"生产管理",而在服务性企业中则被称为"服务管理"。

　　运营管理是组织生产产品与服务进而增加价值活动的核心,因此,任何组织的管理者,不论其所在组织的性质如何,不论其经营领域是制造业还是服务业,都有必要理解和掌握运营管理概念及其实质,善于根据组织在获取资源与利用资源进行转化过程中面临的机遇和挑战,做好运营系统设计以及生产能力等相关决策,不断优化产品—服务组合和设施布局,同时,要致力于技术研发,促进组织将资源转换成产品和服务的过程和系统的自动化、信息化、现代化,并将它们运用到组织运营中去,最终有效果、有效率地实现组织目标。

　　(二)运营管理与控制的关系

　　一旦组织完成了运营系统设计并开发了相关技术,就必须将它们运用到组织的运营当中,其基本职能目标是控制转换过程,确保达到相应的质量和成本目标。在我们把控制与运营管理结合起来,使运营管理成为一种控制手段时,就可以将运营管理定义为运营控制、资源的获得与采购以及库存的管理过程,其目的是提高总体效率和效果。为此,需要协调运营管理这种控制手段与其他管理职能的关系。例如,对运营中的某一事业部实行分权时,明确它只对自己有权制定决策的活动负责。此外,在运营中,管理控制应确保资源和活动达到主要目标,任何控制系统都应关注达到目标的最关键的要素。即将分析的供应链管理,将涉及采购和库存管理等问题。

二、运营管理的意义

　　运营管理涵盖内容非常丰富,涉及组织效率、生产率、价值链管理以及质量管理等多个方面。在全球竞争时代,实施既有效果又有效率的运营管理,建立完善的运营系统、组织控制系统和质量计划,对于维持组织的竞争力及组织总体绩效具有重要意义,主要体现在以下两个方面。

　　(一)有利于提高组织的生产率和竞争力

　　生产率是决定竞争力的关键因素。一个组织要增强其竞争力,必须高度关注其生产率的提高。所谓生产率,是指产出(所有产品或服务)与投入(为得到这些产出而动用的全部资源)的比例,这是一个由人员和操作组成的变量。为提高组织的生产率和竞争力,管理者一般对这个方面都会予以密切关注,力求使之相互协调,而这正是运营管理独具的优势。美国著名管理咨询和质量专家爱德华·戴明(W. E. Deming)指出,管理人员是提高生产率的主要源泉,其奥秘在于在人和作业的相互作用中,管理人员通过使人成功地与作业系统合为一体,来实现生产率的最大化,如表13-1所示。

---

①　李书文:《商业保理理论与实务》,中国民主法治出版社2014年版,第131页。

表 13-1	戴明关于管理层提高生产率的 14 条原则

- 为长远的将来作计划,而不是对下个月或下一年
- 绝对不要对自己产品的质量自鸣得意
- 对你的生产过程建立统计控制,并且要求你的供应商也这么做
- 只与少数供应商做生意,当然是他们中间最好的
- 查明你的问题究竟是生产过程的某一部分还是来源于整个过程本身
- 对于你要工人做的工作,得对他们进行训练
- 提高你下属管理者的水平
- 不要害怕
- 鼓励各部门紧密地配合工作,而不是专注于部门或小组的界限
- 不要牵扯到接受严格的数量指标,包括广为流行的"零缺陷"
- 要求你的工人高质量地完成工作,不是从早 9 点到晚 5 点待在工作台前
- 训练你的雇员了解统计方法
- 当有新的需要时,训练你的雇员掌握新方法
- 使高层管理者负责实施这些原则

（二）有利于促进组织战略目标的实现

运营管理与组织战略息息相关。组织战略影响运营管理,反过来,运营管理也极大地影响着组织战略。当运营管理紧紧围绕组织目标,整合组织中的各种资源和生产能力并使之相互匹配时,组织的总体效率才可能提高,组织目标才可能如期实现。例如,20 世纪中后期,日本、德国等发达国家,着力于开发现代的、基于计算机和技术先进的生产设备,将生产运营完全集成到战略计划决策之中,使其产品以质量高、价格低的优势在竞争中取胜。20 世纪 70 年代末,当美国开始意识到在自己忽视生产制造转而注重财务和营销领域的时候,来自其他国家竞争者的威胁已悄然而至,于是积极转变观念并作出快速反应,投入巨资改进制造技术,提高负责生产制造的高层管理者在组织中的权威和地位,并将当前和未来的需求融入组织总体战略计划之中。当前,成功的管理者越发认识到运营管理的关键作用,并将其纳入建立和维持全球领先的组织总体战略中。随着越来越多的组织从价值链的角度管理其运营,使运营管理对于成功组织所起的战略作用得到更清晰的显现。虽然运营管理如此重要,但考虑到它已经成为一门独立的课程,在此,我们仅就其发展趋势作一简要介绍和分析。

三、运营管理发展动态

运营管理概念最初是适应工业企业大规模生产的需要逐步产生并得到广泛应用的,但现代运营管理与传统的作业管理相比,发生了一系列重大变化,质量控制、供应链管理、电子商务中的运营管理等日益成为人们的关注重点。

（一）质量控制

质量是指产品或服务非常可靠地达到预期要求并满足顾客期望的能力的总体特征,质量的差异主要源自设计和其他一些特点,人们常常用 8 个基本维度来确定某一特定产品和服务的质量,包括:绩效(产品最主要的运营特性)、特色、可靠性、一致性(产品设计和运营特性与确立的标准的吻合程度)、耐用性、维护保养方便性、美观性、感觉到的质量。在全球竞争时代,质量越来越成为决定组织竞争力的关键和组织管理的核心。承担质量管理责任的主体不仅包括管理者,甚至扩展到全体组织成员,实施高标准的国际认证也日益成为强化质量管理的重要途径。

1. 在质量管理中管理者的职能

在激烈的市场竞争中,竞争者以高质量的产品和服务赢得用户青睐的现实,似乎成为一种催化剂,促使管理者比以往更加关注质量问题,质量管理因此而构成组织运营管理战略的重要组成部分。管理者们为了保持和控制质量,力求质量领先,紧紧围绕提高质量这个核心开展计划、组织、领导和控制工作,如表 13-2 所示。

表 13-2　　　　　　　　　　　　　　管理者在质量管理中的职能

职能	具体表现
质量计划	管理者须确定质量管理目标和战略,而且要计划达到这些目标。这些目标将帮助组织成员树立信心,把每一位成员的注意力都聚焦于富有挑战性但非常客观的质量标准上
组织和领导	当组织成员开始进行提高质量的工作时,管理者最重要的工作是通过培训、激励、授权等,有效地组织和领导组织成员以质量驱动工作
质量控制	以提高质量为核心,对存货管理、合格率、原材料加工以及其他管理领域都实施控制,在价值链管理的质量控制中,要实施全员管理,促进组织成员和管理者共同合作,提高质量

2. 全面质量管理

一旦组织确定其运营以提高产品和服务质量为核心,它就必须明确执行这一决策的相应策略和方法,最普遍的选择是推行全面质量管理(total quality management,TQM)。全面质量管理是一种管理哲学,它专注于持续改进以及对顾客的需求和期望作出积极响应,其含义如表 13-3 所示。

表 13-3　　　　　　　　　　　　　　全面质量管理的含义[①]

含义	具体表现
密切关注顾客	顾客包括购买该组织产品或服务的外部顾客,以及组织内彼此接触和服务的内部顾客
关注持续改进	质量是一种承诺即永不满足。"非常好"并不是足够好。质量始终可以被改进
强调程序	质量管理强调工作程序,从而使产品和服务的质量获得持续改进
改进组织所从事的每一件事情的质量	这涉及组织提供的最终产品,包括组织如何处理产品配送,如何迅速地对抱怨作出应对,如何有礼貌地接听电话,等等
精确的测算	质量管理运用统计技术来测量组织运行中的每一个关键变量,获得的测量结果用来与标准进行比较,以找出问题所在,并对它们追根溯源,消除导致这些问题的根源
充分授权	质量管理要求组织成员全身心投入改进程序中。在质量管理计划中,团队作为授权载体获得广泛使用,以及时发现问题和解决问题

全面质量管理,实质上就是组织改变运营方式,将质量作为组织所有活动的指导原则,并为之付出真实而有意义的努力,其主要内容包括:①战略承诺。全面质量管理的起点是高层管理者的一个战略承诺。该承诺使组织认识到,质量并不是一个理想,而是必须追求的目标,所以必须改变组织文化,它也为增加投入改进质量,追求质量目标,提供了重要保证。

---

① 〔美〕斯蒂芬·P·罗宾斯、玛丽·库尔特:《管理学(第 11 版)》,中国人民大学出版社 2012 年版,第 34 页。

②全员参与。这是改进质量的关键因素。它使参与质量改进项目的每一个人,都对自己完成的工作负责,确保项目成功。③技术。投资于更精确、更可靠的机器设备,将有力地支持质量改进,这体现了新技术对质量改进具有重要价值。④物料。提高对供应商所提供的产品质量的要求,确保组织生产产品或提供服务使用高质量的原材料。⑤方法。通过改善组织将输入转化为输出的运营系统,改进产品和服务质量。

3. 国际质量标准认证

ISO9000 是国际标准化组织建立的一系列质量管理标准,旨在使产品更好地满足顾客的需求。该标准涵盖了从合同审查到产品设计再到产品提供的所有活动,现已成为国际市场上公认的评估公司质量的标准,也因此而成为组织跻身国际市场的先决条件,一个组织只要通过这一认证,就标志其质量运行管理已达到较高水准。为了向世人宣示自己对高质量的承诺,世界上的很多组织都努力申请通过 ISO9000 认证。目前,欧美及其他发达国家在国际质量认证中占有很大比重,一些发展中国家也在积极申请认证。众多组织之所以追求这一颇具挑战性的国际质量认证,主要是基于一系列的考虑和压力:客户的需求与期望;生产成本;质量;合作战略;市场优势;竞争压力等。近年来,随着资源与生态环境的压力的日益加大,可持续发展理念越来越深入人心,ISO14000 应运而生,这是 ISO9000 向环境绩效方面的扩展,它明确要求组织要提高原材料的使用效率,控制污染,降低污染对环境的影响,进而引起人们对质量内涵的深入思考。

(二)通过供应链管理实施运营管理

组织对输入转换为输出的过程实施控制,是要确保相应的质量和成本目标。作为控制手段的运营管理就在这一框架中具有了一系列特定目标,包括采购和库存管理。近年来,人们对采购和库存管理越来越重视,并为此创造了一个新的概念,即供应链管理。"供应链管理是企业流动资金管理的重要环节之一,直接影响到企业流动资金周转效率,扩大生产规模的能力和利润水平。随着信息的流动和竞争的加剧,供应链已经成为企业的核心竞争力之一……21 世纪的竞争不是企业和企业之间的竞争,而是供应链和供应链之间的竞争。"[①]通过供应链管理实施运营管理,提高资源转换过程的控制水平,是当代控制的一个重要发展趋势。

1. 采购管理

采购管理所关注的是购买用于生产产品和服务的原材料以及其他资源。在很多情况下,采购管理是有效供应链管理的核心。采购经理必须在包括质和量的一系列约束中进行权衡,并作出有效决策。从量的角度来考察,采购经理必须确保采购数量能够满足组织的需要,而且供应商可靠,并就最有利的财务条件进行协商。采购量过大,会占压资金,增加库存;采购量过小,会导致缺货,付出高昂的再订购成本。从质的角度考察,采购经理必须要保证所采购的资源质量有保证,而不能质次价高。这是确保组织在转化过程中使用优质资源,进而向顾客提供高质量的产品和服务的关键。可见,采购是关系到质量管理全过程的重要环节。组织中的采购经理自身具有良好的职业道德和选择可靠的供应商,至关重要。在现实中,很多组织的采购方式都发生了变化,它们不再与数量众多的供应商发生联系,而是尽量减少供应商数量,通过协商签订特别协议等形式集中维系与少量供应商的业务联系,以降

---

① 李书文:《商业保理理论与实务》,中国民主法治出版社 2014 年版,第 39 页。

低成本,提高产品和服务质量及组织生产率,并实现双赢:组织拥有可靠的供应商,供应商获得稳定的销售基础。

2. 库存管理

所谓库存管理,也称物料控制,是有效运营管理的基础。在生产性组织中,基本的库存包括:原材料库存、在制品库存、制成品库存和在途库存。不同的库存因其属性的差异而受不同的系统控制,例如,在制品库存由需要进一步加工的半成品构成,受生产控制系统控制;制成品库存的质量和成本是通过由高层战略决策制定的总体生产规划系统控制;在途库存由运输和分销系统控制等。

近些年来,随着管理理念和技术的进步,库存管理也发生了重大变化,主要体现在两个方面:一是准时制。这是一种广泛应用于日本企业的管理手段,其要点是看板管理,用单元化生产等技术实行拉式生产,以实现在生产过程中基本上没有积压的原材料和半成品。与这种前者按后者需求生产的制造流程相适应,管理者会频繁地、小批量地购买原材料和部件,从而大大降低生产过程中库存和资金的积压,降低了组织用于购买大量原材料及为储存原材料而修建仓库的投资,相应提高了生产活动的管理效率。实施准时制的理想状态是在需要它们的时候到达即准时到达。二是零库存。它是指物料(包括原材料、半成品和产成品)在采购、生产、销售等一个或几个环节中,不以仓库储存的形式存在,而是都处于周转状态。零库存给组织带来的好处是:库存占有资金减少、优化应收和应付账款、加快资金周转、库存管理成本降低,以及规避市场变化和产品更新换代而产生的降价、滞销风险等。

(三)电子商务中的运营管理

发达的互联网技术与平台,给电子商务带来了空前的发展机遇,它不仅冲击了传统的商业模式,也向传统运营管理提出了严峻挑战。电子商务作为一种新型的交易方式,简便快捷,省时省力,但也因此容易使人产生错觉,以为在电子商务中无需进行运营管理,其实不然。

在电子商务中,组织同样需要而且更需要其生产经营活动反应灵活,有更强的适应性,此时的管理者不仅要关注产成品的质量,而且要掌握生产能力、订单数据、生产中的质量等。为了与客户保持更加紧密的联系,避免产品提供过程中的瓶颈现象,组织需要整合包括生产在内的所有活动,让组织成员完整参与电子商务体系中的全部活动,而网络技术使这种高度参与和紧密合作成为可能。此时的运营管理已经不再仅仅是传统观念中制造产品那么简单了,取而代之的是,组织中的各种活动协同合作,共同寻找解决客户问题的办法。利用网络技术的公司,常常通过监测有效能力、订单状况、产品质量等信息,通过在顾客与供应商之间建立联系,以及通过检修、远程诊断等控制成本及有效利用节约的成本,使经营管理活动更加有效,效率更高。

第三节　价值链管理

价值链的概念是迈克尔·波特在他的代表作《竞争优势:创造和保持卓越绩效》(1985)中最先提出的,这个全新的理念一经提出就深受管理者的认同,其后价值链管理迅速普及。虽然波特研究的主要聚焦点放在单个组织的活动上,但他清晰地描述了为客户创造价值的组织活动的序列,特别强调管理者必须理解其组织是怎样适应行业的整个价值创造活动的。

一、价值链管理的概念

（一）价值与价值链

在这里，价值是指行为的特征、特性或属性，以及顾客愿意用金钱来换取的产品和服务的任何内容。顾客总是希望从自己购买的产品和服务中得到某种价值，而且这些终端顾客是决定什么具有价值的主体。在经济社会快速发展的全球竞争时代，任何组织要求得生存和发展，都必须能够提供吸引和留住顾客的价值，组织与顾客之间的互动关系日益紧密。

从逻辑上讲，价值是组织通过将原材料和其他要素转换成最终用户在特定时间、特定地点、以特定方式需要的产品和服务提供给顾客的。这些看似非常简单的活动，其实很复杂，其中包括了一系列相互关联的由许多不同参加者如供应商、生产者、顾客等参与的活动，这些活动包括了整个价值链。所谓价值链，就是从原材料加工到产成品到达最终用户手里的过程中，所有增加价值的步骤组成的全部有组织的一系列活动。一个完整的价值链，可能包括供应者的供应者到客户的客户的所有部分。

（二）价值链管理

根据波特的观点，价值链管理是指关于在价值链上流动的产品的有序的相互关联的活动和信息的全部过程，或者说，就是改变运营管理策略，将组织调整到具有有效性和高效率的战略位置，以利用好每一个竞争机会。与供应链管理相比较，价值链管理具有两个显著特征：一是外部导向。与主要关注原材料供应（资源）高效流入组织的、内部导向的供应链管理不同，价值链管理是外部导向的，它既关注流入组织的资源，更关注流出组织的产品与服务。二是效益导向。与以效率为导向、旨在降低成本和提高生产率的供应链管理不同，价值链管理是以效果为导向的，它致力于为客户创造最大的价值。

在价值链管理中，权力掌握在最终客户手中。什么是价值、怎样制造和提供价值，均以他们为主体来定义。价值链管理的目标就是创造一个价值链战略，以满足和超越客户的需求与欲望，并实现链中成员之间充分的无缝整合。一个好的价值链能够使链中各成员都像团队一样关注每一个成员都为全部过程增加相应的价值，包括快速组装、更准确的信息、更快的客户反应速度以及更好的服务等。价值链中各成员之间合作得越好，就越能更好地为客户解决问题、创造价值。当客户所要求的价值被创造出来，客户的需求和欲望得到满足时，价值链中的每个成员也都会获益。随着价值链管理经验的不断积累和丰富，组织与客户之间的联系会变得更加紧密，这样，客户就会为价值链中的各个成员创造财富。

二、价值链管理的优势

在竞争异常激烈的全球化背景下，仅仅满足于为客户提供他们想要的产品和服务已不再具有效率和效益。于是，一种新的商业模式应运而生，这就是重新创造价值链，这是一种战略设计，它使组织能够从自己发展的战略、过程和活动的组合中获取利润。尽管基于价值链去管理一个组织面临严峻的挑战，但仍然有许多组织选择实施价值链管理，其深层根源在于价值链管理能给组织带来很多益处。有研究认为，价值链管理的概念改变了运营管理战略，使世界上众多组织在效率和效果方面实施更好的战略定位，以充分发掘和利用竞争机会。人们在对采用价值链管理的组织进行的调查中发现，虽然采用价值链管理的组织各有其不同的动机，但均能从中获益，主要体现在：

（1）提高服务水平。在价值链管理中,组织在价值链的任何一点都能满足客户需求。只要价值链成员紧密合作,优化服务流程,就会提高对客户的服务水平;

（2）提高产品和服务质量。当组织抱着增加客户价值的目的来评估工作过程时,质量自然就成为他们必须考虑的一个重要因素;

（3）加快交货速度。当价值链中的成员在分享信息和重要活动上展开合作时,交货速度就会加快;

（4）节约成本。当组织砍掉价值链中那些低效率的和不能增加价值的工作后,组织就会在不同的工作和领域中降低成本;通过价值链中成员紧密和谨慎的合作,加快渠道中的物流速度,进而减少存货,也能为节约成本作出贡献。

此外,价值链管理还带来了其他效果,如后勤管理水平提高、销售量和市场份额增加等。表 13-4 列出了被调查的采用价值链管理的公司的动机和从中获得的收益。

表 13-4　　　　　　　　　　　　　　　　**价值链的益处**①

	拥有优秀链的公司	拥有较差链的公司	价值链中全部公司
销售量提高	41	14	26
成本节约	62	22	40
市场份额增加	32	12	20
存货降低	51	18	35
质量提高	60	28	39
交货速度加快	54	27	40
后勤管理提高	43	15	27
客户服务提高	66	22	44

三、利用价值链管理来管理运营

（一）实施价值链管理的障碍

尽管价值链管理能给组织及其成员乃至社会带来诸多益处,但在其推进中仍可能遇到来自各方面的障碍,具体如下。

1. 组织障碍

这是一种是最难对付的障碍,它包括拒绝或不愿意共享信息,不愿意改变现状,以及安全事项等。如果没有信息共享,就不可能实现密切的协调和合作;如果组织成员拒绝或不愿意改变现状,就会影响组织推行价值链管理的努力程度并妨碍其顺利实施;如果组织存在系统安全和网络安全隐患,将导致价值链管理缺乏切实有效的、强有力的信息技术设施支持。

2. 文化态度

信任是一种文化态度,也是影响价值链管理的一个关键事项。无论是信任不足还是信任过度,都可能形成不支持价值链管理的文化环境。信任不足,缺少足够的尊重和诚信,将

---

① ［美］斯蒂芬·P·罗宾斯:《管理学(第 7 版)》,中国人民大学出版社 2003 年版,第 569 页。

导致合作伙伴之间不愿共享信息、能力和流程；反之，信任过度，则可能造成一些组织知识产权的失窃。这两个方面都可能影响合作伙伴之间的密切合作，也会成为价值链管理的障碍。

3. 能力障碍

价值链中的合作伙伴需要具有多种能力，其中有些能力不可轻易获得但对开发和利用价值链却是举足轻重的。当价值链中的某些成员不具备良好的合作能力、不能很好地实施组织成员培训时，未达到能力要求就成为价值链管理的障碍。

4. 人员障碍

如果组织成员不愿作出坚定不移的承诺，或拒绝采用灵活的工作设计和安排，或不能投入足够的时间和精力，则难以实现价值链中的协调与合作；如果缺乏有经验的管理者的带领，组织也难以实施真正意义的价值链管理。

（二）实施价值链管理的条件

从以上对各种障碍的分析中不难看出，要实施成功的价值链管理，必须具备一定条件。具体说来，这些条件主要包括：协调与合作、技术投资、组织过程、领导、组织成员、组织文化和态度等，如图 13-3 所示。

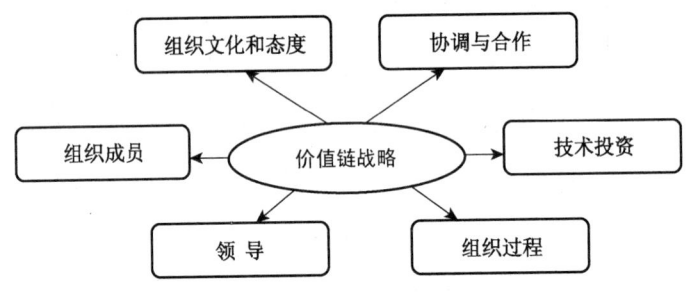

图 13-3　价值链管理的基本要求

1. 协调与合作

为实现价值链的目标，满足和超越客户的需求与欲望，价值链中各成员之间需要高度协调，紧密合作，每个合作伙伴都必须找出那些自己可能不重视但顾客却重视的事情。为了相互分享信息并且对相关信息进行分析，价值链中各成员之间需要进行更多、更开放的沟通。

2. 技术投资

价值链管理，需要大量的信息技术投资予以支持，以重新构造价值链，更好地为最终客户服务。价值链管理专家认为，从技术层面考察，价值链的主要工具包括一个支持性的连接整个组织活动的公司资源计划软件系统（ERP）、一个梳理工作计划进度的软件、一个客户关系管理系统，以及获得商业情报的能力、与商务伙伴进行联系的电子商务等。

3. 组织过程

价值链从根本上改变了组织过程即组织运行的方式。当组织决定利用价值链来管理运营时，原有的组织过程便不再适合了。管理者必须对所有的组织过程从头到尾进行客观的、批判性的评估，主要考察组织的核心能力，即技术、能力和资源，以便发现并决定在哪里增加价值，同时确定剔除那些不能增加价值的活动。在每一个阶段每一项活动中都应当提出以下类似的问题：内部知识在哪里可以发挥杠杆作用，促进资源和信息的流动？

怎样才能提高资源和信息的流动速度？怎样才能更好地为客户服务？基于此,要进行相应的组织过程变革:①加强与客户和供应商的联系,从而更准确地对需求进行预测;②价值链中的各成员能够在特定功能上相互合作,这种合作可以延伸到共享雇员;③采用新的测量方法来评估价值链中各种错综复杂的工作绩效。由于价值链管理的目的是满足和超越客户的需求和欲望,那么管理者就应该对价值向客户传递的方式和效果有一个清楚的认识。

4. 领导

坚定的、强有力的领导,对成功的价值链管理至关重要。没有组织领导对价值链管理的高度关注、高度承诺和高度认同,就不可能在组织中形成高度聚焦于为顾客创造超额价值的浓厚氛围和文化,也就不可能从组织的高层到低层都支持和促进价值链管理所要求的各种工作和活动。因此,组织中的领导者必须高度关注什么是价值,怎样才能提供这种价值,为提供这种价值需要作出哪些努力。同时,管理者要列出价值链管理中所包含的期望即需要开展哪些工作。这些工作最好是从任务书开始,其中应当包括组织为客户鉴别、捕捉、提供尽可能高的价值的承诺。组织中的管理者不仅要清楚地预期每一位组织成员在价值链中所扮演的角色,还应将清晰的预期延伸到外部合作者。

5. 组织成员

组织成员是组织生产产品和提供服务的基本力量来源,在价值链管理中扮演着重要角色。要充分发挥组织成员在价值链管理中的作用,需要通过人力资源管理途径采取相应的策略和方法:

(1) 灵活的职务设计。灵活性是实施价值链管理的组织职务设计的一个标志性特征。价值链管理中职务设计的着力点在于是否有利于组织成员为客户创造和提供价值,这就需要组织成员的工作内容和工作形式具有灵活性。这种灵活的职务设计是组织实现其为顾客提供价值承诺的重要保证。

(2) 有效的招聘过程。采用价值链管理的组织需要灵活的组织成员,以适应富有灵活性的工作需要。在这样的组织中,组织成员一般是以工作团队的形式承担一项给定的任务,任务的完成主要依赖组织成员相互之间的密切合作,当客户需要发生变化时,组织成员之间的合作关系也会进行相应调整,因此,在这样的团队中没有标准的、一成不变的工作过程和工作描述,团队经常会根据具体需要,让组织成员在不同时期负责不同的具体工作,以最好地满足客户需求。鉴于此,采用价值链管理的组织招聘组织成员时,应着重考察应聘者的学习能力、适应能力和应变能力。

(3) 持续的培训。为满足灵活性的需要,组织需要加大对组织成员的培训力度,并持续进行。其主要内容应包括:学习怎样利用技术软件,怎样在价值链中提高物流速度,怎样判断出哪种活动能够增加价值,怎样作出更快更好的决策,怎样发掘组织成员的工作潜力,等等。组织成员一旦掌握了这些知识和技能,其工作效率和效益均会提高。

6. 组织文化和态度

价值链管理需要得到组织文化和态度的支持。这种文化和态度主要包括:共享、合作、开放、灵活和相互尊重、相互信任。这样的文化和态度将有力地支持长期互惠互利的价值链关系的建立,更好地满足客户需求。因此,在价值链中,组织内部的合作伙伴都应具有这种文化和态度,组织外部的合作者也应如此。

本 章 小 结

　　管理信息系统(MIS)是一种为管理者作出正确决策提供有效信息的系统,它通常包括信息报告系统、决策支持系统、经理信息系统和团队决策支持系统等基本要素。迄今,管理信息系统的演变经历了4个阶段:集中数据处理,面向管理的数据处理,分布式终端用户计算,交互式网络。

　　建立管理信息系统的前提条件是:一定的科学管理基础,思想认识高度统一,一定的资金保障,一支专业水平高结构合理的开发队伍。建立一个管理信息系统,通常要经过分析信息需求、建立信息基础、设计信息处理系统、在系统中建立控制等4个步骤。

　　运营管理是指组织对劳动力、原材料等资源转换成销售给顾客的最终产品和服务的过程的管理,它涉及效率、生产率、价值链管理和质量等内容。实施有效的运营管理对任何组织都很重要。当前运营管理中人们更加关注质量控制、供应链管理和电子商务中的运营管理。

　　价值链就是从原材料加工到产成品到达最终用户手里的过程中,所有增加价值的步骤组成的全部有组织的一系列活动。价值链管理是关于在价值链上流动的产品的有序的相互关联的活动和信息的全部过程,与供应链管理相比较,价值链管理具有两个特点:外部导向和效益导向。价值链管理具有提高客户服务水平、节约成本、加快交货速度、提高产品和服务质量等优势,以及后勤管理提高、销售量和市场份额增加等效果。价值链管理可能遇到来自组织、文化、能力、人员等方面的障碍。成功的价值链管理需要具备的条件是:协调与合作、技术投资、组织过程、领导、组织成员、组织文化和态度。

思 考 题

1. 如何理解管理信息系统的内涵?
2. 迄今为止,管理信息系统的演进经历了怎样的过程?
3. 建立管理信息系统要经过哪些主要步骤?
4. 什么是运营管理?
5. 什么是价值链管理? 它与供应链管理的主要区别是什么?
6. 怎样才能有效地实施价值链管理?

本 篇 案 例

【案例背景信息】①

行 李 耽 搁

　　由英国航空公司投资86亿美元修建的第5航站楼是伦敦希斯罗机场最新的基础设施。

---

① [美]斯蒂芬·P·罗宾斯、玛丽·库尔特:《管理学》,中国人民大学出版社2012年版,第505页。

由玻璃、水泥、钢筋混凝而成,它是英国最大的独栋建筑,设有超过10英里长的传送带运送行李。2008年3月该航站楼揭幕时,英国女王伊丽莎白二世把它称为"21世纪进入英国的门户"。然而,好景不长。在耗费了20年的筹划以及1亿小时的人力后,该航站楼在揭幕这天却没有按照预定计划有效运行。冗长的运送线路以及行李处理延误使大量航班被取消,滞留了大量愤怒的乘客。机场运营方说问题主要是由该航站楼的高科技行李处理系统的故障所导致的。

配备有大规模的自动化控制设备,第5航站楼被设计用来缓解希斯罗机场的拥堵问题以及改善该航站楼预计每年3 000万乘客的乘机经历。由于配有96个自助值机柜台、超过90个快速值机柜台、54个标准值机柜台以及几英里长的手提箱传送带,估计每小时能处理12 000件行李。该航站楼的设计似乎能够帮助实现这一目标。

然而,在航站楼开始运行的最初几小时内,问题就出现了。想必是人手不足,行李工人无法迅速地整理传送过来的行李。到达的乘客需要花一个小时以上的时间等待他们的行李。想要登机的旅客想方设法办理登机手续以赶上航班,但却徒劳无功。飞机起飞离去,留下了大量未登机成功的乘客。第一天的某个时候,该航站楼只让没有行李的旅客办理登机手续。然而,这也于事无补。因为乘客传送带系统也出了故障。一些次要的问题也凸显出来:有些自动扶梯不能运行,有些干手器无法使用,新地下站台的一扇门也不能使用,有些经验不足的售票员不知道希斯罗机场到皮卡迪利地铁线的各个地铁站之间的票价。在航站楼首日运营结束时,英国运输部发表了一份声明,号召英国航空公司和希斯罗机场运营方英国机场管理局(BAA)"努力解决这些问题并尽量减少对乘客的影响"。

你可能会想,如果英国航空公司在该航站楼投入运营之前对运营体系进行全面检测,是否就会避免发生这些问题? 但是对所有系统的全面运营检测,从"测试到登机手续再到飞机座位",需要在该航站楼正式运营之前花6个月的时间,包括使用16 000名志愿者进行4轮真实场景检测。

尽管第5航站楼的首次亮相远远不够完美,但毫无疑问,一切都在好转。最近一项顾客满意度调查表明,80%的乘客办理登机手续的等待时间少于5分钟。这些乘客对该航站楼的休息室、餐厅、设备和氛围都极为满意。相对于混乱的开始而言,这个结果非常令人满意。

【案例分析问题】

(1) 在本案例中,你认为哪种类型的控制——前馈控制、同期控制或者反馈控制——最为重要? 请解释你的选择。

(2) 在这种情况下,应当如何使用直接纠正行为? 如何使用彻底纠正行为?

(3) 英国航空公司的控制措施能否更加有效? 以何种方式?

(4) 在这种情况下,信息控制可以发挥什么作用? 客服质量控制措施可以发挥什么作用?

第六篇

国际比较与管理创新

第十四章
文化与管理

第十五章
企业管理模式国际比较

第十六章
管理创新

第十四章

文化与管理

【学习目标】
1. 描述文化的基本特征。
2. 分析文化对管理的影响。
3. 熟悉跨文化管理者的技能与素质。
4. 掌握有效实施多元文化管理的方法。
5. 比较分析几种典型的文化。

文化是长期社会实践活动的产物,是全人类智慧的结晶。管理作为一种人类社会特有的现象和活动,始终植根于文化土壤中,深受文化的影响,同时也在不断创造文化,使管理文化融合在整个人类文化体系之中,构成为其中的一个重要组成部分。近些年来,互联网和信息技术快速发展,全球化趋势日益增强,国家与国家之间的经济联系越来越紧密,文化交往也日渐频繁。在这种新的宏观环境下,国际化经营与文化多样性已成为组织的一种常态,与之相适应,多元文化管理日益成为管理理论研究和管理实践的新课题。本章主要分析文化的基本特征、文化与管理的关系、多元文化管理等内容,并对几种典型的文化进行国际比较。

第一节　文化的特征与人类文化系统

一、文化的基本特征

文化这一概念由来已久。综观古今中外人们对文化的研究,可谓百家争鸣,成果丰硕。不同的专家学者从不同的考察视角出发,对文化进行了多种类型划分,目前比较没有争议的分类方法是将文化大体上分为广义文化和狭义文化两大类。从广义上讲,文化是人类社会历史实践过程中创造的所有物质财富和精神财富之和;从狭义上看,文化是指社会意识形态及与之相适应的制度和组织机构。

文化内涵极其丰富,表现形式也多姿多彩,既有不同国家的文化,也有不同民族的文化;既有很接地气的百姓文化,也有引领潮流的时尚文化。尽管如此,我们仍然可以在各种迥异的文化中发现一些共同点,它们构成了文化的基本特征,如表 14-1 所示。

特征	具体表现
社会性	文化是人们在社会实践活动中形成的具有一致性并得到广泛认可的价值、信仰、符号和语言等，它的产生和发展与人类社会息息相关，始终以人类的社会实践活动为基础，并在此期间得到传承和延续。文化本质上是人类社会实践的产物
综合性	文化是人类精神、智慧和创造能力的总体水平及其成就的综合反映。一个国家复杂的文化体系由物质、行为和精神等因素构成，这些因素相互作用，相互制约，相辅相成。一定的物质文化决定相应的精神文化，一定的精神文化决定相应的行为文化，而精神文化和行为文化又都可以在物质文化中得到体现。所以，真正的文化是对各种文化现象进行整合的结果，某种文化现象或文化因素仅仅是总体文化在某一方面、某一局部的表现
相对稳定的一致性	文化一旦形成就比较稳固，不易改变。一种文化的稳固性越强，越会顽强地抵御外部强加的影响，其相对稳定的一致性不断得到强化，构成特色文化。然而，文化的稳定性是相对的，任何文化都会随着时代的变迁而相应变化，与时俱进，只是其速度极其缓慢，呈逐渐进化的态势
层次性	文化由表层、中层、核心等三个层次构成。表层文化即人们可以察觉到的通过外在物品或文化因素表现出来的文化，如语言、行为等，它常常体现在社会的一些具体事物中，如音乐、艺术品等。在组织中，表层文化体现为具有象征性标饰意义的事物，如企业使命说明等；中层文化是对核心层文化所含内容的解释和说明，通常体现为社会的规范和制度等。在组织中，中层文化通过其原则和制度等体现出来；核心文化是一个社会共同的关于人为什么存在的假设，它触及到社会中人们最根深蒂固的价值观、思维方式、情感取向等。在组织中，核心文化即为组织的价值观和理念等

表 14-1 文化的基本特征

二、人类文化系统

在人类文化悠久的历史发展长河中，世界上不同国家、不同民族都在其特定的环境下创造了独具特色的文化，为人类文化的形成、积累与发展作出了重要贡献，构成人类文化系统的重要组成部分。有研究认为[①]，从相对广的区域范围考察，人类文化系统由 4 个系统构成。

（一）中华文化系统

中华文化系统，也称儒家文化系统或东方文化系统，它涵盖或辐射了中国、日本、朝鲜、韩国、越南等东亚和东南亚国家。

（二）印度文化系统

印度文化系统，也称印度佛教文化系统，它涵盖或辐射了印度等南亚地区。

（三）阿拉伯文化系统

阿拉伯文化系统，也称伊斯兰教文化系统，它涵盖或辐射了阿拉伯半岛、中近东、北非等地区。

（四）西方文化系统

西方文化系统，也称希腊罗马文化系统，或基督教文化系统，它涵盖或覆盖了欧洲、美洲和大洋洲等地区。

以上 4 个系统的文化，比较笼统地规定了各自所覆盖范围的文化基本特征，构成了一个

① 顾伟列：《中国文化通论》，华东师范大学出版社 2005 年版，第 1 页。

个文化特征大体相同的"文化圈",但各个系统的文化之间具有显著差异。涵盖在各个系统中的文化,还可以进一步细分为不同国家的文化,以下分析将让我们清晰地看到,即使是同在一个"文化圈"中,不同国家的文化之间仍然具有明显差异,具有鲜明的民族特征,它们各自在本国范围内对人们的价值观、思维方式及其行为产生直接的决定性影响。

第二节　文化对管理的影响

管理是人类有目的的活动,任何管理都是在一定文化背景下进行的,所以,文化是管理的土壤,管理与文化密切相关。从总体上讲,文化作用于管理,对管理理念以及管理行为模式等产生影响,主要体现在以下四个方面。

一、文化影响组织战略的制定

管理过程以制订计划和战略为起点。计划和战略为组织的未来发展规划蓝图,确定发展方向,因此,组织在制订计划和战略时都会审慎地进行环境分析,而文化有时就是组织要分析和考察的一个重要因素。组织在制订计划和战略时是否考虑文化因素,取决于文化对组织绩效影响程度的大小。如果一个组织的目标市场以本国或其他与本国文化相近的国家为主,其计划与战略的制定一般不会考虑文化差异因素。一旦该组织决定开展国际化经营,其目标业务所在国的文化与本国文化具有显著差异时,则不管其是否"走出去",组织都要把文化纳入环境分析的范围,并在经营计划和战略制定中引入文化因素。只有这样,组织为执行其计划和战略而采取的策略和方法才能够充分考虑文化差异,在产品设计、生产和营销以及人员管理中引进当地文化元素,尊重当地文化,并与当地文化相融合,顺利实现组织既定目标。可见,文化是决定组织国际化经营战略成败的重要因素。

二、文化影响组织设计

组织结构形式既可以是高耸的,也可以是扁平的。这种看似简单的组织设计选择,并非仅仅受管理幅度大小的制约,其实它在更深的层次上受到文化的影响。在不同的文化理念引领下,人们会选择不同的组织设计形式。一种倾向于自主、平等、尊重个性等理念的文化,会体现在扁平化的组织结构设计中。与这种文化理念相适应,在扁平的组织结构中,管理者会更多地向组织成员授权,更倾向于以团队形式替代传统的层级组织结构形式。一种倾向于等级、秩序等理念的文化,则会体现在具有明显高耸特征的组织结构设计中,高耸就意味着权力的集中和等级分明的层级结构。随着经济全球化趋势的增强以及社会文化的发展与进步,组织设计呈现出强劲的扁平化趋势。

三、文化影响组织的维系基础

组织的维系与运行,必须有其独特的基础,而这个基础的深层根源在于组织所在的社会文化,它是影响组织维系与运行的重要因素。在强调理性思维和规范的文化背景下,组织的维系与运行通常依靠完善的制度规范,包括明确的职务分析、完备的绩效考评体系以及严格的监督系统。在惯于模糊思维的文化背景下,组织的维系与运行则主要依靠等级制度、权力体系和人际关系,而且组织管理易于感性大于理性,可能导致制度建设不完备,秩序不规范,制度和规范难以得到有效执行。

四、文化影响组织中的行为主体及其相互关系

管理者和组织成员是组织中的行为主体,文化在很多方面会对他们产生影响。一方面,文化影响着管理者,决定了他们对管理者定义、管理者角色的理解,及其对管理者与被管理者关系的看法,甚至决定了他们的管理风格。例如,在低权力距离文化(low power distance cultures)背景下,人们拥有平等的观念,组织管理者意识到自己必须考虑到组织成员对其自身的个性、自我价值、效率与奖酬的强调及其创造性的发挥,在处理上下级关系上要讲求平等和公平,允许下级越级汇报,甚至挑战自己的权威。另一方面,文化影响着组织成员,决定了他们对自己所在组织的认识、对管理者角色及其责任的理解,决定了他们喜欢的管理风格及其对自己与管理者关系的看法。例如,在高权力距离文化(high power distance cultures)背景下,权力是分等级的,强调对权威的尊敬和服从,组织成员有较强的等级观念,对组织和管理者有较强的依附性,一般不会越级请示和汇报工作,尽力与上级保持密切的关系,喜欢关系导向型领导。

第三节　多元文化管理

随着全球化趋势的不断增强,各国之间经济、文化、政治甚至军事方面的交流和往来越来越频繁,相互关联日益密切,在此期间,各国文化也相互渗透,相互影响,相互融合,并作用于各国的国际化经营企业,文化多样性成为组织的一种"新常态",多元文化管理也成为国际化经营组织管理的一种必然趋势。

一、文化多样性对组织的影响

全球化和国际化经营,使很多具有不同文化背景的人汇聚在同一个组织中工作,他们可能有不同的价值观和宗教信仰,可能擅长使用不同的语言文字,可能有不同的风俗习惯,使越来越多的组织成为融合多样文化的"大家庭"。理论分析和实践经验证明,文化多样性可能会从多个方面增强组织的竞争优势,如表 14-2 所示。

表 14-2　　　　　　　　　文化多样性给组织带来的竞争优势

竞争优势	具体表现
降低成本	拥有多样文化的组织具有较高的生产力,组织成员缺勤率低,流失少,从而可以降低成本
吸引优秀人才	拥有多样文化的组织可以凭借其良好的口碑在劳动力市场上吸引更多综合素质高、专业基础好、具有很大发展潜力的有才能的优秀人才,从而有利于增强组织的竞争优势
更好地理解细分市场	拥有多样文化的组织可以发挥其文化的独特优势,让具有不同文化背景的管理人员以及组织成员参与到与其文化相关的产品设计和营销中,帮助组织更好地理解细分市场,并有针对性地开发和改进产品与服务
富有创造性	拥有多样文化的组织因汇聚了不同的文化而蕴藏着丰富的构想和创意,具有产生新概念、新的行为方式的重要基础,它可能导致组织更富有创造性,并引领创新

（续表）

竞争优势	具体表现
更好的决策	拥有多样文化的组织面对动态的环境和各种复杂的因素,在解决相关问题时,既可以从多样文化的个体与群体中获得更多更全面的信息,也可能从他们那里获得更多的富有创意的备选方案,最后作出更好的决策
增强系统的灵活性	拥有多样文化的组织对具有不同文化背景的组织成员进行管理必须具有灵活性,使整个组织系统也因此而变得更加灵活,而灵活性帮助组织更好地应对不断变化的环境,并作出快速反应

当然,文化多样性在给组织带来竞争优势的同时,也可能带来一些其他方面的问题,如引发各种冲突。组织中的文化多样性本身就意味着在组织中存在多种个体文化差异,正是这种差异的存在常常成为引发冲突的主要原因,具有不同文化背景的个体之间难免会因为文化差异而产生误解、误读或不适当的互动,甚至恐惧、缺乏信任和个人偏见等。面对因文化差异而发生的冲突,组织及其管理者应理性分析,并作出恰当反应,这也体现了多元文化管理的特殊性和复杂性。

二、多元文化管理

（一）多元文化管理的概念

多元文化管理是一个随着全球化和国际化经营而产生并得到普及的新概念。从较宽泛的意义上讲,所谓多元文化管理,是指组织的管理者执行各种管理职能,无论是发展战略的制定,还是产品的设计与营销,无论是人力资源管理,还是实施激励、协调与监督,都要根据组织发展的需要和环境的变化,考虑到各种相关文化因素。一个组织的多元文化管理水平,既可以通过其在"走出去"的国际化经营中与当地文化融合的程度体现出来,也可以通过其在本土经营管理活动中对多种文化是否包容、尊重和接纳等得以体现。

（二）有效的多元文化管理

开展国际化经营的组织,无论是在国外还是在本国,都面临与具有不同文化背景的人员沟通交流、对具有不同文化背景的人员实施管理的问题。因此,在这样的组织中,必须实施有效的多元文化管理,旨在通过对组织体系的设计和组织文化重构,"将多元文化可能带来的优势发挥到最大,而将其可能带来的危害降到最低"。[①]

具体说来,要有效实施多元文化管理,至少在组织内部管理上应抓住以下关键事项:

（1）营造尊重和接纳多种文化的良好氛围。组织在舆论宣传上,要大力倡导尊重多种文化,接纳多种文化,克服种族中心主义,不允许种族歧视、性别歧视、年龄歧视、肤色歧视等各种歧视现象存在。

（2）制定能够体现尊重与接纳多种文化的政策和规范。组织应当把制定与组织成员直接或间接相关的政策和规范为作为多元文化管理的起点,让来自不同文化背景的组织成员真正感受到组织对多种文化的尊重和接纳,例如,组织可以推进制度创新,明确对所有组织成员一视同仁的导向和制度安排,在奖酬待遇、岗位安排和职务晋升等方面,都充分体现出

---

① 　[美]加里·戴斯勒:《管理学精要》,中国人民大学出版社 2004 年版,第 73 页。

具有不同文化背景的人员都处于平等的地位,受到公平的待遇。

（3）开展专项培训。实践证明,对具有多种文化背景的管理者和组织成员开展专项培训,是推进多元文化管理、减少冲突的有效方法。开展以文化多样性为主题的培训的有效性主要体现在:①增进具有多种文化背景的管理者和组织成员之间的相互了解和认识,使之能够包容、接纳与理解不同文化;②帮助来自不同文化背景的人与人之间,知道如何更有效地在一起工作,怎样使自己的行为被对方准确解读和如何有效影响对方;③提升管理者和组织成员对多元文化管理的认知度和敏感度,了解文化多元化对组织发展和个人成长的积极意义;④语言培训可以促进具有不同语言习惯的管理者以及组织成员之间的沟通与交流,减少沟通障碍。

（4）推进组织文化变革。国际化经营中产生的多种文化,一般很难直接构成为原有组织文化的一部分或者直接与之相融,很多情况下可能是相互矛盾的。为此,需要适时实施组织文化变革,重构组织文化,包括:在组织使命陈述中直接清晰地承认人与人之间的差异;在组织的各个方面都体现出组织最高领导层对文化多样性的支持与承诺。

三、多元文化管理者

在国际化经营和文化多样性背景下实施多元文化管理,向管理者提出了新的挑战和新的要求。要实施有效的多元文化管理,管理者必须适应"新常态",不断改进和提升自己的技能与素质,做一名有效的多元文化管理者。具体说来,有效的多元文化管理者应具备以下技能和素质。

（一）了解不同文化并能够识别文化差异

一个国家的文化是人们共有的价值观,它深刻影响着人们的思想意识并塑造其行为。因此,不同文化背景下的个人态度和行为可能会有很大差异。目前,学术界常用文化大师、荷兰马城大学教授吉尔特·霍夫斯塔德(Geert Hofstede)提出的鉴别文化间行为差异的维度来识别不同文化中的个人行为,这些维度包括原有的社会维度、权力维度、不确定性维度、目标维度等4个维度和最新提出的时间维度。多元文化管理者掌握并学会运用这5个维度来识别不同文化中的个人态度和行为差异,非常必要。

5个维度与不同文化中的个人行为,如图14-1所示[①]。

1. 社会维度

社会维度是关于个人与所属群体相对重要性的信念。社会维度连续体的两个极端是个人主义和集体主义。个人主义是认为个人优先的文化信仰,而集体主义则是认为集体优先的文化信仰。在个人主义倾向的文化里,人们偏好将报酬与业绩联系在一起的奖励制度,而在集体主义倾向的文化里,这样的奖励系统可能会妨碍生产力。

2. 权力维度

权力维度是指对组织等级中权力与权威的看法。在权力尊重型文化中,人们倾向于根据等级接受其上级的权力与权威,并尊重他们控制权力的权利;而权力宽容型导向的文化对于个人的等级地位相对不那么看重,他们更质疑高层管理者作出的决定或命令,甚至可能拒绝接受。

---

① ［美］里基·W·格里芬:《管理学》,中国市场出版社2008年版,第119页。

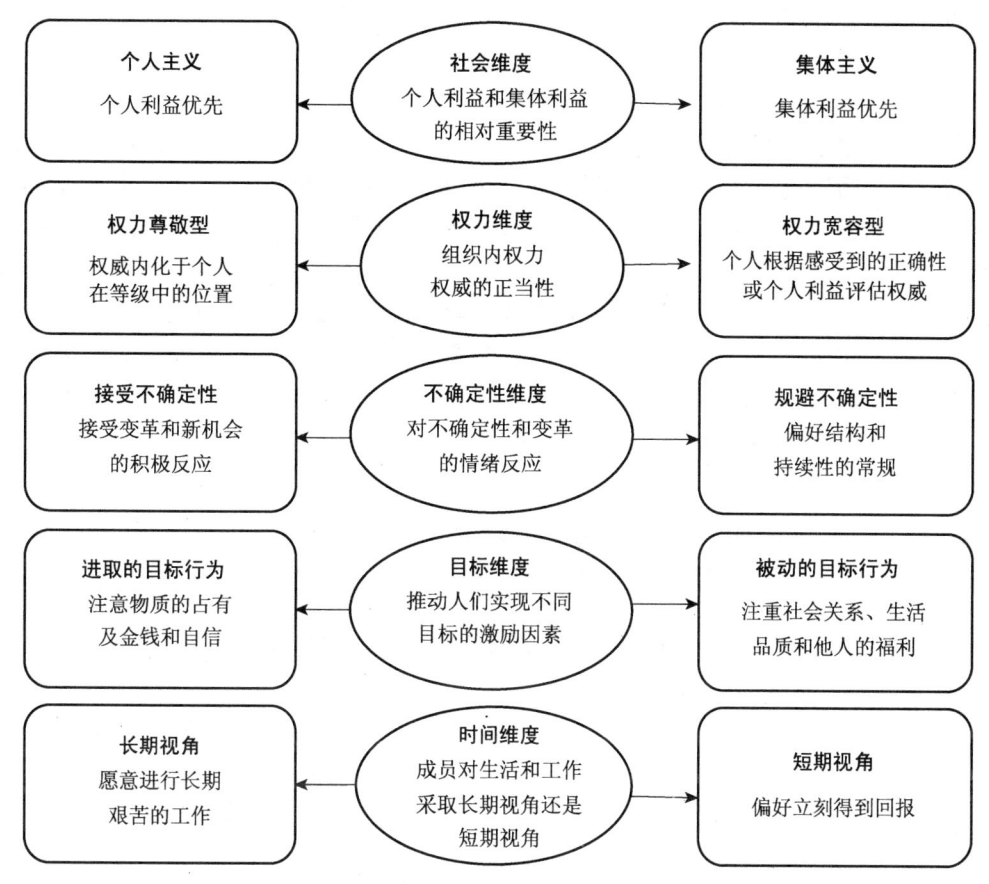

图 14-1 5 个维度与不同文化中的个人行为

3. 不确定性维度

不确定性维度是个体对不确定性和两难问题的态度。在接受不确定性的文化中，人们受到变革的刺激会投入新机会的挖掘，而规避不确定性的人们则倾向于厌恶不确定性，在可能的情况下尽量避开两难困境。

4. 目标维度

目标维度是指推动人们实现不同目标的激励的性质。处于目标维度连续体的一个端点是进取的目标行为，表现出进取目标行为的人们倾向于注重物质占有、金钱和自信；处在另一个端点是被动目标行为，表现出被动目标行为的人们倾向于注重社会关系、生活品质和对他人的关心等。

5. 时间维度

时间维度是指人们对工作、生活和其他社会因素采取长期视角还是短期视角。某些文化如中国文化、日本文化表现出长期视角，来自这些文化的人们愿意接受在实现目标之前必须经过多年艰苦努力的观点；另一些文化如西非和巴基斯坦文化，则更多表现出短期视角，来自这些文化的人们更愿意从事可以立刻获取回报的工作。美国人和德国人在时间维度上居中。

（二）尊重不同文化并能够与不同文化背景的人有效沟通

多元文化管理者需要进行跨文化沟通，他们经常要与文化背景不同的上级、同级管理者及普通组织成员等进行信息交流。在此期间,管理者必须表现出对各种不同文化的尊重,这是有效沟通的重要前提。对不同文化的尊重,不仅体现为尊重当地文化风俗习惯,接受当地人的生活与行为方式,而且还体现在擅长与文化背景不同的人有效沟通。

在人际沟通中,人们常常同时使用口头语言和肢体语言,在多文化背景下,沟通变得更为复杂。一句话语或一个音调,一个手势或一个眼神,一种表情或一个动作,其含义都会因文化背景不同而迥异。为此,在进行跨文化沟通中,管理者要具有文化差异的敏感性,不仅了解不同的口头语言习惯,还要了解其肢体语言的不同含义,尽量避免发生文化错误,如表14-3所示;不仅要熟悉不同的文化习俗,也要了解不同文化的人际交往习惯与表达方式的差异,如表14-4所示。只有这样,多元文化管理者才能使自己真正与多种文化相适应,融入不同的沟通环境,才能与各种不同文化背景的人在相互尊重、相互理解的基础上进行有效沟通,达成共识。没有这个基础,多元文化管理者将难以与不同文化背景的人进行沟通交流与合作共事。

表 14-3　　　　　　　　　　在不同国家和地区应避免的文化错误

国家或地区	应避免的文化错误	原因
英国	打听别人的年龄、婚姻状况、财产收入等私人问题 当英国人说"不错"时,认为其不够热情	英国人注意保护个人隐私 英国人比较谦虚、含蓄
美国	打听别人的年龄、婚姻状况、财产收入等私人问题 说话含糊其辞	美国人注意保护个人隐私 美国人喜欢直截了当的表达
西班牙	约会时迟到较长时间 用大拇指和食指表示"OK"	西班牙人比较注意守时 西班牙人视之为粗俗动作
日本	在公共场合与日本人拥抱 日本人说"我会考虑"时,以为他真的会考虑	日本人视之为冒犯行为 日本人习惯于含蓄、委婉地表示否定

表 14-4　　　　　　　　　　日本人与美国人沟通方式的差异[①]

日本:关系导向型沟通	美国:对抗性沟通
间接语言和非语言形式的沟通	更为直接的语言和非语言形式的沟通
战略性含蓄的交流	确切中肯的交流
延迟的反馈	迅速及时的反馈
有耐心的长期谈判者	短期谈判者
尽量简洁	乐于详述
谨慎、试探性	更加自信、自我肯定
弹性、心理导向逻辑	刚性、分析逻辑
私下作出决策,不具公开性	经常在谈判中公开作出决策
经过统一思想达成一致意见后作出决策	一般情况下,通过多数原则和公众协商决定

---

① ［美］加里·戴斯勒:《管理学精要》,中国人民大学出版社 2004 年版,第 342 页。

（续表）

日本:关系导向型沟通	美国:对抗性沟通
通过中间人进行决策	多数情况下双方之间直接交流互动进行决策
语言和非语言沟通保守、含糊	公开用夸张的语言沟通或使用非语言描述
沟通者喜欢使用装饰语,表示谦逊	沟通者很少使用修饰语,以自我为中心
羞涩、保守的沟通者	开放、自信的沟通者
不喜欢纯商业性交易	乐于直接谈及交易,比较实际
用暗示性行为实现调整并在谈判中维护面子	在谈判桌上直接表达意向,争取优先权

（三）优秀的个人素养

（1）心胸开阔,性情率真,诚实守信,积极热情,善解人意,易于取得他人的理解和信任。

（2）意志坚强,有激情,有活力,对了解和熟悉新环境、新文化,抱有浓厚的兴趣和好奇心;乐观向上,即使在自己不熟悉的文化背景下工作和生活也能够充满信心。

（3）言谈举止得体,待人接物宽容、大度,人际沟通与交往能力强,善于与不同文化背景的人和睦相处,并熟练掌握与当地文化适宜的沟通技巧。

（4）有顽强拼搏精神和责任感,面对挑战和压力勇于承担风险;具有处理复杂事物的能力和经验,善于把握事物变化和发展规律及其关联性,不但能够容忍不确定性并有耐心对待不断出现的新问题,而且在模糊的情境下也能够作出正确决策,特别是当本组织文化与当地文化发生冲突时能够找到一个合适的平衡点。

第四节　不同国家的文化特色

基于以上分析,参照相关"维度"理论,本节我们选择具有代表性的美国、日本和中国这三个国家,进行不同国家文化特色的比较分析。

一、美国文化的主要特征

美国是一个得天独厚的国家,幅员广阔,资源丰富。在其历史发展过程中,也曾经历过被称为"西进运动"的西部开发时代,这是形成美国文化的重要基础。"西进运动"持续多年,一代代美国人在淘金欲望的驱动下,或独自一人,或以家庭为单位,积极参与西部土地开发,投身于早期的农业和工业发展。在此期间,他们冒着巨大的风险不断从一个地区迁徙到另一个地区,面对恶劣的生存环境以及来自孤独、艰苦、不确定的严峻挑战,其勇气、意志经受着严峻的考验,体现出不畏艰苦、不怕牺牲、不断寻找新土地和新财富的"牛仔精神"与边疆精神。美国典型文化的形成与这段历史息息相关,它培育了美国人的拓荒精神,并在后来成为美国人一往无前、豪迈乐观、勇于开拓与创新的整个民族精神。美国还是一个典型的移民国家。多年来,美国在接受大批来自世界不同国家移民的同时,也吸取了其他国家和民族的文化精华。现如今被美国国民普遍接受和认同的美国文化,正是基于早期西部开发时代形成的美国典型文化与多年的移民文化相融合的产物。

美国文化的主要特征可以概括性地表述为:崇尚科学和理性的思维方式;讲求个人自

由、平等、竞争,追求个人价值的实现和个人英雄主义;鼓励开拓创新和"敢为天下先"的冒险精神;倡导勤奋与效率;讲求实用和功利。其具体特征和表现,如表 14-5 所示。

表 14-5　　　　　　　　　　　　美国文化的特征

要素	表征
情绪与表情	情感丰富,其喜怒哀乐常常溢于言表
人与自然环境	人是自然的主人,相信人能够主导环境
个人主义与集体主义	个人主义倾向
时间导向	短期导向,着眼于现在和未来,讲求计划性,习惯一个时间只做一件事
对文化传统的态度	不留恋
价值观	崇尚自由、平等、竞争、效率和冒险
个体与群体	个体是独立的,即使是多个群体的成员,也与群体内其他成员只保持松散关系
思维习惯	理性、精确,习惯于很专业地做事
活动取向	活跃,喜动不喜静,行动快;一旦发现问题,立即采取措施,设法解决
空间理念	个人的,隐秘的,不喜欢他人擅自侵入
权力与权威	不看重权力地位,对决定或命令可能提出质疑,甚至拒绝接受
不确定性	接受不确定性
目标行为	相对平和的目标行为,注重生活品质

二、日本文化的主要特征

从文化渊源考察,日本与中国同属于一个文化系统,但因地理、经济等因素的影响,日本文化与中国文化具有很大差异。从地理条件考察,日本国土狭窄,资源贫乏,人口密度大,地震、海啸及台风等自然灾害频发。不利的自然条件,导致日本国民一直抱有强烈的危机感;从经济因素考察,日本的传统经济是以水稻为主的单一种植型经济,而传统的水稻耕作从插秧到收割,每一个环节都要求劳动者集体行动,相互协作。这种传统的经济形态决定了当时的日本人必须采用长期定居的方式,从事春种秋收有规律的农业生产活动。

在以上因素共同作用下形成的日本传统文化,在很大程度上带有基于单一种植型农业经济基础的"耕种型文化"色彩,即家族主义观念浓厚,极度强调集体主义,讲求合作、协作与团结,主张"外争内和",在一个集体中力求避免冲突,不允许个人主义存在。日本传统文化深深地扎根于日本国土中,深刻影响着日本人的观念和行为。日本文化的基本特征和表现如表 14-6 所示。

表 14-6　　　　　　　　　　　　日本文化的特征

要素	表征
情绪与表情	不苟言笑,情绪一般不对外表露
人与自然环境	认为人应当与外部环境保持和谐关系并受制于自然
个人主义与集体主义	集体主义倾向,不接受并排斥个人英雄主义

（续表）

要素	表征
时间导向	注重过去,但把时间看成是线性的,所以一个时间只做一件事
对文化传统的态度	维护传统文化
价值观	等级观念强,强调团结合作,不主张竞争
个体与群体	认为个体不应独立存在,应与群体内其他成员保持紧密关系,被群体接纳
思维习惯	介于理性与模糊思维之间,做事细致周密,但也不乏感性
活动取向	存在导向,特别是在公共场所比较静,有意识地控制一举一动
空间理念	把空间看成是公共的
权力与权威	根据等级接受权力与权威,并尊重因控制权力而拥有的权利
不确定性	尽量回避不确定性
目标行为	倾向于相对进取的目标,注重物质、自信等

当然,日本传统上是一个善于学习的国家。早在公元 7 世纪,日本就开始引入中国传统文化,儒家学说中的等级观念、忠孝观念、宗法观念以及"仁、义、礼、智、信""中庸之道"等思想观念的渗透,进一步强化了具有浓厚"大和民族"色彩的日本文化。明治维新后特别是近些年来,日本大力引进西方理论和先进技术,与此同时,日本文化也深受西方文化的影响,相应发生了一系列变化。

三、中国文化的主要特征①

中国传统文化源远流长,其形成同样有着特定的地理环境与经济社会基础。从地理环境考察,历史上一面临海、其他三面与域外陆路交通极不便利的相对封闭的地理环境,造成了中国与外部世界相对隔离的状态,妨碍了中国与外部世界的文化交流,导致华夏中心主义的心理定势,以华夏为天下的中心,视环绕华夏的邻邦为夷狄蛮戎。然而,偏居一方的地理位置,也形成了中国文化"保护反应机制",使中国文化得以按其自身规律自我发展,具有超常的连续性和稳定性。

从社会结构和经济基础来考察,社会结构与社会经济(业缘)有着直接的联系,同时也是血缘、地缘等相关性要素复杂整合的结果。中国古代是一个等级社会,而且几千年沿袭一家一户为单位的传统农业模式,作为国民主体的农民大多稳定地聚族而居,在一个相对封闭的区域,取资于土地,从事着程式化的劳动,"日出而作,日入而息,凿井而饮,耕田而食",满足于自给自足。在小农经济基础上形成的社会关系,大体以"一村唯两姓,世世为婚姻,亲疏居有族,少长游有群"为特征。这种生产和生活方式,强化了安土重迁及服从权威的国民心理。他们认同宗法等级的"合法性",亦即对享有权威的人的服从和对作为神圣规则的礼的认可。以血缘为纽带的家族和宗族,是一种社会关系,也是一种政治组织形式,严格规定了辈分、嫡庶、长幼、主从等等级秩序。君民关系是"君父"与"子民"的关系,君权与父权互为表里,"家"

---

① 主要参阅顾伟列:《中国文化通论》,华东师范大学出版社 2005 年版,第 6～8 页。

与"国"彼此沟通。这种垂直型的社会结构,植根于农业经济的土壤,依赖于宗法制的维系,同时也给中国文化打上了鲜明的烙印。农耕经济是古代中国立国的基础,也是中国传统文化赖以形成和发展的经济基础。

我国文化研究者普遍认为,中国传统文化是不同文化元素的有机融合体。基于中原地区的汉族文化历经秦汉之后两千年的发展,逐步形成以儒、道、佛文化三位一体的文化结构,它们相辅相成,互为表里,构成中国传统文化的核心。中国传统文化的主要特征与表现,如表 14-7 所示。

表 14-7 中国传统文化的主要特征

要素	表征
情绪与表情	情绪中性,不动声色,不形于色
人与环境	强调与环境和谐并受制于自然
个人主义与集体主义	集体主义,社会责任和义务感强,遵守社会规范
时间导向	长期视角,着眼于过去,把时间看成是非线性的,同时做多件事
对文化传统的态度	注重历史和文化传统
价值观	崇尚公平,合作,权力距离比较大,承认社会等级存在的合理性
个体与群体	对群体忠诚,倾向于与群体成员合作,与群体成员间重感情,交往深
思维习惯	习惯于模糊思维,处事持中庸态度,不偏不倚
活动取向	喜静,以静制动,万变不离其宗,遇事静观其变,解决问题择机而行
空间理念	把空间看成是公共的
权力与权威	根据等级接受权力与权威,并尊重因控制权力而拥有的权利
不确定性	尽量回避不确定性
目标行为	倾向于相对进取的目标,注重物质、自信等

中国优秀的传统文化,在十年"文革"中惨遭重创。近些年来,在全球化趋势不断增强、互联网快速发展的背景下,中国传统文化面临更严峻的挑战。怎样在吸收全人类优秀文化成果的基础上,深入挖掘中国传统文化中蕴含的优秀思想与理念,取其精华,古为今用,构建与我国新的经济社会环境相适应的先进文化体系,是历史赋予我们的重要使命。

本 章 小 结

文化有广义与狭义之分。广义文化是人类社会历史实践过程中所创造的物质财富和精神财富的总和;狭义文化是指社会的意识形态,以及与之相适应的制度和组织机构。文化的基本特征为社会性、综合性、一般性和层次性。不同文化对人的思维与行为具有重要影响。迄今人类文化系统由中华文化系统、印度文化系统、阿拉伯文化系统和西方文化系统等构成。

文化与管理密切相关。管理植根于文化土壤之中,深受文化的影响,文化对管理的影响主要体现在:影响组织经营战略,影响组织设计,影响组织维系基础,影响组织中的行为主体及其关系。

随着全球化趋势的不断增强以及国与国之间的文化交流与相互交融,国际化经营成为必然趋势,多元文化管理变得越来越重要。文化多样性在给组织带来竞争优势的同时,也可能引发冲突。实施有效的多元文化管理,就是力求把文化多样性带来的优势发挥到最大,把可能带来的负面影响降低到最小。多元文化管理也对管理者在技能和素质上提出了新的更高的要求,管理者应努力成为有效的多元文化管理者。

美国、日本、中国文化是三种典型的文化,通过国际比较,可以进一步发现不同国家文化的差异性。

思 考 题

1. 什么是文化? 其主要特征是什么?
2. 文化对管理是怎样产生影响的?
3. 如何理解文化多样性?
4. 如何实施有效的多元文化管理?
5. 多元文化管理者应具备哪些技能和素质?
6. 美国、日本和中国文化有哪些不同?

第十五章
企业管理模式国际比较

【学习目标】

    1. 分析典型国家的企业管理特征。

    2. 掌握典型国家的企业管理特征与特定文化的关系。

    3. 了解典型国家企业管理的发展趋势。

管理作为人类的社会活动之一,始终与文化密切相关。任何管理模式的产生与发展,都有其深厚的社会文化基础。处于不同国家社会文化背景下的不同组织,具有不同的管理理念和管理方法。美国、日本和中国企业建立在各自不同的社会文化基础上,并各自形成了与本国的社会价值观、思维方式和行为习惯相适应的独具特色的管理模式,它们各有所长。近年来,随着国际化经营趋势的增强以及跨文化交流不断向纵深发展,在不同文化的冲突与融合中各国企业原有的特色管理模式也相互借鉴,发生了一些新的变化。本章主要分析比较美国、日本和中国企业的管理模式及其与文化的内在关联。

第一节　美国企业管理模式

一、美国企业管理的基本特征

从某种意义上讲,可以说美国的企业管理是西方国家企业管理模式的代表。长期以来,无论是对管理理论的研究还是对管理实践的探索,美国始终居于世界前沿。美国是管理理论的发源地,诸多古典管理理论、现代管理理论及当代管理理论都产自美国,其代表性人物包括闻名于世的泰罗、巴纳德、波特、马斯洛、德鲁克、哈默等。美国也是管理实践的积极探索者,一系列现代管理理念和现代管理方法,如预测方法、网络分析法、决策树法、战略管理、价值链管理等,都是在美国的管理实践中逐步形成和发展起来的。这些理论与方法上的创造和发现,与崇尚科学、讲求理性、勇于探索和创新的美国文化紧密相关。

近一个世纪以来,渗透着美国文化的美国企业管理不仅在理论研究上取得重大突破,而且在实践中也获得巨大成功,尤其是第二次世界大战以后在一个相当长的历史时期内,先进的管理理念和管理技术与方法使美国在经济、科技等诸多领域一直处于世界领先地位,引领和深度影响着全球经济的发展方向,美国企业管理模式也因此而一直受到广泛关注。具体说来,美国的企业管理具有以下基本特征。

(一)严谨和规范

美国企业长期注重建立严谨、完善的制度和规范,并在实践中严格执行,落到实处,用以约束企业及其员工的行为。为了明确责任、权利和义务,美国企业致力于精确地进行职务分析和工作描述,严格要求员工尽职尽责地工作。企业坚持制度面前人人平等,组织的维系及其运行主要依靠成熟、适用的制度和规范。

（二）平等和效率

在美国企业中,倡导平等文化,坚持人人平等的原则,但这种平等更多地体现在人格平等上,上下级之间,无论职位高低,没有贵贱之分,当遇到问题或意见不一致时,下属可以与主管平等地协商讨论,下级甚至可能否定上级的意见,或不采纳上级的建议。平等并不意味着没有竞争,相反,在美国企业中,大力倡导和鼓励竞争,坚持效率第一原则。为提高效率,企业建立了完善的激励性个体奖酬制度,将个人收入与个人工作绩效紧密联系在一起,承认因效率差异而产生显著的收入差距,鼓励员工高效率工作;在职务晋升方面也以绩效和能力为先,不论资排辈。此外,企业中蕴含着崇拜个人英雄主义文化,明确鼓励个人的进取心和事业心,支持人们追求实现个人价值,员工集体归属意识淡薄。

（三）理性与专业

严谨、理性的思维习惯,使美国企业崇尚管理的专业性和专家决策。为此,强调管理者尤其是中层和基层管理者首先必须是技术专家,实行专家管理,在决策上就体现为专家决策,并为此建立并执行严格的理性决策机制。当然,企业也会创建一些渠道,接受员工对决策的反馈意见,以提高决策执行力。

（四）冒险和创新

美国企业为激发人们创新的积极性、主动性,在组织中营造浓厚的探险氛围,建立相关机制和团队,鼓励人们共享信息,以强烈的开拓创新精神和冒险精神,致力于技术创新和方法创新,并将其科技成果迅速转化为现实生产力。创新就意味着可能失败,为保护员工勇于探险和创新的积极性,企业还努力营造允许失败、宽容失败的文化氛围。

（五）灵活与松散

美国企业大多采用短期雇佣制度,实行选择性聘用。企业与员工双向选择,以合同为契约维系劳资关系。在这种制度下,企业用工机制灵活,一定程度上能保持员工队伍的活力,同时,员工与企业关系比较松散,来去自由,有较大的职业选择空间和余地。

二、美国企业管理的新变化

在现实中,美国企业管理上也面临一些新的挑战和问题,主要包括:①过于强调竞争和效率,崇拜个人英雄主义,导致员工倾向于只关注个人奋斗,不注重集体的力量,集体感和归属意识比较淡薄,集体凝聚力较低;②实行差距较大的薪酬奖励制度,特别是CEO的薪酬高达普通员工的几十倍,甚至高管人员薪酬与企业绩效不挂钩,遭到员工和股东的质疑;③短期雇佣导致松散的劳资关系,员工对企业缺乏感情,"跳槽"现象时有发生而且比较普遍,离职率也较高;④在国际化经营中,美国企业更是遇到了一系列文化冲突。

鉴于以上问题的存在,美国从前些年就开始着手逐步改进企业管理模式,采取的主要措施包括:第一,改变原来的决策机制。企业除了尽量创造一些机会听取员工对决策的意见,并接受他们对决策的意见反馈外,还结合团队组织形式的采用,实行授权与民主决策,尽量克服专家决策对员工积极性的影响,提高决策的执行力。第二,调整劳资关系。很多企业进一步完善薪酬福利制度,尝试利用员工与其家属定期到指定区域旅游休假等形式密切企业与员工的感情,降低离职率。自新一轮经济危机以来,一些大企业适当降低高管薪酬,增加员工福利开支,努力缩小收入差距。第三,跨文化管理。在国际化经营中,为减少和消除文化差异带来的冲突,很多企业尤其是在东方国家的跨国公司,尽力推进管理人员与员工的本土化,同时鼓励外派管理人员入乡随俗,进行感情投资,密切上下级关系。有些在美国本土的国际化经营企业,也从学习中文开始,尝试理解东方文化并在管理中加以借鉴,实施人本管理。

第二节　日本企业管理模式

一、“日本式管理”的基本特征

直到 19 世纪中叶以前日本还是一个落后的农业国家,但明治维新以后,经过短短 30 年的时间,日本就跻身于先进资本主义国家行列。第二次世界大战结束后,日本又在一片废墟上用不到 30 年的时间,再创经济奇迹,实现了经济腾飞,成为仅次于美国的世界经济强国。西方学者对第二次世界大战后崛起的日本进行了深入考察和研究发现,其奥秘在于日本独特的管理之道,即“日本式管理”,也被称为“人情味管理”,这种管理模式产生与发展的内在根基在于日本的传统文化。具体而言,传统的“日本式管理”具有以下突出特征。

（一）终身雇佣制与年功序列制

终身雇佣制是日本企业的劳动用工制度,而年功序列制是日本企业的薪酬体系,后来又延伸到职务晋升领域。这两种特殊的管理制度交相呼应,相互支持,成为战后日本经济连续18 年快速增长的两个重要支柱,也是日本企业竞争力的重要源泉。在终身雇佣制与年功序列制度的共同作用下,日本企业员工队伍高度稳定,强有力地巩固了企业与员工之间荣辱与共的关系,构建了牢固的劳资共同体。

（二）人性化管理

日本文化中强调对等级、权力和地位的尊重,这对日本人价值观的形成产生了重要影响。在日本企业中等级界限鲜明,职务层级区分清晰。为了维护这种等级秩序,除了制定相关的制度规范以外,日本企业还通过企业文化的塑造,不断向员工灌输“忠”与“孝”的观念,强调长辈、上司的绝对权威地位,以及下对上、卑对尊的绝对服从。这种灌输强有力地约束着员工的思想和行为,他们坚定地认为,身在一个组织就应当对其忠诚,“背叛自己所属的集团”是不道德的行为,甚至一些年轻人发誓要“按企业需要设计自己的人生奋斗目标”,这是日本企业离职率低的又一个深层原因。

在权力等级与层次划分的基本框架内,日本企业更是致力于在组织中营造和谐的“大家庭”的氛围,使管理富有“人情味”,这就是西方学者所说的日本“人情味管理”的由来,其要点就是基于“义”“礼”“和”等理念,促进上下级之间以及同事之间建立和谐的人际关系。为有效实施“人情味管理”,日本企业采取了很多措施和方法,包括:①灌输“和为贵”的观念,如松下电器公司极力推崇企业内部团结与协作精神,将“和亲一致”“礼节谦让”写入“社训”,使新入职的员工从一进入企业就接受这种观念,并保持始终。②支持非正式组织活动。一些企业不惜投入大量人力、物力、财力,支持企业内“同乡会”“俱乐部”“联谊会”的活动,以增强企业凝聚力,协调人际关系。③“酒文化”。这是日本企业最独特的一种文化。企业鼓励管理者尤其是中层和基层管理者下班后经常与下属一起喝酒聊天,促进他们通过非正式沟通和交流,及时消除工作中产生的摩擦与矛盾。④文化仪式。通过举办各种气氛活泼的文化活动和文化仪式,促进组织成员之间特别是上下级之间的良好沟通,逐步培养起员工以企业为家的"大家庭"观念。这种文化是日本企业离职率低的一个重要原因。

（三）企业内培训

日本企业把员工看成为组织的重要资源,不断创造条件,加大投资力度,长期注重对员工进行多种培训和教育,包括:职业技能的训练与更新、文化知识更新、专业知识继续教育等。通过培训,使员工的专业技能不断熟练和提升,确保他们的文化水平和专业素质不落后于时代的发展,使之对企业技术创新和经济社会发展变化提出的新要求、新挑战的适应能力不断增强。

（四）合理化建议制度

在全球市场上,日本所提供的产品和服务主要以质量好、精细化取得长期竞争优势,这在很大程度上得益于日本企业的合理化建议制度。该制度是日本管理的一个传统特色,即让员工对企业自身的发展和产品改进等提出意见和建议,企业对员工所提的意见和建议进行评估后,给予不同程度的奖励。合理化建议制度的实施以及配套奖励机制的采用,极大地调动了广大员工勤于思考、善于发明、精益求精、为企业发展建言献策的主动性和积极性,这是日本产品质量不断提高,产品理念不断创新,经营管理日臻完善的重要力量源泉。

二、日本企业管理的新变化

传统的"日本式管理"模式,有力地支撑了第二次世界大战后日本的经济复苏和崛起。然而,20世纪80年代以后,随着经济社会环境的变化,它也面临着一系列新问题、新挑战:"一是由于现代竞争是国际市场竞争,日本本国的市场对于一个新产品来说,很快就饱和了,企业要发展就必须要走向国际市场,而日本的文化及管理方法和技巧一旦脱离了它的生存环境就会失去它应有的效能;二是日本现代的年轻人是在经济繁荣的环境下长大的,他们没有像他们的父辈那样受过战后的艰苦,也没有受到较深的传统文化的影响,在他们的思想观念上对日本的那种按部就班的企业制度和不强调个人价值的集体主义精神持抵触或否定态度。①"相应地,日本企业面临两个重要难题:第一,在国际化经营中尤其是面向西方国家开展跨国经营过程中,日本海外企业常常面对文化差异带来的冲突,其中既有外籍员工不能融入日本企业文化的问题,也有日本外派人员不适应海外文化环境,因而难以如期完成驻外任务等问题;第二,企业的新一代员工在欧美文化的影响下,越来越有个性,而且他们受教育程度更高,接受新事物、掌握新技术的能力更强,反应也更快,因此,他们会按照自己的目标寻找能够实现个人价值的机会,也要求企业在薪酬体系以及职务晋升等方面体现基于效率和能力的差异,不再搞"论资排辈",于是,传统的终身雇佣制和年功序列制受到严重冲击。

面对以上问题,日本近年来开始改进企业管理模式,其管理制度与机制也在发生相应变化,包括:①国际化经营战略的变化。逐步扩大企业的国际视野,加强文化差异性研究,在海外经营中,适应当地文化进行战略调整以及产品设计、生产与营销方式的变革;②薪酬福利制度变化。适应经济社会发展以及新一代员工的迫切要求,日本很多企业逐步取消终身雇佣制度,同时积极引进西方企业的竞争机制,进行劳动用工制度改革,尝试采用没有就业保

① 郭咸纲:《西方管理思想史》,世界图书出版公司2010年版,第415页。

障的管理方式；创新奖酬制度和职务晋升机制，在薪酬待遇上适当体现效率差异，在职务晋升中不再完全论资排辈，而是允许有能力的年轻人脱颖而出；③人力资源管理的变化。在海外日本企业中，适应当地文化适当改进管理方式，营造更加包容的氛围，接纳更多的有不同文化背景的人员加入日本企业的工作团队，增强外籍员工对日资企业文化的适应性。同时，适当加大对外派人员的培养和培训力度，有些企业还有针对性地招聘一些应届毕业生，在进入本国企业工作之前，先到相关国家进行为期 1～2 年的学习、深造或见习，借此熟悉该国文化，培养其成为能够适应不同文化环境、能够在日本与国外市场之间自由游走的骨干力量。

三、日本和美国企业管理模式的差异

对日本和美国管理及其文化渊源的研究始于 20 世纪 70 年代中期。时任美国斯坦福大学管理学院副教授威廉·大内(Willam Ouchi)从 7 个维度对美国管理模式与日本传统管理模式进行了比较研究，并得出以下结论，如表 15-1 所示。

表 15-1　　　　　　　　　　　　美国与日本管理比较[①]

因素	美国	日本
基本雇佣制度	短期雇佣，员工与企业行为靠合同约束，就业双向选择	终身雇佣，员工与企业成为命运共同体，员工竭诚效力于企业
企业决策制度	个人决策	共识式决策
责任制	个人责任制，责权清晰，重赏重罚	集体责任制
控制机制	严格监督，规章制度多，审查考核频繁	上级给下级一定的自主权
评价与提升制度	频繁考核员工工作实绩与业务能力，成绩突出者立即加薪提级，不论资排辈	较少考评，除考评业务外还考评人际关系等，提升实行年功序列制
员工培养与职业发展	循着狭窄而专业的途径培养员工，招聘时即关注其专业和相关阅历，专才式发展	对有培养前途的新招聘者提供职务轮换机会，培养其成为整体管理者
对员工的关怀	企业与员工以及上下级关系淡漠	企业与员工以及上下级之间人情味浓厚

根据前面对文化特色的分析并结合表 15-1 观察，不难发现，美国与日本管理模式的形成及其差异的深层根源就在于文化背景不同。正如美国当代管理学家米勒在《美国企业精神》一书中指出的："美国的企业不可能采用日本的终身雇佣制，也不能像日本企业那样促使员工对公司毫无保留地效忠。我们无法采用这种做法，就像我们无法采用日本国内的生活，也就是大家庭、父母的权威至上。美国的文化重视个人主义，强调地位平等，与日本的人际关系截然不同。"[②]

第三节　中国企业管理模式

对中国企业管理模式的考察，分两个历史分期进行：一是自新中国成立至 1978 年改革

---

① 余凯成等：《人力资源管理》，大连理工大学出版社 1999 年版，第 257～260 页。
② 葛荣晋：《儒家智慧与当代社会》，中国三峡出版社 1996 年版，第 242 页。

开放前,重点考察计划经济时期的企业传统管理模式;二是1978年改革开放以来至今,重点阐释市场经济条件下企业管理模式的新变化。

一、中国企业传统管理的基本特征

(一)高耸的组织结构

在较大型企业中,组织结构呈高耸状态,等级层次划分明显,权力距离较大,组织的维系与运行主要依靠规章制度与政策,下级对上级的指示、命令,基本上无条件服从和接受。权力距离大体现出中国传统企业的组织设计受到中国传统文化的深刻影响。儒家思想极力强化等级是权力的象征,告诫人们要尊重秩序,个体没有独立的经济存在,只能服从于整体,在整体中定位,这种"等级""秩序"等观念根深蒂固,对人们的心理与行为形成无形约束,体现在企业中就表现为传统的个人价值取向是服从和牺牲,当个人利益与企业利益相冲突时,人们能够接受个人利益服从企业利益。

(二)决策权高度集中

在传统企业中,决策权高度集中,企业发展重要决策的主体是领导层。这种高度集中的决策机制之所以能够存在并长期发挥作用,也根源于传统文化的影响,与传统的"宗法"观念密切相关,是"家长制管理"在决策方面的具体体现。"在其位,谋其政"的思想,让管理者和员工都认为,决策主体理所应当是企业领导者,而"不在其位,不谋其政"的思想也使管理者和员工都认为不让员工参与企业重大决策是很正常的。

(三)平均分配的奖酬制度

在中国传统企业中,个人收入水平比较平均,差距小,与个体成员的工作业绩和企业经营状况不直接关联,干好干差一个样、干多干少一个样、干与不干一个样,而且多少年一贯制,收入水平相对稳定。这种平均分配的奖酬制度,似乎营造了一种人人平等、公平公正的氛围,人们很少在比较中因收入差距大而产生不公平感。该制度之所以能够维系多年,与传统文化中"君子喻于义,小人喻于利""不患寡而患不均"等思想不无关系。

(四)"面子"和"人情"是影响企业运营的重要因素

企业运行管理和各种人际关系在很大程度上受到"面子"和"人情"等因素的影响。一方面,"面子"发挥了润滑剂的功能。当企业内部发生人际矛盾和冲突时,常常可以通过给"面子"、妥协和让步等方式达到调和,避免了人际关系的僵化。另一方面,"人情"渗透在正式群体中。它像一条纽带,密切了人与人之间、个人与企业之间的感情和关系。这种普遍存在的"面子"和"人情"现象的深层根源也在于中国传统文化。在传统的"三纲五常"即"父为子纲,夫为妻纲,君为臣钢"伦理结构中,父子关系是核心,其他关系则是从父子关系中推演出来的,于是,家庭伦理关系被推广到社会的各个层面,多元复杂的社会关系被简单地归结为私人关系,于是,"面子"和"人情"微妙地介入各种关系中。

中国企业传统的管理模式,在当时的历史背景下,有其存在的合理性和必然性,也有相当的文化基础,对维系企业以及中国经济社会发展发挥了重要作用,但它也具有一定局限性,主要包括:①高度集中的决策机制,以企业领导为主体进行决策,员工参与度低,难以做到集思广益,而领导者自身的知识水平、业务素质、判断能力等毕竟是有限的,他们作出的决策不一定完全正确,或者不一定是最令人满意的。另外,这种决策的执行也可能会因为缺乏人们的高度认可而受到抵制,或者不能按预定计划行事,结果导致决策效果降低。②平均分配的奖酬制度,实质上是一种平均主义"大锅饭",它不能真正体现个体员工的付出和各种绩效以及员工之间为企业所做贡献的差异,是一种以表面公平掩盖事实上不公平的奖酬分配制度,它普遍存在而且维持多年,势必严重挫伤人们的工作积极性,导致干得好的不再努力,干得差的更加不思进取,企业经营效率低,效果差。③讲"人情",给"面子",可能会模糊人们的是非判断力,导致重关系、轻是非的取向,使企业陷入"情"重于"理""法"的状态,难以规范管理,理性解决问题,甚至导致企业的各种制度和政策不能得到有效的贯彻执行,最终影响企业运营和发展。

二、中国企业管理的新变化

改革开放以来,中国致力于发展现代市场经济,不断深化经济体制改革,加快建立现代企业制度,进一步扩大对外开放,大力推进企业"走出去"战略。经济、社会、文化、体制环境的新变化,使中国企业面临严峻的挑战和难得的发展机遇。它们主动学习、借鉴西方发达国家现代企业管理方法,积极引进先进管理技术,同时,也在实践探索中不断改革创新,传统的管理模式发生了巨大变化。进入21世纪以来,全球化趋势不断增强,现代企业制度日臻完善,管理者的国际视野和管理能力不断增强,中国企业正在"创新驱动"中进一步实施组织变革,迈向新的目标。具体说来,中国企业管理的新变化主要体现在以下几个方面。

（一）大力推进国际化发展战略

随着中国国力和影响力的增强,以及对外开放力度的不断加大,很多企业借势借力,大力推进国际化发展战略,谋求在世界舞台上占有一席之地。"海尔"等一些实力雄厚的大企业率先成功地"走出去",在西方国家生根开花,它们适应当地文化进行产品设计、开展生产与营销活动,取得了宝贵经验,已经成功立足于国际市场。还有一些经营主体在国内的企业,也立足中国,放眼世界,强化自己,积极参与国际竞争。在推进国际化发展战略的进程中,企业也适应国内外环境的变化及企业长远发展的需要,积极承担社会责任,努力践行国家和全球的可持续发展战略。

（二）改革创新管理机制

在建立现代企业制度过程中,学习、借鉴西方企业先进的管理理念和方法,努力改进受我国传统文化制约的落后管理,不断创新管理机制。主要体现在:①强化制度化、规范化、精细化管理,弱化"面子"和"人情"的作用,管理更趋于理性,更注重制度规范;②在一些高新企业,为鼓励和激发创新,广泛采用团队工作形式,通过授权和民主决策,提升决策质量和决策的执行力;③在控制系统设计中,发挥员工自我控制的积极性,增加严格监督管理中的"柔性"含量,提高控制效果;④采用越来越灵活的劳动用工制度,打破"铁饭碗",鼓励竞争,采用聘任制和聘用制等,实现企业和员工的双向选择,员工来去自由,大大增强了员工队伍的活力,焕发了企业经营的生机。

（三）实施激励性的人力资源管理

企业越来越注重效率,承认基于效率产生的绩效差异,并在薪酬待遇及职务晋升中将工作绩效作为重要考量因素,实施鼓励性的人力资源管理:①相应改革奖酬制度。力求做到贡献与报酬对等,使员工个体之间因绩效差异而出现了比较明显的收入差距,一定程度上克服了平均主义"大锅饭"倾向。此外,很多企业对高管专门设计了薪酬体系,有的也实行股票期权等,以激励他们持续努力提高企业经营绩效,但目前的问题是,高管收入远远高于普通员工,甚至也存在高管薪酬与企业绩效脱钩的现象。因此,国务院出台了相关规定,从央企高管开始实行减薪,此项改革正在进行中。②相应改革晋升机制。无论是专业技术职务晋升还是行政职务晋升,企业都普遍引入了公平竞争机制,允许特别优秀的有才能的人脱颖而出,一定程度上克服了"论资排辈"的弊端。其实,激励性的人力资源管理策略不仅限于以上两个方面。大部分企业还根据年轻员工追求个性化发展,强调个人的能力、胜任感和成就感,要求社会和企业承认其个人价值等特点,积极开展文化与目标激励,在企业文化建设中,弘扬优秀的中国传统文化精神,对员工进行集体主义、奉献、忠诚、诚信教育,同时,企业也越来越关注员工的职业发展规划,为其创造进一步发展和提高的空间,满足他们实现自身价值的需要。

中国企业管理的具体变化及其发展趋势,如表 15-2 所示。

表 15-2　　　　　　　　　中国企业管理的变化及其发展趋势

要素	传统管理	新变化与新趋势
经营理念	计划导向,以完成政府下达的任务为目标	市场导向,实施有效的战略管理
基本雇佣制度	基本上是终身雇佣制,"铁饭碗"	合同制,双向选择,人才自由流动
企业决策制度	领导班子集体决策	民主决策取向
责任制	集体责任制,但责权不清,赏罚不分明	岗位责任制,责权清晰,赏罚分明
控制机制	规章制度多,但落实不到位	严格监督,但下级拥有一定自主权
奖酬与晋升制度	缺乏合理规范的考核评价制度,收入分配具有平均主义"大锅饭"倾向,职务晋升论资排辈	定期考评,收入分配与绩效挂钩,职务晋升中引入竞争机制,允许优胜者脱颖而出
员工培养与职业发展	师傅带徒弟,缺乏对员工的系统培训和职业教育,员工个人职业发展是自己要考虑的事情	开展系统培训,企业协助员工制定个人职业发展规划,对有发展潜力者提供锻炼机会
对员工的关怀	企业办社会,上下级以及企业与员工之间关系紧密,人情味浓厚	强调人本管理,待遇留人,事业留人,感情留人

本 章 小 结

不同国家的文化,对人们的思想与行为具有重要影响。美国文化、日本文化和中国文化各有自己的特色,相互之间具有明显差异,而这种差异又根源于不同的经济、地理、历史等背景。不同的文化导致了美国企业管理、日本企业管理、中国企业管理的不同,但这些不同的管理模式在全球化和互联网时代,都发生了新的变化。

思 考 题

1. 美国、日本及中国企业管理模式的主要特征是什么? 其变化趋势如何?
2. 美国、日本及中国企业管理与其特定文化有什么关系?

第十六章

管理创新

【学习目标】

1. 理解管理创新的含义和特征。
2. 熟悉管理创新的内容和各种类型的管理创新。
3. 描述管理创新过程。
4. 分析管理创新的基本条件和管理者如何领导与组织管理创新。

自有管理以来,创新一直是管理理论研究和管理实践的重要内容之一。经济社会的快速发展与科技进步的日新月异,不仅赋予了当代创新以新的内涵,而且创新越来越深度渗透于管理的四项基本职能中,成为组织活力和竞争力的重要源泉以及决定组织经营成败、生死存亡的重要因素。在创新主导未来的时代,"没有最好,只有更好"。任何组织,要想在激烈的竞争中占有一席之地,保持活力和优势地位,必须拥有创新性思维,掌握创新的方法,不断推陈出新。领导和组织管理创新是当代管理者的一项重要职责。本章从阐释管理创新的基本概念入手,系统分析管理创新的特征、过程与基本条件,探讨管理者应如何领导和组织管理创新。

第一节　管理创新的内涵

一、管理创新的概念

(一) 创新概念的提出

关于创新的研究不限于管理学。最先提出"创新"概念的是具有广泛影响的美籍奥地利经济学家约瑟夫·熊彼特(Joseph Alois Schumpeter,1883—1950 年)。1912 年熊彼特在《经济发展概论》中提出:创新就是要建立一种新的生产函数,即生产要素的重新组合,就是把一种新的生产要素和生产条件的"新组合"引入生产体系。它包括以下几种情况:引入一种新产品,引入一种新的生产方法,开辟一个新的市场,获得原材料或半成品的一种新的供应来源。在这里,创新概念具有丰富的内涵,既包括技术创新,也涉及非技术性变化的组织创新。美国管理大师德鲁克认为,创新是一种赋予资源新能力的活动,它本身就创造资源,并使资源创造出财富。

迄今为止,国内外对创新概念有多种理解。人们既可以将它理解为一种弃旧图新的精神即创新精神,也可以理解为包含科学发现、技术发明及其商品化、产业化的发明创造实践,还可以将人类所有实践领域内的凡属突破传统和开拓思路的思想、行为、成果都称之为创新。[①] 如

---

① 　肖云龙:《别无选择——中国创新论》,湖南大学出版社 1999 年版,第 75 页。

今,学界通常将创新界定为一种行为,即在特定环境中,人们为了满足自身理想化的需要或为了满足社会需求,遵循事物发展的客观规律,以现有的思维模式提出与常规或常人思路不同的见解为导向,利用各种现有资源,改进或创造新的事物、新的方法、新的元素、新的路径等,并取得一定有益效果。

（二）管理创新的概念

所谓管理创新,是指富有创造力的组织不断地将创造性思想（通常是以独特的方式整合各类思想,或在多种思想之间建立独特联系,形成新创意）转化为有用的结果——产品、服务或工作方法的过程,也是指其将新的管理方法、新的管理手段、新的管理模式等新的管理要素或要素组合引入组织管理系统,以更有效地实现组织目标的创新活动。管理创新实质上是一个在经济社会发展的不同阶段具有不同内涵的概念,对它的理解,应把握以下要点:

（1）管理创新是"企业家"的一项重要职能。不因循守旧,不墨守成规,是企业家的一种特质,企业家们通常借助于创新这一独特的工具,把改变视为开创不同事业的机会。当今世界,几乎全球的管理者都已经深刻意识到应当把创新融入到管理之中,于是,他们不仅把管理创新视为一门学问,而且在学习中不断探索和实践。

（2）管理创新并非都是从无到有。虽然有些创新是初创,是从无到有的,但不能据此就断言所有创新都是如此。现实中的许多创新是通过对现有的事物进行改进实现的。

（3）管理创新可能发生在管理者执行的任何一项职能中。从某个角度考察,可以说管理创新是管理者的一项重要技能,但不是独立于四项基本管理职能之外的一项管理职能,它可能融会贯通于整个管理过程,更可能发生在管理者执行的任何一项职能当中。例如,基于全球化而实施的国际化战略管理等,属于计划创新;采用团队和虚拟组织形式,组建战略联盟等,属于组织创新;实施股权激励和灵活的、可选择的福利机制等,属于领导创新;全面质量管理、价值链管理和基于责任的控制等,属于控制创新。

（4）管理创新能使营利性组织受益。一个组织,越能够激发创造力,越可以不断开发出新的工作方式和解决问题的新办法,以"新"取胜。熊彼特认为,那些不能成功地重新组合生产要素的组织,会最先被市场淘汰,而能够成功创新的组织,则不仅可以摆脱利润递减的困境得以生存,而且可以获取暂时性垄断权和超额回报。德鲁克进一步提出,无论是设计上的创新、产品及营销技巧的创新,还是价格及客户服务的创新、管理组织或管理方法的创新,都可以增强企业的抗风险能力,成为"生意人承担新风险的保单";创新可以创造新客户,保持市场对企业及其产品的需求,避免其在市场萎缩时被边缘化;更重要的是创新可以使企业因"新颖且独特"而取得好的业绩。当今社会,越来越凸显企业原来一直信奉的关于现有生产线、服务、销路、技术等都会历久不衰的假设的极其不适应性。如果企业以市场而不是以产品为焦点进行创新,采用以"新颖且独特"为核心的创新策略,则可以增强灵活性,提升适应性,获得更多回报。

（5）非营利机构及政府也要创新。创新活动或创新行为,不仅限于营利性组织,非营利机构也要实施创新,只有这样,它的服务对象才愿意接受其服务,产生新的满意。同样,政府也要创新。政府适应经济社会长远发展的战略需要而进行体制改革或政策创新,可以让国民感受到新便利、新保障,增强获得感。

（6）创新是可以学习的。创新既具有观念性,又具有认知性,通过学习,人们可以掌握管理创新的思想和技能,并在实践中加以运用。因此,任何组织要致力于创新,都应当让所有的创新主体有机会去多看、多听、多问,不断学习和积累创新经验,掌握创新方法和技巧,培养创新意识和理念,提升创新能力和水平。

二、管理创新的基本特征

管理创新,顾名思义,是创新与管理的综合,因此它具有不同于一般"创新"的鲜明特征。

（一）有组织性

管理创新是有组织的创新,是组织的管理者根据创新活动的规律及其客观要求,从本组织的战略目标和所处的环境等实际情况出发,主动寻找创新机会,制定创新计划,并通过营造创新氛围、建立激励性奖酬制度等激发创新的活动过程。因此,管理创新是有组织的,有目的的,有计划的。

（二）创造性

创新和创造是两个很相近的概念,但在学术上又各自有其特定的含义。有学者认为,"创造是指想新的,创新是指做新的。"①人们常常据此把管理创新界定为将创造性的构想转化为有用的产品或工作方法的活动过程,该过程其实也是一个创造过程,具有创造性,因为在此期间,人们会以原有的管理思想、理论和方法为基础,在借鉴外部有益的相关思想、观念和知识的同时,紧密结合组织自身的特点和面临的环境,创造出新的管理思想、管理理论和方法,其重要标志就是突破原有思维定式和框架,创造出具有新属性的、增值的东西。正如德鲁克所指出的,创新的关键在于为客户创造出新的价值,即满足客户未被满足的需求或潜在需求,创造新的客户满意。

（三）风险性

组织是一个复杂的系统,并处于错综复杂的社会环境之中。管理创新本来就意味着要打破原有平衡,打乱原有秩序,再加上各种社会因素的动态变化,使管理创新过程不可避免地受到多种不确定性因素的影响,从而常常面临风险。无形的风险给管理创新带来了严峻的挑战,它使管理创新并不一定总能获得成功,相反却要付出很多代价,甚至遭遇多种挫折和失败。当然,具有创造性的组织管理者不会因为害怕风险而不去领导和组织创新,他们会在科学分析和合理评估的基础上选择适度冒险,勇于创新,这恰恰体现了企业家的基本特质。

（四）有效性

管理创新不是盲目的行为,任何管理创新都应当是基于组织目标而进行的,它必须服从并服务于组织目标,因此,管理创新是关注有效性的,追求好效果和高效率。例如,通过管理创新建立新的管理制度,形成新的组织模式,实现新的资源整合,从而建立起组织持续健康发展的长效机制;通过技术创新,提高产品技术含量,使之更具有技术竞争优势,从而使组织获取更高利润。这两个方面显然都有利于组织目标的实现。

（五）持续性

管理创新是一个长期的、动态的、艰苦的、持续的过程。一方面,管理创新过程中可能要遭遇多种挫折,经历多次失败,成功的创新往往是得益于人们从失败中不断总结经验,吸取教训,不懈的追求和努力;另一方面,创新几乎是永无止境的,上一轮创新成功可能成为下一

---

① 360百科。

轮创新的动力。连续不断地从一个又一个新的起点上实施再创新,是具有创造力和生命力的组织永葆活力的奥秘所在。

三、管理创新的内容与分类

（一）管理创新的基本内容

创新贯穿于管理的全过程。在一个完整的管理创新过程中,因创新重点的不同而涵盖一系列具体的创新内容,它们之间相互关联,相互作用,相互支撑,在激发组织潜力中发挥重要作用。

1. 观念创新

管理观念也称管理理念,是指管理者在一定的哲学思想支配下、在现实中各种因素的影响下形成的有关管理的感性知识和理性知识的综合体。任何管理者都生活在一定的社会文化环境中,其管理观念必定受到一定社会的政治、经济、文化因素的影响。管理观念是组织战略目标的导向和价值原则,在深层次上渗透在管理的各项活动之中。所谓管理观念创新是指管理者随着管理思想和管理理论的发展以及经济社会环境的变化,与时俱进地形成有关管理的新概念或新构想,使之能够比以前更好地适应环境变化,更有效地利用各种组织资源。

纵观整个管理理论的演进与发展过程,迄今,管理观念的创新大体经历了 5 个阶段,如表 16-1 所示。

表 16-1　　　　　　　　　　　管理观念创新的 5 个阶段①

阶段	具体表现
第一阶段:管理的效率观念	主要体现在泰罗的科学管理理论中,泰罗制的核心就是为了解决在技术先进而管理落后的情况下,如何提高劳动效率问题,把效率作为管理的中心问题
第二阶段:管理的择优观念	主要来源于西蒙的决策理论,西蒙认为,管理的核心是决策,决策的核心就是选优,即在众多决策方案中,选择最佳最好的方案,但西蒙同时也指出,在实际中很难做到最佳最好,因此又提出了"令人满意"的准则
第三阶段:管理的有序观念	管理的过程主要是使事物发展从无序到有序的过程,也就是达到了协调和和谐,因此这种理论比较重视管理目标的制定和职能的发挥
第四阶段:管理的权变观念	是指管理没有固定的模式,针对不同的对象要采取不同的管理模式
第五阶段:管理的人本观念	坚持人是管理和发展的基本主体和动力,要关心人、尊重人、解放人、发展人,还要研究人的本质和人的需要。只有从人的本性和人的需要出发,政策主张和管理措施才能真正达到实际效果

2. 技术创新

技术创新是管理创新的主要内容。熊彼特认为,技术创新就是采用一种新的生产方法,也就是在有关制造部门中尚未通过经验检定的方法,这种新方法决不需要建立在新的科学发现的基础上,并且也可以存在于商业上处理一种产品的新的方式之中。在企业中,大量创

---

① 张才明:《现代管理理论与实践》,清华大学出版社 2014 年版,第 245～246 页。

新活动都与技术密切相关,以至于人们常常将企业管理创新等同于技术创新。在现代社会中,随着科技成果转化为现实生产力的速度不断加快,大多数企业都在生产过程中广泛运用先进的科学技术,技术水平成为反映企业实力的一个重要标志,也是决定企业竞争力的重要因素之一。因此,企业自身就有不断进行技术创新的动力。由于一定的技术都是通过一定的物质载体和利用这些载体的方法来体现的,因此,技术创新主要体现在要素创新、要素组合方法的创新及产品创新等三个方面[①]。

(1) 要素创新。企业的生产过程是劳动者利用劳动手段作用于劳动对象,使之改变物理、化学形式或性质的过程。参与该过程的要素主要包括原材料和设备。其中,原材料是构成产品的物质基础,其性能和质量在很大程度上决定产品质量。原材料创新主要包括:开辟新的来源,以保证扩大再生产的需要;开发和利用大量廉价的普通原材料(或寻找普通原材料的新用途),替代量少价高的稀缺原材料,以降低产品的生产成本;改造原材料的质量和性能,以保证和提高产品质量。设备是现代企业进行生产的物质技术基础,设备的技术水平是企业生产力水平具有决定意义的标志。设备创新主要体现在:通过利用新设备,提高生产过程的机械化和自动化程度,降低手工劳动的比重;利用先进的技术成果改造和革新原有设备,延长其技术寿命,提高其效能;有计划地进行设备更新,以更先进、更经济的设备取代陈旧过时的老设备,使企业建立在先进的物质技术基础上。可见,不断进行设备创新,对于改善企业产品质量,减少原材料和能源消耗以及节省劳动,具有十分重要的意义。

(2) 要素组合方法创新。利用一定的方式对不同的生产要素加以组合,是形成产品的先决条件。要素组合通常包括生产工艺和生产过程的时空组织两个方面。生产工艺是劳动者利用劳动手段加工劳动对象的方法,工艺创新既要根据新设备的要求,改变原材料、半成品的加工方法,也要求在不改变现有设备的前提下,不断研究和改进操作技术和生产方法,使现有设备得到更充分的利用,现有材料得到更合理的加工。工艺创新和设备创新是相互促进的,设备更新要求工艺方法做出相应调整,而工艺的不断完善又必然促进设备的改造和更新。生产过程的组织主要包括设备、工艺装备、在制品以及劳动者在空间上的布置和时间上的组合。空间布置不仅影响设备、工艺装备和空间的利用效率,而且影响人机组合,从而直接影响工人的劳动生产率;各生产要素在时间上的组合,不仅影响在制品、设备、工艺设备的占用数量,从而影响生产成本,而且影响产品生产周期。生产过程的组织创新主要是通过优化各种生产要素的时空布局与组合,在不增加要素投入的前提下,提高要素利用效率。

(3) 产品创新。产品创新是企业创新的核心内容。产品是企业向外界最重要的输出,也是组织对社会做出的贡献。产品创新包括产品的品种创新和结构创新。品种创新要求企业根据市场需求的变化和消费者偏好的转移,及时调整生产方向和生产结构,不断开发出消费者喜欢的新产品;结构创新在于在不改变原有品种基本性能的基础上,对现有产品结构进行改进,使生产成本更低,性能更完善,使用更安全,更具有市场竞争力。

3. 制度创新

制度是组织运行的主要原则。在企业中,制度及其创新主要包括:

(1) 产权制度及其创新。产权制度是企业的根本性制度,它决定着企业的其他制度,规定着企业最重要的生产要素所有者对企业的权力、责任和利益。产权制度创新是指产权的

---

① 周三多、陈传明:《管理学(第三版)》,高等教育出版社 2010 年版,第 340～341 页。

各项权能在不同产权主体之间进行重新组合,旨在通过明晰产权关系、实现产权结构多元化以及明确出资者的责任等,更好地发挥产权的功能,最大限度地提高资源利用效率。

(2)经营制度及其创新。经营制度是指有关经营权的归宿及其行使条件、范围、限制等方面的原则规定。一个完善的经营制度体系,应当明确企业的经营方式;确定谁是经营者,由谁组织企业生产资料占有权、使用权和处置权的行使,以及由谁确定企业生产方向、生产内容、生产形式,由谁保证企业生产资料的完整性及增值,由谁对企业生产资料所有者负责以及负怎样的责任等。经营制度创新旨在不断寻求企业生产资料最有效的利用方式。

(3)管理制度及其创新。管理制度是行使企业经营权以及企业日常运作的各种规则的总称。管理制度创新是指打破陈旧的束缚企业发展的管理制度,建立以人为本、激励为主的管理新制度,以最大限度地发挥组织内部的创新能力。

综上所述,制度创新是一种致力于形成能够更好地适应环境变化和生产力发展需要的新规则的活动,是企业根据内外环境的变化及其自身发展的需要,对企业自身的运行方式、原则规定等进行调整和变革。经验证明,制度创新成功的前提条件是:反映客观经济规律,体现企业发展的客观要求,以充分调动广大员工的工作积极性为出发点和归宿。

4. 组织创新

企业作为一种组织系统,其正常运行既离不开适应企业自身发展和环境特点的制度保障,也需要以合理的组织形式为载体。不同的企业有不同的组织形式,而且同一企业在不同的历史时期也会随着内外环境和经营战略的变化对组织结构进行相应调整。所谓组织创新,是指企业致力于创建适应环境变化与生产力发展的新的组织形式的活动,其目的在于通过组织结构变革,有效提高管理效率和组织运行效率。

5. 文化创新

组织文化是组织共享的价值观,组织常常通过建立其独特的制度体系和行为规范,统一组织成员的意志与行为,确保组织目标的实现。组织文化虽然具有相对稳定性,但也要随着社会的进步及组织的变化而与时俱进。组织文化创新是指组织适应环境变化和组织自身发展的需要,致力于对业已形成的体现本组织共同价值观的组织文化不断创新和发展的活动过程,其实质在于突破僵化的、不适应组织运行需要的文化理念和观念的束缚,构建新的组织文化体系,并逐步落实到组织实践中。在组织的创新价值观得到其成员的广泛认同,新的行为规范建立起来时,组织的创新动力机制就会进入高效运转模式。

6. 方法与技巧创新

管理方法创新是指在创新的管理理论指导下,组织从自身发展的需要和实际情况出发,积极主动地借鉴成功的先进管理经验并运用于管理实践。管理技巧创新是指在管理过程中,管理者采用具体的创新性手段和措施,针对组织成员开展制度培训、思想教育等活动,旨在有效促进观念调整、制度改进和结构重组等创新目标的实现。

(二)管理创新的分类

管理创新,除了根据创新内容分为以上6个方面外,还可以根据其他不同的标准,分为多种类型①。

① 本部分主要参考资料来源于360百科等。

1. 根据创新过程的侧重面分为渐变性创新和创造性创新

从整体上考察,管理创新既可能是对原有事物的改变,也可能是引入新事物。然而,从具体操作层面分析,要改变原有事物,必然要将新事物引入其中,由此可以简单地认为,管理创新实际上就是新事物的引入。我们之所以将创新分为渐变性创新和创造性创新两种类型,主要是因为不同的创新对原有事物和新事物这两个方面会有不同的侧重。渐变性管理创新显然是基于对原有事物的改进,例如,根据实际情况对现有管理思想的实现方法进行改进,或者拓展其运用范围;创造性管理创新则更多的是基于新事物的引入,例如,根据环境的变化提出新的管理思想和管理理论,并在此基础上形成管理新模式或新方法。

2. 根据创新的程度分为重大创新、一般创新和综合创新

重大创新始于管理观念创新,是从根本上改变原有管理思想或管理手段的创新,例如,企业流程再造,就是基于对传统分工理论前提条件的否定;一般创新主要是根据实际情况对现有管理思想的实现方法或运用领域、创新范围进行改进,管理技巧创新、变化较小的管理手段创新如管理信息系统的进一步开发等,就属于此类创新。与重大创新相比,一般创新中管理的基本思想改变不大;综合创新主要是指那些既有管理思想的改变,又有管理手段或管理技巧的改变,但变化程度不大的管理创新,例如,股份合作制、员工持股制度等。

3. 根据创新的组织程度分为模仿创新和自主创新

模仿创新是指组织通过学习模仿率先创新者的创新思路和创新行为,吸收其成功的经验和失败的教训,引进购买或破译率先创新者的核心技术和技术秘密,并在此基础上进一步改进、完善和开发的创新活动。人类的发明创造大多始于模仿,然后再进入独创。国内外大量事实表明,模仿创新是中小企业以最小的代价、最快的速度追赶世界先进水平的现实途径,是最终实现自主创新的必经阶段。自主创新是指组织通过自身努力,攻破技术难关,形成有价值的研究开发成果,并在此基础上依靠自己的能力推动创新的后续环节,完成技术成果的商品化,获取商业利润的创新活动。自主创新是当今世界许多著名企业推崇的创新战略,对企业成长具有重要意义,它既是增强企业市场竞争力的有力武器,也能够使企业获得可观的经济收益。自主创新的显著特征是:核心技术的自主突破、关键技术的领先开发、新市场的率先开拓。

4. 根据创新与环境的关系分为防御性创新和主动创新

防御性创新是指在外部环境发生变化已威胁到组织生存与运行的情况下,为避免威胁及其可能带来的重大损失,组织在其内部展开局部或全局性的调整。主动创新则是组织通过对外部环境的分析预测,敏锐地发现未来环境可能为自己提供某种有利机会,于是主动调整组织战略和技术,试图积极开发和利用这种机会,谋求组织发展。

第二节　管理创新的过程

管理创新是一个渐进的过程。一个完整的管理创新过程大体上要经历从认识到认知,从认知到采取创新行动等几个阶段,如图16-1所示。

第一阶段:寻找机会

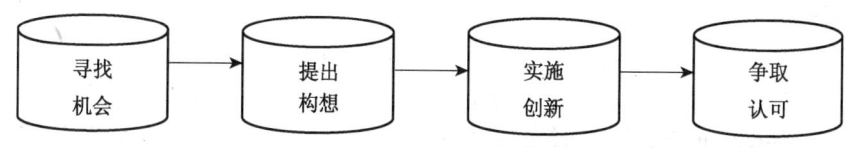

图 16-1　管理创新的过程

寻找机会是指组织的管理者从管理目标与实际需要出发,大量搜集与整理相关信息资料,分析与组织相关的各种变化以及组织内部存在的不协调,进而明确需要解决的问题,找到创新机会和方向的过程。在这里,"不协调"既可能体现为员工对企业原有管理模式的不满,也可能体现为企业遭遇到前所未有的发展危机而导致企业及其员工在认识上与原有管理理论、管理思想的冲突,它们均可能为创新提供契机。正如德鲁克所言:在几乎所有的案例中,管理创新的动机都源于对公司现状的不满:或是公司遇到危机,或是商业环境变化以及新竞争者出现而形成战略性威胁,或是某些人对操作性问题产生抱怨。他在《管理》一书中,提出,创新机会有七大来源,并将之称为"七大创新机会窗",主要包括[①]:

（1）组织自己的意外成功和意外失败,以及竞争对手的意外成功和意外失败。组织自身的意外成功往往能够引发成功创新的连锁反应,组织开发和利用这种机会的益处是投资少,风险小;组织自身的意外失败往往意味着潜在变化,当组织意识到这种变化时可能就发现了创新的机会。当竞争对手取得意外成功或遭遇意外失败时,组织可以开发和利用这种来自外部的创新机会,延伸自己的业务,当然为此需要实施管理创新以及技术、产品等方面的创新。

（2）不一致性尤其是流程(无论是生产还是分销流程)以及顾客行为的不一致性。它可能是指实际情况与应有情况不相符,例如,一个行业的市场规模在稳步增长,但利润率却在不断下降;也可能是指实际情况与人们的想象不协调。又如,一种时尚产品上市,却没有引起时髦人士的热切关注。在这种不相符或不协调中,就可能隐含着创新的机会。

（3）流程需要。当组织内部的流程中有些环节比较薄弱或者缺失,需要充实和强化时,或者当人们普遍认为需要采用新的科学技术或一种更好的办法对原有流程进行重新设计时,创新势在必行。

（4）行业和市场结构的变化。新旧行业的更迭交替,必然要求市场结构相应变化。在新行业快速发展而整个市场的绝大部分份额又被一家规模庞大的制造商或供应商占据的情况下,利用市场结构的变化开展创新就会非常有效。

（5）人口构成的变化。这是创新机会的可靠外部来源,实践证明,谁能率先预测到人口构成变化可能对未来经济社会产生的影响,并率先采取行动,谁就能够抓住创新机会,抢占先机。例如,20世纪70年代前后是一个生育低谷,又是一个教育爆炸的时代,日本预计到1990年会出现蓝领工人短缺,于是采取行动研制机器人,率先取得并长期占据了机器人领域的领先地位。

（6）观念的变化。"这只杯子是半满的"和"这只杯子是半空的"两句话,描述的是同一种现象,涵义却迥然不同。当一位管理者的观念从"半满"变为"半空"时,他就可能发现许多

[①]　参考[美]德鲁克:《管理(下册)》,机械工业出版社2013年版,第165～170页。

巨大的创新机会。

（7）新知识。在可以载入史册的创新中，高居榜首的是以新知识为基础的创新。在这里，知识不仅包括科学知识、技术知识，还包括社会知识。人们谈到的创新通常指的就是这类以新知识为基础的创新，这类创新需要的不只是一种知识，而是需要运用多种知识。

第二阶段：提出构想

对成功的创新而言，组织只关注到以上创新机会的来源是远远不够的，重要的是要在遵循客观规律的基础上，对这些来源有组织地进行系统分析和研究，既要透过现象探究"不协调"的原因，也要据此分析和预测"不协调"的未来变化趋势，准确估计它们可能给组织带来的积极或消极影响。正如德鲁克所言："针对这七大机会窗中发生的变化，我们都应该思考下面这些问题：这是我们开展创新，也就是开发新产品、新服务和新流程的机会吗？它是否预示着新市场和新顾客的出现、新技术的出现、新分销渠道的出现？"①组织应在此基础上，努力利用机会，或者将威胁转化为机会，提出多种解决问题、消除不协调的方法和构想，使组织在更高层次上实现创新。在提出构想阶段，管理创新者的灵感可能来自其他社会体系的成功经验，也可能来自那些未经证实却非常有吸引力的新观念。在实践中，很多组织有选择地利用外部学者、咨询顾问以及管理大师等多种渠道寻找创新灵感，成功地帮助其形成和完善创新构想。

第三阶段：实施创新

有了创新构想，就要迅速付诸实施，变成实际行动，只有这样，才能有效利用"不协调"提供的机会，这是成功创新案例的宝贵经验。在前一阶段提出的创新构想可能还很不完善，不是十全十美的，即便如此，也要立即付诸行动才有意义。因为机会稍纵即逝，如果等到创新构想尽善尽美时再去行动，可能别人已经抢先创新成功、捷足先登了。

第四阶段：争取认可

创新是一个不断尝试的过程，也是一个艰难的过程，在此期间，不知要经历多少挫折和失败，成功的创新大多都要经过不断尝试、不断失败、不断提高，最终实现新创意的历程。因此，为了取得创新的最后成功，管理创新者自身在开始创新行动后，必须有坚强的毅力和足够的自信心，正确看待尝试中的各种失败，逐步在行动中修正和完善最初的创新构想，不断探索纠正措施，循序渐进，持之以恒，不懈努力。其实，在这一阶段，除了管理创新者自身的坚持以外，更为重要的是采取创新行动后的管理体系要得到组织内部和外部的高度认可。首先，得到组织内部的一致认可在管理创新行动开始的最初阶段尤为重要，这是因为采取创新行动后的管理体系需要积极的拥护者，具备了这个基本条件，管理创新才能真正得以实施。其次，得到组织外部的认可，也是获得更多支持、保证创新得以持续进行的必要手段。理想的创新模式是在最短的时间内取得成果，以证明创新的有效性，但大多数创新行动都需要很长时间，当管理创新的有效性得不到有关数据及时、有效的证明时，管理创新就会面临巨大风险，人们甚至可能因为无法理解创新的潜在收益，或者担心创新失败会给组织造成负面影响而竭力抵制创新。此时，管理创新者的明智选择是在创新体系之外的各种因素中争取得到他人对其创新构想的认可，以说明该项创新获得了独立观察者的印证和理论认证，这将在很大程度上增强创新的可信度，提升创新者及其支持者的信心。

---

① ［美］德鲁克：《管理（下册）》，机械工业出版社 2013 年版，第 169 页。

在实践中,组织高层一般从以下4个来源争取外部认可:①商学院的专家学者。他们长期密切关注和跟踪各类管理创新,并系统梳理、总结组织运行中存在的各种实践问题,以应用于科研或教学。如果有权威的专家学者将组织的创新作为一个实践课题,运用翔实的第一手资料进行科研和教学,显然能够对该组织的新创意和创新行动提供理论支持和认定。②咨询公司。它们擅长于对各种管理创新进行总结和存档,以便需要时用于对其他组织的情况分析。在管理创新的初始阶段,组织可以通过咨询公司所提供的相似案例的总结和归纳的数据,进行对比分析,从中得到有利于支持其创新的有力依据。③媒体机构。它们热衷于捕捉典型案例,向社会进行广泛传播。组织可以借助于媒体的宣传来扩大其创新的影响力及其创新过程中的成功案例,使之进一步发挥催化创新的作用。④行业协会。组织可以通过行业协会参与行业内部的交流与合作,一方面争取同行对本组织管理创新的认可,使之得以继续进行,同时,也可以学习借鉴相关创新的有效成果,进一步完善本组织的创新构想。

第三节　领导和组织管理创新

有效领导和组织管理创新是当代管理者的一项重要职责。他们要根据管理创新的基本条件,并结合组织实际,有效开展管理创新活动,使组织保持活力和生命力。

一、管理创新的基本条件

是否进行管理创新以及创新能否成功,不仅取决于组织自身的基础条件等,也与作为创新主体的管理者和组织成员的素质与能力等因素密切相关。成功的管理创新至少需要具备以下基本条件。

（一）设定恰当的管理创新目标

由于创新活动具有较大的不确定性,而且创新目标的确定受多种因素影响,因此,要明确一个管理创新目标存在一定难度。尽管如此,任何管理创新活动都不能盲目进行,否则它可能造成组织资源的浪费,也不利于组织目标的实现。因此,紧紧围绕组织目标和任务,同时紧密结合组织所处的环境以及组织自身的特点和实际,设定恰当的创新目标,是管理创新成功的首要条件。

（二）组织的基础管理条件较好

基础管理是组织中最基本的一般性管理工作,包括基础数据、技术档案、统计记录、信息收集归档、工作规则、岗位职责标准等。由于管理创新必须要依据许多准确的信息、资料和规则,因此,组织中有较好的基础管理条件是管理创新顺利实施并取得成功的重要保障。

（三）组织中有良好的创新氛围

在一个良好的鼓励创新的氛围中,人们往往身心愉悦,精神放松,思想活跃,因此可以脑洞大开,产生多种奇思妙想和创新意识。不仅如此,这种宽松的环境也有利于有效发挥人们的创新潜力和创新能力。因此,组织中有良好的创新氛围是管理创新成功的有利条件。

（四）创新主体具有良好的心智模式和较强的能力结构

无论是组织的管理者还是组织成员都可能成为创新主体,而管理创新能否成功,在很大程度上就取决于他们是否具有良好的心智模式。心智模式是指人们基于过去的阅历、习惯以及知识素养、价值观等形成的相对固定的思维方式和行为习惯。作为创新主体,是否具有良好的心智模式主要通过以下两个方面体现出来：是否具有远见卓识？是否具有较好的文化素质和正确的价值观？

　　成功的管理创新，不仅需要创新主体有良好的心智模式，还要求创新主体集多种较强的能力于一身，主要包括核心能力、必要能力和增效能力。其中，核心能力主要指创新能力；必要能力主要指将创新转化为实际操作方案的能力，以及从事日常管理工作的各项能力；增效能力则主要指通过控制和协调加快工作进展的各项能力。当创新主体是一个团队时，这种较强的能力结构就可能体现为拥有不同专长的成员能力的有机组合。具有良好心智模式和较强能力结构的创新主体是成功创新的重要人力资源条件。

二、有效领导和组织管理创新[①]

（一）领导创新

以上分析表明，成功的管理创新是以一定基本条件为基础的。管理者必须在熟悉这些基本条件的前提下，遵循创新活动的客观规律，有效领导和组织管理创新。

管理学家 J·科特认为，成功的变革与创新的领导包括 8 个环节，如图 16-2 所示。

1. 树立紧迫感

树立紧迫感是管理者领导创新的一项关键责任。为此，管理者必须审视现实中的竞争压力，识别威胁和机会，并坦然、诚实地面对它们。从这个意义上讲，紧迫感是一种基于现实的决心，而不是基于恐惧的忙碌。市场竞争环境的压力既为管理创新提供了动力，也为创新指明了方向。

2. 建立领导联盟

在实施管理创新的最初阶段，需要明确的拥护者，此时，获得组织内部的认可比获得外部认可更为重要，而要获得组织内部的广泛认可，从组织中负有威望的高管那里发起和推广创新，显然会产生积极的效应。成功的管理创新往往以建立强有力的领导联盟为必要的组织保障。这个强有力的领导创新群体被赋予了足够的领导创新的权力，并像团队一样开展工作，领导群体的成员之间相互支持，同心协力，有效地推进创新的顺利进行。当然，随着时间的推移，这种对创新的支持也要逐步向外和向下扩展到整个组织。现实中，管理创新的失败常常是因为缺乏强有力的领导联盟所致。

3. 构建愿景规划

构建愿景规划能够引导创新的方向。组织的愿景既是管理创新的出发点，也是管理创新的归宿。一个清晰可信的、令人鼓舞的愿景，确定了组织存在的理由和目标，阐释了组织的经营哲学和经营理念，是组织成员的共同愿景，因此，它能够统一组织成员的信念，调动其工作的积极性和主动性。

图 16-2 中各环节（自上而下）：

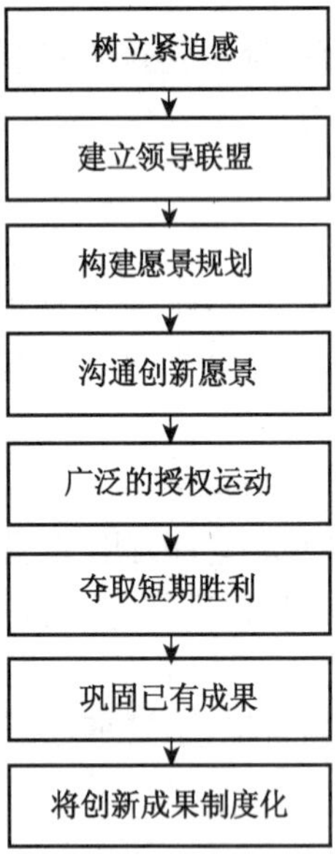

树立紧迫感 → 建立领导联盟 → 构建愿景规划 → 沟通创新愿景 → 广泛的授权运动 → 夺取短期胜利 → 巩固已有成果 → 将创新成果制度化

图 16-2　领导创新

[①]　本部分主要参阅：[美]托马斯·贝特曼、斯科特·斯内尔：《管理学》，中国人民大学出版社 2014 年版，第 420～421 页；周三多、陈传明：《管理学（第三版）》，高等教育出版社 2010 年版，第 346～349 页。

4. 沟通创新愿景

沟通创新愿景就是利用一切可以利用的渠道和机会，与组织成员沟通新的愿景规划和战略，让人们了解为什么要创新、创新将如何发生以及创新会对他们产生怎样的影响等，以强化愿景和所需要的新行为。在此期间，也要通过领导联盟示范传授新的行为。

5. 广泛的授权运动

广泛的授权运动是实现组织创新愿景的基础。授权以实施愿景规划就是要扫清通向创新成功的障碍，包括改革阻碍组织实现创新的体制和机构，通过提供信息、知识、权力以及奖励授权组织成员，鼓励冒险和探索。

6. 夺取短期胜利

夺取短期胜利就是不要等待宏伟愿景的完全实现，而是筹划取得一些小的胜利，让每个人都能看到进步。为此，就要制定并实施逐步改进绩效的规划；公开表彰和奖励参与绩效改进并取得成效的组织成员，力争吸引所有人的注意，并将短期胜利的积极影响扩展到整个组织。

7. 巩固已有成果

巩固已有成果，深化创新，就是利用前一阶段成功带来的良好信誉，改革与愿景规划不相适应的体制、结构和政策；培养、任用、提拔能够执行愿景规划的组织成员；选用新项目、新观点和创新推动者再次激活整个创新过程。

8. 将创新成果制度化

将创新成果制度化，就是将创新的活动融入组织文化之中，展示创新的积极成果，表明新的行为方式和改进成果之间的联系，不断寻找新的变革力量和领导者，不断吸引创新先导者共同对创新负起责任。

（二）管理创新的技能

综上所述，管理者要有效领导和组织管理创新，不断增强组织的管理创新能力，需要具有创新管理的技能，并付出多方面的努力。他们不仅要率先成为创新的倡导者、支持者，而且还要培养更多的创新主体，激发他们的创新潜力，构建创新性组织。创新性个人和创新性机构的主要特征如表 16-2 所示。

表 16-2　　　　　　　创新性个人和创新性机构的特点[①]

创新性个人	创新性机构
1. 思想活跃，胸襟开阔	1. 沟通渠道畅通无阻，与外部资源接触，专业交叉，制定建议制度，头脑风暴和团队工作
2. 原创力	2. 指派非专业人士解决问题，允许奇思怪想，雇佣让人感到不舒服的人
3. 不受权力约束，有独立性，有自信	3. 分权化，职位定义不明确，管理松散，允许犯错误，鼓励人们不服从老板
4. 轻松愉快的工作态度，不受束缚地进行探索，富有好奇心	4. 自由地选择和寻找要解决的问题，宽松愉快的文化，允许做不切合实际的事情，自由地讨论各种思想，着眼于未来
5. 坚持不懈	5. 将资源分配给具有创新精神的人和项目，不要求立即取得效果，制定鼓励创新的奖励制度，免除无关紧要的责任

---

① ［美］理查德·L·达夫特:《管理学》,清华大学出版社 2012 年版,第 304 页。

当组织中的管理者提出要将组织变得更富有创造性的时候,他们通常指的就是要激发创新。以上分析表明,管理创新者要激发创新,就要为之创造"合适"的环境。概而言之,激发创新的环境主要包括组织结构、文化和人力资源实践等三类变量,如图16-3所示。①

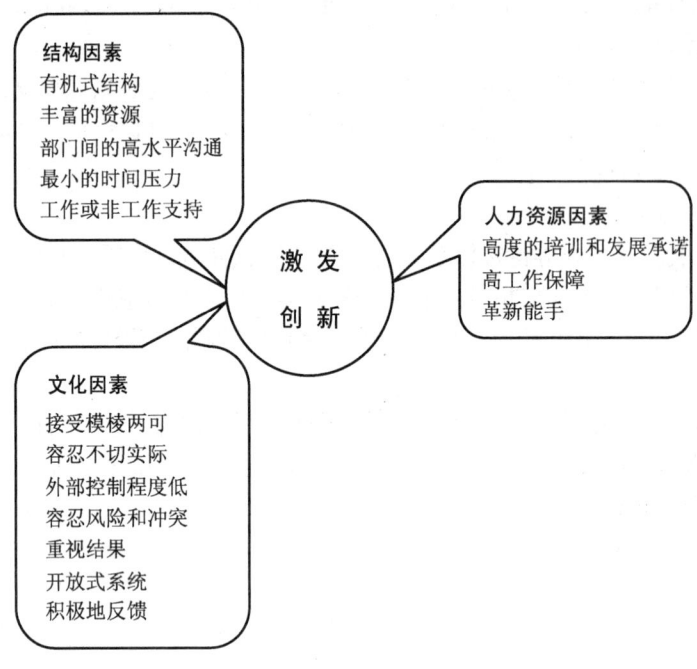

结构因素
有机式结构
丰富的资源
部门间的高水平沟通
最小的时间压力
工作或非工作支持

人力资源因素
高度的培训和发展承诺
高工作保障
革新能手

激发创新

文化因素
接受模棱两可
容忍不切实际
外部控制程度低
容忍风险和冲突
重视结果
开放式系统
积极地反馈

图 16-3　创新变量

为了有效地激发创新,作为管理创新者,至少应具有以下创新管理技能。

1. 扮演好管理创新的引领者和支持者角色

从管理者的因素看,要激发创新,管理者自身要率先成为管理创新者。因为管理创新能否成功,在很大程度上取决于在组织高管层面是否有完善的计划与实施步骤,是否对可能出现的障碍有清醒认识,是否愿意支持和推进创新。鉴于此,管理创新者要给自己定好位,扮演好管理创新的引领者和支持者的角色,应自觉地带头创新,积极向整个组织推销创新观念,并努力为组织成员提供有利于创新的环境,积极鼓励、支持、引导组织成员创新。

2. 制定富有弹性的计划

创新意味着打破旧的规则,也需要占用大量计划外的时间和资源。因此,从计划因素看,要激发创新,组织计划的制订就要富有弹性,为创新留出空间和余地。首先,创新需要思考,思考就需要有冥思苦想的时间。如果组织对每个人的每个工作日都安排得很满,甚至需要加班才能完成既定任务,则人们每天每时每刻都只能忙于刻板的事务性工作,没有时间去"发呆",去深入思考,也就没有时间去开发自己的兴趣和设想,创新构想也就无从产生。其次,创新需要尝试,尝试就需要有一定的物质条件和场所。如果组织要求每个部门在任何时间都严格执行严密的计划,或者没有充足的资源为创新提供重要保证,则人们就无法去尝试自己的新构想,更谈不上使之为组织创造实际效果。

---

① [美]斯蒂芬·P·罗宾斯等:《管理学:原理与实践(第8版)》,机械工业出版社2014年版,第191页。

3. 建立创新性组织

从组织因素看,要激发创新,就要建立灵活的富有创新性的组织。例如,建立有机式的组织结构和强调开放的系统,以利于上下级之间以及部门之间的密切沟通,从而克服创新的潜在障碍和阻力;构建学习型组织,有助于形成激发创新的文化氛围;积极开展创新培训,可以使组织成员保持知识的更新,学习创新经验;为组织成员提供高工作保障,可以消除他们担心因创新犯错误而遭解雇的"后顾之忧";在制度上鼓励组织成员成为创新能手,则一旦组织中产生了新的思想,他们就会主动、热情地将这些思想予以深化、提供支持并克服阻力。

4. 营造激励创新的文化氛围

从文化因素看,要激发创新,就要在组织中营造充满创新精神的组织文化,创造一个怀疑的、解决问题的文化氛围。这样,当组织面临挑战时,组织成员就不会选择逃避,而是首先抱着怀疑的态度,深入了解问题,努力寻找解决问题的新方法、新途径,这将有利于把组织引向成功的管理创新。因此,管理者应在组织中创造能够积极沟通的和谐氛围,接受模棱两可,容忍不切实际;减少外部控制,接受风险,容忍冲突;正确对待失败,允许失败,甚至鼓励失败;注重结果甚于手段。

5. 建立激励创新的奖酬制度

从领导因素看,要激发创新,就是要激发组织中每个人的创新热情,为此,需要建立合理的激励创新的评价和奖酬制度。一般情况下,创新的原始动机往往是基于个人的成就感、胜任感和自我实现的需要,但如果创新的努力得不到组织和社会的认可,不能得到公正的评价和公平的奖酬,人们就可能失去继续创新的动力,可见,在组织中建立并实施激励和激发创新的奖酬制度至关重要。为了使奖酬制度真正有利于激励创新,该制度的建立和执行应坚持以下原则:①物质奖励与精神奖励相结合的原则。不能以精神奖励代替物质奖励,但也不能进行单一的物质奖励,对真正的创新者而言,很多情况下精神奖励的激励效应会大于物质奖励;②奖励与特殊贡献相挂钩的原则。奖励不是对"不犯错误的报酬",而是组织对希望做出特殊贡献的努力的报酬,因此,获得奖励者应当是因创新而对组织做出了特殊贡献的人或团队,也包括那些正在努力中、可能创新成功并为组织做出特殊贡献的人或团队;③"双促进"原则。奖励应既能促进竞争,也有利于促进合作。对创新而言,竞争和合作都是不可或缺的。适当的组织内部竞争,可以激发人们的创新欲望,从而有利于发现更多的创新机会,产生更多的创新构想,而恰当的组织内合作,则可以综合各种不同的知识和能力,从而使每一个创新构想都更加完善,把握的创新机会更加切合实际。鉴于此,组织在奖酬制度设计上,应当适度促进竞争和合作。过度强调竞争的奖酬设计,可能导致组织内部部门之间、个人之间相互封锁,各自为政,而过度强调合作的奖酬设计,又可能难以清晰界定各个部门和每个个人的贡献,出现"搭便车"现象,进而削弱人们的创新欲望和积极性。为了促进竞争与合作的有机结合,克服过度竞争或过度合作可能带来的弊端,组织在设计激励创新的奖励项目时,应尽可能多设集体奖,少设个人奖;多设单项奖,少设综合奖;在奖励力度上,可以多设一些小奖,少设或不设大奖。

6. 实施有效的创新风险控制

创新是有风险的。从控制因素看,要激发创新,也要实施有效的风险防控,确保创新的成功,也就是从另一个角度上为防止创新失败提供一道坚实防线。经验证明,加强对管理创新活动的风险评估和管理,可以在很大程度上减少甚至消除创新的意外风险和损失。首先,制定适合的创新计划。组织应根据组织整体发展战略和业务特点,结合所处的内外环境变化状况,制定适合本组织的创新计划和方案,将风险降到最低;其次,进行低风险试验和试点。组织可以限定某种创新先在有限的人员范围和有限的时间内进行,"试点成功之后,如果发现一些事先谁也没有料到的问题,同时发现一些事先谁也没有料到的机会(无论是在设计、市场还是服务方面)",创新的风险通常就会小一些①。也就是说,试点成功后再将经过试验和试点取得成功的创新构想扩展到整个组织,取得成功的可能性更大。

本 章 小 结

管理创新,是指富有创造力的组织不断地将创造性思想转化为有用的结果——产品、服务或作业方法的过程,具有有组织性、创造性、有效性、风险性、持续性等特征。

管理创新的内容主要包括观念创新、技术创新、组织创新、文化创新等,可以按照不同标准分为不同类型。

一个完整的管理创新过程包括寻找机会、提出构想、实施创新、争取认可等阶段。

成功的管理创新需要具备以下基本条件:有恰当的管理创新目标、有较好的管理基础条件、有良好的创新文化氛围、创新主体有较好的心智模式和较强的能力结构等。

管理者要成功地领导和组织创新,首先要关注 8 个环节,同时要为创新提供环境,激发创新,具有创新管理技能,包括:要扮演好管理创新的倡导者、支持者角色,制定有弹性的组织计划,构建创新性组织,营造鼓励创新的组织文化氛围,制定激励创新的奖酬制度,实施有效创新风险防控等。

思 考 题

1. 什么是管理创新? 管理创新具有什么特点?
2. 管理创新主要包括哪些内容和类型?
3. 管理创新过程主要包括哪些环节和步骤?
4. 管理创新的基本条件有哪些?
5. 管理者应如何领导和组织管理创新?

本 篇 案 例

【案例背景信息】②

全球化脚步放慢

从事全球经营并不是一件容易的事情,这是日本经纪公司野村控股公司(Nomura Holdinggs Inc)的高管得出的结论。在雷曼兄弟控股公司的母公司寻求破产保护之后,野村控股公司于 2008 年末收购了雷曼公司的国际业务,这次收购为野村公司增加了大约

---

① ［美］德鲁克:《管理(下册)》,机械工业出版社 2013 年版,第 171 页。
② 斯蒂芬·P·罗宾斯、玛丽·库尔特:《管理学》,中国人民大学出版社 2012 年版,第 89～90 页。

8 000名非日籍员工。对于野村公司来说,当时正是强化自己全球扩张战略的好时机。然而,这次收购之后,这两个组织之间的文化差异和业务差异成为一项重大障碍。当不同的组织进行合并或者并购时,融合两种不同的文化需要两家公司共同努力,但是当跨国界收购中的核心资产是被收购公司雇用的员工时,这种融合就会变得尤其具有挑战性。

就高管人员薪酬、决策速度、对待女性员工的方式等事项,公司中的紧张气氛逐渐升温。例如,在野村公司为新员工召开的首次培训会议上,男性员工和女性员工是分开的。这些女性员工——其中许多人以前是从哈佛大学等世界名校以优异成绩毕业的——被教导如何摆弄她们的发型,如何斟茶以及如何根据季节变化选择服装。该公司的着装规定对女性员工有严格限制。来自雷曼公司的女性员工被告知,她们不能染发,衣服的袖子不能短于手肘,而且应该避免过于鲜艳的服装。有几位女性员工因为"不恰当的"着装而被从工作场所送回家。其中一位说道:"就因为我穿着一件短袖的衣服,我就被送回家去,即使我穿着一件短袖夹克。"野村公司的新闻发言人说:"公司的着装规定明确地公布在公司内部局域网上,这样的规定是为了保证客户和同事不会感到不自在。"

来自雷曼公司的交易员说,他们发现一项交易获得公司批准的过程"比在雷曼公司更缓慢,也更困难"。此外,在雷曼公司,很大程度上是根据客户支付的费用来对客户予以分类的。在野村公司,对客户进行分类时,更多的是强调其他因素,如双方建立关系的时间长度。野村公司的交易员说:他们的"新同事太过于追求短期利润而抛弃了忠诚的客户"。

带着这种防御态度,野村公司竭力融合这两种文化。在欧洲以及日本之外其他亚洲国家的办事处,员工具有不同的国籍。该公司提拔了少数几位非日本籍员工到公司高管职位上。"为了削弱该公司以东京为核心的导向,投资银行业务的全球主管 Hiromi Yamaki Matsuba 则搬到了纽约。"直到2010年3月,野村公司的执行委员会是由清一色的日本人组成的。不过,为了使公司变得更加以全球为导向,一位前雷曼公司的管理人员、土生土长的印度人 Jasjit Jesse Bhattal 被提拔到该执行委员会。野村公司副总裁、首席运营官 Takumi Shibata 说:"当你的业务遍布全球时,管理也需要全球化。"

【案例分析问题】

(1) 从本案例中,你发现野村公司和雷曼公司之间存在哪些明显的文化差异?

(2) 你认为野村公司具有什么样的全球观? 请给出具体的解释。你是否看到任何关于改变的证据?

(3) 对日本和美国的文化进行一些研究。对这两种文化的特征进行比较。它们之间存在什么异同? 这些文化差异会如何影响野村公司当前的局面?

(4) 野村公司的管理者可以采取哪些措施来支持、促进和鼓励员工的文化领悟力? 请解释。

(5) "当你的业务遍布全球时,管理也需要全球化。"这句话是什么意思? 在你看来,野村公司是否正在这样做? 请解释。

主要参考文献

［1］ 哈罗德·孔茨,海因茨·韦里克. 管理学[M]. 10 版. 北京:经济科学出版社,1998.

［2］ 彼得·德鲁克. 有效的管理者[M]. 北京:机械工业出版社,2009.

［3］ 彼得·德鲁克. 卓有成效的管理者[M]. 北京:机械工业出版社,2007.

［4］ 彼得·德鲁克. 21 世纪的管理挑战[M]. 北京:机械工业出版社,2006.

［5］ 彼得·圣吉,等. 变革之舞——学习型组织持续发展面临的挑战[M]. 上海:东方出版社,2002.

［6］ 斯蒂芬·P·罗宾斯. 管理学原理与实践[M]. 北京:机械工业出版社,2014.

［7］ 斯蒂芬·P·罗宾斯,玛丽·库尔特. 管理学[M]. 11 版. 北京:中国人民大学出版社,2012.

［8］ 斯蒂芬·P·罗宾斯. 组织行为学[M]. 北京:中国人民大学出版社,2005.

［9］ 斯蒂芬·P·罗宾斯. 管理学[M]. 7 版. 北京:中国人民大学出版社,2004.

［10］ 斯蒂芬·P·罗宾斯. 组织行为学[M]. 北京:中国人民大学出版社,2003.

［11］ 斯蒂芬·P·罗宾斯. 管理学[M]. 4 版. 北京:中国人民大学出版社,1997.

［12］ 托马斯·贝特曼,斯科特·斯内尔. 管理学[M]. 北京:中国人民大学,2014.

［13］ 兰杰·古拉蒂,等. 管理学[M]. 北京:机械工业出版社,2014.

［14］ 彼得斯,沃特曼. 追求卓越[M]. 北京:中信出版社,2009.

［15］ 里基·W·格里芬. 管理学[M]. 北京:中国市场出版社,2008.

［16］ W·沃纳·伯克. 组织变革理论与实践[M]. 北京:中国劳动社会保障出版社,2005.

［17］ 理查德·L·达夫特. 管理学[M]. 北京:机械工业出版社,2005.

［18］ 安德鲁·J·杜伯林. 管理学精要[M]. 北京:电子工业出版社,2004.

［19］ 理查德·L·达芙特,雷蒙德·A·诺伊. 组织行为学[M]. 北京:机械工业出版社,2004.

［20］ 加里·戴斯勒. 管理学精要[M]. 北京:中国人民大学出版社,2004.

［21］ 喻世友,祁军. 哈佛商学院 MBA. 全球总经理学(上)[M]. 广州:中山大学出版社,2002.

［22］ 尼尔·瑞克曼. 合作竞争大未来[M]. 北京:经济科学出版社,1998.

［23］ 文琪. 一次读完 28 本管理学经典[M]. 北京:中国商业出版社,2005.

［24］ 李书文. 商业保理理论与实务[M]. 北京:中国民主法治出版社,2014.

［25］ 周三多. 管理学[M]. 3 版. 北京:高等教育出版社,2010.

［26］ 王俊柳,邓二林. 管理学教程[M]. 北京:清华大学出版社,2006.

［27］ 雷银生. 企业战略管理教程[M]. 北京:清华大学出版社,2006.

［28］ 顾伟列. 中国文化通论[M]. 上海:华东师范大学出版社,2005.

[29] 杨希怀,等. 企业战略管理[M]. 北京:高等教育出版社,2004.

[30] 王俊柳,等. 管理学教程[M]. 北京:清华大学出版社,2003.

[31] 王凤滨,李东. 管理学[M]. 北京:中国人民大学出版社,2003.

[32] 张德,等. 组织行为学[M]. 北京:清华大学出版社,2000.

[33] 余凯成,等. 人力资源管理[M]. 大连:大连理工大学出版社,1999.

[34] 胡元梓,薛晓源. 全球化与中国[M]. 北京:中央编译出版社,1998.

[35] 葛荣晋. 儒家智慧与当代社会[M]. 北京:中国三峡出版社,1996.

[36] 佚名文. 经济全球化与企业社会责任运动[EB/OL]. http:www. cerds. org/csr/articleview.